Minyong Jichang Yunying Yu Guanli

民用机场运营与管理

陈文华　狄　娟　费　燕　编　著
汪光弟　于　冉　宋惠明　主　审

人民交通出版社

内 容 提 要

该书共分十章。分别对民用机场的历史、民用机场改革与发展、民用机场布局、机场运行管理和新科技的应用、航班组织和旅客运送、机场运输生产指标、机场资源利用、服务质量管理与机场服务以及机场安全管理等方面进行阐述。

该书适用于机场员工进行岗位培训，是民用机场从业人员必备的岗位教科书。

图书在版编目(CIP)数据

民用机场运营与管理／陈文华等编著．—北京：人民交通出版社，2008. 12

ISBN 978-7-114-07476-9

Ⅰ. 民… Ⅱ. 陈… Ⅲ. 民用航空－机场－管理 Ⅳ. F560. 81

中国版本图书馆 CIP 数据核字(2008)第 175877 号

书　　名：民用机场运营与管理
著 作 者：陈文华　狄　娟　费　燕　编著
责任编辑：薛　民
出版发行：人民交通出版社
地　　址：(100011) 北京市朝阳区安定门外外馆斜街 3 号
网　　址：http://www.ccpress.com.cn
销售电话：(010) 59757973
总 经 销：人民交通出版社发行部
经　　销：各地新华书店
印　　刷：北京鑫正大印刷有限公司
开　　本：787×980　1/16
印　　张：19.5
字　　数：390 千
版　　次：2008 年 12 月 第 1 版
印　　次：2020 年 1 月　第 9 次印刷
书　　号：ISBN 978-7-114-07476-9
印　　数：13501－14500 册
定　　价：30.00 元

序

随着经济全球化进程加快，机场已不单纯是以往的航空运输网络节点，旅客抵离起终点、经停站的概念，现代化的机场日益成为集交通、物流、服务、旅游、商贸等多功能为一体的综合航空城。作为具有如此特定功能的公共设施，现代机场既是一个地区、一座城市与外界连通交流的门户和窗口，更是这个地区、这座城市对外形象、内在性格的物化标志，机场的建筑风格、运行模式、管理水平、员工素养等各个方面全方位体现着所在城市乃至国家的整体发展水平。

要确保中国民用机场有序、快速、可持续的发展，要确保中国民用机场安全服务水平和经济效益不断提升，我们急需自己的机场管理方面的专业人才，但当前国内民用机场运营管理教材和培训资料不多，尤其缺少比较系统反映机场行业发展趋势、机场建设和运行特点的教辅读物，而《民用机场运营与管理》的出版将会在一定程度上弥补这方面的不足。《民用机场运营与管理》通过十章篇幅，对机场发展历史和各种功能都作了深入浅出、通俗易懂的阐述，相信它不仅适合入门的民航人士阅读，也是民航内外人士了解和学习民航管理运营的有益参考读物，一定会对关心和从事机场运营与管理的人士有所裨益、有所帮助、有所提高。

本书编者陈文华老师原从事的是经济管理工作，自从20世纪80年代进入上海民航中专任教以来，潜心学习、收集国内外民航机场方面的各类资料。凭着对民航教育事业执著的追求和坚韧的毅力，20年来积累了大量的专业素材。根据这些资料，他利用繁重教学任务之外的点滴业余时间，历经数稿编成此书。希望在新书杀青之际，陈文华老师能继续追踪世界机场业发展潮流，不断充实、更新内容，为中国民航培养更多、更好的机场管理人才做出贡献。

2008年11月11日

前言

2006年8月，上海虹桥国际机场公司为贯彻落实《关于进一步加强公司人才队伍建设的意见》精神，紧密结合虹桥机场新一轮建设发展对机场运营管理人才培养的需要，与民航上海中等专业学校开展校企合作，举办了"机场运营管理研修班"，并以此为契机建立起人才培养长效机制，使这项起初专门针对核心人才的培训课程，最终普及为所有职能部门乃至一线管理人员的必修轮训课程。2008年8月，我们对教学内容又作了适当浓缩、调整，尝试着将该项课程搬上了新进员工入职培训课堂。迄今为止举办的7期培训班均取得了圆满成功，培训所取得经验、成效也得到了上海机场集团公司领导的充分肯定和员工的普遍认同。

本教材是民航企业与行业院校"校企合作"的创新成果。其中，教学大纲由虹桥机场公司人力资源部主管费燕在对机场运营管理人才培养需求深入分析的基础上编写，陈文华副教授和狄娟讲师根据教学大纲，结合多年积累的教学经验执笔编写了本教材(第七、八章由狄娟讲师执笔)。此外，在教材编写过程中，还得到了上海机场集团汪光弟副总裁的关心，他亲自审稿并对教材提出了宝贵的指导意见；民航上海中等专业学校于再校长、杨征副校长和上海虹桥国际机场公司人力资源部宋惠明部长也给予了多方面的支持和帮助。经过7期教学实践，不断调整补充、优化完善，终于完稿，由人民交通出版社正式出版印刷。

由于水平有限，难免有诸多不足之处，真诚希望广大读者批评指正。

联系方式：chen4977wn@126.com

编者

2008年11月

目　录

第一章　民用机场历史

第一节　世界机场的发展历史

民用机场的沿革是一个伴随着航空科学技术的进步和航空运输业的发展，从简单到复杂，从单一功能到多种功能的发展历程。

动力技术不断创新：热气球→飞艇→活塞螺旋桨发动机→涡轮螺旋桨发动机（低亚音速）→涡轮风扇发动机（高亚音速）→加力式涡轮发动机（超音速）。

飞机机型不断推陈出新：飞行者一号→容克 F13→麦道 DC3→子爵号→窄体机 B707、A320→宽体机 B767、A300→巨型机 B747、A380。

相应的机场标准不断提高：1A→2B→3C→4C→4D→4E→4F。

跑道结构也相应发生变化：土质、草地→碎石→沥青混凝土→水泥混凝土。

航站楼规模不断扩大：机库→简陋候机室→现代化的候机楼。

机场功能发生了质的变化：飞行员的机场→航空公司的机场→社会的机场。

1783 年 9 月 19 日，蒙哥尔费兄弟奉命为国王路易十六表演，9 时许，热气球在三万民众的欢呼声中，载着绵羊、公鸡和鸭子，升到 450 米高，在 8 分钟里飞出 3200 米远并降落在小树林中，这是人类飞行前用动物所做的搭乘实验飞行。

1852 年，法国人吉法尔发明了飞艇，飞艇相当于装上动力、拥有操纵性的气球，人类终于实现了自主飞行。一战时期曾经有几百艘飞艇最先投入战场。

一直到 20 世纪 30 年代，飞艇担任着航空运输的主要任务。特别是要跨越海洋，来往于欧洲、美洲和亚洲之间，行程几千公里，只有飞艇才能既迅速又舒适地运送旅客。然而，最沉重的打击，却来自飞艇本身——氢气着火爆炸和设计事故。

世界上著名的大型飞艇接二连三地出事，而新兴的飞机越来越完善，尤其凭借在安全可靠方面的优势，飞机逐渐把飞艇从各条航线上全部排挤出去。至此，完成了“热气球——飞艇——飞机”全部过渡历程，进入了飞机独占天空的年代。

20 世纪 70 年代以来，人们又怀念起飞艇来了，各国又纷纷争着制造飞艇。这是因为飞艇有许多飞机所没有的优点。它耗油少，对空气污染小，而且没有噪声。它载质量（又称“载重量”）大，飞行平衡，可以用它吊运大型货物或者作电视转播等。并且用不可燃的氦气代替易燃的氢气。因此，它将是一种大有希望的飞行器，古老的飞艇将焕发青春。

热气球和气艇的起飞与降落只需要广场或平坦的地面，不需要跑道，故没有机场。

1903 年 12 月 17 日，伴随着莱特兄弟试飞“飞行者”号的成功，美国北卡罗莱纳州基蒂·霍克附近的海滩便成为了世界上的第一个“机场”。从此，机场作为飞机起降的栖息地开始了其从小到大，从简单到复杂，从单一功能到多种功能的发展历程。

一、飞行员的机场

在飞机诞生后的前几年，航空业的焦点是致力于飞机的发展和研究。当时只要找到一块平坦的地面，经过整平、压实或者再种上一些草皮，能承受不大的飞机重量，飞机就可以在上面起降了。到了 1910 年前后，此时的飞机只是用于航空爱好者的试验飞行或军事目的飞行，机场只为飞机和飞行人员服务，基本上不为当地社会服务。此时的机场十分简陋，有限的几个人管理飞机的起降，用简易的帐篷来存放飞机。这是机场发展的第一阶段，可以称之为“飞行人员的机场”。

二、航空公司的机场

第一次世界大战以后，欧洲开始建立起最初的民用航线。1919 年 8 月 25 日世界上第一条由英国伦敦到法国巴黎的民用航线通航，由此揭开了航空运输的序幕。最初的航空运输几乎都是利用第一次世界大战剩余的飞机来进行的。这些飞机都得到不同程度的改进，以适用于商业运输。所谓改进往往只是拆除枪炮和炸弹挂架，有些飞机也开始安装简单的密闭座舱。飞行人员和地勤人员几乎全部是从军事飞行部队招收来的，实际上不需要经过业务训练。战时的旧飞机库和木棚充当候机室。世界范围的机场建设也随之逐步发展起来，机场大量出现于世界各地。开始有条形跑道和简陋的候机室，候机室仅仅是一座供旅客和亲友在出发前告别和到达时迎候的遮蔽所。检票和交运行李手续仍然十分简单，旅客步行登机，飞机靠近候机室停放。当时，货运量也很少，多为旅客班机带货，因此，客、货运站不分。

20 世纪 30 年代，麦道公司 DC—3 型飞机试飞成功，可载客 14 人，并带卧铺，用于航空运输。随着航空技术的不断进步，飞机质量和轮胎压力不断增大，原来的机场已不能满足飞机使用要求，特别是在雨雪等不良天气条件下，通常不能使用。随着航空运输业的发展，飞机的机型由小变大，客、货运量都有较大幅度的增加，航空客、货运业务逐步分开。为适应定期航班不断增加和两架、三架或更多架飞机同时停放的需要，不得不扩建候机楼以代替为一架飞机使用需要的候机室。为了满足航管、通信要求，跑道强度要求和一定数量旅客进出机场的要求，塔台、混凝土跑道和候机楼应运而生，现代机场的雏形已经开始形成。此时，机场主要是为飞机服务。这段时间是机场发展的第二阶段，可以称之为“飞机的机场”或“航空公司的机场”。

三、社会的机场

第二次世界大战后,国际上的交往开始增加,飞机的航程、载量和速度都在大幅增长,客货运输量也不断增长,客观上对机场有了更高的要求。1944 年 11 月,52 个国家的代表出席了在芝加哥的会议,讨论有关国际民用航空问题,会议产生了国际民用航空公约。1947 年国际民航组织(ICAO)正式成立,在接下来 20 世纪 50 年代中,国际民航组织为全世界的机场制定了统一标准和推荐要求,主要有国际民用航空公约的附件 14-机场、附件 16-环境保护等文件,使世界的机场建设和管理大体上有了统一的标准。

到了 20 世纪 50 年代末,随着喷气式民航客机的问世和投入使用,飞机开始真正成为大众的交通运输工具。这也标志着航空运输进入了一个崭新的历史阶段,同时也使得机场发生了质的变化——随着飞机起降速度的增加,雷达技术和仪表着陆系统为了配合空中交通管制的需要开始出现在机场里;机场的跑道、滑行道和停机坪也开始进行加固或延长,从而满足了飞机的起降要求;客货数量的不断增加,客观上需要对原有的候机楼、停机坪、进出机场的道路进行改建和扩建,以满足航空运输的需要;航班数量的增加使噪声对居民区的干扰成了突出问题,于是对飞机的噪声限制和机场的规划建设有了更高的要求;为了机场的可持续发展,机场的规划建设与发展需要和城市的规划建设与发展有协调的、统一的、长期的考虑;机场逐步开始成为可供各类飞机起降、服务设施完善的航空运输中转站。航空运输也开始成为地方经济的一个重要的、不可缺少的组成部分。此时机场已成为整个城市社会的一部分,因此从这个时期起机场成为了"社会的机场"。

作为"机场的灵魂"的航站楼也在经历着不断的变迁。在飞行发展初期,机库及其旁边的旅客设施和办公设施组成的"机库候机楼"就是最原始的航站楼。第一个真正意义上的现代化候机楼是 1923 年柏林的滕珀尔霍夫(Tempelhof)机场的航站楼,它包括了行政办公区、旅客设施、大型餐馆和观察台。

到了 20 世纪 30 年代,航站楼开始具备现在为旅客所熟悉的功能。进入喷气时代前期,航站楼建筑设计大胆,侧重艺术表现力,倾向于以彰显航空量的增长,于是航站楼成了新的城市观光点。20 世纪 50 年代和 60 年代,纽约的肯尼迪国际机场(JFK)拥有世界上最好的航站楼,那是一座用玻璃做墙的椭圆形建筑,上面是一个面积为 4 英亩的钢筋混凝土顶盖。

从 20 世纪 70 年代开始至今,随着大型宽体喷气式运输机和航空运输量的迅速增加,机场开始向大型化和现代化的方向发展,一批配有先进的计算机自动控制设备的机场相继建成,从而大大促进了航空运输的发展。此时的机场飞行区更加完善,在助航灯光和无线电导航设施的辅助作用下,可以保证飞机在夜间和各种气象条件下安全起降;航站楼日益增大和现代化,功能齐全,值机、安检、航班动态显示、时钟、监控、广播、计算机信息管理、旅客离港、系统集成、楼宇自控、行李自动传输与分检、自动步道、自动扶梯、旅客登机桥等设施一应俱全；航站楼在保证大量旅客方便出入的基础上，旅客可以便捷地在航站楼内完成办理机票行李手续、安检、海关、检疫和登机一系列过程；机场对周边区域的辐射作用明显，如宾馆、餐厅、邮局、银行和各种商店的出现，旅客在机场里可以像在城市里一样方便；机场的安全运行条件不断改善，从而保证了机场的日常正常运行；机场与城市之间的距离由于噪声的缘故开始加大，两者之间可以选择先进的客运手段联系。

同时，在机场的发展历程中，作为"机场的核心"部分跑道和航站楼发生着巨大的变化。跑道方面，最初的机场跑道仅仅是些草皮或者一块平地。到了20世纪30年代初期才开始出现用石料铺筑机场道面，也有用结合料处置的道面。后来，相继出现了沥青混凝土和水泥混凝土铺筑的机场道面。第二次世界大战期间，喷气式飞机开始使用；而喷气发动机喷出的高速、高温气流，扩散到地面上的速度达60米/秒，温度为150℃，土质、草皮和一般砂石道面已无法适应，于是沥青混凝土和水泥混凝土高级道面迅速增加。再以后，随着飞机本身质量和载质量大幅度上升、轮胎压力的提高、飞机起降更加频繁，跑道道面在强度、平整度、粗糙度以及排水性能等方面都有了更高的标准和要求，同时机场开始建设多条跑道以满足飞机起降的要求。

第二节　我国民用机场发展回顾

我国民用机场的发展起步较早。1910年8月，清政府拨款委任留日归来的刘佐成、李宝竣在北京南苑修建工厂，制造飞机，同时利用南苑驻军操场修建了中国第一个机场。10年后的1920年4月24日，中国第一条民用航线——京沪航线京津段试飞成功，并于当年的5月8日投入运营。到了1936年7月10日，中国的第一条国际航线广州至河内开始通航。抗战初期的1937年7月7日中航在京沪线增开夜航，以配合抗战运输。这也是国内民航机夜航之始。到1949年以前，我国大陆用于航空运输的主要航线机场仅有36个，包括上海龙华、南京大校场、重庆珊瑚坝、重庆九龙坡等机场，大都设备简陋。除上海龙华和南京大校场机场可起降DC—4型运输机外，一般只适用于当时的DC—2、DC—3型运输机。

建国后的1949年11月9日，中国、中央两家航空公司的部分员工和12架飞机从香港飞回大陆，这就是著名的"两航"起义。"两航"起义为新中国民航事业的创建和发展做出了重要贡献。从此，新中国民航事业逐渐走向正轨，进入了欣欣向荣的新局面，机场的发展也开始谱写新的篇章。建国初期，天津张贵庄机场是我国第一个较大规模的机场建设项目。1958年首都机场建成，新中国民航从此有了一个较为完备的基地。从20世纪50年代到1978年，由于受客观条件的影响，我国民航的发展比较缓慢，基本建设投资仅24亿元左右（年平均投资不足1亿元），陆续新建和扩建了北京、上海、广州、天津、西安、太原、哈尔滨、乌鲁木齐、兰州、成都、南宁、武汉等20多个机场，使航班运行机场达到了70多个（其中包括军民合用机场36个)。在这一时期,由于使用飞机机型小,因此所建设的机场规模也比较小,大多数是中小型机场。

改革开放以后,中国民航事业加快了前进步伐,机场的发展也呈现出了前所未有的蓬勃生机。1979—1985年,新建了厦门高崎、大连周水子、敦煌等机场,并对成都双流、海口大英山、桂林奇峰岭、福州义序等机场进行了改造和扩建。1984年,历时十年的首都机场第二次扩建工程结束,成为我国第一个拥有两条跑道的民用机场,并建有一座拥有两个卫星厅的航站楼。"七五"期间,沈阳桃仙、宁波栎社、重庆江北、温州永强等机场建成并投入运行。这一时期,我国陆续引进了大型中、远程宽体式喷气式飞机,从而促进了机场在标准、规模、安全保障等方面建设水平的提高。截止到1990年底,有民航航班运营的机场总数达到110个,其中可起降波音747型飞机的机场有7个。

为了适应国家改革开放和经济快速发展的需要,满足迅速增长的航空运输需求,民航在20世纪90年代初确定了集中力量、抓重点的机场建设指导思想,并逐步拓宽了融资渠道,加大了投资力度,加快了机场建设步伐。"八五"期间是我国民用机场建设的高峰时期,民航基本建设投资122.07亿元,技术改造投资60.87亿元,新建了西安咸阳、西宁曹家堡、济南遥墙、武汉天河、石家庄正定等16个机场,对昆明巫家堡、拉萨贡嘎、昌都邦达、太原武宿等27个机场进行了改造或扩建。到1995年末,有航班运营的机场139个,其中能起降波音747飞机的有14个。

"九五"期间是我国民用机场发展实现突飞猛进的时期,民航基本建设投资680亿元,技术改造投资126亿元,分别是"八五"时期的5.6倍和2.1倍。新建了桂林两江、郑州新郑、银川河东、上海浦东、海口美兰、杭州萧山、南昌昌北等17个机场,改造或扩建了北京首都、呼和浩特白塔、乌鲁木齐地窝堡、厦门高崎、兰州中川等35个机场。其中上海浦东机场的建成,使我国第一次出现了"一市两场"的格局。在建设好重点工程的同时,还建设和改造了舟山、临沂、包头、大理、延吉等小型机场,改善了这些地区的航空运输基础设施条件,促进了当地的经济发展和改革开放。

在"八五"到"九五"这一段时期里,一大批重点机场建设项目相继建成投入运营,改变了我国民用机场基础设施较为落后的局面,机场的发展也呈现出了一定的特点,总结如下。

(1)机场建设技术水平不断提高。这主要表现在处理不良地基和机场道面基础施工工艺趋于成熟;柔性道面技术在跑道道面的应用;飞行区建设标准开始基本与国际接轨,以此新建、改建、扩建的机场飞行区标准得到提高,使用机型加大,安全运行条件得到改善。

(2)航站区作为机场的重要组成部分,作用日渐明显。航站楼的设计水平得到提高,设计概念趋于多样化;航站楼内设施设备逐步现代化,一方面解决了在航站楼内如何做到信息及时、流程顺畅、方便高效的难题,同时也促进了航站楼的营运管理和服务水平的提高;航站区和航站楼的设计更加注重人性化和环境设计;积极引进国外优秀设计方案,借鉴国外先进技术和设计理念,如上海浦东、广州新白云等机场最终都采用了国外著名公司的设计方案，从而缩小了与国外航空发达国家在机场航站楼设计中的差距。

(3)与机场相关的设施开始逐步完善，例如空中交通管制实现了由程序管制向雷达管制的过渡，建成了技术先进、可靠性高的民航通信系统，进一步完善了航路导航设施；实现了与国际民航同步，规划和实施了新航行系统建设以及按气象自动化的要求建设气象系统，从而提升了机场安全运行保障水平；

(4)机场建设和发展更注重整体的统筹规划，合理布局，使机场能适合国情，满足经济发展需要，保持合理且适度的可持续发展；

(5)机场建设发展融资，由国家包揽逐步转变为中央、地方及利用外资等多种渠道。融资方式的多样化，不仅缓解了民用机场建设资金的紧张状况，推动了民用机场建设体制的改变；而且促进了我国机场的整体发展，为日后民用机场的发展提供了宝贵的借鉴经验。

新中国民航的机场建设走过了半个世纪的发展历程，回顾这段历史，展望机场建设的美好前景，确实令人振奋。

建国58年来，特别是改革开放20多年来，航空运输的迅猛发展极大地加快了民用机场的建设步伐，在民用机场数量增加的同时，机场的规模、功能设施、技术装备、质量标准等各方面都有了质的飞跃。到2007年末，我国民航国内通航机场有148个(不含香港、澳门和台湾)。在各通航机场中，国内定期航班通航城市146个(其中2个城市有2个机场)。这些机场2007年旅客吞吐量达到38 758.6万人次，是1980年(639万)的60倍。

思 考 题

1. 第一个机场是什么时候诞生的？机场发展到现在经过哪几个阶段？各具有什么特点？

2. 现代化的机场从功能方面如何适应航空运输的发展？

3. “两航起义”对新中国民航发展有何影响？

4. 在“八五”到“九五”期间，机场的发展呈现出哪些特点？

第二章　民用机场的概述

第一节　基 本 概 念

一、民用机场的概念

《中华人民共和国民用航空法》(以下简称《航空法》)中的"民用机场"是指专供民用航空器起飞、降落、滑行、停放及其他保障民用航空活动的特定区域,包括附属的建(构)筑物和设施。

(1)航空器是指依靠空气的反作用力被支承在大气中的机器。包括民用飞机、直升机、飞艇、热气球等。

(2)民用航空是指使用各类航空器从事除了军事性质(包括国防、警察和海关)以外的所有航空活动称为民用航空。

民用航空一般分为两大部分:商业航空(又称为航空运输),通用航空。

(3)《航空法》中"民用机场"不包括临时机场和军民合用机场,军民合用机场由国务院、中央军委另行制定管理办法。

(4)特定区域是指飞行区,是由净空障碍物限制面所要求的尺寸和坡度等所形成的面积和空间,还包括机场的各种设施,建、构筑物等,如旅客航站楼、目视助航系统、通信导航、气象、空中管制等设施以及其他建筑物,这些设施和建筑物是机场正常营运及保证飞行安全的基础设施。

各国对机场的解释不完全一致。前苏联、罗马尼亚有"机场"和"航空港(站)"两个概念,把只为航空器起降和停放并具备相应设施的指定区域称为"机场",把为旅客、托运人提供客货运服务的机场称为"航空港(站)",美国航空法中"着陆区"的概念与前苏联、罗马尼亚的"机场"有点类似,把供客货运输服务的着陆区亦称为"航空港"。我国航空法中没有使用"航空港"一词,但在"民用机场"定义中已经包括国外立法中"航空港(站)"的含义。按国际通例把商业航空运输的机场一律称为空港。

本书各章节中的"民用机场"简称为"机场"。

二、民用机场的定位

机场作为民航运输市场体系中的一个重要组成部分,是衔接民航运输市场供给和需求间的纽带。但长期以来,机场与航空公司相比在市场经济活动中处于相对被动的地位。同时,机场的市场地位界定不甚清晰,使得机场的建设投资、经营管理、政府监管等往往出现偏差。随着航空运输市场的不断成熟和发展,对机场的运营也提出了更高的要求。明确机场的市场定位是机场经营运作的前提和基础,同时对提高机场的经营效益,加强民航业政府监管也具有十分重要的现实意义。

正确的定位是由机场的特殊性所决定的。我国机场行业的特殊性主要体现在以下四个方面:

(1)公益性。我国机场业是关系国民经济发展的重要交通基建行业,很大程度上国家不会放弃对它的管制。在民航总局向国务院上报的《民用机场管理条例》(报批稿)中,机场被定义为具有公益性质的基础设施。

(2)区域性。机场是一定区域内的机场,对区域经济具有依赖性,地区经济对机场发展有巨大的带动作用,机场业的发展离不开地方政府的支持;相反,机场业的发展对区域经济又有强大的拉动作用,正因为如此,被视为区域经济的“发动机”。

(3)自然垄断性。由于机场投资大且有一定的有效辐射范围,在一个相对独立的区域内,只能有一个民用机场,这在一定程度上决定了机场业有一定的自然垄断特性。只有在某些特定的城市才有两个或三个机场,而这些机场又由一个管理机构进行管理,如我国的上海市就有两个机场,但两机场间不存在竞争。

(4)准军事性。根据国家安全需要,民航机场将随时服从国家征用,变为军事用途,因而具有准军事性特征。

民用机场在社会、政治、经济活动中的定位可分为两类:公益性定位与经营性(收益性)定位。

1. 机场的公益性定位

民用机场公益性定位是国家与行业为了经济发展的需要,从改善交通与经济发展环境的角度出发,突出机场作为一项国家基础设施的社会功能,并将机场作为公益设施进行管理。

民用机场的特点是由政府负责投资,产权归政府所有,由政府直接管理或组织机场当局对机场进行管理。机场不以赢利为目的,仅仅为航空公司和公众提供公正良好的竞争环境和服务,机场亏损由政府进行补贴。

除少数几个机场由州政府拥有外,美国的机场基本上全部是由县政府拥有,县政府设立准政府机构“管理局”负责运营。机场建设资金主要由地方财政负责,另外也可向美国联邦航空局(FAA)申请航空信托基金的 AIP 项目获得一定比例的赠款。由于机场建设投资量大,资金使用时间比较集中,所以一般靠地方政府发行债券来筹集资金,以后再由财政统一安排偿还。机场运营的资金来源主要靠起降费、机场内的商业招租费,另外也可以向旅客和承运人收取一些地方规定的税费，运营亏空由政府补助。

早在1985年民航体制改革之前，中国民航实行的是中央集权制、政企合一的体制，从民航总局、地区管理局到省局既是政府行业管理者，又是企业经营者。1985年，民航总局决定从成都管理局开始试点民航体制改革，航空公司从管理局分离出来，并允许地方政府投资兴建机场。但由于地区管理局、省局还是政企合一，在2004年机场属地化之前，机场主要还是国家所有，没有独立经营权，权责不分，仍属于公益性设施。当时纳入民航统计的机场共有142个，其中约有90%以内的中小机场连年亏损，从而导致企业平均负债率高达70%以上。90%的中小机场靠政府财政补贴过日子。

2. 机场的经营性(收益性)定位

由于机场建设投资甚大，尤其是随着航空运输的发展，机场的规模也在不断扩大，机场的建设完全由政府来完成已越来越不适应环境变化的需要。例如，首都机场T3航站楼扩建工程投资270亿，白云机场一期投资148亿、“十一五”期间又将投资117亿，浦东机场一期投资130亿、二期投资197亿，虹桥机场二期也将投资153亿。特别是传统的完全通过行政手段管理的机场，在很大程度上制约了机场的经营，限制了机场商业功能的开发与运营。正是基于此，一些国家纷纷开始了机场运营管理的变革，机场逐步从公益性转变为经营性机场。

机场运营管理的发生变革，引进多元资产结构，对机场进行大规模的投资，按商业企业的形式组织和经营，加大机场自身的经营自主权和财务自主权。改变了机场许多运营政策，目标是让机场更有效运营，并且建立以消费者为导向的服务。

到目前为止，在大多数国家，机场完全私有化在数量上和规模上还受到限制，通常限于通用机场和一些小型运输机场。1987年英国改变了原来的联邦机场体制，新成立的私有化公司开始对机场进行大规模的投资，改变了机场许多运营政策，目标是让机场更有效运营，并且建立以消费者为导向的服务。完全私有化最典型的例子是英国BAA，1987年当时仍为国有企业的英国BAA按5亿股在伦敦股票市场上市，实现了完全的私有化。

3. 我国机场的定位

《民航总局关于深化民航改革的指导意见》中明确指出机场是公益性基础设施，要推行机场的分类管理，引导地方政府对具有赢利能力的大型机场实行企业化管理，对中小型机场则按照公益性企业的要求管理。

对于收益性机场，明确其企业型定位，赋予其更大的经营自主权和财权。在建设投资方面，主要通过引导民间资本投入或机场自我融资进行建设，机场的一般维护建设财政不再投入资金，但机场飞行区等公益性建设可申请政府投入。在运营方面，鼓励和帮助收益性机场从传统运营模式向现代运营模式转变。如通过规章或其他法律形式，明确机场专营权概念。但是对航空器地面服务和航空食品,由于其涉及航空公司的生产运营环节,不应包含在机场专营权范围内;对航油加注领域,由于我国机场现有航油储存、供应系统都由航油集团公司建设,在当前体制下也不宜纳入机场专营权范围。

对于公益性机场,主要由政府进行公益性投资并承担经营责任,这类机场不以盈利为目标,机场管理机构的职责是维护机场的正常运转。为实现普遍服务的目标,政府应对这类机场的运营亏损进行补贴。

三、民用机场的开放与使用

民用机场必须经验收合格,取得机场使用许可证,方能开放使用。民用机场是否按国务院民用航空主管部门制定的标准进行建设的,是对民用机场申请机场使用许可证审查工作的最基本、最重要的内容。只有坚持按照标准验收,才能保证机场投入使用后,在技术条件保障下使其正常营运。

《民航法》规定:《民用机场使用许可证》由机场管理机构向国务院民用航空主管部门或民航地区管理局申请,经国务院民用航空主管部门或民航地区管理体制局审查批准后颁发。民航地区管理局审批颁发本辖区内飞行区指标为4D(含)以下运输机场和通用机场的民用机场使用许可证。民用机场使用许可证,有效期为5年。

民用机场具备下列条件,并按照国家规定经验收合格后,机场管理机构方可申请《民用机场使用许可证》:

(1)具备中华人民共和国法人资格;

(2)机场高级管理人员具备相应的条件;

(3)机场资产的资本构成比例符合国家有关规定;

(4)具备运营管理运输机场的组织机构和管理制度;

(5)具备与其运营业务相适应的飞行区、航站区、工作区以及服务设施和人员;

(6)具备能够保障飞行安全的空中交通管制、通信导航、气象等设施和人员;

(7)飞行程序和运行标准已经批准并正式公布;

(8)具备符合国家规定的安全保卫条件;

(9)具备处理特殊情况的应急预案以及相应的设施和人员;

(10)具备满足机场运行要求的安全管理体系;

(11)国务院民用航空主管部门规定的其他条件。

国际机场的设立,由机场所在地省、自治区、直辖市人民政府向国务院民用航空主管部门提出申请,由国务院民用航空主管部门会同国家有关行政主管部门审核后,报国务院批准。

国际机场除具备运输机场开放使用的条件外,还应当具备国际通航条件,设立口岸查验机构,并经验收合格后,方可对国际和地区航班开放。

国际机场的开放使用和国际机场资料，由国务院民用航空主管部门统一对外公告。

机场管理机构应当根据国家有关规定为口岸查验机构提供必要的工作条件。

四、机场的分类

机场的分类，如图 2-1 所示。

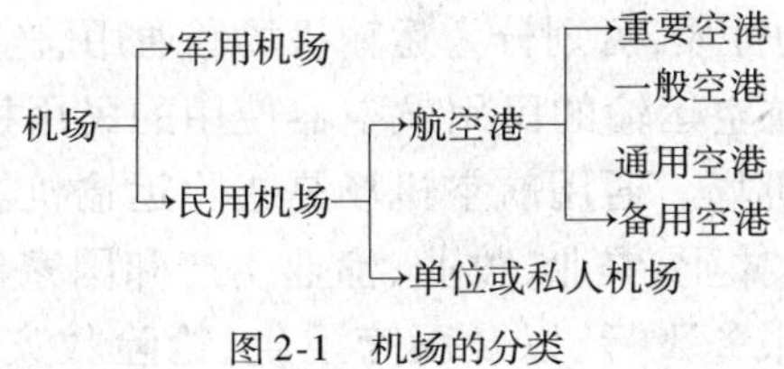

图 2-1　机场的分类

(1)军用机场：包括军民合用机场。

(2)重要空港：是一个国家在航空运输中占据核心地位的机场，按现在标准应属于枢纽机场。

(3)一般空港：重要空港之外的其他小型空港。

(4)通用空港：主要用于通用航空，为专业航空的小型飞机或直升机服务。

(5)备用空港：以前使用过的机场，现在由于各种原因没有航班，处于停用和保管状态的机场。

(6)单位或私人机场：除民航和军用机场外，有些机场属单位和部门或私人所有机场。

机场还可根据不同性质与功能进行细分。

1. 按机场的使用性质分

机场根据其使用性质，可以划分为军用机场、民用机场、军民合用机场。

军民合用机场主要用于保证作战飞机、航线飞机的停放和正常飞行，现在军民合用机场已经不多了，过去许多民用机场都是从军民合用机场改建而成，例如：原来的兰州中川机场、福州义序机场、济南张庄机场、杭州笕桥机场、目前的大连周水子机场、青岛流亭机场等。

2. 按照飞行航线的性质分

民用机场根据是否对外开放，可以划分为国际机场和国内机场。

国际机场是指已在国际民航组织登记并对外开放、可以接受外国航空器起降或者备降的机场。它包括国际定期航班机场、国际定期航班备降机场、国际不定期飞行机场、国际不定期飞行备降机场等。国内机场是指国际机场以外的一切其他机场。目前我国对外籍飞机开放有38个国际机场,华东地区有上海浦东、上海虹桥、杭州萧山、宁波栎社、合肥骆岗、厦门高崎、南京禄口、青岛流亭、济南遥墙、福州长乐、南昌昌北、烟台莱山等十二个国际机场。

3. 根据飞行活动的性质分

民用机场根据飞行活动性质,可划分为运输机场和通用航空机场。

运输机场是指供公共航空运输的民用航空器使用的民用机场,从事航空运输活动也可以用于通用航空活动的机场。通用航空机场是指除运输机场之外,供民用航空器使用的民用机场。主要为工业、林业、农业、牧业、渔业生产和国家建设服务的作业飞行,地矿测绘、城市建设、石油开发服务飞行,以及医疗卫生、抢险救灾、海洋及环境监测、科学实验、教育训练、文化体育、行政公务、旅游观光、航拍影视、宣传广告等各项工作活动之用的机场。

4. 根据运输的功能分

民用机场根据运输功能,可划分为支线机场和枢纽机场。

机场是航空运输的重要基础设施,机场的发展是伴随着航空运输业的发展以及企业经营方式(特别是航空公司的航线网络)的转变而得到不断发展。在航空运输早期,航空运输企业普遍采用"城市对"的航线结构,机场功能仅仅满足终端旅客需求,这类机场称为终端机场。随着航空运输业的发展,各航空公司出于航空市场竞争的需要以及提高经济效益等因素的考虑,对其所采用的航线结构进行调整,采用所谓的"轴心辐射式"航线结构来代替传统的"城市对"航线结构,从而形成枢纽机场的概念,机场功能不仅要满足终端旅客的需求,还要满足中转旅客的需求,这类机场称之枢纽机场。那些连接枢纽机场的终端机场称为支线机场。

五、民用机场的功能

民用机场的基本功能,简单说包括三个方面,一是供飞机起飞、降落;二是供旅客到达(进港)、出发(出港、离港);三是供货物运入、运出。机场承担旅客和货物地面运送的全部任务,既是地面运输和航空运输的交接面,又是旅客、货物运输的集散点。机场是航空运输生产场所,是航空运输生产的一个重要环节。

六、机场管理机构的主要任务和职责

1. 机场管理机构的主要任务

机场管理机构的主要任务是建设、管理好机场,保障机场安全、正常运行,为所有航空运输企业、通用航空企事业和其他部门的飞行活动提供服务；为旅客提供服务；为驻机场各单位提供工作和生活服务。

机场管理机构必须按照机场所具备的条件，保证各种设施、设备处于正常使用状态。

机场管理机构必须保证飞机在机场活动区域内运行的安全正常和效率。根据各航空公司使用机场的情况以及旅客、货物吞吐量的增长情况，不断进行机场的扩建，添置、更新各种设施、设备，提高机场保障服务的功能，以满足航空公司使用和发展的需要，满足不断增长的旅客的需要。

2. 机场管理机构的具体职责

(1)机场管理机构应按照民航总局颁发的机场使用许可证或对民用航空器开放使用的批准文件规定的范围开放使用。凡经民航总局批准的航线和公布的航班时刻，包括民航总局批准指定的备降机场，机场必须予以保证。

(2)定期定时检查、维护飞行区的设施(包括跑道、跑道端安全地区、滑行道、停机坪、客机坪和助航灯光等目视助航设施、围界设施)，及时清除道面上的橡胶附着物、积水、冰雪；消除有碍安全的隐患；保护机场净空和各类标志、标志物完好，清晰可见；保证飞行区处于良好、正常状态。

(3)负责乘机旅客及飞机运载的行李、货物、邮件的安全检查和飞机监护，防止危及空防安全的物品进入飞机。

(4)管理机坪。负责飞机机位分配和停放，以及进入客机坪的车辆、设备、人员的管理，维护秩序和安全，防止客机坪阻塞。

(5)管理候机楼，为旅客提供安全、舒适、方便的候机环境和条件。

管理、维护候机楼内各种设施、设备，包括照明、动态显示、电视监视、广播、空调、冷暖气、供水系统；电子钟及其控制、自动门、行李传送带、活动步道、防火装置、紧急出口等设施设备。

制定候机楼内的整体布局；确定旅客办理各种乘机手续的流程路线及其各种设施设备的位置；管理各种标志。

为旅客提供饮水、公用电话、手推车、医疗救护、在机场遗失物品的认领、小件行李寄存保管、问询等服务。

(6)管理机场范围内机动车辆的运行，规定行车路线、速度、停车位置，制定标志。对公用停车场进行管理。

(7)负责环境保护(包括噪声、鸟害、排污等)、公共区域的清洁卫生和垃圾废物的处理以及环境美化。

(8)维护机场治安秩序，保障机场安全。

(9)机场范围内以及指定地点的消防救援;按民航总局规定制定和组织实施应急救援计划,并按规定组织定期演练。定期演练要邀请当地政府有关部门、民航总局、地区管理局代表观察,提出意见。

(10)提供机场运行的有效资料,按规定上报统计资料和报表。

(11)统一管理和建设机场非盈利性质的供水、供电、供气、道路等公用基础设施,通过收费收回投资和维持正常运转。

(12)为驻场单位职工提供合理的有偿生活服务。

机场管理机构在履行以上职责时,对某些项目可以采取招标的方式,承包给某一单位经营。但在任何情况下,机场管理机构均应负管理的责任。

航空公司可以租赁机场场所承办本公司和代理其他航空公司有关广播、问讯、动态显示、飞机到达停机位的指挥等工作。航空公司承办这些工作时,应与机场有明确协议。

3. 民用机场的主要业务

民用机场一般有以下 11 个方面的航空与非航空业务。

(1)为航空器安全营运提供各类设施及服务。为航空器提供跑道、滑行道、助航灯光、飞行区安全保障(围栏、保安、应急救援、消防和防汛)、驱鸟及除草;航空器活动区道面维护及保障(含跑道、机坪的清扫及除胶等);航空器停放机位及安全警卫、监护、泊位引导系统等设施及服务;

(2)为旅客机场提供设施使用及服务。为过港旅客和转港旅客提供服务设施,主要包括:提供广播、问讯服务设施;提供飞行动态情况显示设备;提供分拣、装卸行李与邮件的设备;为进出港旅客提供登机桥及服务;为机场安全检查、现场保障和联检等单位提供工作场所及水、电、空调等有关配套设施;为要客和头等舱旅客提供候机室和相关服务设施;为旅客提供其他综合配套服务设施;

(3)为航空公司提供航空营业场所。为满足航空公司业务经营需要,在机场区域内为承运人(航空公司)或其代理人提供有关营业场所,如值机柜台、值机室、补票柜台、售票柜台、售票室,提供办公场所等服务设施;

(4)为国内外航空运输企业、进出港和转港的旅客提供过港服务和地面运输服务。为出港和到达旅客提供的各种地面后勤和输送服务,如随机文件的传送,飞机载量的控制,为飞机供水、供电、供气,引导旅客上、下飞机,传送、分拣、搬运、装卸、分发和查询行李、货物和邮件;

(5)提供安全检查服务。安全检查服务是对过港旅客及货物进行必要的安全检查,保证航空飞行的安全;

(6)经营或出租机场内的商业场所。机场候机楼内辟有多种商业场所,如餐厅、酒吧、咖啡厅、商场、邮局、银行、计时宾馆等。环境优雅,设备齐全,为过港旅客提供购物、用餐、邮电、金融及其他休闲服务。机场负责经营或出租这些商业活动场所；

(7)航空代理业务。机场可以代理中外航空公司，从事经营国内、国际航空客货销售业务，客货运包机、租机、仓储及地面运输等业务；

(8)广告业务。机场有着广告业务的得天独厚的优势，机场可从事对外经营和代理广告业务，为中外客户提供广告宣传的设计、策划和咨询，经营机场内广告位和设施的对外租赁业务；

(9)国际商贸业务。国际商贸是机场利用航空运输企业开展商贸活动的特殊优势而从事的另一项业务，主要经营国家政策许可范围内的各种免税商品和中国传统的工艺品、玉器、服装等商品；

(10)应急救援服务。机场从事航空港突发事件应急救援，为中外旅客疾病的救治以及驻场单位员工、家属医疗保健、卫生防疫而提供的一项服务业务；

(11)提供停车设施及服务。为接送旅客、机场工作人员上下班的地面交通工具提供停车设施和服务。

第二节　民用机场在经济活动中的作用

据 ACI 统计 2006 年全球机场吐吞量为 43.72 亿人次，货物吞吐量为 8 560 万吨，起降为 7 220 万架次，平均每天每分钟就有 56 架以上的定期航班飞机在飞行(每天 80987 航班)，平均每天每分钟有 4 200 多人在空中旅行(每天 600 万)，平均每天每分钟有 80t(吨)以上的货物在空中运输(每天 11 520 吨)。航空运输业的兴起，在经济价值上建立了一种全新的投入——产出关系，将社会空间纳入了社会资源体系，向社会经济提供了新的富源，人类物化和活化的劳动，因流通的加速而实现增值，它扩大了劳动力和资本的使用范围，促进了国际分工和国际贸易，极大地提高了社会生产力水平和经济效率；使用航空货运作为运输渠道的现象正在增加，特别是对那些高价值低质量或需要紧急运输的物品。经合组织(经济合作暨发展组织)已经预测全球贸易中就价值而言，大约 1/3 要通过航空运输。

全球化经济的目标是在世界范围内追求最合理的资源配置和以最低成本取得最大的效益和利润。它不仅需要信息的快速传播，而且需要人员和物资的迅速流动，其中后面两项的快速流动主要依靠航空运输来完成。举例说明，某一家著名服装生产厂，面料是由韩国或我国台湾生产，因为那里的生产工艺精良；缝制则在中国大陆，因为人工成本低且做工精细；成品运到巴西去包装，因为当地包装材料物美价廉；商品由墨西哥发货，因为该国属于北美贸易自由区，向美国出口关税较低；最后在美国销售，那是因为美国的市场大。商品在很多国家游动穿梭，肯定会因为运费的花费而使成本提高，但因为此商品在全世界使用了最廉价的资源，总的成本不但没有提高，反而因此赚到最大的利润。这是一个全球运转的链条，其中每一环节都要靠快速的运输去连接。如果不借助空运去衔接的话，那么就至少要耗时两个月以上。时装是有很强的时限性的，众所周知，市场上该商品晚上市两个月简直就无异于自杀。

一、国家对外的窗口

民用航空在国民经济发展中处于重要的战略地位，对四化建设起着重要的推动作用。民用机场又是国家交通基础设施的重要组成部分，民用机场的建设既带动了航空运输蓬勃发展，使航空运输网络向更广阔领域发展，又成了当地区域经济对外开放的门户，促进了当地与经济发达地区经济、科学、文化、教育等方面的交流，对区域经济的发展、科学技术的进步、文化艺术的促进等等，具有十分重要的作用，对于世界人民之间的友好往来，发展旅游事业、侨胞探视访问、为国家创收外汇也有着重要的政治意义和经济意义。

在社会与文化功能上，建立了一种新的高效率的文明传播通道，大大拓展了人们的视野，使得相距遥远的人群和不同的民族能够比较容易地交流知识、思想、情感、艺术、宗教、风俗等，加深彼此的了解与沟通，共同推进人类的文明，共享人类文明进步的成果。

2007 年上海空港出入境旅客 1 730. 6 万人次（不包括机组人员），占全国航空港出入境旅客 5 022. 3 万人次（港澳地区航线 1 188. 9 万人次、国际航线 3 833. 4 万人次）的 34. 46%，占上海航空港旅客吞吐量的 5 155. 34 万人次的 33. 57%。2007 年上海浦东机场进出口货邮 213. 3 万吨，占全国航空港进出口货邮 358. 2 万吨（港澳地区航线 51. 2 万吨、国际航线 307. 1 万吨）的 59. 55%，占上海航空港货邮吞吐量的 294. 81 万吨的 72. 35%。

二、机场是旅客货物的现代化综合交通集散地

目前世界上一些现代化大机场周围既有铁路也有港口，是一个完整海陆空交通枢纽中心。一般机场的地面交通系统可以包括公共汽车、私人汽车、出租汽车、地下铁路、轻轨快速运输系统等；停车设施可以包括停车场、停车楼、远距离停车场、长期停车场等；候机楼可以有多幢，建筑面积为几万、十几万甚至几十万平米；客机坪可以同时停放几十架飞机；这样的候机楼设施，可以在 1 小时内为几十架甚至上百架的各类飞机的几千乃至上万旅客办理进出港手续，提供各种服务，年旅客流量达到上千万或三四千万人次。据《国际机场理事会 ACI》统计，2007 年美国亚特兰大机场客流量为 8 938 万人次、奥黑尔机场 7 616 万人次，东京羽田机场为 6 667 万人次、泰国曼谷机场为 4 121 万人次、我国香港机场为 4 699. 5 万人次，就连人口不过 300 万的新加坡，其樟宜机场也有 3 670 万人次的客流量。

随着海、陆、空多维立体综合交通体系的建立，将给旅客带来极大的便利。不久的将来，人们不再把出行看作是从一个城市到另外一个城市简单的地理位置上的迁移，而是一种全过程的休闲享受。建立多维立体交通体系，机场再不是一个孤立的小岛。机场将是一个大型的客货源的集散地，机场与当地包括公交车、地铁、火车、轮船在内，组成综合交通体

系，以确保所有的旅客、货物能够在最短的时间之内到达或离开机场，成为现代化综合交通的集散地或枢纽中心。在欧洲，所有的机场，不管它有多么小，都和其他地面运输组成一个综合交通体系，现代化综合交通系统的建立，为航空运输增加了数以万计的旅客。集飞机、地铁、公交车、火车于一身的一票多用在欧洲取得了空前的成功，这种多式联运的运输方式对于我国机场建设和发展来说具有十分重要的借鉴意义。

号称世界上最复杂的交通枢纽工程——上海虹桥综合交通枢纽初现蓝图，一举囊括空港、高速铁路、磁悬浮、城际铁路、轨道交通、公共汽车等各种交通系统。虹桥枢纽有点像欧洲交运流量最大的法兰克福机场，又像芝加哥的奥黑尔国际机场，那是全美面积最大、客运吞吐最繁忙的机场，但并没有磁悬浮、高铁等复杂的功能；它又像东京的新宿、池袋、涉谷的总和，那里聚集着通向日本各地的路网系统，但没有虹桥枢纽的空港功能。

如果你2010年途经上海虹桥综合交通枢纽，走上200米，你就能搭乘磁悬浮、高速铁路、飞机、地铁、城际巴士到任何你想去的地方。这就是传闻中的"超级车站"的便利之处。

虹桥交通枢纽的整体规划：枢纽包括4个新的综合社区以及一个新的容纳国内航班的机场航站楼、10条磁悬浮列车的站台、30条城际及高速列车的站台、一个能容5条线路的地铁站以及一个新的城际巴士总站。交通枢纽中心的设计将容纳超过百万的日旅客流量，它将成为中国最大的火车站。

三、机场运营对经济的直接影响

机场支撑了机场本身和附近地区的就业，而且间接支撑了提供产品和服务供应链中的就业。除此之外，这些间接和直接雇员中的收入又创造了对经济中产品和服务的需求，从而又进一步支撑了社会就业。

2001年欧洲机场直接就业大约在120万人。不直接在欧洲各机场上班但是和机场直接相关的工作岗位有20万人。其中将近2/3（64%）的就业直接来自航空公司、代理商和机务维修，剩下的36%就业是在以下几个方面分摊：机场运营商（14%），机上餐食供应、餐馆酒吧和零售业（12%），空管机场（6%），货运（1%），其他业务比如油料公司和地面运输公司等（3%）。

有证据表明，欧洲机场目前支撑的就业数是平均而言每年每百万乘客大约有950个机场直接工作岗位。依据ACI的最新客货预测，预计欧洲机场雇员到2010年会上升至140万人。

我们预计：平均而言，欧洲机场每1 000个直接岗位就会在全国范围内支撑大约2 100个间接的或诱导的工作岗位，支撑地区内1 100个间接的或诱导的工作岗位或次地区内500个类似的工作岗位。

机场对于它们所服务的地区整体经济作出了巨大的贡献。扣除旅游业的影响力之外，我们预计机场的经济贡献率在 1.4%~2.5%的 GDP 范围中。

据国际有关权威机构最新测算,美国 100 万航空旅客 1 年最少可创造 1.3 亿美元的经济效益、2 500 个就业机会。机场的规模越大,产生的效益也就越大。1999 年,美国奥克兰、洛杉矶、旧金山三个枢纽机场估计增加了 30 万个就业机会,对该地区的直接收入超过 370 亿美元。以北京为例第三航站楼在 2008 年完工后,专家估计,如果首都机场建成亚太复合型航空枢纽的话,到 2008 年旅客流量会达到 6 000 万人次,会给北京及周边天津地区带来几百亿的经济效益,成为推动京津地区经济一体化发展的"火车头"。

四、机场是国家和地区经济发动机

机场是广泛经济活动的必要基础设施。民航基础建设的发展,对于调整当地的产业结构,改善投资环境,繁荣地区经济,促进旅游业发展的作用也是不可忽视的。2000 年,贵州的 GDP 只有 993.5 亿元,而到 2006 年,GDP 实现 2 267.43 亿元,其中第三产业的增加幅度大大超过第一、第二产业的增加幅度,光旅游收入一项就达 380 亿元,比 2000 年的 62 亿元,足足增加了 5 倍多。

机场作为城市对外开放的窗口和各种资源流通的快速通道,为城市的发展集聚各种优势资源而促进城市的发展。如厦门市,在 20 世纪 80 年代初建设特区过程中,苦于没有机场,交通不便而造成外商不愿去该市投资。后来厦门市政府利用科威特政府的贷款于 1982 年建设了厦门机场。厦门机场自 1983 年建成通航后,飞行架次和旅客吞吐量迅速增加,外商赴厦门投资额急剧增长,厦门地区经济快速发展。20 年间,经济年均增长率高达 18%,取得了良好的社会经济效益。厦门机场建设资金回收快,还款信誉好,科方十分满意,又于 1992 年对机场扩建给予第二次贷款。该机场已开通至国内外 60 多个城市的航线,2007 年旅客吞吐量 868.5 万人次,居全国民航机场第 15 位。厦门市原市委书记邹尔康认为,没有厦门机场,就没有厦门市对外开放的大好局面,就不可能有上千家外商来厦门投资。今后,厦门市将一如既往地支持厦门机场的发展,即使砸锅卖铁也要保证机场的发展投资。

美国是中国的第二大贸易伙伴。根据中国的统计,从 1979 年两国建立外交关系开始到 2006 年,双边贸易额增加了 106 倍,相当于年增长 18.9%;而美方的统计则显示,这些年间双边贸易额增加了 144 倍,相当于年增长 20.2%。自加入世界贸易组织以来,中国已成为美国的第四大出口市场,增速更是保持在第一位,同期美国对中国的出口增速是对其他国家出口增速的 3.7 倍。如此重要的贸易市场,如此大的贸易额,势必要求航空运输业的鼎力支持。因此自 2002 年以来,我国与美国修订了两次双边航空运输协议,而且一次比一次开放的力度大。

中美间航空运输的开放历程,只是中国经济快速发展与民航运输业加大开放紧密相关的一个缩影而已。5 年来,我国对外贸易的高速发展与民航运输业的支持密不可分,我国日益增长的国际公商务和境外旅游需求更离不开民航运输业的快速发展，中国民航运输业的开放和发展早已融入国家经济的整体发展。有关研究数据显示，我国航空运输总量（总周转量）每增加1%，宏观经济（GDP）将增加0.612%；我国航空运输总周转量增长1%，中国商品进出口总值就增长0.98%；中美之间航空运输总周转量每增长1%，中美双边贸易就增长0.69%。

民航运输业的对外开放，同样促进了外资的引进。由于外商投资十分关注投资环境，特别是基础设施的完善，因此中美航空运输总周转量每增加1%，美国在华直接投资将增长0.78%。这些数据都表明，民航运输业的对外开放从总体上来说有利于国家宏观经济的健康发展，开放的民航运输业"当仁不让"地成为我国国民经济和对外贸易发展的重要支柱之一。

大型机场常常被认为是具有基础性的国家经济发动机。这些机场已发展成为一种多种运输方式相互联接交换的节点。它们在网络地位中创造了战略优势。这种优势又让机场能吸引更广泛的经济活动。

通常一个机场发展壮大后，国际上许多国家和地区纷纷在机场周边建设临空经济区，包括工业区、物流园区、自由贸易区、娱乐区和商务区等，进而形成航空城，如亚特兰大机场、戴高乐机场等。而在临空经济区中，建立自由贸易区是国际上广泛采用的模式。因为在机场附近必然存在物流企业和加工企业，而他们往往对时间的要求比其他行业高，在机场周边建立具有保税功能的自由贸易区，能够更好地服务那些以时间为核心竞争力的物流企业和加工企业开展业务。

如果机场具有良好的联结性，那么机场就可以成为吸引各公司的强力吸铁石。比如维也纳机场具有联结东欧的特性，因此该机场所在的城市维也纳便成为一些目标对准东欧的全球性公司地区总部所在地。

许多行业依赖于航空运输或与其相关，因此被称为"航空密集型"行业，比如保险业、银行金融业、印刷业、饮料业、石油业、通信业、精密仪器光学仪器业等。一些具有可使用土地的机场正在大力发展"商业园区"以利用航空运输服务的可联结性来吸引各种商业活动。通常而言，这些商业园区里的企业要么和机场活动有关，要么本身从事航空行业，要么就是常常需要有求于航空运输的企业。

思　考　题

1. "民用机场"定义中特定区域是指什么？
2. 我国机场行业特殊性体现在哪几个方面？
3. 民用机场公益性定位和经营性定位各有什么特点？
4. 针对我国民用机场管理体制，应如何进行定位？
5. 民用机场具备什么条件方能开放使用？

6. 如何区分支线机场和枢纽机场?
7. 民用机场的基本功能是什么?
8. 机场管理机构的主要任务是什么?
9. 机场管理机构有哪些具体职责?
10. 民用机场的主要业务涉及哪些方面?
11. 为什说民用机场是国家或地区对外的窗口?
12. 结合当地实际,谈谈民用机场与地区经济的关系。

第三章　民用机场改革与发展

第一节　“十五”期间的民航体制改革

一、新一轮民航体制改革(2002—2004 年)

2002 年到 2004 年,中国民航进行并基本完成新一轮体制改革:原民航总局直属航空运输企业和服务保障企业实施联合重组,成立了六个集团公司(中国航空集团公司、中国东方航空集团公司、中国南方航空集团公司、中国民航信息集团公司、中国航空油料集团公司、中国航空器材进出口集团公司)并将资产、人员交国资委管理,实现政企分开;机场实行属地化管理改革;完成地区管理局机构改革;建立业务垂直管理的空中交通管理体系;组建了空中警察队伍等。

通过这些改革,我国民航基本形成适应社会主义市场经济要求,并与国际接轨的新的行业体制,民航行政机关行业管理力度加大,行业安全水平提高,市场秩序逐步规范,对内对外开放格局基本形成,资源和生产要素的配置优化,骨干航空运输企业的规模扩大、竞争力增强,航空运输和保障企业、机场的市场主体地位确立,发展的积极性提高,全行业进一步呈现出持续、快速、健康、协调发展的态势。

“十五”期间在机场管理体制改革上实现了历史性突破。在我国,一些机场已是上市企业,在企业性质与产权结构上,应该是个纯粹的收益性企业。但是由于种种原因,在相当长的一段时间内,这些机场运营管理并未真正进入收益性企业管理阶段,机场的经营管理在很大程度上受到政府的制约,政企不分、政资合一是这些机场经营管理的真实写照。其结果是,机场不能真正的按照企业发展的需要去经营,商业功能得不到充分的开发与利用,机场的经营管埋相当困难。2004 年,我国的 130 多个机场中,只有少数机场实现了盈利,大部分机场处在亏损或亏损的边缘。

面对这种进退两难的困境,无论是政府还是机场自身,大家都在思考,都在寻找出路。于是,便有了机场属地化重组改革。

在“十五”期间,对机场业来说,影响最大的就是从 2002 年 3 月 3 日开始,到 2004 年 7 月 8 日结束的 90 个机场属地化改革。通过这次改革,民航总局和机场定位清晰了,地方政府的积极性提高了,机场获得的发展空间更大了,机遇更多了。

属地化改革之后，地方政府和社会投资民航的积极性进一步被调动起来，地方政府发展机场业的主动性明显增强。机场移交地方政府管理后，加重了地方政府在机场建设投资和经营发展上的责任，各省(区、市)政府都纷纷把民航业发展纳入地方国民经济和社会发展总体计划，统筹安排，加大政策扶持力度。因为他们清楚地知道：建设一个支线机场花费3～4亿元，这仅相当于修建10公里的高速公路。因此建设机场具有投资最少、见效最快、社会效益明显的效果，是改善当地经济，促进对外开放的最佳战略，而一些西部地区更是把发展机场作为加快西部大开发、缩短东西部差距的良策。

这次体制改革机场下放后，针对中小机场规模小的现状，原则上以省(区、市)为单位组建机场管理公司或成立以核心机场为首的机场集团公司，可以进行区域性的机场联合，走集团化发展之路，实行企业化经营。组建机场集团公司、机场管理公司有其必要性、紧迫性：①优化资源配置，避免重复建设，控制营运成本，而且实现规模效应，形成一定的分工，实现优势互补，共同分享市场，发挥区域性核心机场集散旅客的作用。比如，以昆明巫家坝机场作为云南省的枢纽机场，联合区域内西双版纳、丽江、芒市、大理、保山、思茅、迪庆、昭通、临沧9个中小支线机场成立机场集团公司。这些机场所在地大多有着丰富的旅游资源，可为昆明机场到这些支线机场的航线提供广阔的市场资源，把全国乃至东南亚等国际、国内的旅客源源不断地分流到各个支线机场，反过来，支线机场又把自己的客源向昆明集中，通过昆明集散出去。②中小机场大面积亏损的局面应设法尽早扭转，如不设法扭转，几年后机场将变为负资产。企业权益将变为零，从财务上讲，只有宣告破产。只有通过管理体制、管理技术的改革，对省内、区域、跨区域中小机场群的管理实施整体创新，才能带动机场企业群体效益状况的好转，避免中小机场背上负债、经营亏损的沉重包袱。

二、取得辉煌成就

1. 2007年民航发展水平

根据国际民航组织的最新统计，2005年，我国航空运输总周转量在世界的排名由第三位上升至第二位，超过德国，成为仅次于美国的世界第二航空运输大国。2006年、2007年持续保持第二位。

2007年中国民航全行业完成运输总周转量、旅客运输量和货邮运输量分别达361亿吨公里、1.85亿人次和396万吨，比上年分别增长18.1%、15.9%和13.3%；飞行367.7万小时、176万架次，比上年分别增长15.4%和12.7%。中国2006年未发生运输飞行事故和空防安全事故。

上述统计数据尚不包括香港、澳门和台湾地区。

“十五”期间，民航许多机场都进行了改扩建，基础设施条件得到了明显改善。近几年，民航总局每年平均投入120亿元专项资金用于机场建设，每年有4～5个新机场投入使用。截止到2006年年底,全国共有民用运输机场(含军民合用机场)147个,目前可起降B747、A340等大型飞机的4E机场数量达到了25个,其中北京首都机场、上海浦东机场和广州白云机场已经具备A380飞机的运行条件;可供B767、B757、A300、A310等机型使用的4D级机场35个;可供B737等中型飞机使用的4C级机场58个;3C级机场29个。

2. 2007年机场生产统计指标

(1)通航城市和机场。2007年,我国境内民用航空定期航班通航机场148个(不含香港和澳门,下同)。定期航班通航城市146个。

(2)主要生产指标。2007年,全国各机场共完成旅客吞吐量38 758.6万人次,比上年增长16.8%。其中,国内航线完成34 925.2万人次,比上年增长16.7%(其中内地至香港和澳门地区航线为1 188.9万人次,比上年增长9.2%);国际航线完成3 833.4万人次,比上年增长17.5%。完成货邮吞吐量861.1万吨,比上年增长14.3%。其中,国内航线完成554.0万吨,比上年增长9.9%(其中内地至香港和澳门地区航线为51.2万吨,比上年增长9.9%);国际航线完成307.1万吨,比上年增长23.3%。飞机起降架次为394.1万架次,比上年增长13.0%。其中:运输架次为352.6万架次,比上年增长12.3%。起降架次中:国内航线360.5万架次,比上年增长12.2%(其中内地至香港和澳门地区航线为11.3万架次,比上年增长2.7%);国际航线33.6万架次,比上年增长23.5%。

(3)旅客吞吐量分布。所有通航机场中,年旅客吞吐量在100万人次以上的有47个,比上年增加3个,完成旅客吞吐量占全部机场旅客吞吐量的95.4%;年旅客吞吐量在1 000万人次以上的为10个,比上年增加3个,完成旅客吞吐量占全部机场旅客吞吐量的57.9%;北京、上海和广州三大城市机场旅客吞吐量占全部机场旅客吞吐量的35.1%。全国各地区旅客吞吐量的分布情况是:华北地区占17.1%,东北地区占5.6%,华东地区占30.3%,中南地区占25.5%,西南地区占15.1%,西北地区占6.3%。

(4)货邮吞吐量分布。各机场中,年货邮吞吐量在10 000吨以上的有43个,比上年增加4个,完成货邮吞吐量占全部机场货邮吞吐量的98.7%;北京、上海和广州三大城市机场货邮吞吐量占全部机场货邮吞吐量的58.8%。全国各地区货邮吞吐量的分布情况是:华北地区占18.7%,东北地区占3.6%,华东地区占45.8%,中南地区占20.1%,西南地区占9.0%,西北地区占2.8%。

吞吐量在1 000万以上的有京、沪(浦东、虹桥)、穗、深、蓉、昆、杭、陕、渝等10大机场,2007年旅客吞吐量达到全国的57.92%,货物吞吐量占全国的77.64%。首都机场、上海(浦东、虹桥)机场、广州机场,现已成为全国名副其实的三大枢纽机场,其中首都机场在2007年世界机场旅客吞吐量排名第9位,年旅客吞吐量5 361万人次,而浦东机场则在货运吞吐量位居世界机场排名5位。显而易见,中国要从民航大国走向民航强国,是离不开这些大型机场的迅猛发展的。

旅客吞吐量的不断增长，带来机场设施容量的紧张。为了给旅客创造一个更加舒适的候机环境，让旅客得到更愉悦的服务，全国很多机场都在扩建，日夜不停地赶工。

放眼望去，中国版图上最重要的三个枢纽机场——北京、上海和广州机场，一派热火朝天的施工景象。

首都机场投资270亿元的扩建工程于2008年2月29日胜利竣工，T3航站楼、第三条跑道正式投入使用。

上海浦东机场T2航站楼、第三跑道于2008年3月正式投入使用，西货运区公共货站目前已经完工，等到西货运区全部建成投入使用，将成为全球最大的航空货运站。

2004年7月，广州白云新机场启用，至此全国第一个按照中枢理念设计的机场开始运营。2005年，机场为了满足不断上升的客货吞吐量，提升中枢竞争力，又开始了投资近百亿的扩建工程。截止到目前，已完成东南站坪、东三西三指廊站坪和中性货站停机坪工程及相关配套设施的建设，联邦快递亚太转运中心工程完成了场区的土建工程，开始进行了机电设备安装施工。

2007年2月11日，“十一五”期间唯一新建的大型枢纽机场——昆明新机场进行了工程奠基仪式，等到新机场启用时，届时可满足年旅客吞吐量2 300万人次。

大型机场建设热火朝天，中型机场也同样在面临容量饱和的压力下，频频开始大兴土木。

原来使用两条跑道的机场只有北京首都机场、上海浦东机场和广州白云机场，如今上海虹桥机场、深圳机场、成都机场、杭州机场、西安机场、重庆机场纷纷都有扩建第二跑道的意图和行动。

作为全国六大区域枢纽机场的沈阳机场、乌鲁木齐机场、武汉机场都在建设新候机楼，应对容量饱和的问题。

虽然绝大部分小型机场目前处在亏损状态，但民航总局和地方政府都有共识，小型机场服务好国家经济社会发展才是首要任务，因为地方经济的腾飞需要它，百姓迈出大山也靠它，因此建设更多小型机场是当务之急，也是“十一五”期间的重点任务。

2004年机场属地化改革完成之后，一些地方政府建设机场的热情空前高涨，新增小机场有贵州兴义、福建连城、西藏林芝、云南文山、新疆那拉提、内蒙古鄂尔多斯和新疆喀那斯等13个机场。

这几年来，一些新机场的修建，让商人南来北往做生意更加方便，游人更可以摆脱“路长游短”的窘境，享受游览景区的畅快。机场设施的改善，则让候机环境变得更加舒适，旅客可以怡然自得地在机场吃饭、购物、上网和登机，而不用置身于嘈杂纷扰、狭小的候机厅。

然而这一切都不是终点。因为，到2010年，全国民用运输机场将达到190个左右，其中小型机场有140个之多，那时人们有更多的地方可以“飞”奔而去。

三、差距和潜力

1. 与国际水平的比较

对民航来说，要站在全局，就是不只看到中国机场发展的状况，也要看到世界机场目前是什么样的情况，这又是一种全局。大量的数据对比说明了当前国内机场发展与国外机场发展的差距，如表3-1，表3-2 和表3-3 所示。

2007 年全国所有航班运营机场共完成旅客吞吐量约 38 758.6 万人，比 2006 年增长16.8%；货邮吞吐量 861.1 万吨，增长 14.3%。2007 年在所有航班运营机场中，旅客吞吐量超过 1 000 万人次的机场 10 个，500～1 000 万人次 11 个，100～500 万人次 26 个，50～100 万人次 10 个，10～50 万人次 39 个，10 万人次以下 53 个。

2007 年世界机场与中国机场旅客吞吐量对照表　　表 3-1

2007 年世界机场旅客吞吐量（人次）			2007 年中国机场旅客吞吐量（人次）		
名次	机场	旅客吞吐量	名次	机场	旅客吞吐量
1	亚特兰大哈茨菲尔德	89 379 287	1	北京	53 611 747
2	芝加哥奥黑尔	76 159 324	2	广州	30 958 467
3	伦敦希思罗	68 068 554	3	浦东	28 920 432
4	东京羽田	66 671 435	4	虹桥	22 632 962
5	洛杉矶	61 895 548	5	深圳	20 619 164
6	巴黎戴高乐	59 784 876	6	成都	18 574 284
7	达拉斯沃斯堡	59 919 383	7	昆明	15 725 791
8	法兰克福	54 161 856	8	杭州	11 729 983
9	北京首都	53 736 923	9	西安	11 372 630
10	西班牙马德里	52 122 214	10	重庆	10 355 730

2007 年世界机场与中国机场货物吞吐量对照表　　表 3-2

2007 年世界机场货物吞吐量（吨）			2007 年中国机场货物吞吐量（吨）		
名次	机场	货物吞吐量	名次	机场	货物吞吐量
1	孟菲斯	3 840 574	1	浦东	2 559 245.9
2	香港	3 772 673	2	北京	1 416 452.3
3	安克雷奇	2 826 499	3	广州	695 092.7
4	首尔	2 555 582	4	深圳	616 172.2
5	浦东	2 494 808	5	虹桥	388 904.0
6	东京羽田	2 252 654	6	成都	325 944.9
7	法兰克福	2 169 025	7	昆明	232 656.3

2007 年世界机场与中国机场起降架次对照表 表 3-3

2007 年世界机场起降架次			2007 年中国机场起降架次		
名次	机场	起降架次	名次	机场	起降架次
1	亚特兰大哈茨菲尔德	994 346	1	北京	399 209
2	芝加哥奥黑尔	927 834	2	广州	260 828
3	达拉斯沃斯堡	684 779	3	浦东	253 532
4	洛杉矶	681 445	5	虹桥	187 045
5	丹佛	614 169	6	深圳	181 450
6	拉斯维加斯	609 472	7	成都	166 312
7	休斯敦	603 836	8	昆明	148 128

注：中国国内机场起降架次排名第 4 为洛阳；因为是飞行训练的专用机场，而未列入排名。
世界机场统计数据来源于《国际机场理事会 ACI》；
中国机场统计数据来源民航总局统计公报。

我们从下列三组 ACI 数据明显地看出中国与世界航空强国之间的差距。

第一组数字，根据国际民航组织的初步估算，2007 年世界最大的 30 个机场中，北美洲 15 个、欧洲 7 个、亚洲 8 个，他们的旅客吞吐量为 14. 31 亿人次，占 2007 年全世界机场旅客吞吐量 43. 72 亿人次的约 32. 73% 左右。

第二组数字，2007 年按旅客吞吐量排名前 10 位的机场，第 1 位亚特兰大哈茨菲尔德国际机场，8 937. 9 万人次；第 2 位芝加哥奥黑尔机场，7 615. 9 万人次；第 3 位伦敦希思罗机场，6 806. 9 万人次；第 4 位东京羽田机场，6 667. 1 万人次；第 5 位洛杉矶国际机场，6 189. 6 万人次；第 6 位巴黎戴高乐机场，5 978. 5 万人次；第 7 位达拉斯沃斯堡机场，5 991. 9 万人次；第 8 位法兰克福机场，5 416. 2 万人次；第 9 位北京首都机场，5 374. 0 万人次；第 10 位马德里国际机场，5 212. 2 万人次。

第三组数字，2007 年按国际旅客吞吐量排名前 10 位的机场，分别是伦敦希思罗 6 210. 0万人次、巴黎戴高乐 5 490. 2 万人次、阿姆斯特丹 4 767. 8 万人次、法兰克福 4 708. 8 万人次、香港 4 628. 1 万人次、新加坡 3 522. 1 万人次、东京成田 3 429. 0 万人次、迪拜 3 348. 1万人次、曼谷 3 163. 3 万人次。伦敦盖特威克 3 113. 9 万人次。按国际旅客吞吐量，我国民航机场仅有浦东机场排在第 27 位，为 1 751. 9 万人次。

2. 中国与美国之间的差距

从 2005 年起，我国航空运输总周转量在世界的排名由第 3 位上升至第 2 位，超过德国，成为仅次于美国的世界第二航空运输大国。我国民航虽然在不长的时间内达到了运输总周转量世界第 2 的位置，并且开始拥有了能够与世界主要航空公司相比较的骨干航空公司规模,也拥有了增长速度最高的超大型机场,但是我国民航发展主要是由于国家经济社会快速发展而带来强劲的航空市场需求增长的推动,还属于被动地适应市场需求的压力、通过粗放式外延扩张来实现的成长,总的来看还存在3个方面的主要问题:①服务经济社会发展的水平还不高;②航空消费者的满意程度还不高;③自身可持续发展的能力还不高。尽管我国民航发展在量的积累上取得了很大成效,但整个行业在质的提高上进展并不显著。我们在增长的质量、效率和效益方面,与民航发达国家还不能相提并论,与民航强国目标还相距甚远。

据专家预测,从现在到2020年,航空运输将保持两位数的年均增长速度。按照这样的发展预测,2020年我国的航空运输规模大致相当于位居世界第1位2005年美国的规模,运输总周转量为1 520.09亿吨公里。但美国完成这样规模的运量依靠了大约600个左右的高效率运转的公共商用运输机场、约8 000架运输飞机和113家航空公司。而我国2007年运输总周转量为361亿吨公里,全行业仅有148个机场、1 134架飞机、35家航空公司。单从数量上看,我国的航空运输周转量、全行业机场、起架次数和航空公司大致分别约是美国2005年的1/4、1/4、1/8和1/3。实际上美国的机场和航空公司规模都要远远大于我国,其最大的亚特兰大机场2007年旅客吞吐量为8 937.9万人次,而我们的首都机场2007年旅客吞吐量为5 361.1万人次;2007年底我国拥有1 134架运输飞机,而美联航一家就拥有飞机690架,我国飞机最多的南航才330架。从2005年到2020年,要在15年内达到或超过目前美国的水平,平均每年要增加运输总周转量80亿吨公里,增加30个机场、460架飞机。我国要完成美国目前的运输量,需要像中国国际航空公司这种规模的公司20个,像2005年时首都机场那样规模的机场35个。

3. 中外航空运输的不平衡显示我国航空运输发展的潜力

通过中外航2006年冬/2007年春班期时刻表,对中外航通航情况进行比较,外航航班比中方多13.3%。虽比2006年夏秋班期时刻表,提高了25.7%。但仍有差距,根据对等的原则,还有很大的发展潜力。

第二节　发展目标和规划

一、"十一五"期间机场发展目标

经过几十年的建设和发展,我国机场体系已初具规模,机场密度逐渐加大,机场等级和规模逐步提高,现代化程度不断增强,初步形成了以北京、上海、广州等枢纽机场为中心,以成都、昆明、重庆、西安、乌鲁木齐、武汉、沈阳、大连、哈尔滨、深圳、杭州等省会或重点城市机场为骨干以及众多其他城市干、支线机场相配合的基本格局。尤其是昆明、成都、重庆、西安、乌鲁木齐等机场分别在西南、西北区域内的中心作用逐步显现,诸多中小城市机场发挥着重要的网络拓展作用。

截至2006年底,我国共有民航运输机场147个(不含港澳台地区)。其中,东部地区41个、中部地区25个、西部地区69个、东北地区12个。全国52%的县级行政单元能够在地面交通100公里或1.5小时车程内享受到航空服务,服务的人口数量占全国总人口的61%、国内生产总值(GDP)占全国总量的82%。机场总体布局基本合理,区域布局与我国经济地理格局基本适应,机场体系的功能层次日趋清晰,航空运输在综合交通运输体系中的地位也不断提高,基本符合我国国情和民航发展方向,基本适应国家和地区经济社会发展需要。但是,还存在不少问题和矛盾,诸如机场数量仍然较少、服务地域不广、大部分干线机场容量饱和或接近饱和、军民航空域使用矛盾日益突出、区域内各机场定位分工不明确以及枢纽机场国际竞争力不强等。

2007年,民航总局党委作出建设和谐民航的战略部署。努力构建民航与社会的和谐关系,是和谐民航建设的重要内容。从和谐民航建设的目的来看,实现民航又好又快地发展,目的在于适应国民经济和社会发展的需要,满足人民群众日益增长的航空消费需求。要求我们从国家经济社会发展的全局、从社会主义和谐社会建设的全局的角度来思考和推进和谐民航建设。

和谐民航建设主要目标和任务是:到2020年,民航客运周转量在国家综合交通体系中所占比重达到20%以上;保障航空安全长效机制基本形成,安全保障水平明显提高,运输飞行每百万小时重大事故率不超过0.15;服务质量明显提高,旅客满意度高于90%,航班正常率保持在85%以上,平均延误时间控制在30分钟以内,航空消费者的权益得到切实尊重和保障,机场环境保护取得进步;行业宏观调控和经济调节得到加强,行业经济效益稳步提高,实现增长方式的转变;行业内各市场主体关系和谐,公平有序竞争的市场环境形成;形成结构合理、业务技术水平和思想道德素质较高的民航员工队伍;东部与西部、干线与支线、客运与货运、国内与国际、航空运输与通用航空发展均衡,民航进入全面、协调、可持续发展的新阶段。

二、民用机场发展长期规划

为更好适应国民经济社会发展需要,促进区域协调发展和对外开放,2004年,民航总局会同国家发展改革委启动了全国民用航空运输机场2020年布局和"十一五"建设规划研究工作,先后组织开展了多项专题研究和论证,邀请宏观经济、技术、规划专家,国土资源、环保、军队、铁路、公路、水运、城市规划等有关部门、对布局规划方案进行了充分论证,在汲取上述专家、省市及部门的意见和建议基础上,反复修改、补充和完善,形成《全国民用机场布局规划》。

规划在编制过程中,充分考虑了与国民经济社会总体发展战略和航空市场需求相适应,与区域经济地理和经济社会发展水平相适应,与其他运输方式布局相衔接,与民航系统内部各要素相协调,与节约土地、能源等资源和保护生态环境相统一等规划原则。

规划将按近期(到2010年)和远期时序建设。2010年前实施重点是:强化主要枢纽机场的建设,提高服务水平和竞争力;改扩建能力不足的骨干机场,缓解机场基础设施建设滞后的突出矛盾;增建部分新机场,完善机场网络布局。据初步测算,完成上述规划,需要投资4 500亿元(静态投资)。

中国民航根据目标制定的民航发展"十一五"规划和2020年远景目标编制的《全国民用机场布局规划》已获得国务院批准出台。机场建设着力构建布局合理、规模适当、功能完备、协调发展的机场体系。根据该规划,到2020年,我国民航运输机场总数将达到244个,新增机场97个(以2006年为基数),形成北方、华东、中南、西南、西北五大区域机场群。

上述布局规划实施后,全国80%以上的县级行政单元能够在地面交通100公里或1.5小时车程内享受到航空服务,所服务区域的人口数量占全国总人口的82%、国内生产总值(GDP)占全国总量的96%。全国省会城市(自治区首府、直辖市)、主要开放城市、重要旅游地区、交通不便中小城市等均有机场连接,形成功能完善的枢纽、干线、支线机场网络体系,大、中、小层次清晰的机场结构,航空运输整体发展能力和国际竞争力显著增强,与其他交通方式的衔接更加紧密,与城市发展更加融洽,服务范围进一步扩大,服务水平显著提高,将为全面建设小康社会和构建和谐社会发挥更加积极的作用。

据预测,到2020年,全国机场货邮吞吐量、旅客吞吐量将分别保持15.0%和11.4%的年均增长速度。年旅客吞吐量超过3 000万人次的机场将达到13个(目前只有3个),旅客吞吐量2 000~3 000万人次的机场将达到6个(目前只有2个),1 000~2 000万人次的机场将达到10个(目前只有5个)。

预计"十一五"期间,中国内地航空运输总体发展速度为14%左右,2010年航空运输总周转量将达到500亿吨公里。"十一五"末,民航运输机场总数将达到190个左右,新增机场45个左右,建设资金需求约1 400亿元。其中大型复合枢纽机场3个,大型枢纽机场7个,中型枢纽机场24个,中型机场28个,小型机场124个。按照扩充大型机场、完善中型机场、增加小型机场的原则,加强机场设施建设,缓解机场设施紧张的矛盾,提高机场综合保障能力。对北京、上海、广州3个大型复合枢纽机场进行改扩建,以满足北京奥运会、上海世博会、广州亚运会需要和市场发展需求,并初步建成国际航空运输客货集散中心;迁建昆明机场,改扩建上海虹桥、深圳、成都、海口、西安、杭州机场;对大连、厦门、重庆、青岛等24个中型枢纽机场根据发展的需要进行相应的扩建和改造;完成石家庄、烟台、宁波、西双版纳等28个中型机场以及82个小型机场的迁建、扩建工程。另外,还将新增42个机场。

第三节　大型复合枢纽机场建设

一、大型复合枢纽机场的战略地位

谈到枢纽机场，就不得不提到一个叫弗雷德·史密斯的人，当时他在耶鲁大学写了一篇论文，他的构想是如果把一件货物从旧金山送到洛杉矶的话，那么先把货物发送到孟菲斯，再从孟菲斯发送洛杉矶。在当时很多教授都认为这是非常荒谬的，论文也只得了C，然而，就是这个人毕业以后把他的构想实现了，这个人就是联邦快递（FedEx）的创始者。他提到的这个模式就是一个机场枢纽模式的开始。

在发展枢纽机场的过程中，美国的航空公司做出了很大的贡献，很多航空公司都在中枢机场修建了基地公司，建立起更能充分体现航空产品服务品质的航空枢纽，通过枢纽机场与周边非枢纽机场的相互连接，形成中枢辐射式的航线结构。由于中枢航线结构在客流量较小的城市之间不直接通航，而是通过在枢纽机场衔接航班、中转旅客的方式，实现相互间的空中联结，同时也大大提高了航空公司飞机和机组的利用率。美国的枢纽模式应该说是到2000年才达到成熟阶段。也有过去曾是枢纽机场，由于各种原因无法发挥由经济规模和有效运用资产带来的效益，而逐步被淘汰掉，枢纽机场的分布目前已趋于合理，因此，市场规律最终将为枢纽和非枢纽的分配找到适度的平衡。

在美国机场的发展中，另外一种模式也不容忽视，这就是点对点模式，这种模式随着低成本航空对世界航空业影响越来越大，也日显重要。应该说，枢纽模式和点对点模式这两个模式在航空业的发展中占有各自的地位。

北京、上海、广州三大门户机场如何最大可能地将那些最有价值的客流、物流带到中国，这关系到中国经济的发展，更关系到中国高科技、高增值产业发展的命脉，三大门户机场代表国家参加亚太枢纽机场地位竞争是国家战略利益的需要。

纵观当今世界航空网络，美国、欧洲、亚洲三角轴心地带覆盖了全球80%以上的运量。美国、欧洲航空市场发展已相对成熟，主要市场已被各大航空公司按照自己的中枢辐射航线结构所瓜分，逐步达到一种均衡的网络模型。有资料显示：全球排名前20位的航空公司均采用中枢辐射结构安排航线网络，前30位机场无一不是枢纽机场。这种全球一体化的航线网络结构的一个重要特点是随着航线密度和中枢港口的高度集中，大大增强其稳定性。要知道，一旦该结构趋于稳定，打破这种结构的成本将是巨大的。“中枢－辐射”结构的形成，使得处于中枢地位的枢纽机场，因其航线覆盖面广、延伸能力强、辐射范围大、运输及时而吸引到更多的客货流量，反过来又促使航班密度增加和航线覆盖面的扩大，产生“马太效应”。随之，枢纽机场的规模也就越来越大。而处于轮辐（spoke）结构中的机场，因其辐射范围有限，航线航班少，就很难获得较快的发展。

处于另一轴心的亚太地区航空市场正处在一个高速成长时期，正逐步融入国际航空大网络中。在美国、欧洲航线网络结构趋于稳定之后，正在中枢辐射航线网络构建之中的亚太地区成为全球唯一可供航空公司抢占的大市场。中国机场必须在这种网络形成之前加入并成为其主要节点，才能适应并促进中国经济的高速发展，否则今后我国航空业的发展将令人担忧。

区域性枢纽机场争夺加剧。随着航空运输市场的区域化，各地区航空枢纽的作用日益明显，并有可能成为主导未来航空运输发展和市场的主要因素之一。我国周边一些国家的机场都在拼命争夺东亚、东南亚及南亚地区的航空枢纽地位。中国地处亚太较高纬度区，北京、上海在北美、欧洲航线上处于优势地位，而日本东京、大阪和韩国首尔也处于同等优势的地理位置。东京成田机场第二条跑道投入使用后，这些机场将全部拥有两条跑道和3 000万人以上吞吐能力等硬件方面的优势。此外，香港、新加坡、曼谷和吉隆坡也已将自己定位于亚太枢纽机场并都在为转运客货源而竞争。在过去的两年中，迪拜机场已经成为欧洲和大洋洲的重要中转点。这些机场实际上已经对中国内地最有竞争力的北京、上海、广州形成合围态势，一旦几年后跨越中国区域真正成为了亚太主要枢纽机场，我国的三大机场就只能沦为二线门户机场而处于被动地位。

在2007年世界前30名机场业务量排名中，日本东京羽田机场排名第4位，保持上年位次；泰国曼谷国际机场排名第18位，下降了3位；我国北京首都机场排名第9位，保持上年位次；日本东京成田机场排名第24位，提前了3位；新加坡樟宜机场排名23位，下降了1位。我们尽快建设和发展区域性枢纽的任务异常艰巨。

二、枢纽机场的特征

作为世界范围内航空业的主导营运模式，中枢结构普遍具有以下的基本特征。

1. 网络原理特征

中枢的核心意义是大量城市对运市场上的航班通过枢纽构成网络结构，所有的枢纽航班之间存在完整和敏感的互动关系，因此与城市对行营运模式相比是一种完全不同的结构特征。由于中枢原理的两个倍增功能作用，枢纽网络通过航班波峰的组织而使所有枢纽航班结成一个互动的整体，使得枢纽具有运量规模大、运行复杂程度高、经营风险程度大等各项基本的网络特征。

2. 战略位置优良

这是中枢存在和成长的首要先决条件。无论是内陆中枢、还是国际中枢，地域位置直接决定市场资源的构成和枢纽竞争地位。

优良的战略位置包括地域因素和经济因素两个方面。地域因素包括地理位置的适中性与扩散性。所谓适中性,是指中枢的地理位置处于主要航运市场某一最佳、最近的中间衔接点上,它对定向型中枢的形成与发展,特别重要。所谓扩散性,是指中枢的地理位置正处于一组中小社区的中间,它对馈运型中枢的形成与发展具有特别的意义。大型中枢周围聚集大量航空服务需求十分旺盛的中小社区,是地理位置适中性与扩散性的结合。经济因素则是指市场资源的构成和质量,其中包括中枢城市及其周边地区人口构成、经济发展与经济结构等。本地市场对航空的强劲需求与依赖,是中枢发展的重要支撑。以金融、贸易、科技和旅游为经济支柱的城市,比以农业和矿产为经济支柱的城市,对航空运输的需求和依赖更大,也就更有可能发展成为航空中枢。

3. *管制环境宽松*

中枢是1978年美国放松管制政策的直接后果。它所引发的欧洲、日本、澳洲的航空管制自由化和国际航权方面的"天空开放",是世界范围中枢和中枢体系的生成和成熟的必要条件,也是各个成功中枢所具备的普遍特征。其中宽松的市场准入、宽松的定价自由是放松管制的核心内容。为使航空公司顺利、成功地建设和营运中枢,在航线、票价、机型、时刻、产品等方面,必须赋予适度的自由。尤其是市场准入和票价制定,是中枢发展的政策前提。没有自由的市场准入和票价制定管理机制,也就不可能发展成熟的中枢结构。同时,为使机场成功地适应中枢营运的需要并有效保障中枢营运,在流程、费收、产品等方面,必须赋予机场适度的自由。自由的目的在于适应航线市场的资源特征。

4. *成熟的基地公司*

没有成熟的基地公司,也就没有成熟的中枢机场。基地航空公司的网络结构、营运水平、管理能力与未来发展的战略眼光,直接决定枢纽的网络结构形态、枢纽运行质量,以及枢纽和机场的竞争力。

中枢基地公司的成熟程度主要体现在4个方面。①成熟的基地具有完整和正确的企业发展战略。依据航空公司所在地所拥有的市场资源、特别是潜在市场资源的数量、质量、对竞争影响敏感度、未来发展的潜力和方向等而制定的十分明确的企业发展战略,是航空公司成熟程度的主要标志;②成熟的基地公司拥有完整和稳定的枢纽航线网络结构。这一网络结构不但具有广泛的空间覆盖面,而且具有高度的和网络稳定性经营效益。与此相匹配,成熟的基地公司拥有与中枢网络发展高度吻合的机队。基地公司的机队发展规划依据网络发展的阶段性规划而制定。网络规划在前,机队规划在后,从而形成需求和工具之间高度的吻合,也就是与传统机队规划具有本质不同的"枢纽机队规划"。同时,成熟的基地航空公司拥有符合现代航空公司管理的"基础设施"。现代航空公司的经营管理思想已经、并且正在继续发生重大的变革。其中根本的变革内容之一,是对航空公司基础设施的重新认识。现代航空公司基础设施的含义已经远远超出传统意义的理解,航线资源结构、经营成本结构、信息系统结构和人才组织结构，才是现代航空公司赖以生存和发展的“基础设施”；③成熟的基地公司拥有具备现代航空公司发展理念的管理队伍。航空公司之间的竞争，从表面来看是中枢对中枢、网络对网络、联盟对联盟的竞争，其最终的实质是管理队伍对管理队伍的竞争；④成熟的基地公司具有抵御战略风险和营运风险的应变能力。枢纽与线型运营模式之间最大的不同，在于网络型公司的一条航线或者一个突发事件都可能导致整个网络的瘫痪。网络风险管理能力，是枢纽航空公司成熟程度的主要标志。

5. 枢纽基础设施完备

中枢所需要的基础设施从物理形态的布局构成到流程结构的设计和运行，都存在本质的不同。飞行区、航站楼等基本条件符合枢纽运行的要求，例如登机门的数量、控制模式，系统信息的内容、生成、处理和传递程序等，与中枢结构的类型、航线市场资源的性质和特征、运量的大小、波峰的构成等相互高度匹配，符合航班集群营运需求。

6. 部门协调程序顺畅

中枢运营是一个连续的、多方合作的过程，其顺利运行的必要条件之一，是机场、基地航空公司和所有与中枢运营有关的驻场单位之间的高效协调，包括航空业内部各个相关的行业和部门，例如海关和边检等。单独任何一个单位，包括基地航空公司，都无法保障枢纽运行的顺利进行。但是，与枢纽相关的任何一个部门、甚至某一个操作者个人，都能够非常有效地降低网络运行的质量、甚至造成对枢纽的结构性损害。

三、我国枢纽机场的建设

航空枢纽是全球主干航线网络中的重要节点和全球航空运输的制高点，是一个国家、一个地区参与国际竞争、融入世界经济循环的高效途径和理想平台。2002 年，国家民航总局提出在 21 世纪前 20 年，中国要实现从民航大国向民航强国历史性跨越的战略性目标，其主要目标之一就是建成 1 个以上的国际航空枢纽，并以国际性枢纽和全国性或区域性枢纽为基础，建立起以枢纽结构为主、枢纽结构与城市对结构并存互补的航线网络，重点建设北京首都、上海浦东、广州新白云三大枢纽机场。

1. 北京首都机场

1980 年 1 月 1 日，面积为 6 万平方米的一号航站楼及停机坪、楼前停车场等配套工程建成并正式投入使用。一号航站楼按照每日起降飞机 60 架次、高峰小时旅客吞吐量1 500 人次进行设计。年吞吐量约 400 万人次。扩建完成后，首都机场飞行区域设施达到国际民航组织规定的 4E 标准。

随着通往首都北京的国际航线数量和国际航班的密度稳步提高,1995 年 10 月 ~ 1999 年 11 月期间,首都机场对航站区又一次进行了扩建。1999 年 11 月 1 日,建筑面积达 33.6 万平方米,使用现代化技术设备装备起来的二号航站楼正式投入使用,二号航站楼每年可接待超过 2 650 万人次的旅客,高峰小时旅客吞吐量可达 9 210 人次。

2007 年 12 月 5 日 10 时 20 分,中国南方航空公司的 CZ3101 航班缓缓停靠在首都机场 1 号航站楼廊桥,每周都要往返北京—广州的旅客李 × × 有幸成为了 2007 年进出首都机场的第 5 000 万名旅客,这标志着在 2006 年首都机场旅客吞吐量居世界机场排名第 9 位后,又向前迈进了一步。首都机场成为目前国内唯一一家年旅客吞吐量突破 5 000 万人次的机场。

首都机场从 1958 年建成到 1993 年旅客年吞吐量达到 1 000 万人次用了 35 年时间。时隔 7 年,2000 年旅客年吞吐量达到了 2 000 万人次,在世界机场排名中居第 38 位。4 年以后,2004 年旅客年吞吐量达到 3 000 万人次。2005 年年旅客吞吐量达到 4 000 万人次。2006 年达到 4 865 万人次,居世界机场排名第 9 位,2007 年则超过了 5 000 万人次。这种增长速度为世界民航发展史所罕见。

根据《首都航空枢纽建设实施纲要》制定的战略目标,努力把首都航空港建成国际国内客货运输的大型复合航空枢纽。

目前世界上旅客吞吐量排名前 20 位的机场无一例外都是航空中枢港,枢纽机场的重要性也越来越明显。成熟的枢纽机场有 4 大要素:①足够的旅客和货物吞吐量;②十分优越的地理位置;③四通八达的航线网络和结构合理的航班波;④充足高效的机场保障设施和方便快捷的中转服务条件。北京首都机场几乎具备了建设世界级航空枢纽的一切有利因素。北京是中国的政治、经济和文化中心,具有巨大的客货市场发展潜力,2007 年旅客吞吐量已经达到 5 300 万人次,排名世界第 9 位。北京的地理位置十分突出,从世界航线网络图可以看到,中国恰好处在连接欧、亚、美航程最短的北极大三角航线的亚洲拐点附近。北京的重要战略地位,决定了首都机场的地位和作用。2008 年首都机场运营的航空公司共有 72 家,国内定期航班通航机场 96 个,国际和地区定期航班通航机场 98 个,北京始发航线网络遍及全世界。T3 航站楼投入运营后,首都机场形成了三条跑道、三个航站楼的运营格局,总体运营保障能力发生了质的飞跃。

航空公司积极参与首都航空枢纽建设,中国南方航空公司北京分公司使用 1 号航站楼,围绕实现北京枢纽战略构建自己的网络。东方航空公司及海南航空公司也加大在北京的运力投放,建设各自的网络。

作为基地航空公司的中国国际航空公司(以下简称“国航”),在枢纽网络的建设方面上取得了很大成绩。国航投入北京运力达到 104 架,占公司机队总规模的 59.1%;借鉴成熟枢纽网络型航空公司的建设经验,对已具枢纽雏形的航班波进行调整和设计,国际航线上加强了国内航班和欧洲、美洲、澳洲航班的衔接,调整和增加了部分国际航线航班密度;

在国内航线上加大了干线航班密度,新开、恢复了20条国内航线,优化了航班衔接,一批高质量的航班波初步形成。

枢纽网络战略是国航各项战略之首,成为大型网络型承运人,走网络化运营之路是国航的远期发展目标。近年来,国航采取集中运力资源、调整机队结构、改善航班衔接和优化中转流程等措施,北京枢纽建设初见成效。国航在北京的客运力投入绝对量不断增加,相对量一直保持在60%左右。目前,国航北京枢纽航班波建设已经取得了积极进展,网络资源管控模式初步建立,旅客份额也有所增加。2006年北京中转旅客总量163万人次,中转市场份额30%,处于全国领先地位,国航在其中起到了举足轻重的作用。

在当前世界经济全球化日益明显,天空开放、国际航空业竞争不断发展的新形势下,3号航站楼的启用,为国航北京枢纽建设提供了良好的发展契机。

3号航站楼将有力推动国航北京枢纽网络建设。随着第三条跑道的投入使用,被称为北京枢纽建设瓶颈的航班时刻有望得到缓解。国航将充分利用新增航班时刻,加强国际航线网络覆盖范围;加密北京至国内主要城市的航班密度;进一步优化和改善国航北京枢纽航班波,提高航班衔接的品质。根据民航当局的统一安排,上航与星空联盟11家外航也将与国航一起转场搬迁至3号航站楼运营,这极大地方便了旅客出行,同时也为国航充分利用星空联盟航线网络优势提供了有利条件。3号航站楼转场后,国航还将加强与其他航空公司合作,利用代码共享等方式增加国航航线网络覆盖率。

充足的运行资源和设施为枢纽建设提供了比较坚实的基础。与1号航站楼、2号航站楼相比,3号航站楼运行资源无论是数量上还是质量上,都有了明显的提升和改善。机位配套设施较为完备,功能区设置合理充足,机坪服务设施有所改善且操作管理模式更加便捷。在首都机场股份公司的大力支持下,目前国航北京中枢运营所需的生产保障资源已经基本落实,具备了中枢网络运营和提升服务水平的基础平台。

更新换代的IT系统是提高中枢运营品质和中转旅客服务质量的可靠保证。3号航站楼采用了很多世界先进的IT系统,其中行李自动分拣和传输系统是世界上最先进的系统。国航还自筹资金建设了个性化离港前端系统、航班地面指挥系统、行李再确认系统和旅客自助值机系统等。

航班最短衔接时间是衡量枢纽机场竞争力的一个关键指标。在中转流程的设计上,根据3号航站楼的楼体结构和联检政策的要求,本着"流程顺畅、节点清晰"的原则,对国内转国内、国际转国际、国内国际互转和跨楼中转等旅客和行李中转流程进行了重点优化,尽可能地缩短中转时间。

改善中转服务条件,提高中转旅客服务水平。3号航站楼在旅客服务特别是中转旅客服务细节设计上,凸显了人性化和中枢运营的理念。3号航站楼为中转旅客设置了中转服务大厅,方便中转旅客办理中转手续。国航在3号航站楼楼内主要转机点共设置了21个中转服务柜台,能够满足乘坐国航班机旅客办理中转业务的需要。

按照“同一屋檐下”的原则，加强与星空联盟成员的地面服务合作。例如：共享3号航站楼值机柜台和休息室设施；协调成员公司间航班衔接时刻；利用IT系统对接优势，加快中转旅客信息传递速度；签订延误航班旅客互相签转协议等，确保联盟成员间旅客和行李的快速有效衔接。

为配合北京枢纽战略的实施，国航还投资建设了功能齐全的配套工程。例如：南区国航地服运控综合楼、北区航食配餐楼、北区新国际国内货运站、Ameco A380维修机库、国航地服北区保障基地、国航机上用品仓库和北区航材库等3号航站楼配套设施，它们的启用将使国航北京枢纽建设如虎添翼。

虽然，国航在北京枢纽建设上已经取得初步成效，但与建设世界级航空枢纽的目标相比仍有很大差距，目前国航在北京枢纽建设中存在的主要困难和问题：①北京枢纽时刻资源仍然严重不足，国际成熟的枢纽航空公司在其枢纽机场（例如：汉莎在法兰克福、UA在芝加哥、法航在巴黎）的时刻占有率均在55%以上，而国航北京时刻占有率仅为36%左右；②航班波质量有待改善，首都机场的航班波型和有效衔接航班数量与国际典型枢纽还有较大差距；③国内、国际互转的MCT时间缺乏竞争力，与仁川、成田等周边机场竞争对手相比还存在一定的差距。北京枢纽建设是一项系统工程，不仅需要基地航空公司与机场公司的共同努力和通力合作，更需要民航当局、空管局、联检单位以及其他驻场单位的大力支持与配合。例如：解决北京机场空域紧张矛盾，增加航班时刻资源，设置中转旅客绿色通道，简化中转旅客通关程序，实行北京经停旅客72小时落地免签政策等。

首都机场扩建工程项目完工，仅仅意味着国航枢纽运营的开始。国航作为奥运会航空客运合作伙伴、首都机场的基地航空公司和3号航站楼的主要使用者，将把握北京3号航站楼投入运营的难得机遇，争取北京枢纽建设取得新的突破。

2. 广州白云机场

民航总局副局长杨国庆（2007年3月22日）表示，民航总局将继续把建设航空枢纽作为行业科学发展的重要战略，支持白云机场打造国际航空枢纽，扩大广州航空运输市场的对外开放程度，增加广州与外国城市之间的第三、第四业务权，适度增加经停广州的第五业务权，鼓励中外航空公司增加珠三角地区的中远程国际航班，增加珠三角地区至周边国家的航线和航班，继续推进简化手续工作。

在国际航空运输中，分为5种业务权。第一种是飞机飞经一国领空而不降停的权利。第二种是在一国领土上做技术性经停的权利。技术性经停指加油或故障维修，但不得经营客、货运业务。第三种是在一国领土上卸下来自飞机所属国的客、货、邮的权利。第四种是在一国领土上装载前在航空器所属国的客、货、邮的权利。第五种是在第三种和第四种权利的基础上航空器从一国领土上经营飞在第三国的商业运输的权利。而第五种又分为3种情况：前站权、中停权以及以远权。

广州新白云国际机场是按照年旅客吞吐量2 500万人次设计的，一期工程建设两条间距为2 200米的远距平行跑道。飞行区分东、西两个飞行区，东飞行区等级为4F，可满足A380飞机的起降。西飞行区等级为4E，可满足B747、A340飞机的起降。

新白云国际机场设计上首次采用了大型复合枢纽机场的概念。在新白云国际机场开始建设时，国内还没有一座按照枢纽概念设计的大型国际机场，机场建设集团公司在设计新白云国际机场的流程时充分考虑了国际中转、国际经停、国内中转、国内经停、国际进港转国内出港经停、国内进港转国际经停这6个因素，使之不会刚投入使用不久就显落后需要改造。与此同时做到了航站区与工作区和飞行区的良好匹配，使机场的运行更顺畅。

新白云国际机场的设计特点还表现在，为保障东西两个飞行区能满足两条跑道独立运行，同时建设了三条连接东西飞行区的垂直联络道及满足4E类大型飞机运行的滑行道和跨度、宽度均为我国机场之首的滑行道桥梁。针对滑行道桥梁荷载大、跨度大、宽度大的特点，设计人员采用了新理论基础进行设计，在施工方案上采用全断面无缝整体结构，使飞机运行安全、平稳。

"十一五"期间广东省机场集团约需要建设资金137亿元，以大力推进白云机场的中枢建设，包括联邦快递亚太转运中心、中性货站、东三、西三指廓和连接楼工程等建设项目。3月24日至4月3日，广东省机场集团公开发行10年期固定利率债券，债券总值10亿元，年利率为4%，高于同期银行定期存款利率。债券每年付息，到期一次还本。这次债券成功发行，对广东省机场集团进一步扩大融资渠道、降低融资成本、提高竞争力有积极而深远的影响。

在货运方面加快联邦快递中心的建立奠定了全球货运枢纽地位。

历时两年多，经过23轮谈判，2005年7月13日，联邦快递（FedEx）亚太转运中心终于落户广州白云国际机场。根据联邦快递与广东省机场集团签署的协议，联邦快递亚太转运中心将从2006年5月开始建设，联邦快递和广东省机场集团对此项目的投资分别为1.5亿美元和24亿元人民币。转运中心2008年12月投入使用后，包括滑行道、停机坪、货运处理仓库等占地面积共2 400亩。建成投入使用后，该中心包裹分拣能力将可以达到每小时2.4万件，初期计划安排包括A380或B747全货机、MD11或A310型货机以及FedEx接驳飞机等28架全货机停放，每周将有228班货机往返广州转运中心，为亚洲24个主要城市提供翌日运送服务，并且通过联邦快递全球网络，将这些城市与全球220多个国家及地区连接。

联邦快递主席兼总裁及行政总裁施伟德介绍，白云机场的这一亚太转运中心将承担并扩大公司目前设在菲律宾苏比克湾的亚太转运中心业务，2008年白云机场的转运中心启用后，苏比克湾将不再作为联邦快递的亚太转运中心使用了。作为现在联邦快递的亚太的转运中心，菲律宾苏比克湾的一些硬件设施已经无法满足联邦快递几年后的发展需求。由于苏比克湾是美国原空军基地，跑道无法延长，因此无法起降2008年后联邦快递即将启用的大型 A380 货机。而新建的广州白云机场则在硬件方面拥有苏比克湾无法比拟的优势。

虽然硬件设施、相关成本是联邦快递将亚太转运中心迁出菲律宾的原因，但并非主要原因。“我们最为看重的就是当前中国经济发展，尤其是进出口贸易高速增长带来的可观物流，以及广州在中国经济中的独特地位。”施伟德说。

这一多赢局面可从菲律宾苏比克湾多年来的收获中窥见一斑。作为美国联邦快递现在的亚太转运中心所在地，菲律宾苏比克湾 1995 年的产值大约是 2 000 多万美元，到了 2001 年产值已增加到 10 亿美元，此外还带动了 40 个国家将近 500 家企业在那里落户，物流集聚效应十分明显。

联邦快递亚太转运中心建成后，将可以从根本上改善新白云机场航线网络缺陷，帮助白云机场建成拥有辐射亚太地区、连接欧美的完善国际货运航线网络，完善和发挥机场的整体功能，奠定全球货运枢纽的地位，促进白云机场成为复合型枢纽机场和参与亚太地区航空枢纽港的竞争。此外，转运中心初期预计将提供 1 200 个就业机会，广东的投资环境以及地区经济合作与发展也将随着该中心的落成得到有力促进。

根据一项由中国发展研究委员会和美国坎贝尔－希尔航空组织共同完成的研究显示，到 2010 年，联邦快递位于白云机场的亚太转运中心将为中国经济带来 110 亿美元的直接产出，而这一数字将于 2020 年升至 630 亿美元，其中绝大部分来自工业化发展。

3. 上海机场集团

2008 年 5 月 28 日，上海机场（集团）有限公司迎来了公司成立 10 周年的大喜日子。1998 年 5 月 28 日，为了适应“一市两场”的上海空港管理新格局，经上海市人民政府批准，上海机场（集团）有限公司成立，统一经营上海虹桥和浦东两大国际机场。10 年来，上海机场航空运输量实现了历史性突破，年旅客吞吐量首破 5 000 万人次，三大运输指标每年均以两位数的速度增长，年飞机起降架次从 12. 8 万架增加到 44. 05 万架次（其中浦东 25. 35 万架次，虹桥 18. 70 万架次），旅客吞吐量从 1 371 万人次上升到 5 155. 34 万人次（其中浦东 2 892. 04 万人次，虹桥 2 263. 30 万人次），货邮吞吐量从 45 万吨增长到 294. 81 万吨（其中浦东 255. 92 万吨，虹桥 38. 89 万吨）。2007 年浦东机场货邮吞吐量排名已跃升至世界机场第 5 位。

10 年来，上海航空枢纽建设取得了实质性进展。为了推进上海航空枢纽建设，2003 年，国家民航总局和上海市政府联合国家有关部门、上海机场集团、上海基地航空公司等单位组建了推进上海航空枢纽建设联合领导小组，国家民航总局和上海市领导共同担任领导小组组长，为上海航空枢纽建设提供了坚实的组织保证，标志上海航空枢纽建设全面启动。目前，上海机场集团正在按照枢纽建设的要求，稳步推进机场硬件设施建设。2005 年 3 月浦东机场第二跑道已建成启用，2008 年 3 月包括浦东机场第二航站楼、第三跑道 2008 年将建成并投入使用，西货运区的浦东机场扩建工程已全面开工。

10 年来,上海机场创造了连年安全运行的佳绩,圆满完成了 1999 年财富论坛、上海合作组织会议、APEC 会议、联合国亚太经社会第 60 届年会、2007 年女足世界杯、2007 年世界夏季特殊奥林匹克会、A380 首次载客演示飞行、世博第二次参展方会议等各项重大保障任务,受到国家及上海市政府的嘉奖。上海机场的服务质量水平稳步提升,得到了社会各界的肯定,连续 8 年在"旅客话民航"评价活动中获得第 1 名,成为国内唯一获此殊荣的机场。2007 年虹桥机场成功问鼎民航安全最高荣誉"金鼎奖"。

随着 2007 年 23 时 55 分上海航空 9538 航班安全降落浦东机场,23 时 59 分春秋航空 8826 航班安全降落虹桥机场,上海机场集团顺利实现了第 8 个安全年,这也是虹桥机场自 1988 年独立运行以来实现的第 20 个安全年。

2007 年开通上海定期航班的国内外航空公司和与上海通航的国内外城市数量快速增长,开通了飞上海的定期航班的国内外航空公司达 71 家;与上海通航的国内外城市达 179 个。

2008 年上海机场集团目标是:旅客吞吐量将达到 5 600 万人次(虹桥 2 100 万人次、浦东 3 500 万人次),同比增长 8.62%;飞机起降将达到 47.50 万架次(虹桥 17.50 万架次、浦东 30 万架次),同比增长 7.81%;货邮吞吐量将达到 325 万吨(虹桥机场 35 万吨,浦东 290 万吨),同比增长 10.24%。

综合各方面条件看,在全国机场中,上海机场的地理位置优越,区域经济发达、发展迅速,航空市场潜力巨大,具备参与国际竞争的基础条件,最有可能尽快建成国际航空枢纽,成为我国实现民航强国目标的重要标志。

为使上海航空枢纽建设有计划、分阶段稳步推进,2004 年初,由上海市发改委牵头,联合上海机场集团、上海基地航空公司等枢纽建设主体单位,会同国际专业咨询公司组成研究课题组,启动了《上海航空枢纽战略规划》的研究编制工作。

在编制过程中,上海机场集团站在实现民航强国国家战略目标和服务全国、服务区域发展的全局高度,以"超越航空,超越上海"的科学发展理念,统筹规划上海航空枢纽战略的总体目标、功能定位、分阶段目标以及近远期战略实施重点。

(1)超越航空。机场建设不仅仅是航空业的事,发展航空物流更是建设上海国际航运中心的重要组成部分。建设国际经济、贸易、金融、航运中心是中央对上海的战略定位,其目的是为了更好地使上海服务长江三角洲、服务长江流域、服务全国。上海航空枢纽建设将充分发挥航空运输的优势条件,为国际贸易和国际性高科技产业的生产协作提供快速、及时的服务,加快带动来自世界各地的人流、物流、资金流和信息流在上海的汇集。

上海航空枢纽建设将突破单一方式的运输功能,通过与公路、铁路、水运等多种运输方式的有机结合,为构筑上海国际航运中心奠定牢固基础。其中,浦东外高桥、洋山深水港的港口物流,浦东空港的国际航空货运和航空快递的航空物流,上海高速公路网公路物流,以及铁路物流四大物流枢纽被列为重中之重。

(2)超越上海。浦东机场扩建将增强上海服务长三角、服务全国的能级,其意义更非一般航空项目可比。长江三角洲地区位于我国东部沿海开放带与长江产业带的结合部,历来是我国经济发展和产业布局的重点地区,现已形成北起扬州、泰州、南通,西至镇江、南京,中经苏州、无锡、常州,东抵上海,南达杭州、嘉兴、湖州、绍兴、宁波、舟山、台州,以上海为核心的城市群发展态势。要实现长江三角洲区域经济一体化,促进长江三角洲区域经济发展的重要内容之一,就是要实现长江三角洲机场资源的合理利用和优化布局,形成发达的航空枢纽,发挥其对国民经济的巨大带动作用。浦东国际机场作为长江三角洲区域的重要基础设施之一,扩建工程的建成启用将增强机场在长江三角洲中心机场的作用,能为长江三角洲区域整体利益的最大化提供更好的服务,成为区域经济发展的新动力。

上海航空枢纽所产生的集聚效应和辐射效应,还将提高长三角整个机场群对航空公司的吸引力,给长三角机场带来更多的发展机遇,大幅增加长三角机场的通航点和航班密度,带动长三角机场群的整体运量增长,提高长三角机场群的整体竞争力,实现上海航空枢纽与长三角机场群的协调发展、合作共赢。同时,上海浦东国际机场的扩建可以不断增强城市的综合竞争力,增强城市的集散能力和辐射能力,提高服务全国、联系世界的能力。

根据《上海航空枢纽战略规划》,上海航空枢纽建设总体战略目标是经过若干年努力,构建完善的国内国际航线网络,成为连接世界各地与中国的空中门户,建成亚太地区的核心枢纽,最终成为世界航空网络的重要节点。2010 年基本确立上海航空枢纽地位,建成集本地集散枢纽、门户枢纽、国内国际中转枢纽为一体的大型复合枢纽,并创造条件,优先确立国际货运枢纽地位。两个机场作为一个整体来构建上海航空枢纽,以浦东机场为主建枢纽,构建枢纽航线网络和航班波;虹桥机场在枢纽结构中发挥辅助作用,以点对点运营为主。

这次新一轮虹桥机场改扩建将站在新的历史发展起点上,扩建后虹桥地区将成为上海铁陆空综合交通中心航空枢纽。

上海之所以把交通枢纽最后放在虹桥机场附近,正是考虑到借此缩短江浙沪之间的距离,降低周边地区的商务物流成本。“通过这一交通枢纽把人流、物流聚集,然后发散到长三角,这对整个长三角经济的一体化都有着极为重要的意义。”这也是符合中央在“十一五”规划中对长三角区域交通规划的设想。

这样一来,虹桥地区将成为整个长三角的交通中转枢纽。“无论是从浦东浦西的平衡发展,还是从上海整个城市的交通布局,甚至从长三角的整个区域规划中的交通布局来说,上海的这一交通枢纽都意义重大。”

(3)全力保障“两大盛会”。2008 年的北京奥运会和 2010 年的上海世博会,将会给中国以及上海创造巨大的经济效益和社会效益,推动上海城市建设和经济发展。据有关部门和机构初步预测,2010 年上海世博会的参观人数将不低于 7 000 万人次,将给上海带来约 1 680万人次的航空旅客吞吐增量。届时,上海机场的旅客吞吐量将达到 8 680 万人次,飞行量约为66.7万架次。此时浦东机场扩建工程如期完工显得尤为重要。

与此同时，2010年虹桥机场扩建工程也将同步建成启用，将能满足年旅客吞吐量4 000万人次、货邮吞吐量100万吨的需求。届时上海两大机场的保障能力将大幅提升，年客运保障能力将达到1亿人次，年货运保障能力将达到520万吨，完全能够满足盛会举办期间的航空运量需求。

第四节　“十一五”期间民航继续深化改革

一、我国机场发展中的重大问题

民航总局领导对我国机场发展中的重大问题归纳为以下几点：

1. 关于机场定位问题

目前欧美机场的两种管理模式，大机场一定要思考好自身的定位问题，才能参与激烈的国际国内机场竞争。不管美国的模式还是欧洲的模式，都要结合中国民航改革的具体实践。我们目前把它定位成公益性占主导的公共基础设施，引导地方政府对有盈利能力的大机场实行企业化管理，对中小型机场按照公益单位的形式来管理。

2. 大中型机场管理模式的转变及特许经营问题

大型机场一定要尽快实现从直接经营型向管理型的转变，推行机场的特许经营改革。大型机场目前总体情况都不错，发展速度也比较快。但发展是不是良性的发展，有没有持久发展的能力？既然是大型机场，就要和世界上以及周围的机场比一比，要站得高一点，不要只看吞吐量。要真正建成枢纽机场，中转旅客必须占大多数，要能真正和周围连接起来，方便广大旅客，这才是要追求的目标。这就要求机场必须把更多的精力放到管理上。

3. 关于小型机场发展问题

尽管小型机场所占旅客运输量的总数只有不到10%或者不到20%，但这是中国民航下一步持续发展很重要的基础。小机场是个经济问题，也是个政治问题，同时也是行业发展的大问题。希望地方政府和大型机场在小机场发展问题上给予足够的重视。从政府的角度讲，在资金和其他各方面都要支持小机场，也希望大机场对小机场的发展给予高度的关注。

4. 关于枢纽机场建设问题

这个问题对几个大机场来说刻不容缓。中国是有建设枢纽机场条件的，从门户枢纽来看，广州、北京、上海、昆明、乌鲁木齐都占据着非常好的门户枢纽的位置。把枢纽做好，需要政府和机场共同努力。美国的几个比较密集的大型枢纽机场，如芝加哥、达拉斯、亚特兰大，都在美国的中部，主要是国内航班很多。所以，我们如何把武汉、西安、成都、重庆发展成枢纽机场，也是一个大课题。要经常研究转机的客人增加了多少，转机的航空公司还有什么难度，能帮助他们解决什么事情，今天解决不了的问题明天怎么解决。小机场有小枢纽，大机场有大枢纽，中国民航航空运输现在最大的问题是没有网络，这一点机场还是能够有所作为的。

5. 关于机场收费改革问题

民航总局已出台一个改革方案，但这次只是一个方向，总局准备用10年的时间逐步使中国机场的收费改革比较适合国际标准。机场要在增加非航空收入上动脑筋，在主业上逐渐让利给一些需要让利的航空公司。要着眼于机场的长远发展，而不是仅仅看到收费多少。

6. 关于建设和谐机场问题

机场要树立良好的服务品牌，逐步理顺与航空公司运营的关系，提高环保和节约的意识，建设资源节约型、环境友好型的机场。特别希望有一天中国的机场在世界机场的评估中也能列到前三位。

7. 关于大中型机场的安全管理问题

要建设好一个得力的管理安全的班子，管理好机场地面秩序，解决好鸟击航空器以及机场安保问题，使得机场安全得到有效保障。

二、民航改革的指导意见

《民航总局关于深化民航改革的指导意见》（以下简称《指导意见》）已正式下发，这标志着“十一五”期间民航深化改革的各项工作已经全面启动。

新一代民用航空运输系统的目标是：带有前瞻性地综合改进和发展机场设施；建立新型的高效、透明、多层次、非干扰式的机场安全检查系统；充分应用新科技，改变空中管理的理念，建立一个适应能力强的空中交通管理系统；建立行业综合性公共信息网络平台；建立法制、科学、综合、积极主动式的安全管理系统；全面、系统地提高天气观测和预报水平，大大减少天气对飞行的影响；建立适应国际新技术、新标准、新程序的适航审定系统；全面建设有中国传统文化特色的民航企业文化和行业文化。

总局领导指出，未来5~15年，我国航空运输需求将持续快速增长，旅客和货主对航空旅行会有更高的要求，公众对机场条件、环境会有更高的要求，公众对安全和效率也会有更高的要求。如果民航从业者不及早谋划，从系统改革上去筹划，只是小改小动或疲于应付，那将来的后果是严重的。为此，号召全体民航干部职工，必须以宽广的视野、崭新的理念、积极的姿态，站在新的历史起点上，从"十一五"开始启动建设新一代民用航空运输系统的伟大工程。这个系统将使中外旅客享受到更为便捷、安全、舒适的航空旅行，使流量、天气等因素对飞行运行的影响大大减少，旅客从进入候机楼与到达目的地，离开候机楼以及转机的时间都将进一步缩短。这个系统将使中国民航的航空运输不仅在数量上有较大的提升，而且在质量上也有较大的飞跃。

其中有关机场改革的指导意见是：

(1)在建立公平竞争的航空运输地面服务市场体制方面，其中值得关注的是，鼓励大型机场将其从事地面服务业务的部门改组为独立的公司，并与机场脱钩；支持航空公司自营并代理其他航空公司的客运、货运地面服务业务；鼓励、支持机场、航空公司之外的企业从事航空地面服务。逐步实现旅客吞吐量在300万人次以上的机场有两家以上地面服务企业经营。

2007年12月15日，西北地区第一家中外合资专业航空地面服务企业——西安德纳达航空服务有限公司在西安揭牌成立。

西安德纳达航空服务有限公司注册资本3 000万元，其中，西部机场集团公司出资1 650万元，持股55%，阿联酋德纳达公司出资1 350万元，持股45%。公司经营范围包括航空地面保障服务、机务维护、客票销售代理等。

西部机场集团是国内除首都机场集团外跨省(区)最多的大型机场集团，下辖陕西、宁夏、青海、甘肃四省(区)11个机场，15家控(参)股公司，已形成了一主(咸阳机场)、两翼(银川、西宁机场)、8个支点(8个支线机场)的机场发展格局，总资产达44亿元。集团旗下的西安咸阳国际机场航空服务公司成立于1992年，经过10多年的发展，已经成为国际航协地面代理协会会员，通过了ISO 9001质量体系认证。目前该公司为中外20多家航空公司提供地面代理服务，占据了咸阳机场60%以上的市场份额，曾在2006年在全国旅客话民航活动中被授予"最佳地面服务保障奖"。引入战略合作伙伴对机场航服公司进行股份制改造，是西部机场集团应对挑战、抢抓机遇的一项战略决策，其目的是为了提升公司的管理水平，增强公司的发展实力，树立公司的品牌形象。

德纳达公司总部位于阿联酋迪拜，与阿联酋航空公司同属于阿联酋国际航空集团。德纳达公司目前为105家航空公司提供地面保障服务，在卡塔尔、巴基斯坦、伊朗、菲律宾、新加坡、澳大利亚等多个国家都有投资。与西部机场集团的合资项目是德纳达公司在中国第一个直接投资参与机场地面服务业务的合资项目。本次合资的目标是实现优势互补和共赢发展，实现航空地面服务的"中性化、国际化和品牌化"，有力提升咸阳机场地面服务的品质和效率，为中外航空公司和旅客提供更加"安全、便捷、高效"的服务。

(2)改革机场价格收费政策，是要建立成本加合理利润的机场服务价格收费形成机制，大型机场要适当降低收费标准,避免产生超额利润,实现机场与航空公司之间的利益公平;建立政府指导和市场调节相结合的机场价格收费管理机制。航空性业务收费以政府指导价为主,核定基准价,给予一定浮动幅度,上限管住,下限放开。非航空性业务收费实行市场价。

2006 年 12 月民航总局和国家发改委共同起草的《关于民用机场收费管理有关问题的通知(征求意见稿)》(简称"《征求意见稿》"),先下发到各航空公司、机场征求意见。然后于 2008 年上半年出台《民用机场收费改革方案》最终实施。

《征求意见稿》将全国 140 多个运营的机场分成 3 类,各机场航空性收费以政府指导价为主,并由政府核定基准价及浮动幅度(上浮幅度最高不超过基准价的 10%),其中 1、2 类机场的下调幅度不限,3 类机场下调幅度为 50%;非航空性收费中重要收费项目的收费标准实行政府指导价,其他收费项目的收费标准以市场调节价为主。

《征求意见稿》规定,各机场对国内航空公司国内航线的起降费收取中,将飞机收费与其具体吨位/座位数挂钩,起降费总体上有 50% 的降幅,从而使机场航空性收入将整体下降 3.5%。而对于外籍航空公司,国内各机场的收费总额也有 4% 的降幅,但机场可与外航议定价格,幅度最高可上调 10%。此外,《征求意见稿》还改变了内航外线与内航内线收费标准一致的现状,规定内航外线的收费标准改为相当于外航的 70%。由于内外航之间收费存在极大的差距,因此新方案下机场对内航外线的收费总体将增加约 25%。中信证券、天相投资的分析师普遍认为,《征求意见稿》对国内机场普遍不利,会大幅减少国内各机场的整体收入。一旦如期实施,首都机场、上海机场(浦东机场)、广州机场收入将分别减少约 2 500 万元、8 000 万元、1 亿元(以 2005 年经营数据为基准)。而航空公司方面,也只有南航会因为国内航线较多而使起降费明显减少,从而使成本大幅减少近亿元。

《指导意见》提出的指导和推动企业、机场深化改革共包括两个方面的内容:推动航空公司、服务保障企业和机场深化改革;明确机场性质,推进机场管理转型。

(1)根据《指导意见》,企业、机场深化改革的主要内容是,推进企业和大型机场进行股份制改造,进一步推进投资主体多元化,完善法人治理结构,建立现代企业制度。企业、机场应坚持以人为本,转变发展观念,创新发展模式,提高发展质量,实现安全发展、节约发展、清洁发展和可持续发展。

(2)《指导意见》明确指出机场是公益性基础设施,要推行机场的分类管理,引导地方政府对具有赢利能力的大型机场实行企业化管理,对中小型机场则按照公益性单位的要求管理;同时积极推进机场由生产经营型管理,向飞行区生产经营型管理和航站区资产经营型管理相结合转变,并继续开展机场特许经营试点,规范机场特许经营行为。

《民用机场管理条例》第四十七条运输机场可以实行多种运营管理模式。鼓励和支持有条件的运输机场由直接经营型向管理型转变。机场管理机构可以通过有偿转让特许经营权的方式，对运输机场实施管理。

三、探索机场改革的新思路

1. 加紧资源的整合

机场属地化改革之后，一些中小机场的领导和职工思想观念开始转变，探索新的经营思路，开创多渠道融资途径，主动加强与地方政府的联系，积极与航空公司沟通，大力培育本地航线。如今每个机场都深刻领悟到——只有更多的航空公司来飞，才能体现机场的真正价值，才会真正得到快速发展，一些机场才能摆脱亏损、经营困难的状况。因此不光现在，在更远的未来，机场都会不懈地努力，不停地发展。

通过改革，①实现机场股权多元化；②实现机场间的兼并重组。在这种改革目标的支持下，各机场的经营与管理模式开始出现转变：一方面是地方政府纷纷成立了机场管理集团，对属地内的机场进行统筹管理，加快支线机场的发展，加强资源配置的合理性；另一方面则是原有的民航企业为了自身发展的需要，开始了对相关机场的收购与兼并重组，完成自身的战略布局。

(1)机场与航空公司资源整合。通过地方政府的帮助，出台相应的支持政策，加强与航空公司的合作，争取更多的航权，努力开辟新的航线。自 2004 年初开始，一些先期完成属地化重组工作的机场，在地方政府的支持下，完成了机场航线网络的重新布局。如：沈阳机场与国航合作，开辟了经由北京的美洲、欧洲与澳洲航线；成都机场与东方航空公司合作，开通了途经上海至伦敦、巴黎、洛杉矶、温哥华、悉尼、墨尔本、德里等 7 条通达欧美亚澳航线。

(2)机场兼并重组，成立机场集团控股参股。首都机场集团公司成立五年来继续着跑马圈地的战略，积极稳妥地实施低成本扩张战略，在 2006 年初成功拿下襄樊机场之后，又于 8 月 13 日和吉林省民航机场集团公司正式重组，此举意味着由长春龙嘉机场、延吉机场和还没有开建的长白山机场组建成的吉林省机场集团公司正式成为首都机场的全资子公司。到 2006 年底，全资、控股、参股北京、天津、重庆、湖北、贵州、江西、吉林、辽宁等 8 省市机场，托管内蒙古机场，首都机场集团公司成员机场已经达到 31 个。2006 年，成员机场旅客吞吐量达到 9 374 万人次占全国 30%，货运量达 167 万吨占全国 25%，飞机起降 87 万架次占全国 25%，其中旅客吞吐量增长速度高于全国平均水平 5 个百分点，旅客吞吐量占国内市场份额近 30%。

2006 年底，首都机场集团公司净资产由成立之初的 100 亿元已跃升至 206 亿元，年均增长 20%；营业收入由 22.91 亿元增长至 326 亿元(含 3 号航站楼转让收入 185 亿元)，剔除 3 号航站楼转让收入，年均增长 57%；利税总额由 7 亿元增长至 31 亿元，年均增长 45%；利润总额由 6.25 亿元增长至 27 亿元，年均增长 44%。首都机场集团公司向国家上缴的各项税金由2002年的3.42亿元增长到13.34亿元，年均增长40%，4年累计上缴税金32.8亿元。根据首都机场集团公司总经理李培英透露，集团公司在未来3年内将确保每年的净利润都在10亿元以上。

与此同时，首都机场集团公司还实施了主辅业分离和干线机场和支线机场的分离，建立了机场相关产业的专业公司，集团开始由直接经营型向管理型转变。主辅业分离后，非航空业务收入逐年增加，整体收入结构明显优化，到2006年航空性业务与非航空性业务收入比例为45∶55。集团完成了首都机场地面服务、航空配餐业务特许经营试点工作；实施整体营销，与国航、南航、海航等确立合作伙伴关系；基本完成了主要机场的安全、服务、效益评价；还初步建立了支线支援干线、干线支援枢纽的机场网络和不同层级的机场管理模式。

西部机场集团是国内除首都机场集团外跨省（区）最多的大型机场集团，下辖陕西、宁夏、青海、甘肃四省（区）11个机场，15家控（参）股公司，已形成了一主（咸阳机场）、两翼（银川、西宁机场）、8个支点（8个支线机场）的机场发展格局，总资产达44亿元。

2. 加快引入先进机场管理

（1）航空运输、机场管理方面进行全面合作。海航集团于2000年8月重组海口美兰国际机场进入机场管理领域，使海口美兰机场发生了极大的变化，并实现了在香港上市融资。截至目前，海航已相继开展了对三亚凤凰、宜昌三峡等8家机场的管理输出，取得了良好的管理效果。

2005年5月25日上午，海航集团与甘肃省政府在兰州市签订战略合作协议，双方在航空运输、机场管理方面进行全面合作；同时，海口美兰国际机场与甘肃国资委签订了海口美兰国际机场与甘肃机场集团的产权重组协议。海航集团董事长陈峰表示，将把兰州打造成为海航在西部的第二个运营基地。海航集团董事长陈峰表示，目前，甘肃机场集团公司下辖兰州、敦煌、嘉峪关、庆阳4个机场。此次海航集团将以与甘肃机场集团重组为契机，在甘肃设立航空运营分公司和航空基地，增加运力投放；美兰机场与甘肃机场集团重组后，既符合国家和民航相关政策的要求，又是一个多元化的结构。

2005年10月18日，安庆市政府和海航集团在海口签署了关于海航控股安庆机场和开辟新航线的合作协议。协议规定，海航100%控股安庆机场，引进海航的机场管理模式对安庆机场进行改制；同时双方还将在酒店经营管理、旅游资源整合、航线开辟等方面进行合作。

安庆机场于1993年10月成立，是安庆市政府在军用机场的基础上投资兴建的军民两用机场，可起降大型飞机，曾开通安庆至上海、北京、广州、厦门、温州等5条航线，为4C级机场，可供波音737以下机型起降。但安庆机场开通12年来，由于客源严重不足，年年亏损，安庆市地方财政每年都要拨付700万元左右的航线亏损补贴。经过一年时间的多轮谈判,安庆市政府与海航终于就地方政府每年给予政策性补贴的金额、控股改制等问题达成一致,由此,安庆市政府减轻了每年将近一半的财政负担。

海航有关负责人表示,接手安庆机场,将对其按照海航的机场管理模式进行改制,并计划恢复安庆至广州、上海航线和开辟新航线,力争尽快扭转亏损局面。同时还将在旅游和酒店方面与安庆市政府展开合作,全方位促进机场客流量的增长。

(2)与世界一流机场进行交流和合作。通过与国际或地区先进机场的重组与合作,提升机场的管理与服务水平。早在2004年,广东省机场管理集团公司就开始了积极引入先进管理的行动,并于2004年10月24日与德国法兰克福机场集团公司在广州新机场正式签署了战略合作框架协议书。新建成的白云机场是我国首个按照中枢理念设计、建设和运营的机场,拥有世界一流的硬件条件,但在运营管理上与国际先进水平相比还有一定的差距。广东机场管理当局正是希望通过密切与世界一流机场的交流与合作,引进先进的管理经验,完善机场内部运营管理,把白云机场做大做强。

2005年1月17日,长三角的主要机场,杭州萧山机场通过努力,与香港机场管理局签署了战略性合作及合资项目意向书,并于2005年4月15日,正式签署了《杭州萧山国际机场有限公司增资认购协议》,香港机场管理局出资19.9亿元,获得了杭州萧山国际机场有限公司35%的股权,浙江省政府国资委则以价值36.959亿元的净资产,占有65%的股权。通过这个合资,杭州萧山机场将开始第二条跑道的扩建与物流园区的建设,同时借助香港机场先进的管理经验,快速提升杭州机场的服务水平,在长三角的机场竞争中占据有利的位置。

2002年,外资在内地机场的持股比例上限被调升至49%之后,内地中小型机场已吸引了一些大型投资者。新加坡机场和香港机场管理局等集团纷纷寻求参股内地机场,收购对象均为主要经济带的干线机场,且多为吞吐量位居国内前20名的重要干线机场。

1月31日,南京禄口国际机场与新加坡樟宜机场签署合作框架协议,持有南京机场29%的股份。7月18日,深圳机场与樟宜机场管理投资(新加坡)有限公司签署合资合同,成立深圳新鹏机场管理有限公司,自此两地机场携手开拓中国国内机场投资业务。2007年,还是香港机场投资内地机场结出丰硕果实的一年,港珠机场合作一年来,珠海机场旅客吞吐量大踏步前进,突破100万人次。德国法兰克福国际机场计划收购宁波栎社机场25%股份。

业内人士认为,海外资本的介入在给机场行业注入动力的同时,也将对周边机场的竞争能力提出更为严峻的挑战。杭州、南京、宁波等地机场的潜在扩建计划都将给上海机场形成压力。

机场的快速发展,身份的转变,不仅意味着其自身经营管理思路的转变,更是“十五”期间全国机场业加大改革力度,探索多元化发展的范例。

2007年1月8日,在珠港机场“联姻”百日的时刻,珠海市人民政府和香港机场管理局在珠海机场举行了珠港机场管理有限公司挂牌仪式。至此，备受业界关注的"引进外资与先进的专业管理机构以专营权委托管理机场"这一我国民用机场全新的管理模式在珠海横空出世。受民航总局局长的委托，民航中南管理局副局长张立志与国务院港澳办原主任鲁平、珠海市市长王顺生、香港机场管理局董事会主席冯国经、香港机场管理局行政总裁彭定中等各界人士一起见证了这一历史性时刻。

珠港机场管理有限公司由珠海市国有资产监督管理委员会与香港机场管理局筹组，在双方签订合作协议后，于2006年8月获中央政府批准成立，以专营权模式共同管理及运营珠海机场。合资公司注册资金为3.6亿元人民币，香港机场管理局通过全资附属公司——香港国际机场(中国)有限公司投资1.98亿元人民币，获取合资公司55%的权益。珠海市国资委则通过全资拥有的珠海市汇畅交通投资有限公司，注资1.62亿元人民币，获得余下45%的权益。合资公司全权负责珠海机场的运营，专营权期限长达20年。珠港机场管理有限公司是内地第一家由外资控股的专业机场管理公司。

"这座在民航改革开放和香港与内地更紧密经贸关系基础上架设起来的空中桥梁，已开始展现出新的发展生机。希望你们百尺竿头，为中国民航机场管理作出新的贡献。"这是11月23日，民航总局领导为珠港机场合作暨珠港机场管理有限公司管理和运营珠海机场一周年专门发来的贺信。

珠港机场合作暨珠港机场管理有限公司管理和运营珠海机场一周年以来，珠海机场旅客吞吐量、货邮吞吐量和运输起降架次三大指标都实现了高速增长。驻场运营航空公司由4家增至6家，航点由18个增至24个，机场巴士和值机柜台不断向中山、江门等周边城市延伸。长期与珠海机场合作的各航空公司业绩都有大幅度提升，为机场配套的交通服务和商业服务也不断完善。据统计，从珠港机场正式合作的2006年10月1日—2007年9月30日，珠海机场共完成旅客吞吐量1 005 415人次，货邮吞吐量10 683吨，运输起降9289架次，同比分别增长36%、31%、26%。而2007年1月1日至11月22日，旅客吞吐量已达933 562人次，旅客吞吐量增长幅度位居中南民航机场之首。

3. 企业经营理念的变革与文化的突破。

截至2007年底，我国已经拥有大小机场共计148家，但是运输量差别很大，绝大部分旅客都集中在吞吐量为100万人次以上的机场里，这样的机场只有47个。综合近几年的发展情况来看，我国内地机场的数量增长很快，技术不断提高；机场供使用的机坪面积不断加大，安全保障不断加强。但是，机场发展仍然有许多问题，突出表现为高投入、高成本、低产出。比如，我国大多数机场的航站楼都非常现代化，所有机场的安全设施配备级别都很高，与国际接轨。这些虽然从某方面来讲是值得肯定的，但是，从另一个角度来讲，也说明我们对机场分类不明晰，存在许多资源的浪费。还有机场的经营管理方式也很粗放，突出表现就是劳动生产率低下。根据一项调查显示，在澳大利亚的一个机场，平均一个员工可以创造34 000人的旅客运输量,可是在我国南部某机场里,平均每个人只能创造3 000人的旅客运输量。另外,我国内地机场还存在着区域布局不协调、功能不够完备的问题,比如,我国大多数机场在建设时就当成是旅行终端,根本没有考虑到中转业务的需要;还有低成本航空的兴起也对机场功能提出了新的要求。

(1)大型机场既体现公益性又能保持经营性,机场的核心经营理念应该是为了给机场用户节约成本。面对机场发展的这些问题,我们需要以一种新的视角来看待,首先就是机场的定位。机场究竟是市场主体,还是公益设施,这两者其实可以调和。专家提出一种观点:机场的核心经营理念应该是为了给机场用户节约成本。从我国机场全局的发展来考虑问题,任何时候都应该对不同规模的机场进行区别对待。

航空运输始终应该是机场赖以生存的根本。在机场飞行区的经营方面,可以表现公益性的一面,即达到收支平衡就可以。机场可以通过优化流程、完善系统、引入竞争等方法使得航空公司能够更有效地控制成本,获得更完善的服务。机场在飞行区这方面甚至可以付出亏本的代价。政府对机场的补贴也应该全部用于保证机场这方面的收支平衡。而机场其他的区域则可以发展"三产",力争盈利,甚至包装上市,这体现了机场是市场主体的一方面。

配合这样的机场定位,可以建立一种组织结构:设立一个机场管理公司,公司下设运行公司和经营公司。运行公司就负责机场公益性经营的一方面,经营公司就负责机场盈利的一方面。对于大型机场,这两方面都应该设置比较完备。对于小型机场,可能就不需要经营公司的部分,只要在运行方面做好就可以了。

当然,我们也应该看到,今天机场的运营与管理模式已不止一个选择,机场最终的定位与运营管理模式如何,关键在于地方经济发展的需要。总的来讲,那些以开发地区经济需求而建设运营的小型机场,其较低的航空运输吞吐量所带来的航空性业务收入难以弥补机场运营成本,更多地呈现出公益性的特征。如我国西藏自治区地区的机场,就是这类机场的典型。而那些航空运输吞吐量较大的机场,如首都机场、上海机场、广州机场等,显然可以取得更多的航空性业务收入及非航空性(商业)收入,其定位与管理就应该更多地从收益性的特征出发。

(2)机场当局由"经营型"向"管理型"的转变。在民航总局机场特许经营权项目的推动下,一些机场将开始企业内部的组织机构重组与文化的重建。通过引进外脑,诊断原有管理的弊端与不足,大力进行改革,提高管理水平与服务水平,开始由"经营型"向"管理型"的转变。通过引入竞争机制、逐步建立优胜劣汰机制,优化机场资源配置,实现机场管理的中立性,为航空公司提供无歧视性、公平性的服务,达到整体效益的最大化。

一些发达国家的部分机场实行机场特许经营已经具有了相当成熟的市场。机场一般不直接参与经营面对旅客、货主和航空公司的地面服务,而机场收入的主要来源是非航空类业务的商业活动。民航总局之所以实行这一政策,是希望借鉴先进经验的同时,解决中国民航业中航空公司和机场的矛盾。

专家认为,地面服务本应是航空公司经营的业务,它是衡量航空公司服务水平和树立航空公司品牌的服务,但目前航空公司下设地面服务公司在向机场交一定的费用并开展业务的同时,各机场也都在经营地面服务业务争夺收入。客货源充足的机场更是利用其垄断性优势要求航空公司使用机场的地面服务,这导致一些在该机场有地面服务公司的航空公司向机场双重交费,航空公司对此颇为不满,这也是先在四个规模较大的机场率先试点的重要原因。但据记者了解,由于该政策影响了一些局部利益,有机场地面服务公司对此比较抵触。所以总局要求试点机场制定合适的方案妥善解决人员和特许经营问题。

"从长远来看,机场的主要精力应该放在规划和建设机场,建立机场安全与运营协调机制、开发增值业务或新业务上,将商品零售、餐饮、停车、汽车租赁、广告及宾馆等实行特许经营,甚至可以收取这些商家一定比例的销售提成。"专家认为,实施机场特许经营是实现机场经营模式转变,形成具有专业化、商业化的管理型机场的有效途径。

上海机场集团公司领导表示,确定上海机场集团公司特许经营的经营模式,正是希望公司从资本经营型向资源管理型转变。通过特许经营的商业模式树立新的经营理念,建立新的经营机制,来大力发展非航空主业,是上海机场继续向前发展的必然选择。

对于特许经营的收费方法,可以采取 3 种模式,①同时收取租金和专营权费用,比如对加油站的特许经营;②固定费用加浮动租金,比如对候机楼内部部分商业设施的特许经营;③采取合资的方式,比如对航油供应项目的特许经营。

对于广大消费者而言,在机场吃一碗面要花上四五十元的历史恐怕要结束了。在北京举行的中国中小机场发展高级研讨会上透露,2006 年年底,民航总局已率先将北京、上海、深圳和厦门四个城市的机场的非航空类商业活动剥离,试点施行特许经营模式,并决定适时向全国范围推广。

机场特许经营是一种新型的机场运营模式,是机场管理机构将其具有经营权的某些经营性资源或项目以公开招标或其他竞争方式,转让给其他标准的专业化服务提供商进行经营,并收取一定的特许经营权费。

我国民用机场目前实施特许经营的业务范围主要包括机场地面服务和机场商业活动。只有具备一定资质的企业通过竞标才可以获得特许经营权,机场收取的特许经营费包括两部分:场地出租费和资源使用费(因为机场本身的功能可带来客货资源)。

按计划,试点机场先将各自特许经营方案制定后上报民航总局待批,试点机场不再直接参与经营这两个领域的业务。根据实施情况,民航总局随后再将这一政策在全国范围内实行。

(3)航站楼运营资源的使用、分配权授予航空公司。民航总局 6 月 13 日召开的首都机场一号航站楼运营管理经验交流会上，首都机场与南方航空公司达成共识。“机场与航空公司双赢，航空公司获得了更大发展空间，广大旅客受益。”

2004 年 9 月首都机场 1 号航站楼重新启用。为了在民航运输业快速发展的形势下，给航空公司和旅客提供更好的服务，首都机场决定把一号航站楼的使用作为探索新的运营模式的试点。南航在整个航线网络布局中也非常需要北京枢纽的建设，双方各取所需，由此共同合资组建了北京南航地面服务有限公司，在 1 号航站楼为南航航班提供地面服务保障。这是国内首家机场与航空公司合作的形式。

1 号航站楼启用后，2005 年旅客吞吐量达到 777 万人次，接近 800 万人次的设计指标，2006 年预计将突破 900 万人次。2005 年，1 号航站楼旅客满意度在参与国际航协满意度调查的世界上 66 个机场中名列第 35 名，个别单项的满意度达到了世界优质服务机场的水平。这说明，这种机场与航空公司共同参与机场管理的模式是成功的。

在航空运输业比较发达的国家，大型航空公司参与经营机场航站楼，直接向自己的旅客提供地面服务已经成为一种惯例。首都机场将 1 号航站楼运营资源的使用、分配权授予南航，使南航在建立“蓝天大三角”的航空运输网络中找到了一个最佳结合点，获得了更大的运营发展空间。

南航独立使用 1 号航站楼，使得首都机场的最终用户清晰、单一，在航站楼的服务提供以及业务支持上更多围绕着南航的利益与需求，使旅客流程更便捷，服务水平得到大幅提高。与此同时，首都机场也从资源的运营者，转变为资源的管理者，并通过运营标准的制定、实施行为的监督、违约行为的处罚，实现首都机场向管理型公司的跨越。

这种机场与航空公司的合作，最终受益者是广大旅客。由于南航独自使用 1 号航站楼，因此也获得了更大的服务创新空间。对于航班不正常后的处理等民航服务的敏感问题，由于责任单一，在处理时效和结果上得到了控制。

总局领导在评价首都机场一号航站楼运营管理时说：“首都机场 1 号航站楼运营管理的这种新模式，促进了国内机场管理理念的转变。机场真正回归到了管理者的角色；机场作为管理者可以腾出更多精力更专注于优化资源的配置；机场与航空公司的合作目标是一致的，实现了双方效益的最大化。这种管理模式也有利于航空公司树立品牌，提升服务品质。”

中国国际航空股份有限公司领导在讨论发言中说：“首都机场与南航合作的这种新模式，带来了航空运输业的三个转变：①由竞争向合作转变；②由权利意识向服务意识转变；③由考虑各自利益向考虑共同利益转变。这有利于民航服务水平的提高，有利于品牌的建设，有利于航空枢纽的建设，有利于竞争水平的提高。带来的结果是旅客满意，航空公司满意，机场满意。”

第五节　民用机场与航空公司的关系

一、航空公司是推动民航运输高速发展的发动机

中国民航全行业运输飞机在册数量已由2000年底的527架增至2007年底的1 134架，短短7年间，中国民航净增飞机607架，全行业运输总周转量和旅客运输量、货邮运输量也分别由2000年底的122.5亿吨公里、6 721万人和160万吨增至2007年底的361亿吨公里、1.85亿人和396万吨。分别比上年增长18.1%、15.9%和13.3%。分别比“九五”期末增长194.7%、175.3%、147.5%。

2007年全行业主营业务收入2 657亿元，增长18%，成本费用2 530亿元，增长14%，全行业累计盈利156亿元，较去年同期增长107%。航空公司主营业务收入1 910亿元，增长20%，成本费用1 840亿元，增长16%，全年盈利94亿元，增长208%。机场主营业务收入233亿元，增长13%，成本费用l97亿元，增长7%，全年盈利42亿元，增长35%。保障企业主营业务收入515亿元，增长13%，成本费用493亿元，增长11%，利润总额20亿元，增长47%。

2007年全行业运输收入水平为5.41元/吨公里，比上年增加0.13元/吨公里。其中国内航线（不含港澳）6.08元/吨公里，比上年增加0.35元/吨公里；香港航线6.87元/吨公里，比上年增加0.01元/吨公里；澳门航线4.19元/吨公里，比上年减少2.06元/吨公里；国际航线4.02元/吨公里，比上年减少0.15元/吨公里。

到2006年底，我国与其他国家双边航空运输协定总数达到106个（其中草签13个）。2006年共有定期航线1 336条，其中国内航线1 068条（至香港、澳门航线43条），国际航线268条。目前我国15家航空公司飞行43个国家的88个城市，每周提供1 307个定期客运往返航班和204个定期货运往返航班；共有51个国家的93个航空公司飞行我国大陆31个城市，每周提供1 262个定期客运往返航班和307个定期货运往返航班。

2008年民航发展预期指标：全行业运输总周转量420亿吨公里，旅客运输量2.1亿人，货邮运输量445万吨，分别比上年增长16%、14%和12%左右；通用航空作业飞行小时比上年增长10%左右；固定资产投资总规模360亿元。

机队规模扩大，运力搭配渐趋合理。2002年11月，中国民航三大集团成立，重组后的三大航空集团机队规模相对以前明显增大。特别是经过5年的业务整合，时至2008年2月底，中国航空集团已拥有飞机219架，中国东航集团有211架，中国南方航空集团的机队规模则达到了330架。随着各公司机队规模渐成气候，这样不仅能大大降低公司在运营管理、机务维护、航材储备、飞行员资源有效利用等方面的运营成本，同时也有利于各航空公司合理搭建航线网络，科学调配运力安排，使航班班次，时刻安排更趋合理。

购机大手笔,彰显大战略。为应对当前国内外航空市场飞速发展的新形势,国内各大航空集团在刚刚完成一体化运行的基础上,争相通过购买大型系列飞机增强整体实力和运营灵活性。

2005年1月29日,中国6家航空公司就购买60架波音787梦想飞机和波音公司签订了初步协议,中国南方航空股份有限公司与空中客车公司签署订购5架A380飞机的框架协议。这是中国客户首次订购787梦想飞机和A380飞机。按照平均目录价格计算,60架波音787梦想飞机的总价值约为72亿美元,此次大宗购机订购数量、金额均为历史之最。

2005年11月20日,中国航空器材进出口集团公司在北京与美国波音公司签订了购买70架B737－700和B737－800飞机的框架协议。据了解,这批波音飞机的目录价格为40亿美元。

2005年12月6日,空中客车公司与中国航空器材进出口集团公司在巴黎签署了订购150架A320系列飞机的框架协议。这是空中客车公司进入中国20年以来签署的最大单笔飞机订单,创造了空中客车公司在中国销售飞机的一项新纪录。这次签署的订购150架A320系列飞机的框架协议总额接近100亿美元。

这3次大规模的购机行动,使2005年成为中国民航历史上购机数量最多的一年,购机总数达到285架,目录总价格超过200亿美元。

据不完全统计,未来几年还将会有330多架“十五”期间的确认订单的飞机陆续交付使用,这些购机行动无不为做大做强中国民航迈出了坚实的步伐。民航总局有关部门预测,今后5年里,民航将以每年不少于100架至150架的增量引进飞机,到2010年全国民航运输飞机总量将接近1 550架,比2005年净增700架左右。

航空公司的高速增长带动了整个民航的高速发展。

二、机场与航空公司的关系

1. 航空公司是机场的第一客户

机场当局应意识到,尽管机场的客户包括旅客、货主和航空公司,然而航空公司才是机场的首要客户,是机场第一层次的客户。毕竟,是航空公司把乘客带到机场,同时产生收入让航空公司支付机场的账单。事实上机场离开了航空公司是无法生存的,机场对航空公司的依赖程度更高。当航空公司的窘境导致了削减或完全取消飞往某机场的航班时,这不但对航空公司而且对机场都是有害无益的。从长远的角度上,机场与航空公司唇齿相依、互为生存,没有航空公司的发展,就没有机场的发展,从而树立起机场与航空公司是利益共同体的思想。

所以不论在基础设施的规划和设计、流程的改善和服务的持续改进等方面,机场当局管理范围内的机场都应当充分考虑航空公司的需要。例如双流国际机场升级和改进了离港系统平台，使它能兼容东航的MARS离港系统；根据德国汉莎航空公司提出的旅客快速过关要求，双流国际机场对登机系统进行了多次修改，改善了进出港流程，增设了新的安检通道；根据成渝快巴、蓉昌快巴的需求，双流机场还开设了专门的支线候机楼和安检通道。

如果机场不能够满足航空公司的特殊需求的话，那么我们会听到许多抱怨声。机场正在使用当代先进技术来提高运营效率。如果建立通用的设施，比如登机桥、出发门、行李设施和新的自助式值机设备等，那么这些会减少航空公司的资本成本，以及改善机场的效率。不管机场的规模大小，机场需要投资，这是我们提高效率和竞争力的方法。机场行业是无法单独生存的——我们都是整个全球网络的组成部分。也正是网络能够联接起货物和人员流动，并且在国际市场上竞争。我们需要利用每一次机会让我们的航空公司和社区都明白机场所面临的挑战和发展前景。

在整个航空业内，我们彼此之间的关系是共生共存的——我们需要对方来实现自己的目标。我们和航空公司共同的目标是：向我们共同的客户提供最佳的、最有效的和安全的服务。

2. 保障航空公司正常运行是机场天职

史基浦机场成功的经验还告诉我们，要善待机场用户：航空公司。在开放的市场条件下，除了根据旅客需求确定竞争方向之外，认真做好对航空公司的服务工作，也是保持机场竞争力的一个重要手段。因为机场需要通过航空公司争取旅客特别是中转旅客。从最为显见的客观事实来看，旅客流量和旅客需求的增加，会直接导致航班飞往目的地的增加和航班频率、航班上座率的提高。虽然航班客座率，本应是航空公司关心的事情，但史基浦机场已将其纳入衡量机场竞争力的指标之中。这说明史基浦机场与作为其用户的航空公司找到了共同利益的切入点。

具体说来，史基浦机场在竞争中强调对航空公司的关心与服务，主要基于以下几点考虑：机场的形象在一定程度上仰仗着航空公司的表现。公众熟悉的大航空公司在机场运营的表现如何，会直接或间接地影响机场的声誉。这一点是不以人们的主观意志为转移的。许多旅客并不清楚机场的管理者是谁，因此通常认为航班晚点是机场的责任。航空公司特别是以机场为基地的大航空公司的主要运营指标如客源、航班频率、目的地数量，对关系机场效益和竞争力的相应运营指标有着决定性的影响。例如，以史基浦机场为基地的荷兰皇家航空公司与美国西北航空公司实行代号共享的成功联营，使得史基浦机场通航美国内陆机场的数目增加了100多个。不言而喻，航空公司在客观上给机场带来的效益是巨大的，其贡献是值得珍视和回报的。

3. 建立完善的中枢航线网络

枢纽机场以强大的基地航空公司为支撑，没有机场的配合航空公司无法建立完善中枢

航线网络

枢纽发展战略是航空公司参与国际竞争的利器之一。纵观世界枢纽机场,无一不是以强大的基地航空公司为支撑。例如中国东方航空股份有限公司是一个总部位于上海的基地航空公司,而上海所拥有的地缘优势和经济发展实力,又给予了东航广阔发展空间。目前东航拥有200架飞机,营运70多条国际、地区航线和220多条国内航线,逐步形成了以上海为中心,西安、昆明为两翼,覆盖了全国中等以上城市国内航线布局,和以上海始发为主,对外连接东南亚、欧洲、北美洲、澳洲等主要门户城市和货运枢纽机场的国际航线布局。成为上海2010年世博会航空客运合作伙伴后,东航再次面临一个令人振奋的前景,同时可以进一步获得在国际舞台上展现自身形象和实力的大好机遇。

有关人士这样计算过:一个航空公司拥有100个通航点,即100条直达航线,在没有增加新的运力和投入的情况下,通过中转点连接相互无直飞航线的城市,形成航线网络后,理论上可获得4 950条中转航线,这就是“中心辐射式”中枢航线网络运营模式蕴涵的惊人潜力。于是,2003年9月东航正式启动枢纽战略,开始由单纯的“城市—城市”转变为先向一点集中(上海)再行中转的“中心辐射式”运营模式。同年12月1日,东航利用冬春航班换季,大量增加上海地区运力投入,统一航线布局,不断开辟新航线,增加航班频率,优化航线网络,努力构建航班波,大力拓展中转联程业务,上海客运市场占有率也随之上升。东航传统的航线网络,由此转变为以上海为核心的中枢航线网络运营模式。

国际航空市场的竞争,很大程度上取决于航空枢纽的中转质量。枢纽建设的核心就是中转。机场枢纽化建设实质上配合航空公司进行航线枢纽网络的建设,没有机场当局配合,航空公司也无法提供便捷的中转服务,因此航空公司需要与机场方面进行合作。同样,建设枢纽机场有利于机场规模效益的形成。机场应全面调整同现有航空公司的关系,双方才能双赢。

三、机场与航空公司要建立和谐的生产关系

长期以来,我国航空公司与机场合作为我国摆脱落后局面,迅速发展成为民航大国做出了重大的贡献。总体上看,航空公司与机场的合作是顺利的、和谐的,但是也存在一些问题。这些问题主要体现在以下几个方面:①对外提供地面服务代理关系不明确;②由于提供服务的标准不明确,不能达到用户希望,所以扯皮时有发生;③出现问题后的协商解决能力差,双方对于同一问题的看法很难达成一致;④服务供应商缺乏竞争,人为的不协调因素较多;⑤个别项目的收费标准欠合理等等。所以会出现这些问题,原因是多方面的,有历史的原因,有政策的原因,也有双方共同的原因造成的,最关键是机场与航空公司之间生产关系矛盾冲突的结果。

1. 要确立机场当局拥有完整的土地使用权和机场经营权

生产关系是人们在物质资料生产过程中形成的相互关系。它有3个要素:生产资料归谁所有,人们在生产活动的地位和关系,产品如何分配。

我国机场投资管理体制不尽相同,部分机场完全由企业自筹资金进行建设,但是机场的经营权却统一由政府分配。由于历史的原因,这种不合理性在以前不可能得到重视。随着我国机场管理体制改革的推进,大部分机场将被下放到地方,实行企业化经营。同时,我国也正积极推动外商到中国进行机场的投资。生产资料所有权和使用权不解决,无法确立机场和航空公司在机场生产活动的地位和关系,无法合理分配生产产品。

由于对机场经营权尚缺乏清晰认识,在实际操作过程中,我国机场普遍遇到了以下问题:

(1)各机场应有的经营权没有被明确承认。机场的经营权本质上并不要求被承认,它应该是伴随着机场规划而产生的一种权利。但实际上,由于体制的原因,机场的经营权并未真正得到应有的承认。

(2)机场土地使用权被政府直接划拨给机场不同的运营主体。中国机场目前的格局是土地使用权由国家直接划拨给各驻场单位,机场经营权也被人为地划分给了各经营主体享有。例如,航空油料公司享有在机场从事航空油料经营业务的权利;航空公司在基地享有与机场同等的地位,可自己从事地勤业务,配餐业务;在部分机场,飞机维修权利被飞机维修公司直接占有等等;机场实际上只享有除此之外的一部分权利。这种局面最大的问题是:机场土地资源被不合理分割,机场当局难以对机场进行合理的整体的长远规划,特别是岸线资源的规划。结果导致机场投资巨大,但却无法获得应有的收益。

(3)各驻场单位免费使用机场相关设施。机场投资的设施被驻场单位免费使用的不合理现象非常多。例如,各驻场单位免费使用机场范围的道路、灯光照明;航空公司使用机场的停机坪进行地勤服务,而不向机场缴纳相关费用;飞机维修公司(若有)免费使用机场的机坪,甚至由于在机坪上试车造成机坪损坏现象等等。随着民航体制改革不断深入,机场与航空公司的利益冲突出现激化趋势。

这种权利划分不清的情况,造成重复建设(如候机楼内及机坪服务设备、设施),重复设置人员、机构并造成大量闲置,极大地浪费了资源,降低了效率,加大了成本,影响了收益。

机场与各驻场单位出现的上述矛盾,根源在于我国民航的旧体制。在我国,民航基于基础设施的事业性定位,机场、航空公司、油料公司在大统一的情况下,机场与各驻场单位之间,不存在利益冲突,也不存在经营权的归属问题。在机场完全由政府投资,实行事业单位体制,亏损由政府补贴的背景下,机场还能接受这一情况。然而随着体制改革的深入,在民航大一统的局面被打破的过程中,一方面,航空公司与油料公司均可以从政府获得廉价土地使用权,或者从分家之日起就从政府那里划分到土地资源,机场范围内土地使用权的完整性不复存在;航空公司直接从事诸如客、货地面服务和给航空公司配餐的经营,油料公司无偿获得了本应属于机场特许权的航空油料经营权。另一方面,改革又要求政府取消对机场亏损的补贴,减少对机场的投入,要求机场通过经营,自收自支,滚动发展,这势必要求机场尽可能扩大经营领域和范围,以争取获得更多的收入来源。因此机场与航空公司"争服务项目,争收入来源"也就成为必然。

建议向国外机场学习以下两点:

(1)机场生产资料归全体投资人所有,机场的土地使用权完全归机场当局所有。例如,在新加坡樟宜机场和香港机场,由机场当局筹资,开发建设机场,自然也拥有机场的土地使用权以及对机场进行整体规划。各驻场单位,包括航空公司、油料公司、飞机维修公司等则向机场当局租赁土地、自行建设或租赁房屋,用于满足公司自身的需求。

(2)机场当局拥有完整的机场经营权。在新加坡,所有机场经营权利全部归机场当局所有。机场当局按照市场法则,或者自己从事相关服务,或者通过转让特许经营权的做法,将相关业务转让给第三方经营。在新加坡樟宜机场,航空公司、油料公司、飞机维修公司、候机楼商业和地勤公司分别从事不同的专项经营业务,这些公司均向机场当局缴纳特许经营权费。特许经营权费构成机场当局稳定的、重要的收入来源。

2. 要建立公平竞争的航空运输地面服务市场体制

由于历史原因,航空公司与机场(管理局)分离时,航空公司的服务范围多数以飞机的直接保障有关,例如,飞机维护、客票销售、特种车辆保障等等。随着航空业的迅猛发展,机场也渴望地面服务代理业务的不断完善,所以相应地增加了某些方面的人力、物力投入。地服业务经营权的争夺给双方带来的矛盾。地服经营权是归机场还是归航空公司,目前在民航界也争论很多。航空公司和机场从各自企业的利益出发都在想方设法获得地服经营权。《深化民航改革的指导意见》中已明确:要建立公平竞争的航空运输地面服务市场体制方面,鼓励大型机场将其从事地面服务业务的部门改组为独立的公司,并与机场脱钩;支持航空公司自营并代理其他航空公司的客运、货运地面服务业务;鼓励、支持机场、航空公司之外的企业从事航空地面服务。逐步实现旅客吞吐量在300万人次以上的机场有两家以上地面服务企业经营。

3. 建立更合理的收费价格体系

实现民航又好又快发展,实现预定的发展目标,必须健全和完善适应社会主义市场经济要求和民航发展需要的行业管理体制和运行机制。对此,2004年,民航总局会同国家发展改革委启动机场收费改革工作,先后对国内外多家机场和航空公司进行了重点调研,召集国内外民航领域的专家进行了多次专题交流和研讨,最终,依据我国国情,总结、借鉴国内外机场收费管理经验,出台了《民用机场收费改革方案》。此次机场收费改革不仅是深化民航体制改革的需要,也是顺应国际民航发展趋势的需要。

机场收费改革首先是深化民航改革的需要,是初步确立机场收费管理体制和收费形成机制的必要途径,有利于发挥市场配置资源的基础性作用;其次,机场是具有社会公益性的基础设施,是航空运输系统的重要组成部分,机场收费改革有利于理顺机场管理机构与航空公司之间的利益关系,促进民航协调发展;第三,机场收费改革有利于吸收、借鉴国际民航业的先进制度和管理模式,逐步与国际接轨;第四,机场收费改革有利于逐步解决国内外航空公司收费标准差别待遇问题,使我国航空公司更好地适应民航业天空开放和世界经济全球化发展环境的必然要求;第五,机场收费改革进一步明确政府管理职责,有利于政府加强监管,规范市场秩序。

机场收费改革遵循5个基本原则:

(1)与国际逐步并轨原则。

(2)成本回收原则。按照机场管理机构或服务提供方提供设施及服务的合理成本,以及充分考虑用户的承受能力等因素确定收费标准。

(3)建立协商机制原则。提高机场收费政策的透明度,促进机场管理机构和服务提供方加强管理、提高效率,提供公平、优质服务。

(4)政企职责明确原则。转变政府职能,有条件的下放机场收费管理权限,适当发挥市场配置资源的作用。

(5)监管职责明确原则。加强对机场管理机构和服务提供方收费行为的监督,维护航空运输市场主体的合法权益。

改革的主要内容包括:划分机场类别,统一机场收费项目,改革机场收费管理方式,加强机场收费监管。

我国现有的机场将按业务量被划分为一类1级机场、一类2级机场、二类机场、三类机场四个级别,实施分类收费。收费项目被统一为航空性业务收费、非航空性业务重要收费、非航空性业务其他收费三个部分。其中,航空性业务收费项目、非航空性业务重要收费项目的收费标准将实行政府指导价,由民航总局会同国家发展改革委综合考虑机场管理机构或服务提供方提供设施及服务的合理成本、用户的承受能力等因素核定基准价。基准价一般不作上浮,下浮幅度由机场管理机构或服务提供方与用户在政府规定的浮动幅度内,根据提供设施和服务水平的差异程度协商确定具体标准。非航空性业务其他收费,原则上以市场调节价为主,市场竞争不充分的收费项目的收费标准,将依据《中华人民共和国价格法》,按照定价目录来管理。

机场收费改革起到了积极作用,主要体现在以下5个方面:

(1)理顺机场与航空公司之间的收入分配关系。

(2)调节大中小机场的总体收费水平。

(3)兼顾航空公司之间的利益均衡。

(4)进一步发挥市场配置资源的基础性作用。

(5)提高机场收费政策的透明度。

通过调节行业各市场主体间的利益平衡,逐步建立起适合我国民航发展阶段的、与国际接轨的机场收费形成机制,为实现民航和谐发展提供政策保障。

根据中信建投航空分析专家测算后得出,在该方案实施之后,所有机场收入将普遍下降2%~3%。其中浦东机场受影响最大,收入下降约10%。而包括三大航在内的航空公司收入将普遍上升2%~3%。

据计算,这次调整最大的是外航的机场起降费,而浦东机场外航起降费占整个机场收入的30%以上,所以这次浦东机场的收入(在不考虑增量的情况下)将下降10%左右。

根据该方案,外航逐步实行"国民待遇"。在国际及港澳航线上,内地航空公司的航空性业务收费按照外航及港澳航空公司的60%收取。"外航的起降费下降了大约40%左右,而内航的国际及港澳航线下降了8%,这使得机场向航空公司收取费用时,对外航的收费大约比内地航空公司的国际航线收费只高出1.66倍,而此前外航航空性业务收费是内地航空公司的2.5~3倍"。"这大大缩小了外航和内航收费的标准,是赋予外航'国民待遇'的重要一环,但是由于航空性业务收费占航空公司成本的一部分,所以机票价格应该不会受到影响。"

这次收费改革还将逐步统一内地航空公司国际及港澳航班与外国及港澳航空公司航班的航空性业务收费标准,5年内分两次实现并轨。

据计算,内地航空公司的国内航线起降费也下降了20%,"此前业内曾预计外航的收费将降低,但是内地航空公司的收费将提高,这引起了内地航空公司的'不满',但是此次方案规定,所有航空公司起降费都有下降,所以机场收入减少也不足为奇。"

方案中有关机场类别的划分如下:

(1)一类机场是指单个机场换算旅客吞吐量占全国机场换算旅客吞吐量的4%(含)以上的机场。其中:国际及港澳地区航线换算旅客吞吐量占其机场全部换算旅客吞吐量的25%(含)以上的机场为一类1级机场,其他为一类2级机场。

(2)二类机场是指单个机场换算旅客吞吐量占全国机场换算旅客吞吐量的1%(含)~4%的机场。

(3)三类机场是指单个机场换算旅客吞吐量占全国机场换算旅客吞吐量的1%以下的机场。

航空性业务收费是指机场管理机构为航空器安全营运提供各类设施及服务,向航空器所有者或使用者收取的费用。包括起降费、停场费、客桥费、旅客服务费及安检费。其中:

(1)起降费。机场管理机构为保障航空器安全起降,为航空器提供跑道、滑行道、助航灯光、飞行区安全保障(围栏、保安、应急救援、消防和防汛)、驱鸟及除草,航空器活动区道面维护及保障(含跑道、机坪的清扫及除胶等)设施及服务所收取的费用。

(2)停场费。机场管理机构为航空器提供停放机位及安全警卫、监护、泊位引导系统等设施及服务所收取的费用。

(3)客桥费。机场管理机构为航空公司提供旅客登机桥及服务所收取的费用。

(4)旅客服务费。机场管理机构为旅客提供航站楼内综合设施及服务、航站楼前道路保障等相关设施及服务所收取的费用。包括航班信息显示系统、电视监控系统、航站楼内道路交通(轨道、公共汽车)、电梯、楼内保洁绿化、问讯、失物招领、行李处理、航班进离港动态信息显示、电视显示、广播、照明、空调、冷暖气、供水系统;电子钟及其控制、自动门、自动步道、消防设施、紧急出口等设备设施;饮水、手推车等设施及服务。

(5)安检费。机场管理机构为旅客与行李安全检查提供的设备及服务以及机场管理机构或航空公司为货物和邮件安全检查提供的设备及服务所收取的费用。

非航空性业务重要收费是指除航空性业务收费以外,由机场管理机构或服务提供方直接向航空公司收取的费用。包括:头等舱和公务舱休息室出租、办公室出租、售补票柜台出租、值机柜台出租及地面服务收费。其中:

(1)头等舱、公务舱休息室出租:机场管理机构向航空公司或地面服务提供方出租头等舱、公务舱,用于向头等舱、公务舱乘客或常旅客提供候机服务所收取的费用。

(2)办公室出租:机场管理机构向航空公司或地面服务提供方出租办公室,用于工作人员日常办公使用所收取的费用。

(3)售补票柜台出租:机场管理机构向航空公司或机票业务经营商出租售补票柜台,用于办理售票、补票、改签等机票业务所收取的费用。

(4)值机柜台出租:机场管理机构向航空公司或地面服务提供方出租值机柜台,用于办理旅客交运行李、换取登机牌等登机手续所收取的费用。

(5)地面服务收费:机场管理机构或地面服务提供方向航空公司提供包括一般代理服务、配载和通信、集装设备管理、旅客与行李服务、货物和邮件服务、客梯、装卸和地面运输服务、飞机服务、维修服务等服务所收取的费用。

非航空性业务其他收费是指除非航空性业务重要收费以外的非航空性业务收费。

4. 大力发展基地航空公司与当地机场的协作关系

大力发展基地航空公司与当地机场的协作关系,从而达到以点带面的发展效果。基地航空公司和机场的关系问题直接影响到双方的发展。由于基地航空公司在基地站的设备投入和保障能力与非基地航空公司有着显著的区别,在国际航空运输协会(简称 IATA)标准地面服务项目中有许多项目是由基地航空公司自行完成的。所以,在制定政策时除了使用标准价格外,还应该考虑基地航空公司的特殊性,可以说,成本费用在地面服务项目的优势可以使基地航空公司更加具有竞争力,可以使基地航空公司更快地发展。而与基地航空公司休戚相关的基地机场无疑是航班增长和航线网络不断扩大的受益者之一。

航空公司与机场的关系是密不可分的，没有其中的任何一方都会使另一方无法生存，要使航空公司与机场加强合作，实现共同发展，应该注意以下几个方面。

(1)设法使双方的服务与被服务关系明确化，双方的合约关系法制化。服务关系明确化就是明确服务项目、服务内容以及服务标准；合约关系法制化是指双方除了采用协商解决问题外，还应有法律意义上的约束。在这个问题上，总局的宏观政策会起到积极的促进作用；

(2)双方的思想观念亟待转变。机场作为航空公司的服务代理人有时是无法选择的，具有惟一性，但是不能因为没有竞争或历史造成的原因就拒绝改进，仍抱着‘我们只能提供这些’等想法。不管是机场原因还是航空公司原因造成的服务质量低下，都会使旅客产生不满，从而放弃选择被‘抱怨’航空公司，当然也会变相的影响到机场的利益。航空公司也要克服‘你是我的服务提供方，只要我不满意就是你的问题’的想法，双方要加强沟通、相互理解。

(3)双方仍存在很广阔的合作空间。例如，地面运输、人员的培训和学习、广告、场站管理、住宿服务等等，只要协调好关系，还可以开发出许多有特色的服务品牌。

航空公司与机场毕竟是两个经济实体，由于经济利益或其他原因，合作的双方将不可避免地产生摩擦，为了避免事态的发展以及解决日常生产运营中出现的实际问题，政府部门的介入是非常必要的。我们认为，政府部门应起到以下几方面的作用：①了解航空公司与机场生产运营的实际情况；②根据双方的纠纷判断性质，包括是否违反民航相关法规的判定；③协调双方妥善解决纠纷；④制定相应的法规，对双方的违约责任加以约束；⑤实施相应的处罚。

总之，合则双赢，散则双输，此语用于形容航空公司和机场之间的关系是再也恰当不过了。英国前首相邱吉尔曾说过美国人和英国人是由一种共同语言相分隔的两个不同人群。这种说法用于类比航空公司和机场也恰如其分。公司与机场都必须互相尊重，尽快理顺航空公司与机场之间的生产关系，才能使航空公司与机场携手合作，共同面对越来越激烈的国际竞争的严峻挑战，实现我国从民航大国向民航强国跨越的宏伟目标。

思　考　题

1. 民航“十五”期间新一轮民航体制改革有哪些重要举措？
2. 民航“十五”期间新一轮民航体制改革后产生了什么影响？
3. 民用机场属地化管理后发生了哪些变化？
4. 如何评价中国民航2007年取得的辉煌成就？
5. 在与国际民航的对比中，中美之间存在哪些差距？
6. 2007年建设和谐民航的主要目标和任务是什么？

7. 为什么中国要加快大型复合枢纽机场的建设？意义何在？
8. 枢纽机场应具有哪些特征？
9. 目前我国机场在发展过程中亟待解决问题有哪些？
10. 新一代民用航空运输系统的目标是什么？
11. 结合当地实际，如何探索机场改革的新途径？
12. 机场如何从“经营型”向“管理型”转变？
13. 结合当地实际，民用机场与航空公司存在哪些亟待解决问题？
14. 如何树立航空公司是机场第一客户观念？
15. 如何在机场与航空公司之间建立和谐的生产关系？
16. 民用机场收费应遵循哪些原则？
17. 航空性业务收费包括哪些内容？
18. 非航空性业务收费包括哪些内容？

第四章　民用机场的布局

民用机场作为商业运输的基地可把整个机场系统分成两大块：一块是空域，由它同航路系统相通；另一大块是机场地面系统。图 4-1 中又把机场地面系统分成空侧和陆侧两个部分。空侧，包括供飞机起飞、着陆的跑道，供飞机停放的机坪，再加上沟通跑道和机坪的滑行道系统。陆侧，包括航站楼、货运站和供地面车辆流通的道路和停车场，由此同进出机场的地面交通系统相连。

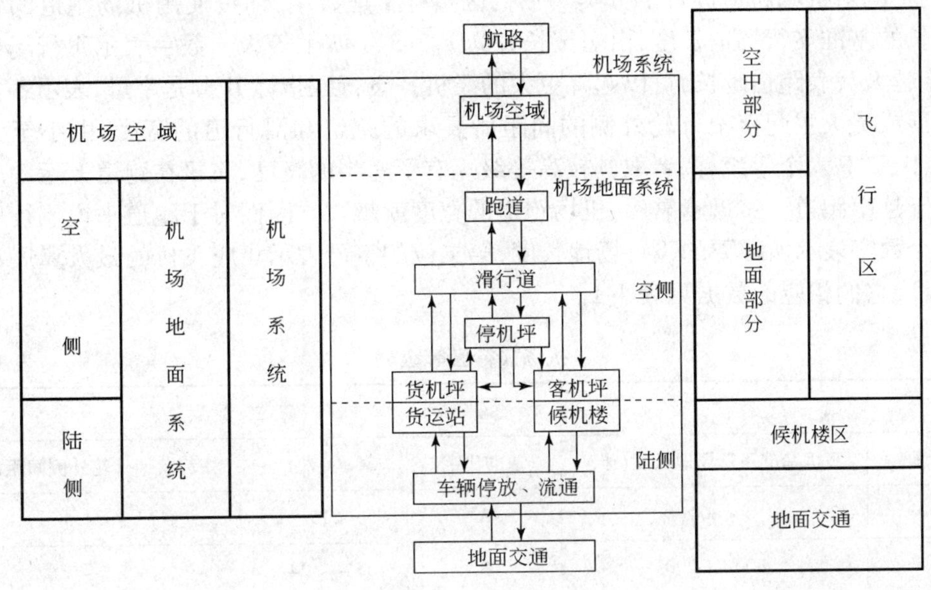

图 4-1　机场系统图

当然，实际的机场系统要比这个概念还复杂得多。

第一节　飞　行　区

飞行区分空中部分和地面部分。空中部分指机场的空域：包括了进场和离场的航路；地面部分包括跑道、滑行道、停机坪和登机门，以及一些为维修和空中交通管制服务的设施和场地，如机库、塔台、救援中心等。

一、跑道

机场中最重要的一个核心建筑设施就是跑道。跑道是陆地机场经整备建设后供飞机起飞和着陆用的一块划定的长方形场地。跑道分非仪表跑道和仪表跑道。非仪表跑道(VFR),即供飞机用目视进近程序飞行的跑道,属低等级机场的跑道。仪表跑道(IFR)是供飞机用仪表进近程序飞行的跑道。

1. 机场飞行区等级

跑道的性能及相应的设施决定了什么等级的飞机可以使用这个机场,机场按这种能力的分类,称为飞行区等级。原则上,飞机的质量越大,它所需用的跑道就越长而且宽。国际民航组织将运输机场按机场跑道(飞行区指标 I)、飞行区的各类飞机最大翼展(飞行区指标 II)的不同对机场跑道进行了分类。飞行区指标 I 是数字,即按使用机场跑道的各类飞机中最长的基准飞行场地长度,由短至长分为 1、2、3、4 四个等级。数字表示飞行场地的长度,数字越大代表跑道越长,可以起降更大的飞机。飞行区指标 II 分是字母,表示各类飞机最大翼展或最大主起落架外轮外侧的间距所要求的跑道和滑行道的宽度,由小至大分为 A、B、C、D、E、F 六个等级,两者取其较高等级。有了适当的宽度,飞机在跑道上运动时机轮才不至于越出跑道。字母越靠后,机场跑道的宽度就越大。因而对于跑道来说飞行区等级的第一个数字表示所需要的飞行场地长度,第二位的字母表示相应飞机的最大翼展和最大轮距宽度,它们相应的数据见表 4-1。

机场飞行区等级表 表 4-1

第 一 要 素		第 二 要 素		
基准代码	飞机基准飞行场地长度(米)	基准代字	翼展(米)	主起落架外轮外侧间距(米)
1	<800	A	<15	<4.5
2	800 ~ 1 200	B	15 ~ <24	4.5 ~ <6
3	1 200 ~ 1 800	C	24 ~ <36	6 ~ <9
4	>1 800	D	36 ~ <52	9 ~ <14
		E	52 ~ <65	9 ~ <14
		F	65 ~ <80	14 ~ <16

表中的飞行场地长度指飞机在最大起飞质量、海平面高度、无坡度标准大气下的起飞时所要求的最低场地(跑道)长度,飞行场地长度也表示在飞机中止起飞时所要求的跑道

长度,因而也称为平衡跑道长度,飞行场地长度是对飞机的要求来说的,与机场跑道的实际长度没有直接的关系。

2006 年中国民航 147 个民用运输机场(含军民合用机场)中,有 3 个能起降 A380 型飞机的 4F 级机场,有 22 个 4E 级机场,这类机场的跑道长度在 3 000 米以上,宽度为 45 ~ 60 米。目前世界上最大的宽体客机波音 747 可以顺利地在此起降。35 个能起降 B767、B757 型飞机的 4D 级机场,58 个能起降 B737 等飞机的 4C 级机场,中小城市的机场多数是 3C 级,跑道长度在 1 500 米左右,宽度在 30 米以上,供支线飞机起降。3C 级机场 29 个,只占总数的 19.7%。

修建什么等级的机场要根据航空运输的需要而定,不是越大越好。北京首都国际机场原有 2 条跑道,东跑道 3 800 米 ×60 米(PCN108),西跑道 3 200 米 ×50 米(PCN95),属 II 类精密进近跑道,标高 35.3 米。为了迎接 2008 年奥运会,满足 6 000 万人次吞吐量的需要,新建第三条跑道 3 800 米 ×60 米,属Ⅲ类双向精密进近跑道。

2. *跑道的布局方式*

一般来讲,跑道系统的数目取决于交通量的大小,跑道的方向由风向决定,交通量和风向不同,所确定的跑道系统存在着多种布局方式。

(1)单条跑道。在我国目前除少数机场外,其余的机场都是单条跑道(见图 4-2)。单条跑道是最简单、最基本的一种。相对于其他形式来说,单条跑道具有使用方便、占地面积小和易于维护等优点。但它又有当机场交通量达到或超过跑道最大容量时,会发生交通堵塞现象,造成航班延误,降低航班正常率这样的缺点。

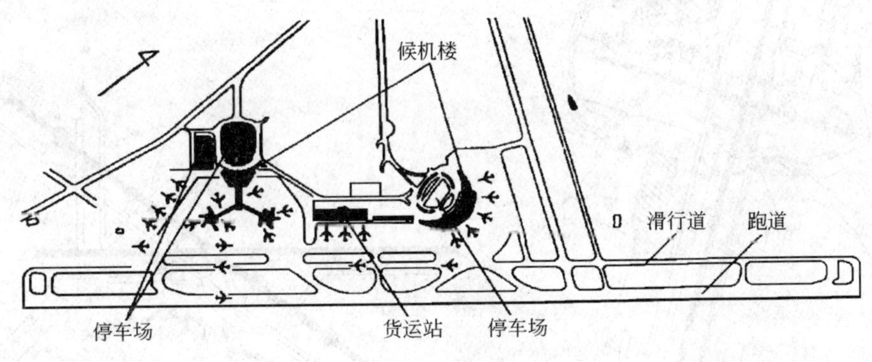

图 4-2　单条跑道

(2)两条平行跑道。平行跑道是指跑道与跑道中心线平行或近似平行。平行跑道的出现是为了缓解单条跑道的容量饱和的问题。平行跑道的容量取决于跑道于数目和跑道之间距(见图 4-3)。

近距平行跑道间距小于 2 500 英尺;中距平行跑道间距在 2 500 ~4 300 英尺之间;远距平行跑道间距大于 4 300 英尺。

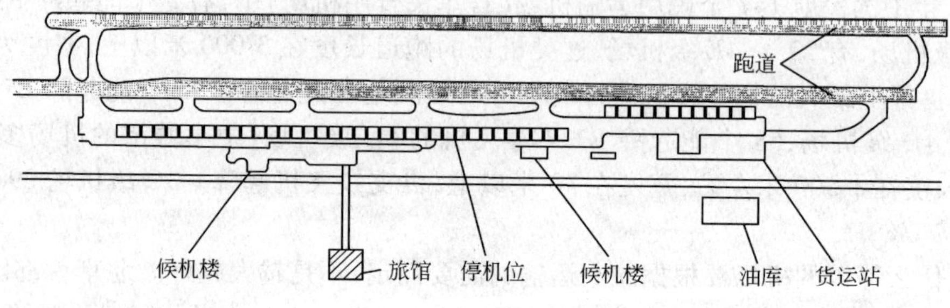

图 4-3　平行跑道

较好的运行方式是将离开航站楼的最远的跑道(外侧)指定作着陆飞机使用,而将离航站楼最近的跑道(内侧)作起飞跑道使用。

(3)交叉跑道。当相对强烈的风从一个以上的方向吹来的时,如果只有一条跑道,就会造成过大的侧风,需要采用交叉跑道结构。交叉跑道是指机场内两条或更多条的跑道以不同方向互相交叉。对于两条交叉跑道,当风强的时候,只能用其中的一条;当风相对较弱,则两条跑道可同时使用。两条交叉跑道的容量在很大容量很大程度上取决于相交点位置和跑道的运行方式(见图 4-4)。

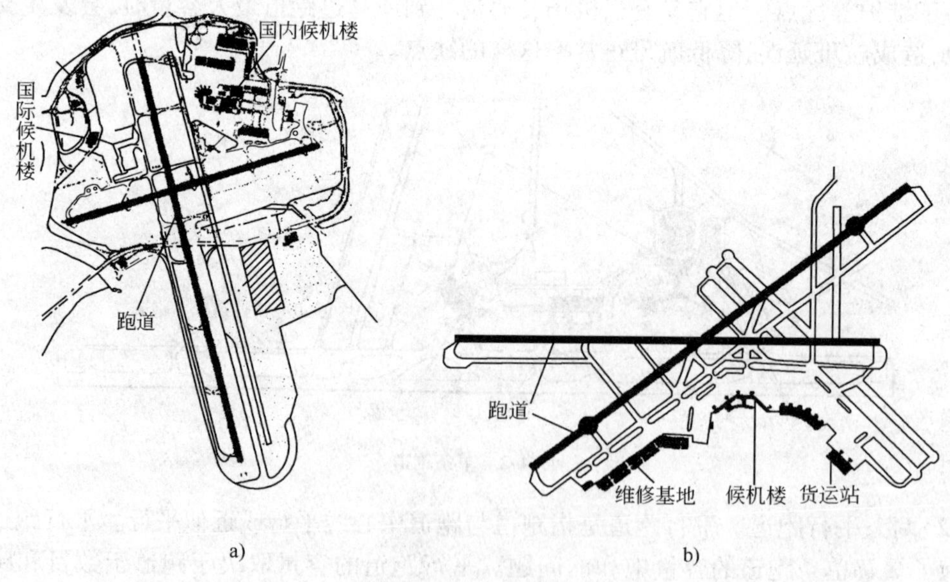

图 4-4　交叉跑道

(4)开口V形跑道。两条跑道方向散开而不相交的称为开口V形跑道。像交叉跑道那样,当风从一个方向强烈吹来时,开口V形跑道就回复到成为单条跑道。当风轻微时,两条跑道可以同时使用(见图4-5)。

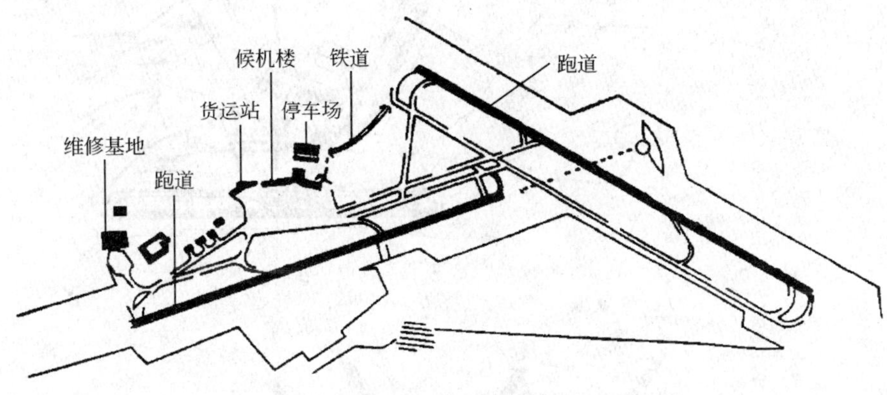

图4-5　开口V形跑道

(5)多条跑道。随着当地经济发展,机场两条跑已不能满足航空运输量的需求,于是机场新建多条跑道,各负其职。离候机楼近的跑道用于起飞,远离候机楼远的跑道用于降落。有的跑道专用于货机起降,短的跑道用于小飞机起降,等级高的跑道用于大型飞机起降。在风向多变地区,还可利用不同方向的跑道,应对多种气候变化。

3. 跑道的基本参数

(1)方向和跑道号。飞机的起降与风向有直接的关系。在逆风中起降可以增加空速,使升力增加,飞机就能在较短的距离中完成起降动作。早期的飞机抵抗侧风的能力不够,为了保证飞机能在各种不同的风向下起降,大的机场往往修建两条方向交叉的跑道。现在飞机的增升能力及抗侧风的能力都大大加强了,所以新建的大机场通常只修建同一方向的平行跑道。这样的安排形式可以节约大量的用地。跑道的方向设计主要是根据当地一年中的主风向(70%的风向)来确定的,这种设计能使飞机在使用该跑道的大部分时间内得到有利的风向。

机场至少有一条跑道,有的机场有好几条跑道。为了使驾驶员能准确地辨认跑道,每一条跑道都要有一个编号,它就相当于跑道的名字一样。跑道号是按跑道的方向编的。所谓方向,是驾驶员看过去的方向,也就是他驾机起飞或降落时前进的方向。为精确起见,采用360°的方位予以表示。以正北为0°,顺时针旋转到正东为90°、正南为180°、正西为270°,再回到正北为360°或0°;每一度又可分为60′;每一分又可分为60″。每条跑道就以它所朝向的度数作为其编号。为了简明易记,跑道编号只用方向度数的百位数和十位数,个位数按四舍五入进入到十位数。例如一条指向为西北284°的跑道,它的编号就是28,如果

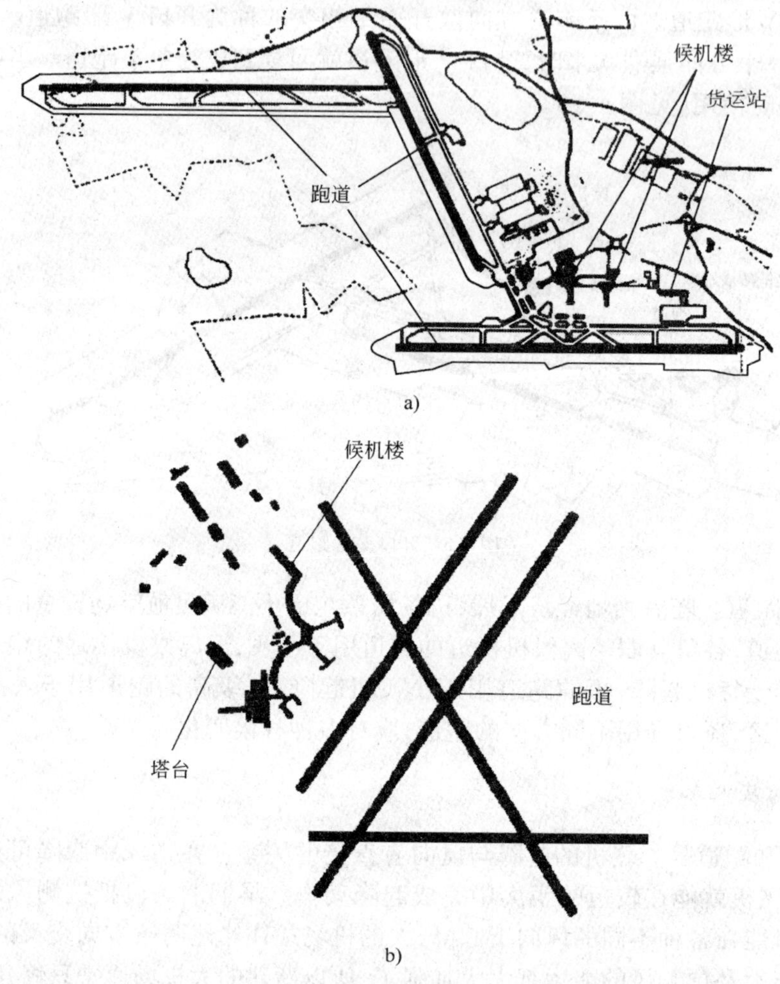

图 4-6　多条跑道

是 285°,编号就是 29。同一条跑道,因为有两个朝向,所以就有两个编号。例如:一条正北正南的跑道,从它的北端向南看,它的编号是 18;从南端向北看,它的编号就是 36。跑道号都是两位数,如果第一位没有数就用 0 来表示。例如咸阳机场跑道的方向是东北—西南方向,指向东北的方向为 50°,跑道号就是 05,相反方向是 230°,跑道号是 23。跑道号以宽 3 米、长 9 米的数字用明亮的白漆漆在跑道的端头,十分醒目,如图 4-7 所示。驾驶员在空中可以清楚地看到跑道号,也就等于知道了飞机降落在这条跑道时的方向。如果某机场有同方向的几条平行跑道,就再分别冠以 L(左)、C(中)、R(右)等英文字母,以示区别。如北京首都机场有两条平行的南北向的跑道,西边的一条它的跑道号是 18L/36R,东边一条是 18R/36L。塔台上的管制员只要告诉驾驶员跑道号,驾驶员就应该能确认所使用的跑道和起降方向。此事关系重大,有关人员谁也不能马虎弄错。2000 年有一架新加坡航空公司的飞机,夜间在台北机场起飞,因为驾驶员弄错了跑道的 R 和 L,驶入一条正在施工的跑道上,起飞时与一台挖掘机相撞,造成了 100 多人死亡的惨剧。

图 4-7　跑道号

国际民航组织附件 14 中规定:四条平等跑道冠以 L、R、L、R 英文字母;五条平等跑道冠以 L、R、L、C、R 或 L、C、R、L、R 英文字母;六条平等跑道冠以 L、C、R、L、C、R 英文字母。

(2)基本尺寸。基本尺寸指跑道的长度、宽度和坡度。

跑道的长度,要根据飞机的起飞、着陆性能确定。要保证飞机的正常起飞、着陆以及中断起飞、发动机故障等特殊情况下的安全,可以起降干线飞机的机场跑道长度大约是 3 000 ~3 500 米。在高原地区海拔高度越高,空气密度越低,在同样的滑跑速度下,飞机的空气动力下降;同时,发动机的功率也下降,也要求更长的跑道,所以这些地方的机场的跑道需要长达 4 000 米以上才行。西藏昌都邦达军民合用机场,标高 4 334 米,属世界海拔最高的机场。玻利维亚拉巴斯市肯尼迪国际机场,标高 4 072 米,是世界海拔第二高度机场。邦达机场跑道长 4 200 米,宽 45 米,跑道长度短于美国加州爱德华空军机场(该机场跑道长11 266 米)和南非阿平顿的波尔·雷尔维尔民用机场(跑道长 4 900 米)。还要说明一点,就是邦达机场有一条与跑道平行的滑行道,长 5 500 米,宽 16 米。

在热带地区,因为气温高,发动机的功率下降,飞机的升力下降,所以跑道也要修得长些。跑道越长,机场占地也越大,对四周环境的影响也越大。国际民航界对此已达成共识,今后发展更大的民航飞机时要从技术上改进,使新型飞机要求的起降距离,不能比现有的大型机场跑道更长。所以有的地区盲目修建超长跑道的机场是没有道理的。在低海拔地区,机场跑道只要有 3 600 米就足够达到飞机起降使用的标准了。

跑道的宽度,要考虑飞机的尺寸和保证飞机可以在跑道上转弯、掉头的需要。飞机尺寸越大,要求的跑道越宽,见表 4-2 所示。飞机的翼展和主起落架的轮距越大,转弯半径也越大,也要求较宽的跑道,一般不超过 60 米。上海浦东机场第二条跑道达到 4F 级,能起降 A380 飞机,它的尺寸为 3 800 米 ×60 米。

各等级跑道的宽度标准(单位:米)　　表 4-2

基准代码	基准代字					
	A	B	C	D	E	F
1a	18	18	23			
2a	23	23	30			
3	30	30	30	45		
4			45	45	45	60

注 a:基准代码为 1 或 2 的精密进近跑道的宽度应不小于 30 米。

跑道的坡度,一般来说,跑道是没有纵向坡度的,但在有些情况下,等级基准代码为 3 或 4 的机场可以有 1% 以下的坡度。如图 4-8,在图中实线表示的坡度时,飞行员会觉得跑道近,反之,如图中虚线表示的坡度时,会感觉远。控制跑道坡度,可以避免给飞行员造成错觉。

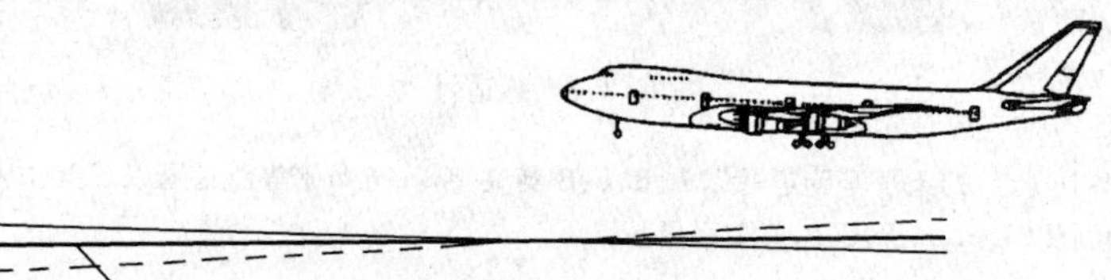

图 4-8　跑道坡度对飞行员的影响

(3)跑道的道面、强度和厚度。跑道道面,要有符合规定的摩擦力,防止飞机滑跑、制动时打滑。遇到雨雪天气要用专门的设备,测量跑道的摩擦系数,并及时告诉飞行员。为此,在混凝土道面上开出 5 毫米左右的槽,并且定期(6 ~ 8 年)打磨,以保持飞机在跑道积水时不会打滑。另一种方法是在道面上铺一层多孔摩擦系数高的沥青,以增加摩擦力。为了保证跑道上不积雨,要在跑道两侧做出一定的坡度和一套排水系统。

飞机跑道除要承受飞机的重量之外,还要承受飞机降落时的冲击力,所以跑道必须具有一定的强度。跑道道面分为刚性(R)和非刚性(F)道面。刚性道面由混凝土筑成,能把飞机的荷载承担在较大面积上,承载能力强。非刚性道面有草坪、碎石、沥青等各类道面,这类道面只能抗压不能抗弯,因而承载能力小。

早期的飞机质量仅几百千克,只要把土地压实以后就可以当作跑道。随着飞机质量和速度的增加,对跑道的要求也越来越高,相继出现了沙石道面、沥青道面、混凝土道面等各种跑道。现在大中型机场的跑道,基本上都是采用钢筋混凝土结构建造。所起降的飞机质量越大,钢筋混凝土的厚度也越厚。中型机场跑道厚度在 20 厘米以上;可以起降波音 747 飞机的大型机场,其跑道厚度在 35 厘米以上。

跑道的强度,要能承受飞机着陆接地时的冲击和滑跑时的荷载。决定一架飞机能不能使用这条跑道,不但取决于飞机的质量和飞机的下沉速度,而且和飞机轮胎对地面的压强有关。从对跑道的强度要求来说,而不单是飞机的总质量。压强是指在单位面积上所承受的力。对飞机而言,如果它的轮胎接地面积大或机轮数目多,飞机对地面的压强就小,也就可以在强度比较低的跑道上起降;而机轮在飞行时要收在飞机里,体积太大又不好摆,需要综合考虑。此外起降速度小的飞机对地面的冲击和摩擦都较小,因此对跑道强度的要求也低。影响飞机使用跑道的其他因素还有飞机轮胎内压、飞机装载量等。

为了使问题变得简单一些,国际民航组织综合考虑了各种因素后对跑道和飞机分别制定了一套它们相互适应能力的计算公式,由这些公式可计算出相互适应的具体数值。用于跑道的叫跑道道面等级序号(Pavement Classification Number),简写为 PCN 数;用于飞机的被称之为飞机等级序号(Aircraft Classification Number),简写为 ACN 数。飞机制造厂在将飞机交付使用时必须给出该飞机满载时的最大 ACN 数。

如果飞机的 ACN 数小于或等于跑道的 PCN 数,飞机就可以无限制地使用这条跑道,当 ACN 值大于 PCN 值 5% ~10% 以下时,可以使用这条道跑,将会缩短跑道使用寿命。但作为权宜的、偶然的、少量的超载,一般是可以的。如果 ACN 比 PCN 大得太多,那么飞机在起降时不仅会压坏跑道,甚至会危及飞机的安全。

建议采用以下准则:

对非刚性道面,ACN 不宜超过 PCN 的 10%。

对刚性道面,ACN 不宜超过 PCN 的 5%,并且是偶然运行。

有了这种评估方法,飞机在使用跑道时就有了灵活性。例如飞机如果必须在 PCN 数低的跑道上做起降时,它可以通过减载使 ACN 下降,达到安全飞行的目的。波音 747 飞机最大的起飞重量将近 400 吨,它的起落架装有 16 个大型机轮,ACN 只有 55;而仅为波音 747 总重量 7/10 的 MD-11 客机 ACN 数却高达 68,这就意味着能供 MD-11 飞机起降的机场比波音 747 还少。是不是 ACN 数越低就越好呢?这还要具体分析,ACN 数的降低主要是通过增加飞机机轮的数量和降低轮胎内压来实现的,但这将会大大增加飞机自身的质量。如果利用这些质量来装运货物或载运乘客,航空公司就能增加收入;如果用来装燃油,飞机就可以增加航程。因此降低 ACN 数固然可以使跑道的条件降低,增加可以起降的机场数目,使飞机的活动范围扩大,但要付出相应的代价。这个代价就是降低了飞机的使用效率,即使用同量的燃油而能运载的旅客及货物却减少了。多数西欧、北美发达国家大型机场的 PCN 数都相当高,MD-11 飞机在这些机场范围内运行,它的效率就比较高;而在一些发展中国家,由于大部分机场的PCN数较低,MD-11这类ACN数较高的飞机就受到了限制,只能在为数不多的机场上起飞和降落,在经济上反而不合算了。

二、跑道的附属区域

1. 跑道道肩

跑道两边设有道肩,跑道道肩指紧接跑道边缘经过整备作为跑道道面和邻接表面之间过渡用的地区(见图4-9)。在飞机因侧风偏离跑道中心线时,不致引起损害。此外大型飞机很多采用翼吊布局的发动机,外侧的发动机在飞机运动时有可能伸出跑道,这时发动机的喷气会吹起地面的泥土或砂石,使发动机受损,有了道肩会减少这类事故。有的机场在道肩之外还要放置水泥制的防灼块,防止发动机的喷气流冲击土壤。

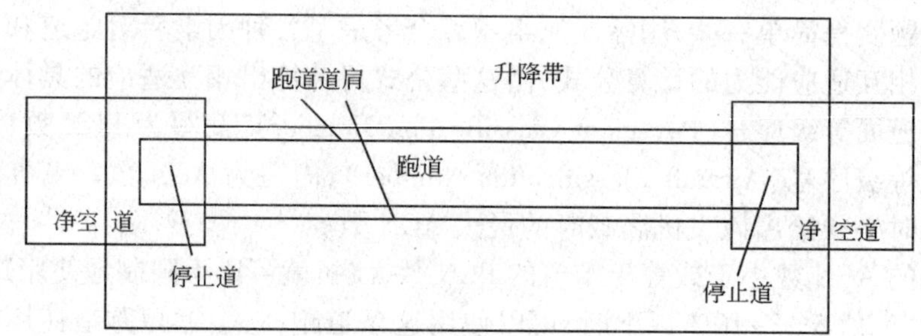

图4-9　跑道及净空道

道肩与跑道相接处的表面应与跑道表面齐平,跑道道肩应自跑道的两边对称向外延伸,以使跑道及其道肩的总宽度不小于60米。基准代号为D或E的跑道,在宽度小于60米时应设跑道道肩。白云机场为了满足A380飞机起飞和降落总宽度达75米。道肩的路面要有足够强度,以备在出现事故时,使飞机不致遭受结构性损坏。还能支承可能在道肩上行驶的车辆。

2. 停止道

停止道是指在可用起飞滑跑距离末端以外地面上一块划定的经过整备的长方形地区,使其适合于飞机在放弃起飞时能在它上面停住。停止道的宽度应与同它相联接的跑道的宽度相同。停止道应能承受准备使用该停止道的飞机,不致引起飞机的结构损坏。

3. 净空道

净空道是指在有关当局管理下经选定或整备的使飞机可在其上空进行一部分起始爬升到一个规定高度的地面或水面上划定的一块长方形地区。

净空道的起始点应在可用起飞滑跑距离的末端。净空道的长度应不超过可用起飞滑跑距离的一半。净空道应自跑道中线延长线向两侧横向延伸至少75米。位于净空道上可能对空中的飞机造成危险的物体应被认为是障碍物,并应将其移去。

4. 升降带

升降带是指一块划定的包括跑道和停止道(如果设有的话)的场地,主要功能是:

(1)减少飞机冲出跑道时遭受损坏的危险。

(2)保障飞机在起飞或着陆过程中在其上空安全飞过。

升降带应在跑道入口前,自跑道或停止道端向外延伸至少下述距离:基准代码为2、3、4的跑道为60米;基准代码为1的仪表跑道为60米,基准代码为1的非仪表跑道为30米。只要实际可行,必须在升降带的全长,从跑道中线及其延长线每侧横向延伸至少为下述距离:基准代码为3或4的跑道为150米;基准代码为1或2的跑道为75米。跑道及其连接的停止道必须包含在升降带内。

位于升降带上可能对飞机构成危险的物体,应被认为是障碍物,并应尽可能地将其移去。除了为航行目的所需并满足有关易折要求的目视助航设备外,在升降带上的基准代码为3或4的Ⅰ、Ⅱ或Ⅲ类精密进近跑道中线两侧各60米以内;或基准代码为1或2的Ⅰ类精密进近跑道中线两侧各45米以内不得允许有固定的物体。在跑道用于起飞或着陆的时间内,不允许在升降带的这一部分上有运动的物体。

5. 跑道端安全地区

跑道端安全地区是指一块对称于跑道中线延长线与升降带端相接的地区,其作用主要是减小飞机在过早接地或冲出跑道时遭受损坏的危险。基准代码为3或4,及基准代码为1或2的仪表跑道,应在升降带两端提供跑道端安全地区。跑道端安全地区应自升降带端尽可能大地延伸,但至少为90米。跑道端安全地区的宽度至少应为与之相连接的跑道的宽度的2倍。位于跑道端安全地区上可能对飞机构成危险的物体,应被认为是障碍物,并应尽可能地移去。

三、滑行道

滑行道的主要功能是提供从跑道到航站区和维修机库去的通道。滑行道应当安排得使刚着陆的飞机不与滑行起飞的飞机相干扰。在繁忙的机场上,预计在两个方向同时有滑行交通的地方,应提供平行的单向滑行道。滑行路线应选择使从航站区到跑道起飞端具有实际可行的、最短的距离(见图4-10)。另外,应沿跑道的若干处设置滑行道,使着陆飞机尽可能快地脱离跑道,把跑道腾出来供其他飞机使用;这些滑行道一般称为“出口滑行道”或“转出滑行道”。滑行道系统包括入与出口滑行道;平行与双平行滑行道;旁通、相交或联络滑行道;以及机坪滑行道与滑行通道。此外,在任何情况下,滑行道的路线应避免同使用中的跑道相交叉。

滑行道宽度滑行道直线部分的道面宽度应不小于表4-3的要求。

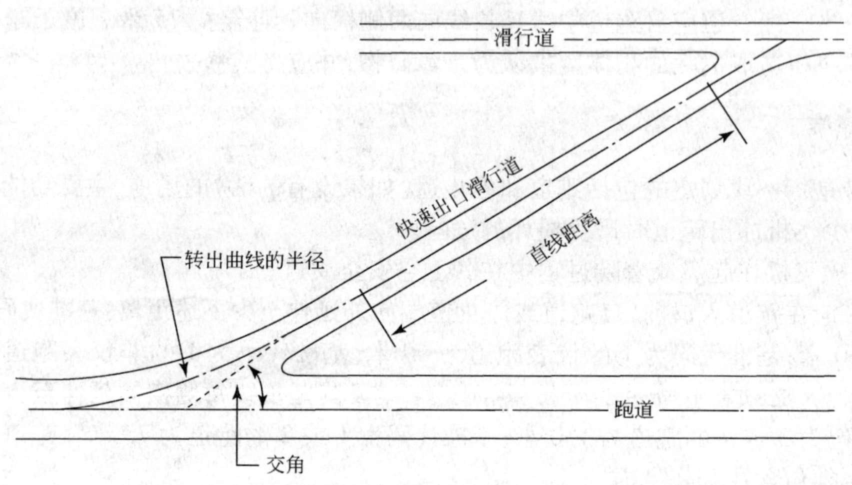

图 4-10　滑行道

滑行道直线部分的道面宽度　　表 4-3

基准代字	滑行道道面最小宽度(直线部分)(米)
A	7.5
B	10.5
C	18[a]
D	23[b]
E	23
F	25

注:a. 如准备使用该滑行道的飞机的纵向轮距小于 18 米,为 15 米。
b. 如准备使用该滑行道的飞机的纵向轮距等于或大于 18 米,为 18 米。

滑行道的方向应尽可能地少,转弯半径应与准备使用该滑行道的飞机的操作能力和正常的滑行速度相适应。

快速出口滑行道快速出口滑行道由转出曲线、直线段及跑道与滑行道相接处的加宽部分组成。如图 4-11 所示。快速出口滑行道的转出点,是根据飞机的接地速度、开始转出速度以及跑道入口至接地点的距离、接地点至转出点的距离等确定的。基准代码为 3 或 4 时,为使飞机能以 93 公里/小时的开始转出速度在潮湿滑行道上转出,其转出曲线的半径不小于 550 米;基准代码为 1 或 2 时,为使飞机能以 65 公里/小时的开始转出速度在潮湿滑行道上转出,转出曲线半径不小于 275 米。快速出口滑行道应在转出曲线后有一直线段,其长度应使飞机到达与其相交的滑行道之前能完全停住。快速出口滑行道与跑道的夹角为 25°~45°,但以 30°为好。

滑行道在和跑道端的接口附近有等待区,地面上有标志线标出,这个区域是为了飞机在进入跑道前等待许可指令。等待区与跑道端线保持一定的距离,以防止等待飞机的任何部分进入跑道,成为运行的障碍物或产生无线电干扰(见图4-12)。

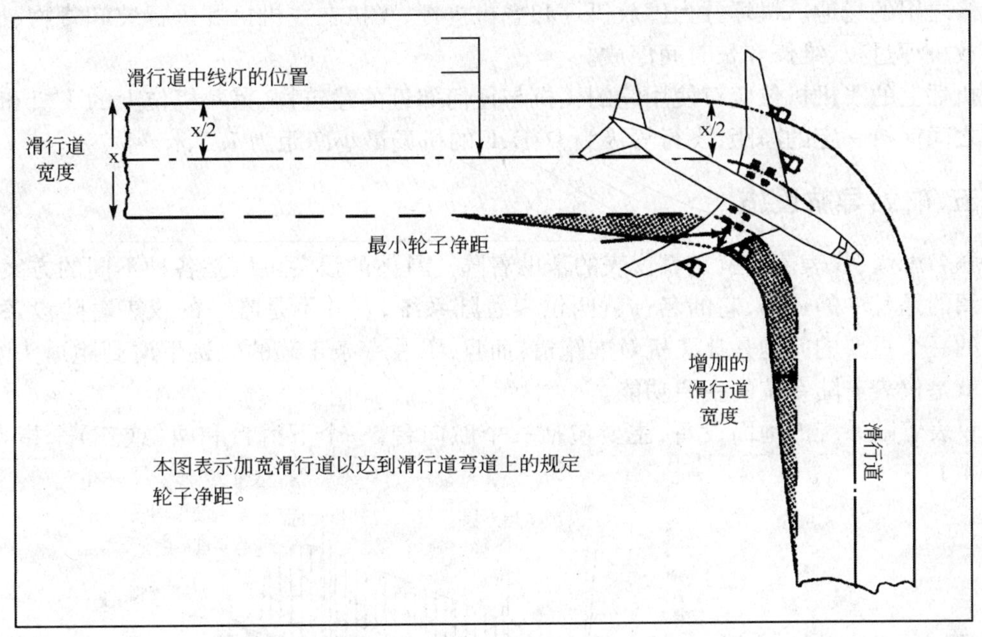

图4-11　滑行道弯道标准

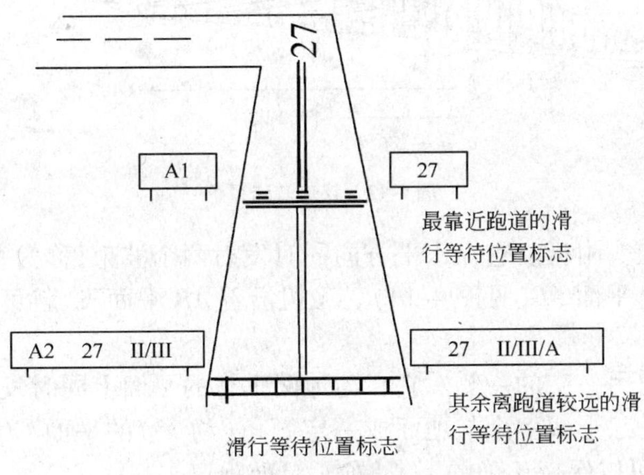

图4-12　滑行等待位置图

滑行道的强度要和配套使用的跑道强度相等或更高,因为在滑行道上飞机运行密度通常要高于跑道,飞机的总质量和低速运动时的压强也会比跑道所承受的略高。

四、机坪

机坪是指在陆地机场上划定一块块意图供飞机上下旅客、装卸货物或邮件、加油、停入或维修之用的场地。机坪分为停放机坪和登机机坪，飞机在登机机坪进行装卸货物、加油，在停放机坪过夜、维修和长时间停放。

机坪上的飞机机位应对使用它的飞机与任何邻近的建筑物、另一机位上的飞机和其他物体之间保持一定的净距，飞行等级为 D、E、F 的机场最小净距为 7.5 米。

五、航站导航设施

顾名思义，仪表着陆就是靠仪表的帮助着陆。具体的设备可以是各种不同的方案。这里介绍的是其中的一种，它的名称就叫仪表着陆系统，它并不是唯一的仪表着陆设备。着陆中的一个重要的问题是让飞机对准跑道，而且，沿着一条正确的轨迹下滑到跑道头附近。这也就是仪表着陆系统的主要功能。

仪表着陆系统的地面设备，主要包括一个航向台，一个下滑台和两（或三）个指点标，如图 4-13。

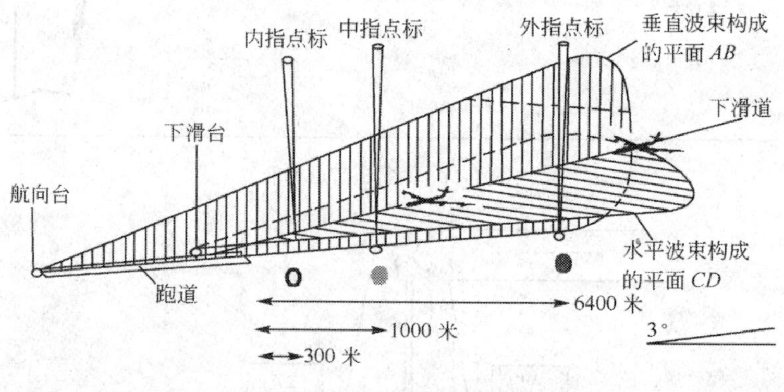

图 4-13　仪表着陆系统

航向台位于跑道头附近。它在水平方向同时发射两个波束，称为垂直波束。这两个波束相交形成一个垂直平面 *AB*（见图 4-14）。飞机沿着 *AB* 平面飞，就可以保持正确的航向，对准跑道。

下滑台设在跑道另一头的一侧。它在与地面垂直的平面上同时发射两个波束，称为水平波束，两个波束相交，形成一个与地面成一定倾角（约 3°）的平面 *CD*（见图 4-15）。飞机沿着 *CD* 平面飞，就可以保持正确的下滑航迹，对准跑道头。

AB、CD 两个平面相交，就变成一条线。这条线，就叫下滑道。

飞机通过机载设备如导航接收机接收航向台的信息，下滑信标接收机接收下滑台的信息，就可以知道自己是不是在下滑道上；如果不在，飞行员就可以及时纠正编差，操纵飞机沿下滑道飞行。

为了进一步帮助飞行员掌握自己的位置，通常还设有两个指点标（图4-13）。指点标向上发射很窄的波束。飞机如果通过机载指点信标接收机收到了指点标的信息，就表示它正通过指点标的上空。通常设两个指点标，外指点标距跑道头大约6 400米，中指点标距跑道头大约1 000米。有时，再加一个内指点标，距跑道头大约300米。过内指点标时，飞机必须看到地面，否则，就得复飞。

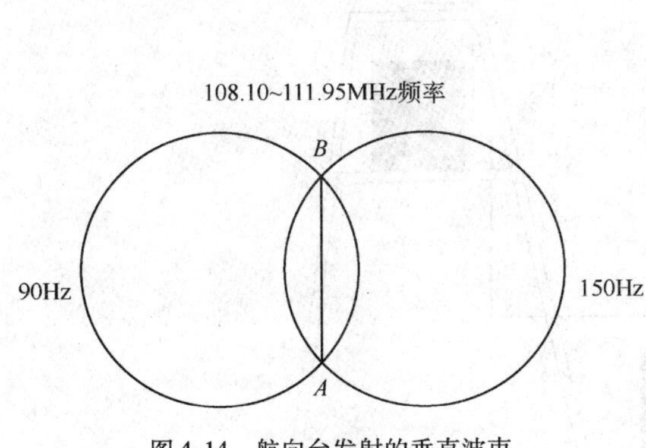

图4-14　航向台发射的垂直波束

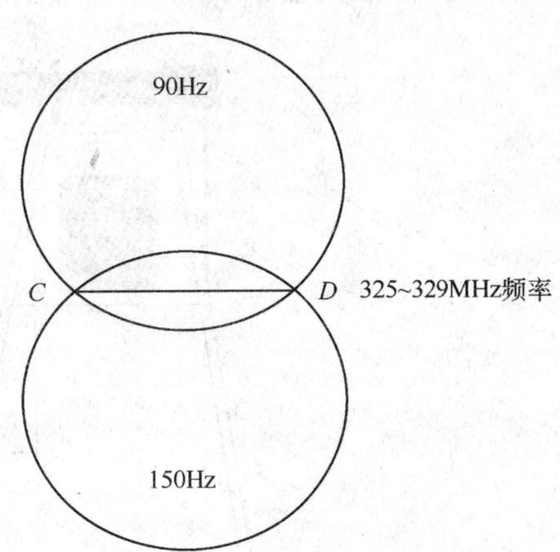

图4-15　下滑台发射的水平波束

上面讲的这一套系统，只管一个方向的着陆。如果希望从跑道两头着陆都能得到仪表着陆系统的帮助，就得装备两套，每个方向各一套。

供飞机用仪表进近程序飞行下的各类型跑道：

Ⅰ类精密进近跑道　配备有仪表着陆系统和/或微波着陆系统以及目视助航设备的仪表跑道，供决断高不低于60米，能见度不小于800米或跑道视程不小于550米的运行。

Ⅱ类精密进近跑道　配备有仪表着陆系统和/或微波着陆系统以及目视助航设备的仪表跑道，供决断高低于60米但不低于30米，跑道视程不小于350米的运行。

Ⅲ类精密进近跑道　配备有仪表着陆系统和/或微波着陆系统引导至跑道并沿其表面着陆滑行的仪表跑道，其中：

A——供决断高低于30米或无决断高，跑道视程不小于200米的运行。

B——供决断高低于15米或无决断高，跑道视程小于200米但不小于50米的运行。

C——供无决断高和无跑道视程限制的运行。

从经济角度考虑，Ⅰ类仪表着陆系统目前被广泛使用，Ⅱ类仪表着陆系统只在大城市的繁忙机场使用（如我国的北京、上海），Ⅲ类仪表着陆系统只在世界上少数机场使用，而且装有Ⅲ类仪表着陆系统接收仪表的飞机数量也不很多。

由于使用Ⅱ类以上仪表着陆系统能见度有一定限制，因而在装有ILS的机场都要装置跑道目视视程(RVR)测试仪表。它由一个透射发光器和一个透射光检测器组成,发光器和检测器都沿跑道安装,一般位于跑道的中点附近,相距150米。发光器发出高强度的光,检测器是一个由光电管构成的电流检测仪,通过测电流的大小测出这束光的强度,当天气变化或有烟雾出现,光的强度就会降低,检测器把测出的光强转化成能见距离(以米或英尺为单位),并把这个数据自动传送至塔台,塔台管制员以此来决定飞机能否在此机场降落。在有长跑道的繁忙机场,有时沿跑道安装2~3个能见距离测试仪,以测准确的目视视程,见图4-16所示。

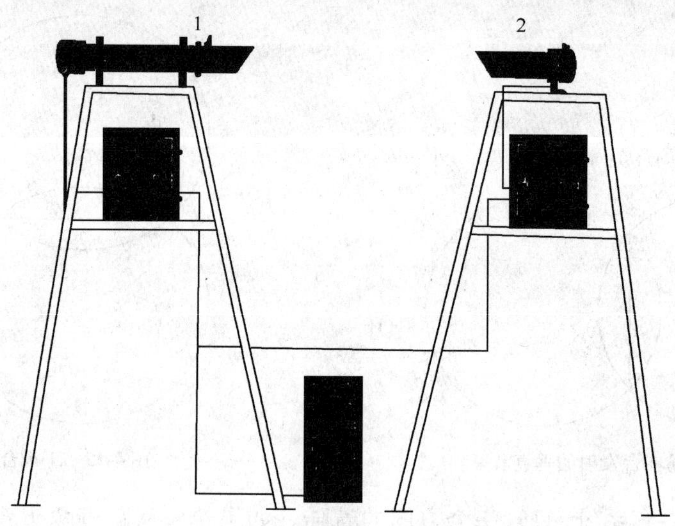

图4-16 跑道目视视程(RVR)测试仪表

1-检测器;2-发光器

六、航空地面灯光系统

夜间飞行的飞机在机场进近降落,不论是在仪表飞行规则或目视飞行规则下都需要地面灯光助航。

1. 跑道灯光

跑道侧灯沿跑道两侧成排安装,为白色灯光,通常装在有一定高度的金属柱上,以防被杂草掩盖。灯上盖有透镜使灯光沿跑道平面照射,当离跑道端600米的距离时,透镜的颜色变为一面为红色一面为白色,红色灯光提醒驾驶员已经接近跑道端。跑道端灯的情况与跑道侧灯相同,但是使用一面红一面绿的透镜,红色朝向跑道,绿色向外,驾驶员着陆时看到近处的跑道端是绿色灯光,远处的跑道端是红色灯光。

跑道中心灯沿跑道中心安置,间隔为22米一个,跑道中间部分为白色,在距跑道端300米之内,灯光为红色,提醒驾驶员跑道即将终结。中心灯使用强光灯泡,并嵌入跑道表面,上面覆盖耐冲击的透明罩,能抵抗机轮的压力(见图4-17)。

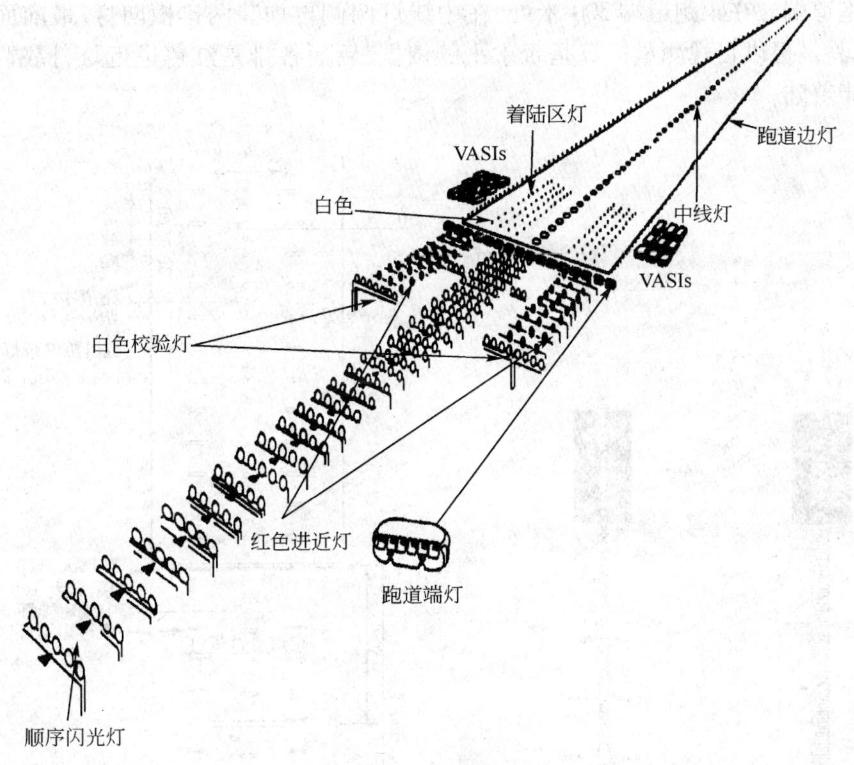

图4-17　跑道灯光

着陆区灯从跑道端开始在跑道上延伸750米,白色灯光,嵌入地面,使驾驶员注意这是着陆的关键地区,飞机应该在此区域内着陆。为帮助驾驶员找到跑道出口,在滑行道的出口,有滑行道灯,使用绿色灯光,间隔为15米,滑行道的中心灯为绿色,边灯为蓝色。

2. 仪表进近灯光

飞机在进近的最后阶段,一般都要由仪表飞行转为目视飞行。这时驾驶员处于高负荷的工作状态,对于夜航的驾驶员,使用进近灯光来确定距离和坡度,从而做出决断。

进近灯光根据仪表着陆的等级或非仪表着陆有着不同的布局,非仪表着陆的进近灯安装在跑道中线的延长线上,长度至少为420米,间距为30米,为白色灯光。图4-18是仪表着陆使用的不同的进近灯光布局。

下面以Ⅱ类仪表着陆系统的进近灯光系统为例来说明。

进近灯光从跑道中心线的延长线上900米(或720米)处开始,为5个灯一排的白色强光灯,每隔30米一排,一直装到跑道端,横排灯的中点和跑道中心延长线重合,上面装有顺序闪光灯，它从远端顺序闪光，直指跑道端，每秒两次。驾驶员在空中可以看到一个运动的光点从远处指向跑道端。在距跑道端300米处，在中线灯两侧再加装两排横向灯，最前面两排为白色灯，为驾驶员提供目视测量机翼是否水平的依据，后面各排是红色进近灯，提醒驾驶员，这个区域不能着陆。

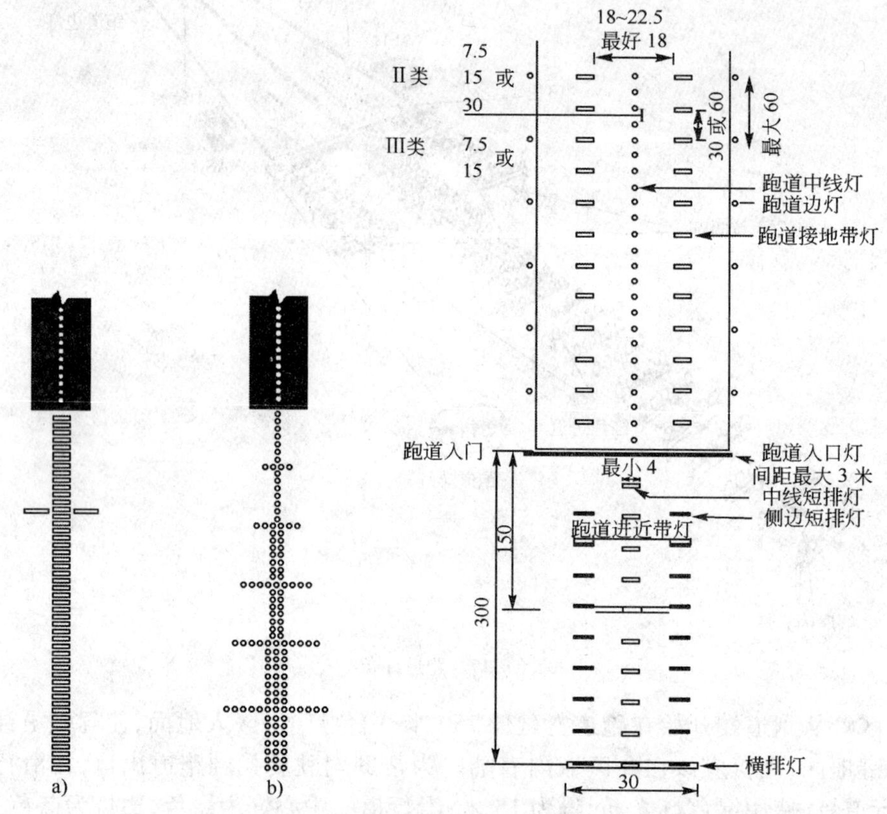

图4-18　仪表着陆跑道进近灯光布局(单位：米)

a)短排灯；b)单灯

3. 目视坡度进近指示器(Visual Slope Indicator-VASI)

VASI装在跑道外着陆区附近，由两排灯组成(见图4-19)。两排灯组相距一段距离，每排灯前装有上红下白的滤光片，经其座前方挡板的狭缝发出两束光，它置于跑道端沿着着陆坡度发射，下面一束是红光，上面一束是白光。如果飞机的下降坡度正确，驾驶员看到的是上红下白的灯光；如果驾驶员看到的全是白光，表明飞机飞得太高，要向下调整；如果看到的灯全部是红光，表明飞机飞得太低。VASI的作用距离为4海里，高度为30米，对于一些特大型飞机(如波音747)，需要设置多组VASI(一般2~3组)以保证飞机在着陆时一直能看到灯光。

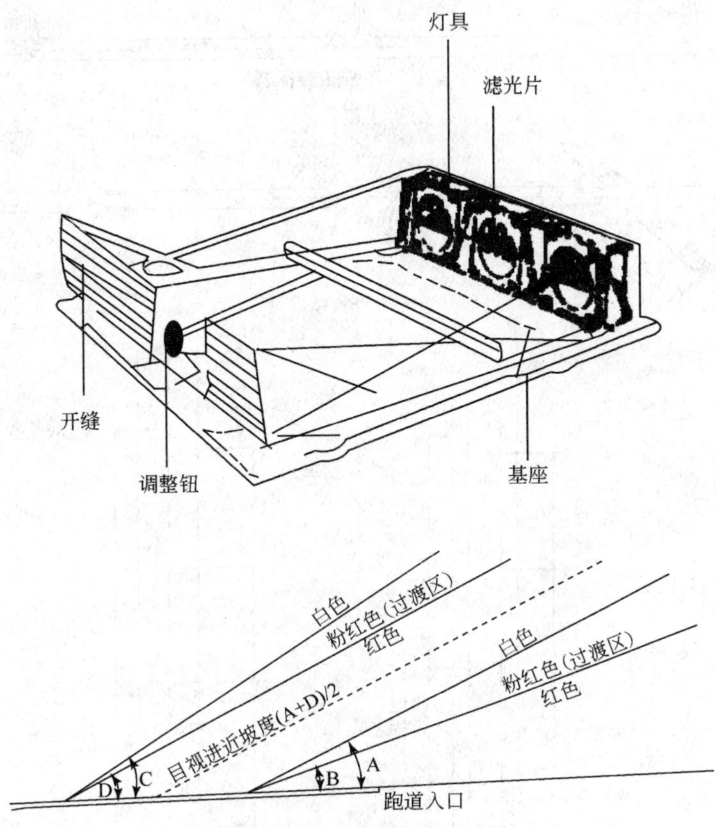

图 4-19 目视坡度进近指示器

七、机场跑道系统的分类和标志

跑道按使用目视飞行规则和仪表飞行规则分为目视(非仪表)跑道和仪表跑道,仪表跑道按所装备的仪表着陆系统的精度,分为非精密进近跑道和Ⅰ类、Ⅱ类、Ⅲ类仪表进近跑道,这3类跑道也称为精密进近跑道。

跑道的类别不同,它的道面标志也不同,目视跑道有下列基本标志:

①中心线;②跑道号;③等待位置标志,见图4-20所示。

非精密进近跑道要加上跑道端标志和定距离标志;对于精密进近跑道还要增加着陆区标志和跑道边线标志。各类跑道的标志线如图4-22所示:跑道端标志表示跑道可用部分的开始,通常是由铺设道面的起点作为跑道端,但在有安全道或起降不能全部使用跑道时,跑道端就会移入跑道一定距离。

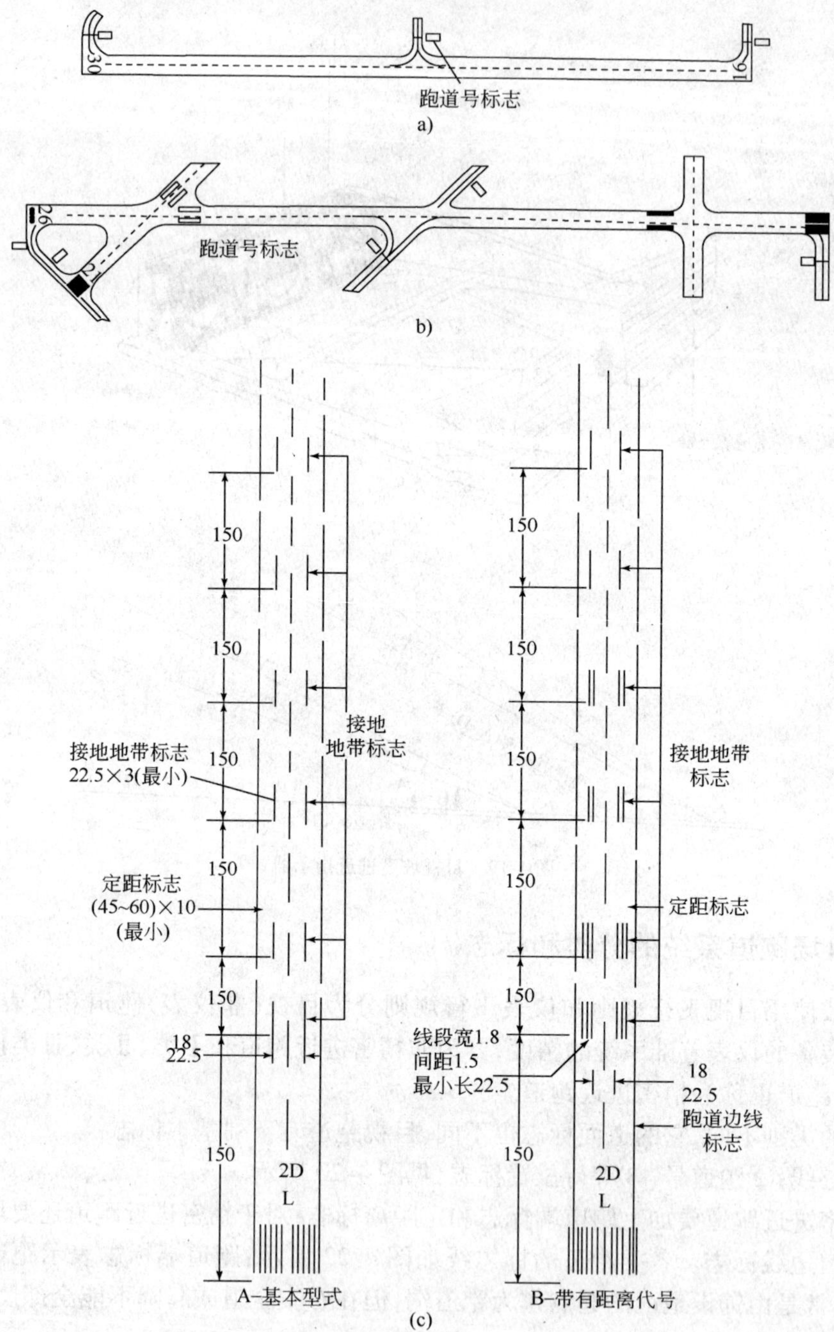

图4-20　各种跑道标志（单位：米）

a）目视进近跑道；b）非精密进近跑道；c）仪表进近跑道

八、空域

空域,是指供航空器飞行之包围地球的空气空间。包围地球的空气空间,又称大气层,它的下边界是地球的表面,没有明显的上边界。以大气中温度随高度的分布为主要依据,大气层又分为五层:对流层、平流层、中间层、热层、散逸层。当前的民用航空活动主要限于对流层,它是最贴近地球的一层,其顶层面在低纬度地区为16~18公里,高纬度地区为8~9公里。对流层中,气温随离地高度升高而下降,空气的对流运动极为明显而生成雷、雨、雾、雪等。

根据国际法的规定,空域可划分为国际空域和国家空域。国际空域,是指国家领土以外的专属经济区、公海和不属于任何国家主权管辖的土地(如南极洲大陆)上之空气空间。依据国际民用航空公约附件11《空中交通服务》之规定,对国际空域提供空中交通服务须依据地区航行协议予以确定,经确定提供空中交通服务的国家应建立负责提供此种服务的机构,并公布有关资料以使各国民用飞机飞行时,利用此项服务。国际民航组织(ICAO)将空中交通服务(ATS)空域按飞行种类不同划分为A、B、C、D、E、F、G七类,前五类空域为空中交通管制(ATC)空域。

国家空域,是指包括国家领空在内而由国家机构统一管理的空域。领空是国家空域的主体,但不一定是国家空域的全部。领空,是指一个国家领土(陆地、内水、群岛水域)和领海上的空气空间。一个国家对其领空拥有惟一和完全的主权,任何外国民用航空器只能依据国家间签订的航空运输协定及相关协议或事先得到主权国家空中交通管制部门的许可后,方可进入领空或跨境飞行或着陆,并须服从有关的飞行规则。

国家空域是国家的重要资源,由国家指定的机构统一规划,合理、有效地管理和利用,以充分发挥空域资源效益。为达此目的,国家空中交通管理机构,在维护国家安全,兼顾军民航的飞行需要和公众利益的基础上,综合考虑设施建设、管制能力、机场布局和环境保护等因素对空域进行划设。为确保领空安全和方便航空器运行,各国可在领空或之外划设飞行情报区。飞行情报区有可能包括领空和某些国际空域,其区域大小由各国视情划定,但若与毗邻国家有分歧时,应相互协商划定,或由国际民航组织协调一致后划定。

依据《中华人民共和国飞行基本规则》,中国没有在低空划设非管制空域,供通用航空(含私用)飞机相对自由地使用,而将国家空域划设为26个高空管制区(A类)、37个中低空管制区(B类),以及北京、上海、广州进近管制区(C类)和各机场设立的管制塔台(D类),还有10个飞行情报区。此外,还划设了特别的空域,如空中禁区、空中限制区、空中危险区、空中走廊、空中放油区、航路、航线等。

九、机场的进近和净空(飞行)区

机场要保证在飞机的起飞和降落的低高度飞行不能有地面的障碍物来妨碍导航和飞行,因而要划定一个区域,这个区域的地面和空域要按照一定标准来控制,并把有关的地形情况标注在航图上，这个区域称为进近区或净空区（见图4-21）。

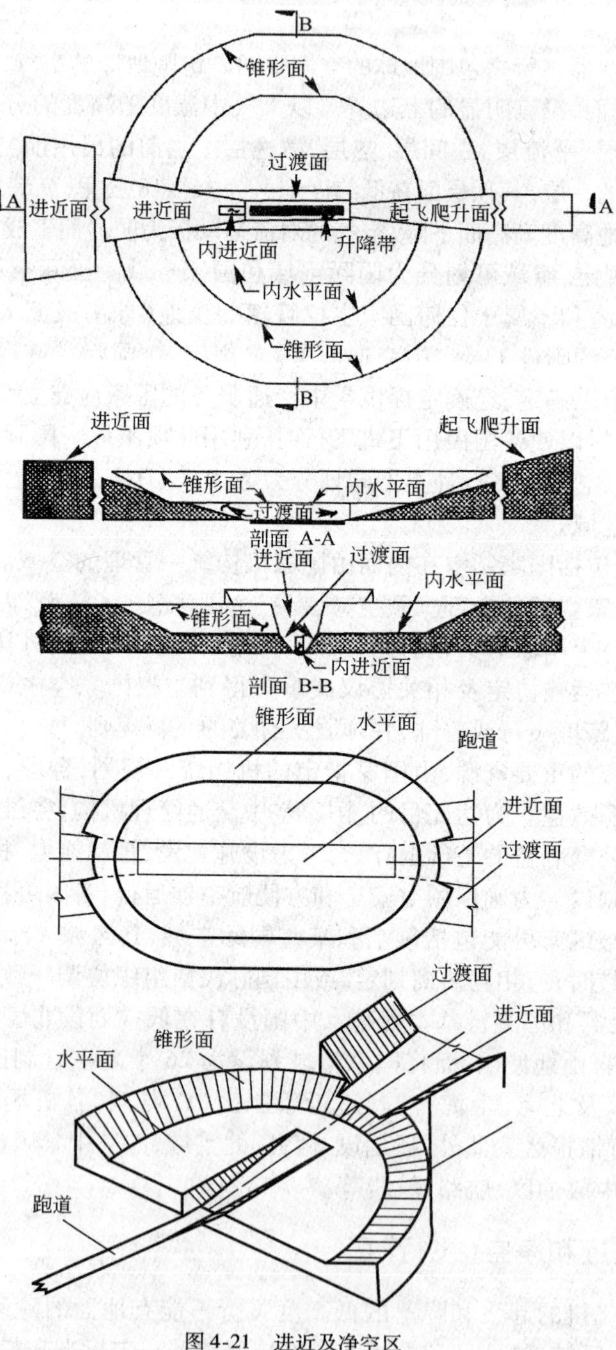

图4-21 进近及净空区

它的地面区域称为基本区面,在跑道周围60米的地面上空由障碍物限制面构成,障碍物限制面有:

水平面:是在机场标高45米以上的一个平面空域。

进近面:由跑道端基本面沿跑道延长线向外向上延长的平面。

锥形面:在水平面边缘按1:20斜度向上延伸的平面。

过渡面:在基本面和进近面外侧以1:7的斜度向上向外延伸。

由这些平面构成的空间,是飞机起降时使用的空间,由机场当局负责控制管理,保证地面的建筑(楼房、天线等)不能伸入这个区域,空中的其他飞行物(飞鸟、风筝等)也不得妨碍飞机的正常运行。

十、飞行区的其他设施

1. 测量基准点

机场的地理位置基准点,由国家的测绘机构定出准确的地理经度和纬度,作为这个机场的地理坐标。这一点通常选在机场主跑道的中点。

2. 标高校核位置

机场的标高,指它的海拔高度,由于飞机在起飞前都要进行高度表设定,因此,一个机场要设置一个专门位置,为飞机在起飞前校核高度,这个位置在停机坪的一个指定位置,在停机坪高度变化不大时,整个机坪都是校核位置。

3. 航行管制服务的设施

在飞行区有航管中心和塔台,有气象服务中心。

4. 地面维护设施

机库是飞机维修和停放的地方。

货运中心或货场:是处理空运货物的场所,其他如油料供应的管道等。

5. 消防和跑道维护设施

每个机场都有消防和急救中心,一旦飞机出事往往伴随着起火和伤亡,因而这个中心听从塔台的指挥,一旦有事就迅速出动。跑道维护的主要任务是防止积雪、积水或其他磨损,此外防止鸟撞及野生动物对机场道面的损害和阻碍也是跑道维护单位的任务。

第二节　航站楼区

一、航站楼的性质和特征

航站楼是航站区的标志性主体建筑物，是机场地面通路与飞机之间的主要连接体，是地面运输和航空运输的交接面，是为航空运输企业及其过港和中转旅客提供地面运输服务的生产场所。

具体来说航站楼是指位于车道边和机坪之间，承担旅客和行李地面运送的全部任务，为始发、中转或到达旅客办理各种手续，并把旅客及行李运送到飞机上或从飞机上接下来送出机场。它包括为旅客办理各种手续的设施，联接飞机运行的服务设施，联接地面交通的设施，以及各类服务性商业性设施及营运、管理机构。

航空港是一个地区的门户，是一座向蓝天开启的门户，航站楼不但是每一个航空港机标志性建筑，而且也反映城市或地区形象的标志性建筑，反映所在地的地域特征、文化背景和城市特色。

美国的丹佛国际机场，它采用众多的白色纤维帐篷模仿白雪覆盖的科罗拉多州落基山脉起伏的山峰，标识出该机场所在地的地域特征。我国敦煌机场航站模仿莫高窟的造型；南京禄口机场波浪型的屋顶反映其地处长江之滨，寓意长江后浪推前浪的发展之势。航站楼是空中旅行者的第一个落脚点，是第一个给人以自豪、成功、信心的地方，独具文化色彩。它不同于剧院、体育场等公共场所，也不同于王宫、议会大楼的权力象征，它是一个陆上交通与空中交通衔接的枢纽，是旅客的进出城市的集散点。是一个流动、运输的场所，是与技术经济不断进步息息相关的场所，是强调人与环境高度和谐统一的场所。

经常乘坐飞机的人们对运输高峰时的国际机场会留下不快的印象：难以控制的阻塞、无尽头的办理手续的队伍、大声的喧闹、混杂而狭窄的商店和服务处等等。那么 21 世纪的现代化航站楼应具备哪些特征呢？

首行是快捷方便，一位旅行者到机场的目的是快速登上飞机离开本地飞向目的地或到达本地后能迅速地提了行李赶赴市内，一般大型国际机场年吞吐量在 2 000 万人次以上，高峰小时的客流量为 10 000 人次左右，要让成千上万的旅客即刻分流，非常方便而快捷地登上飞机，要有足够的空间和足够多的服务设施（柜台、登机口等），按每位国际旅客 35 平方米，国内旅客 25 平方米计算，航站楼约需要 30 万平方米建筑面积。在庞大的建筑物里每一位旅客都能迅速地办理登机手续，沿着自动步梯或楼梯，按着醒目的指示标志快速到达登机处。

其次是轻松趣味，旅客的旅行的首要原则是轻松和趣味，现代化航站楼的设计强调是以人为本，强调人与环境高度和谐统一，世界上许多航空港优美的人与自然的环境给每一位旅客都会带来一种友好的、富有人情味的体验，在其中充分享受游览、购物、娱乐、休闲的乐趣。在日本大阪关西机场，设计者以“生态的自然和建筑的共存”的设计思想设计绿色室内长廊，在这300米长、25米宽和25米高的巨大共享空间内布置各色栽植、竹林，表现浓厚的日本美学意境。又如上海浦东机场景观水池的处理和马来西亚吉隆坡新机场的中庭设计也无不体现出人、建筑、环境三者之间的和谐关系。

再次配套设施先进，候机楼内各种设施设备配套齐全，自动化，现代化程度高，充分运用现代科学技术为旅客服务，设有空调、地毯、电话、计算机网络、传真机、复印机、不规则的行李托运盘、行走带、残疾人专用车、自动饮水器、儿童游艺室，还有随处可见的航班动态显示器等。

航站楼的设计应考虑以下几个因素：

A. 机场的地理位置、土质结构、气候条件

B. 机场的标准：接纳最大飞机类型

C. 中期的运输目标：年吞量、高峰小时

D. 机场功能定位：枢纽机场或支线机场、国际机场、国内机场

E. 旅客和行李的流程

F. 地面交通

G. 反映所在地的地域特征、文化背景和城市特色

航站楼的功能就是迎送到达（进港）和离开（出港）的旅客。同时，处理好旅客的行李。

航站楼区包括航站楼建筑本身以及航站楼登机门与登机机坪的结合部及旅客出入航站楼的车道边，航站楼是地面交通和空中交通的结合部，是机场对旅客服务的中心地区，航站楼区的组成及流程，如图4-22所示。

二、航站楼的形状和特点

最早期的候机室，非常简单。例如，英国首都伦敦的希思罗机场，在1940年时，只不过是一个帐篷。现在的航站楼，对于繁忙的机场，动辄就是几十万平方米的庞大建筑。有的机场，不只有一个航站楼，譬如，国内航线和国际航线各有自己的航站楼。或者，一个或几个航空公司拥有自己的航站楼。

航站楼的样式，多种多样。很难说哪一种就绝对好。因为，它也是依赖于发展的历史过程、机场可用的土地资源以及飞行活动的情况等。但是，对于航站楼来说，不管用什么式样，核心问题是使旅客感到方便、舒适；而且，便于在机场旅客吞吐量增加时继续扩展。

航站楼的一面是对空的，就是要便于飞机停靠，上下旅客，装卸行李、货物，以及在地面进行的各种勤务，包括加燃料，检查飞机，加清水，抽污水，装各种供应品，清扫客舱等。

航站楼的另一面是对地的。要便于旅客进出。

航站楼有各种不同的形状。从平面图形上看，最显眼的是飞机的停靠方式。

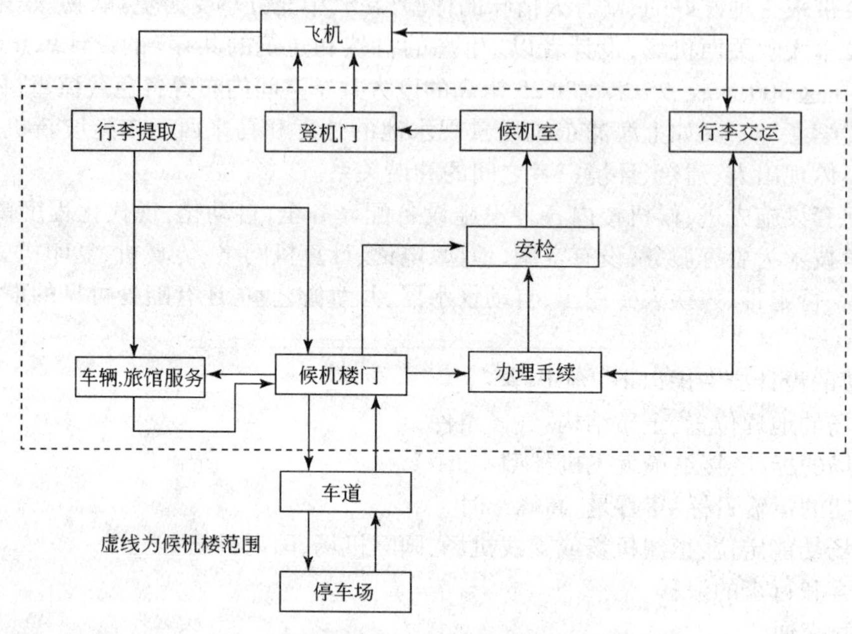

图 4-22 航站楼流程图

1. 直线式

这种形式是最简单的,即飞机停靠在航站楼墙外,沿航站楼一线排开,旅客出了登机门直接上机。它的好处是简单、方便,但只能处理少量飞机,一旦交通流量很大,有些飞机就无法停靠到位,造成延误(见图 4-23 所示)。

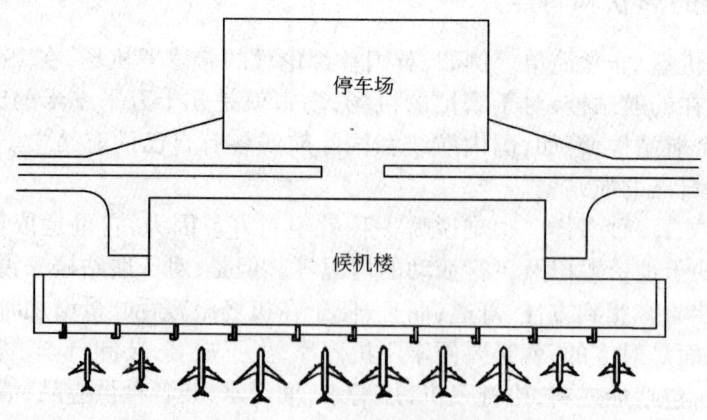

图 4-23 直线式航站楼

2. 指廊式

由航站楼伸出走廊，飞机停靠在走廊两旁，这样可停放多架飞机，是目前机场中使用比较多的一种，走廊上通常铺设活动人行道，使旅客的步行距离减少（见图4-24）。

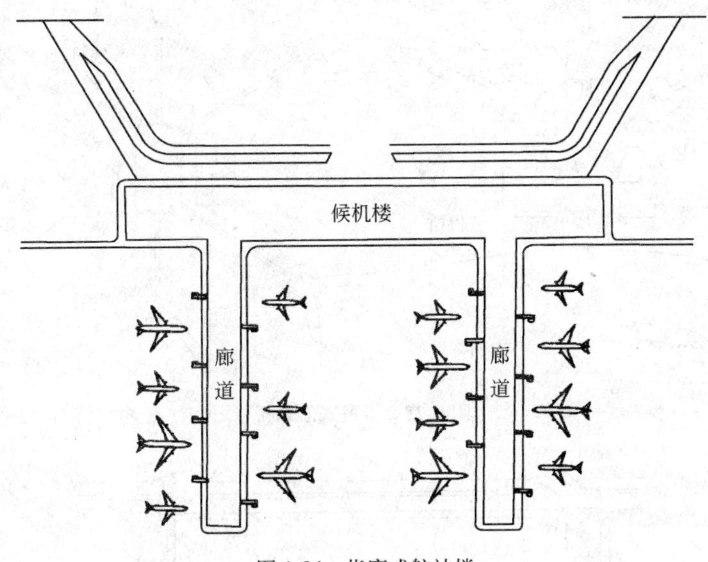

图4-24　指廊式航站楼

3. 卫星厅式

在航站楼外一定距离设立一个或几个卫星厅，飞机沿卫星厅停放（见图4-25），卫星厅和航站楼之间有活动人行通道或定期来往车辆沟通，它比指廊式优越的地方是卫星厅内可以有很多航班，各航班旅客登机时的路程和用去的时间大体一致，旅客在卫星厅内可以得到较多的航班信息，而指廊式的登机坪，旅客到最末端的登机门用的时间比起始端的要长。卫星式的缺点是建成后不易进一步扩展。

4. 车辆运送式

车辆运送式也叫做远距离登机坪，飞机停放在离航站楼较远的地方，登机旅客由特制的摆渡车送到飞机旁（见图4-26）。这种方式的好处是大大减少了建筑费用，并有着不受限制的扩展余地，但它的问题是机坪上运行的车辆增加，机场上的服务工作人员增加，旅客登机的时间增加，而且使旅客增加了上、下车及下雨和刮风等外界天气的影响等不便。为了解决后面两个问题，美国有些机场使用了移动登机桥，在汽车底盘上装上大型的可升降的车厢，旅客登车后，运至飞机旁边，车厢可升至机门相同高度，旅客直接进入飞机。

各种形式并不是单一固定的，实际上许多航站楼是综合上述各种形式的，如图4-27a)、b)所示。例如首都机场是卫星厅式的，但当客流量增大时，超过的部分就采用远距离的登机坪来解决。

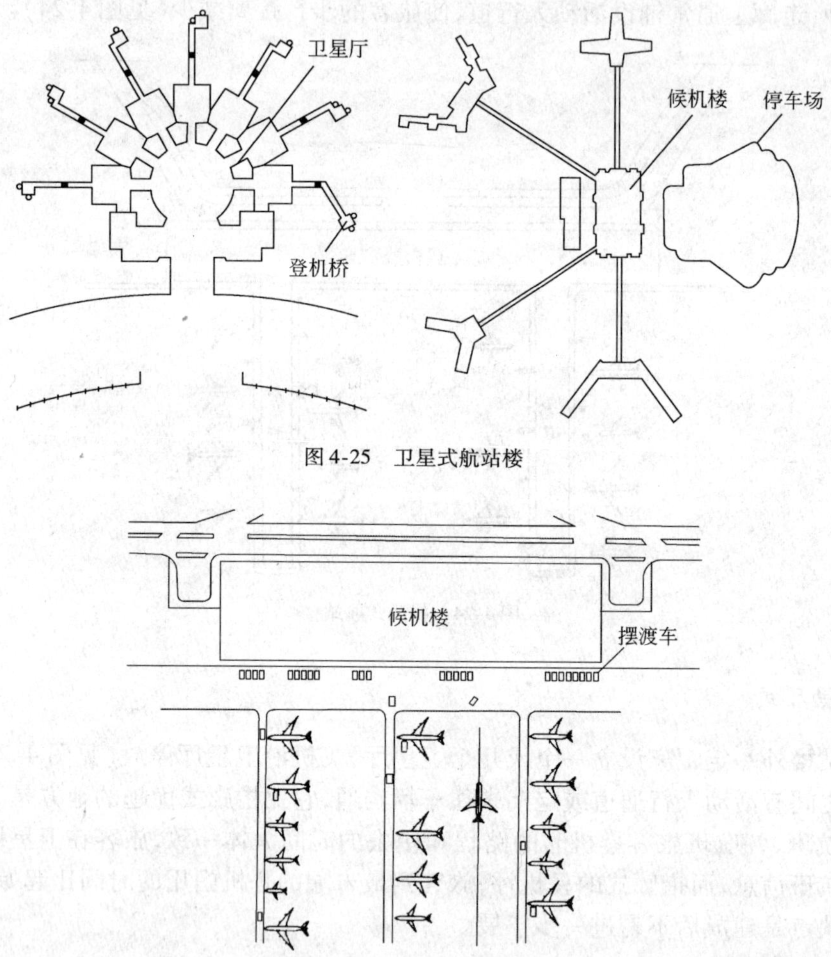

图4-25　卫星式航站楼

图4-26　运送式航站楼

5. *停机位置的设施*

以上的各种形式的登机坪，除远距离登机坪外，在登机的停机位置都需要一定的设施帮助驾驶员把飞机停放在准确的位置，让登机桥能和机门连接。

登机桥是一个活动的走廊，它是可以伸缩的，并且有液压机构调整高度，以适应不同的机型，当飞机停稳后，登机桥和机门相连，旅客就可以通过登机桥直接由航站楼进出飞机。

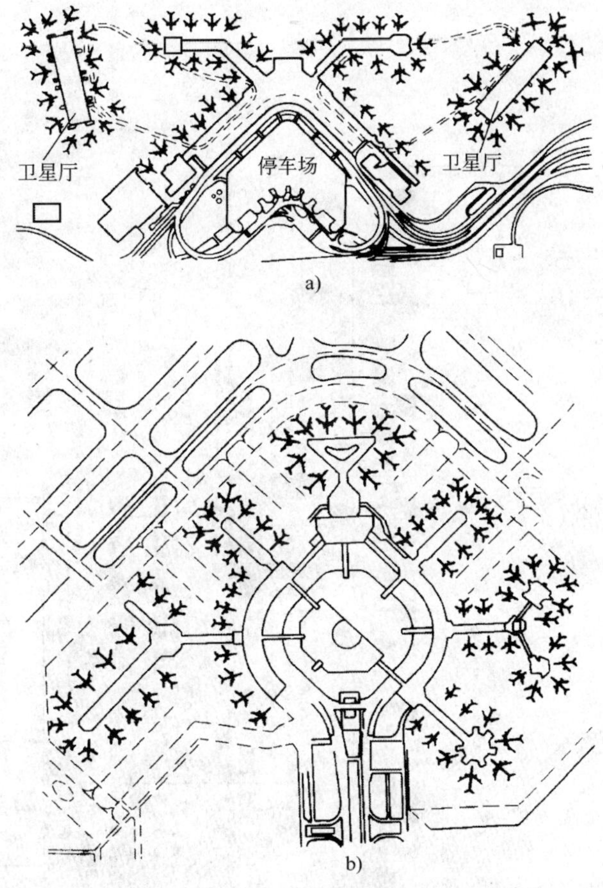

a)

b)

图4-27　综合式航站楼

在停机位置处，侧面有侧标志板，画有各种机型的停机指示线，当驾驶员左肩对准所驾驶机型的指示线时，飞机机门的位置就对准了登机桥。此外还有停机对准系统，驾驶员由前方的灯光显示，判断机头是否对正滑入停机位的方向，在停机位的前方滑行道上还铺有压力传感垫，飞机前轮压上传感垫之后，在机头前方的显示板上会显示出前轮停放位置的偏差。在远处机坪停放的飞机，有专门的停机坪调度员引导飞机进入正确的停机位置。

三、航站楼的布局及相关设施

航站楼布局从客流来划分：值机区域、候机区域、到达区域、中转区域、行李转运区域（见图4-28所示）。

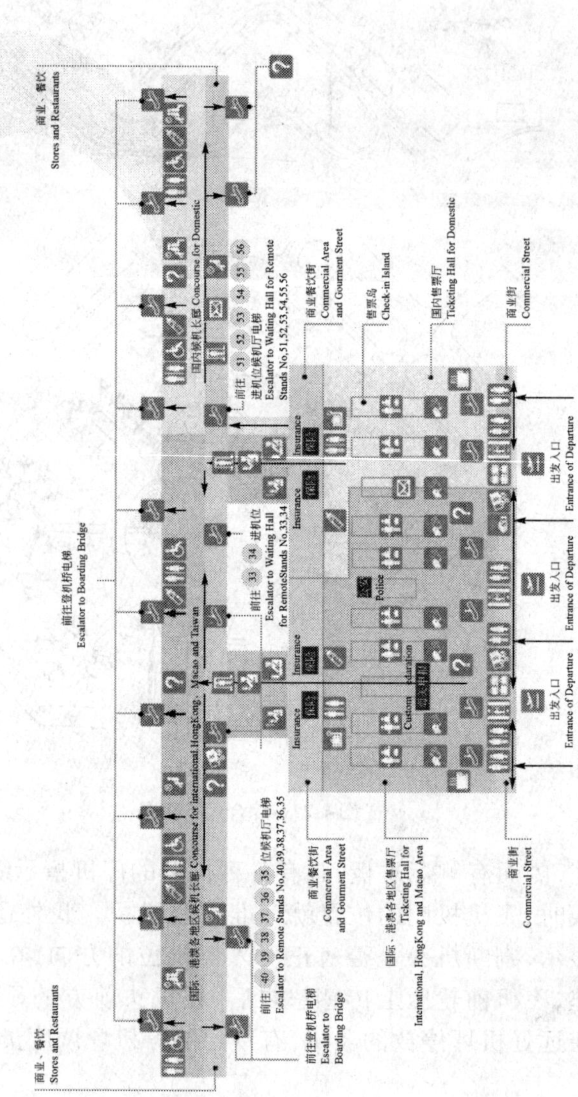

图 4-28 上海浦东国际机场出发大厅的布局

航站楼布局从航线来划分:国际区域、国内区域。

航站楼布局从功能上来划分:旅客服务区、管理服务区。

1. 航站楼旅客服务区域的组成

(1)办理机票行李手续的办办票大厅。

(2)安检、海关、边防、检疫的联检大厅。

(3)登机前的候机大厅:头等舱公务舱旅客休息室,VIP休息室、吸烟室等。

(4)行李提取处:行李查询处、行李传送转盘。

(5)迎送旅客活动大厅:问询处。

(6)旅客饮食区:包括供水处、饭店、厨房等。

(7)公共服务区:邮电局、行李寄存处、失物招领处、卫生间、医疗设施。

(8)商业服务区:各种商店、银行、免税店、旅游服务处、酒店旅馆服务处、租车柜台等。

2. 航站楼管理服务区域的组成

(1)机场管理区:包括机场行政办公室,后勤的办公和工作场所;紧急救援设施:消防、救援的工作人员和设备的场地。

(2)航空公司营运区:有营运办公室、签派室等。

(3)政府机构办公区:包括民航主管当局、卫生部门、海关、环保、边防检查部门的办公区域。

3. 航站楼内必需设施

根据民航局制定的服务标准,为了做好旅客服务工作,应在航站楼内设置以下必需设施:

(1)应设置各种指示牌,这些标牌要规范,齐全,醒目。

(2)要有旅客乘机流程图、航班动显示、广播设备;在服务场所要有旅客须知、保险须知、班车须知、要公布收票标准、投诉电话、设置意见箱(簿)。

(3)要设贵宾休息室或头等舱休息室。

(4)要有公用电话,其中航站机场要有市内公用电话;省级机场要有市内和国内长途电话;国际机场要有市内、国内和国际电话。

(5)要有足够数量的行李推车供旅客使用,并配备相应数量的搬运工,并设置为残疾人服务的专用设备。

(6)国际机场应设自动问询和航班动态显示系统。

(7)应设问询处、补票窗口、行李寄存处和旅客遗失物品招领处,并为旅客提供足够的饮水设备及饮用水。隔离厅内要有电视或阅报栏。

(8)旅客上下航空器应有登机桥或摆渡车、廊桥,使用率应达95%以上。

在中国民航历史上,虹桥机场可以算是一个拥有历史积淀的机场,也正由于这种历史积淀带来了很多现在必须正视的问题。虹桥机场适时提出围绕“安全、便捷、舒适、和谐”的理念,全力打造人性化机场的目标,是一个因地制宜,适应时代的果断举措。

虹桥机场在流程上诸多环节值得关注,根据IATA的测算,如果高峰小时旅客数为1 000人,需要值机柜台40个,而7 000人,则要200多个柜台。虽然由于承运人采用公共柜台的方式,很好地解决了办票的压力,但是虹桥机场目前AB楼改造总共100多个柜台的压力是不言而喻的。2007年京沪快线的开辟、中日韩包机的开航给虹桥机场带来更大压力。

再解释安检的压力,高峰小时1 000人,需4个安检机,而7 000人,则需要28个安检机。机场目前只有24个安检机,所以即使安检采取了增加人手等手段,仍然不能缩短排队安检的队伍。

过完安检后,旅客要借助清晰的标志找到自己的登机口,而国内的一些机场还有欠缺,而荷兰史基浦机场航站楼在地面上标明本处走到几号登机口所需的时间,这样旅客可以放心地购物,不至于错过登机的时刻。

在虹桥机场的服务人员引导旅客经过廊桥的时候,多次遇到旅客在雨天滑倒的事件,还有推轮椅旅客时刹不住车,造成的原因可能有两个:一个是廊桥本身钢结构,而覆盖廊桥的那层塑膜防滑系数不够。另一个原因是IATA要求廊桥的上倾角度和下倾角度都不能超过水平面10°,而在服务B737机型时,可能会超过10°。

第三节　货运站区和其他部门

一、货运站区

航空物流既不是传统意义上的航空货运企业,也不是一般人简单理解的传统航空货运服务的延伸,它是现代信息时代的新兴行业,其运营模式也不仅仅是“飞机+卡车”的简单加法,而是以信息技术为基础,以客户需求为中心,结合生产企业的供应链管理,配合生产厂商设计出以“一站式”、“门到门”服务为特征的一体化物流解决方案,为客户企业提供原料和产品的供应、生产、运输、仓储、销售等环节结合成有机整体的优质高效的个性化综合物流服务。著名的航空物流企业有美国联合包裹(UPS)、美国联邦快递(FedEx)、德国敦豪(DHL)、荷兰天地物流(TNT)等。

现代物流业的运作,通常是指从货运代理业务开始,由货运公司按客户要求上门收货,然后准时、安全、完整地把货物送到收货人手中。现代物流业的发展很大程度上取决于第三方物流业的进步。所谓第三方物流是指从厂家出货到转送客户手中这一代理服务的全过程,它所转运的货物既不是自己生产的,也不是自己所需求的。从目前的情况来看,最有条件从事专业化物流服务的是运输行业,强大的运输网络、完善的配送体系和丰富的货运经验是他们进军物流业的最大优势。而航空货运的安全、快捷更是顺应了现代物流业发展的内在要求。符合客户需求的航空物流服务,不仅可以帮助客户提高获利率、减少资金需求、减少存货、降低成本,而且利用新的信息科技,帮助客户实现利益最大化。我国产品储存、运输支付的费用约占生产成本的30% ~40%。巨大的物流市场份额为物流企业提供了很大的获利空间,发展现代物流已是大势所趋。所以以航空货运为依托发展现代物流将成为国内外各大机场新的经济增长点。

机场必须改变传统的航空货运模式,加快基本建设,按现代物流要求建造货运站区,引进大型航空物流企业,成为本地区的国内或国际货运枢纽。

航空货运枢纽的成功关键是更新的经营模式和理念。

新模式:“枢纽机场 + 基地航空公司”20 世纪 70 年代,美国首创了新型航线布局模式,以一个大型中心枢纽机场作为中转机场,利用基地航空公司的强大力量,进行航班衔接,实现客货快速运输,这给我国机场很大启示。

新理念“只做操作,不做销售”。如今,空港货运站把自身定位于一个完全开放的中性货站,“只做操作,不做销售”,不参与任何客户航空公司的航空货运销售业务,专注对客户航空公司公平地提供专业化、开放性的保障服务。

按照上海航空枢纽战略规划,上海航空枢纽最先能实现的功能是“国际货运枢纽”。根据第一阶段目标,2007 年将基本确立国际货运枢纽地位。DHL 和 UPS 相继签约落户,已经标志着上海机场率先确立了国际货运枢纽地位,这将加快推进上海航运中心建设,提升上海城市服务功能,更好地服务城市、区域乃至全国经济。

在浦东机场货运枢纽的规划中,上海机场充分考虑了国际货运公司和基地航空公司在浦东机场建立转运中心的因素,以及国际货运公司实施的供应链运作模式,将机场货站全部集中到机场第三条跑道西侧,规划了公共货站、基地货站和转运中心 3 个地块功能,将机场西货运区与周边地区联成一体,形成浦东机场空港保税物流园区。将来,该物流园区将采用全新理念,创新体制和机制,吸引外资和国际先进管理,建立“整体规划、多元投资、统一监管、内外联动、公铁海空多式联运”的模式,提供航空货运综合地面服务和先进的电子信息平台服务。

另外,转运中心的建立将会大幅度增加机场的中转货量,吸引一大批对时间要求高的出口加工和物流企业入驻空港保税物流园区,对增加机场和周边地区的收益,为社会提供更多就业机会,提升机场的服务水平和吸引力,提升当地企业的竞争力等方面具有重要的推动作用。我们非常欣赏 FedEx 在孟菲斯当地所扮演的角色,全城近半数人员服务于其相关的产业,对当地经济的推动力举足轻重。

浦东机场一、二期建成后的硬件设施资源能满足多个运营商同时进行枢纽运作,为国际物流集成商落户浦东机场，并在浦东机场实施其航空货运供应链理念创造了有利条件。2008 年第三跑道建成投入使用，这条跑道为专用的货机跑道。浦东机场三条跑道可满足每小时 106—112 架次的起降需求。

此外，随着西货运区的投入使用，浦东机场完全可以满足 DHL、UPS 及其他基地航空公司未来发展的机位需求。于 2005 年 6 月建成启用的东货运区，占地面积 128 万平方米，拥有全货机位 10 个，年设计处理能力 120 万吨，除基地航空公司外，世界四大快件巨头 DHL、UPS、TNT、FedEx 均入驻其中。建设中的西货运区是打造上海航空货运枢纽的核心项目，位于新建的第三跑道西侧，占地面积 167 万平方米，拥有 38 个货机位，2010 年货物处理能力将达到 115 万吨。

大型物流基地在机场布局上还要解决好地面交通进入机场的道路、货物专用停车场、滑行道、大型货机的专用停机坪等设施。

二、空中交通指挥中心

空中交通指挥中心属民航总局空中交通管理局管辖。空中交通管理的基本任务是使航空公司或经营人能够按照原来预定的起飞时间和到场时间飞行，在实施过程中，能以最少(小)程度的限制，不降低安全系数地有序运行。例如：考虑到整个航线网络的飞行量后，可以使飞机在起飞机场就得到控制，以避免飞机起飞后在空中出现无谓的等待、盘旋，或使用不经济的飞行高度层而造成燃油消耗。

它由塔台、航管楼、导航雷达、导航通讯设施、气象设备等组成。

三、油料中心

机场设立油料中心，多数属于中国航空油料总公司分支机构。专门从事航空油料供应保障业务的，为航空公司提供油料供应。

它由油库、输油管道、码头、铁路所组成。

四、航行维护区

机场均设有航行维护区域即维护专用停机坪，大机场一般与客货停机坪相分离。航行维护为航空运输的重要组成部分，对保障飞行安全、保障航班正点率以及降低航空运输企业的经营成本，都起到了十分很需要的作用，任何一次航空器的飞行都是以必要的维护工作来保证。

五、医疗急救中心

主要职能是保障机场的医疗应急救援，负责公司职工家属的医疗保健，负责机场辖区内卫生防疫的监督和管理，负责协调驻场单位的爱国卫生工作。

医疗急救中心在民航突发事件和重大疫情(SARS)暴发期间,发挥重要作用。机场医疗急救中心的规模大小以急救中心用房面积,设应急救援床位数量,应急救援物资仓库面积划分。

应急救护不同于医院的急诊室。因事发地点、时间以及可能累及的人群是难以预料的。据统计,一般空难伤亡人数达飞机载客数的25%甚至更多。大多数在机场及周边地区的抢救力量不足,伤员多,伤情复杂、严重,现场急救设施、设备较简陋,待所在地的救援力量到达现场时,宝贵的时间已失去,故机场的应急救护应视为先“抢”后“救”、先“急”后“缓”、“因情”而“为”、因地制宜,力争在最快的时间内将人员伤亡减少到最低限度。

六、消防队

消防是在机场突发事件中最主要紧急救援力量,保证一旦出现航空器紧急情况时便能立即组织力量赶赴现场,实施扑救火灾及防毒措施,抢救人员和财产。

应根据统计,航空事故的70%发生在起飞和降落的时候,这种事故发生的地点都在空港附近,伴随着失火和伤员。因而空港要有一支训练有素,装备精良的救援队伍随时准备出动。

救援的反应时间对于救援的效果有着决定性的影响,机场消防设施和人员的位置,应该放在飞行区里,而且应该精心安排,以便在发生事故时,要求救援的车队能在3分钟之内到达跑道的最远端。救援车队主要是消防车队,因此我国也把救援称为消防勤务,救援队伍也称为消防队。

对于大型空港的消防队国际民航组织制定了推荐标准,如果达不到这个标准,就不能取得营运许可。空港消防队的装备要比一般中小城市消防队先进,反应迅速,它使用的车辆有快速救援救火车、轻型救火车和重型消防车。

快速救援救火车。它的时速很高,发生事故时能第一个到达现场,它装有1 000升浓缩泡沫灭火溶液和急救药物等,它的任务是把指挥人员和第一批急救救火人员带到现场,控制火势,保持撤离道路畅通,对要紧急转移和处理的伤员进行处理和安排,然后等待救火主力队伍到达。

轻型救火车。装有数百千克二氧化碳和灭火干粉,对于发动机和电器着火最为有效。

重型泡沫灭火车,能装载大量的泡沫灭火剂。车上转塔的泡沫喷射器,可以向任何方向喷射泡沫。灭火粉对飞机机轮、轮胎起火有效。惰性气体对发动机起火更为有效,都需有所准备。

快速干预车,装有水、泡沫、药品、救援设备,以及供雾天或夜间照明的装备,它可以在很短的时间里到达跑道。

七、维护社会治安部门(公安)

机场公安部门的职责是维护空港地区(包括航站楼在内)的社会治安。机场属地化管理后,机场公安机构也随机场移交给地方政府,机场接受当地市公安局的领导。机场地区治安情况如何,直接影响着机场的运营、安全和服务质量。

国际机场是国家重要的出入境口岸,在出入境管理方面必须符合我国的有关法律、法规的规定。联检单位就是按照国家法律、法规的规定,设置的相应机构。也是国际机场运营的必要条件。机场管理机构要为联检单位在航站楼内提供以下机构必要的工作场所和必需的服务设施。

八、海关

海关是国家对出入境的物品和运输工具进行检查并征收关税的监督管理机构。其主要职能是依法对进出境的运输工具、货物、行李物品、邮递物品和其他物品监督管理,征收关税和其他费用,查缉走私,编制海关统计并办理其他海关业务。

九、边防

国家在对外开放口岸设置边防检查站,依法对出入境人员、交通运输工具及其携带、载运的行李物品、货物等实施检查监督,是维护国家主权、保卫国家安全、方便合法入出境的必要手段,是国家整个保卫工作的重要组成部分。其主要职能是依法对出入境人员的护照、证件进行查验;对出入境的交通工具的检查;查缉和制止非法人员出入境活动,防止非法偷渡以及边防查控等实行管理。

十、检验检疫

国家质量监督检验检疫总局是国家依法对进出品商品的品质和数量进行检查鉴定的专业监管机关。是根据国家有关法律规定,用科学技术手段和管理手段,对入出境的人员、交通工具、集装箱、行李、货物、邮件等实施检疫查验、传染病监测、卫生监督和必要的卫生处理。动植物检疫是对进出境的动植物、动植物的产品及其法律规定的应检货物、物品、运输工具实施检疫,防止各种动物危险性传染病、寄生虫病,植物危险性病、虫、杂草传入国境,保护我国农、林、牧、渔业生产安全和人民身体健康,维护我国国际信誉,促进外贸发展的一种强制性措施。

十一、其他服务机构

航站楼是人流和物流的汇集中心与集散地,是多种交通枢纽的结合点,这为航站楼创造了许多商机。因此,航站楼内往往集中了许多服务性机构,如商场、免税店、书店、计时旅馆、餐馆、旅游企业、娱乐中心、地面交通、银行、邮电等等单位,这服务机构为旅客和用户提供了许多便利,成为航站楼的一个组成部分。

第四节　地面运输区

地面运输区包括两个部分:机场进入通道、机场停车场和内部道路。

一、机场进入交通

机场是城市的交通中心之一,而且有严格的时间要求,因而从城市进出机场的通道是城市规划的一个重要部分,大型城市为了保证机场交通的通畅都修建了市区到机场的专用公路或高速公路。为了解决旅客来往于机场和市区的问题,机场要建立足够的公共交通系统。有的机场开通了到市区的地铁或高架铁路,大部分机场都有足够的公共汽车线路来方便旅客出行。在考虑航空货运时,要把机场到火车站和港口的路线同时考虑在内。

例如,首都机场 3 号航站楼投入使用后,城铁机场线、第二高速、李天高速(机场南线)、机场北线、场区联络道、捷运系统将形成一个便利的场外、场内立体交通网,为旅客进出机场提供高品质的服务。城铁机场线于 2008 年 4 月 1 日试运行,7 月 1 日开通,全长 28 公里,共设东直门站、三元桥站、机场 3 号楼站和 2 号楼站四座车站。建成后,城铁列车将以时速 110 公里的速度往返于机场和市中心。城铁机场线起点在东直门交通枢纽地下,途经北京市东城、朝阳、顺义 3 个行政区,与地铁二号线、十号线和城铁十三号线形成换乘关系。城铁投入运营后,将分流大量的旅客,极大地缓减了进出机场公路交通的压力,为乘客提供准时、方便、快捷、高效的交通服务。

航站楼陆侧交通也是旅客出行不可缺少的部分。旅客下车后马上步入机场提供服务的主要场所——航站楼。楼外陆侧的交通秩序是否井然是第一个关键,按照国际民航组织规范化服务的指导手册《Airport Terminals Reference Manual》要求,一个航站楼陆侧可供车辆泊车的长度应是高峰小时旅客人数的 0.095 ×0.7 倍(通过数学模型算出)。

例如浦东国际机场二期工程为了解决通常航站楼陆侧车道边不够,易形成拥堵的问题,此次建造的"一体化交通中心"是按照"人车分流、车种分流、出发直达、到达分散"理念设计的机场交通中心,它将所有到达社会车辆的车道边移至交通中心的停车库内,形成以轨道交通车站为核心,结合东西两侧停车楼,各式车辆的有序管理,并通过三条廊道内的 24 条步行系统,有效衔接航站楼、停车楼和轨道交通车站,实现航站区人车分流。这样的设计理念也是国内首创,并被科技部列为示范工程。

二号航战楼的到达层可实现零换乘,因为通常设置在地面的到达层改在 6 米层。在这里,下了飞机的旅客可通过自动人行步道,平缓地进入一体化交通中心,再分别进入地下车库、长途汽车站、轨道交通站或公交车站。

在二号航站楼和交通中心的连廊及公交车站中共设有 30 块 LCD 电子显示屏,即时发布磁浮列车、公交巴士、长途汽车发车班次时间,供到达旅客选择相应的交通方式。未来,随着相关信息的相互协调联通,这些 LCD 电子显示屏还可以发布机场通向市区路面交通的畅通情况,进一步方便旅客选择各类交通方式。

一体化交通中心内除了交通功能外,还规划了近 1 万平米的商业、餐饮设施,两座旅馆以及预留了 76 个旅客自助值机柜台等其他功能设施,旅客在交通中心不但可以选择公交、出租、轨道交通等不同交通工具便捷换乘,还可以通过完善的人行系统在此进行购物、餐饮和住宿等。

虹桥机场陆侧交通比较拥堵,出租车旅客排队时间较长,主要原因是虹桥机场目前陆侧的泊车长度不足 200 米。上航高峰小时出港旅客数为 1 600 多人,东航和其他航空公司约是其 3 倍多。那么虹桥机场高峰小时数约是 7 000 人左右,以此算机场陆侧的泊车长度应该是 500 多米。

二、航站楼内的地面交通

旅客办完登机手续后,往往需要花很长的时间才能到达登机口。一般来说,在客运量大并有几个候机楼的大型国际枢纽机场必须配备捷运系统,几分钟就可将旅客送到登机口,这样可以明显节省旅客的登机时间。世界上最繁忙的亚特兰大机场就配备了全长 7 公里的旅客捷运系统,有 73 辆车,14 个车站。

英国伦敦希斯罗机场试用一种无人驾驶出租车。设计者给它起了一个有趣的名字,叫"乘客快速运输系统"。这种无人驾驶的出租车用电作动力,可以乘载一家四口和行李,以每小时 40 公里的速度通过专用轨道,到达半径为 8 公里的另一个中转站或乘客们想要到达的地点。设计者表示,无人驾驶出租车比目前伦敦的公交汽车平均速度快 60%,可节约 60% 的旅行时间。

首都机场 3 号航站楼在 A 座、B 座和 C 座之间也修建了旅客捷运系统。该系统是由庞巴迪运输集团提供的名为 CX－100 无人驾驶旅客运输系统,旅客免费使用。该系统耗资 8 900万美金,每节车辆采用电力驱动,使用橡胶车轮,不同于传统地铁的重型轨道车轮,而且只在一条专用导轨上运行,这样使得车辆噪声很低。全程共有 3 个车站,分别设置在 T3A、T3B、T3C,拥有东西两条轨道,称为 1 线和 2 线,单程长 2 080 米,最大发车间隔为 3 分钟,高峰小时单向运送旅客可达 4 227 名。

在首都机场第二期规划方案中,还会将 1、2、3 号航站楼全部连接起来,帮助旅客实现快速转机。无人驾驶出租车上装有一台计算机,用来控制出租车的各项参数。在汽车前后轮处装有雷达感应器,用于探测车轮与路边的距离。同时,每一辆车都受到功能强大的中央处理器控制,乘客们只要点击车辆电脑内设置的具体地点,中央处理器就可以通过无线网络，向车辆发出指示，并不断地检查每辆车的运行情况和汽车自身状况。另外在每个站台上还将配备紧急电话，解决旅客碰到的意外问题。同时为了尽量减轻旅客的负担，3 号航站楼里设置了近 450 部电梯、扶梯、自动步道等，还准备了 35 辆电瓶车，不愿意走路的旅客可以付费搭乘。

三、机场停车场和内部道路

机场停车场除考虑乘机的旅客外还要考虑接送旅客的人，以及机场工作人员的车辆，观光者和出租车量的需求，因此机场的停车场必须有足够大的面积。停车场面积太大也会带来不便，繁忙的机场按车辆使用的急需程度把停车场分为不同的区域，离航站楼最近的是出租车辆和接送旅客车辆的停车区，以减少旅客步行的距离。机场员工或航空公司使用的车辆则安排到较远位置或安排专用停车场。

首都机场 3 号航站楼交通中心的地下两层都是停车层，共 10 个区域，仅一层就拥有近 4 000 个车位，相当于现有停车楼车位的总和。管理、运作如此大规模的停车场，依靠的是一套全自动、智能化的停车楼管理系统。该系统具有停车计时收费、车辆引导、车辆安全管理等功能，不仅可以对每个区域内车位的使用情况进行自动识别，通过入口处的指示装置，还可以引导车辆进入有空闲车位的区域。在车辆进入停车楼时识别车辆牌照，并在车辆离开时进行判读。如果进出车辆存在差异，将提示报警，可以有效地保障车辆安全。

机场内道路系统在航站楼外的道路区要很好地安排和管理，这里各种车辆和行人混行，而且要装卸行李，特别是在高峰时期，容易出现混乱和事故。

机场内道路的另一个主要部分是安排货运的通路，使货物能通畅地进出物流中心。

四、综合交通枢纽中心

随着海、陆、空多维立体综合交通体系的建立，将给旅客带来极大的便利。不久的将来，人们不再把出行看作是从一个城市到另外一个城市简单的地理位置上的迁移，而是一种全过程的休闲享受。建立多维立体交通体系，机场再不是一个孤立的小岛。机场将是一个大型的客货源的集散地，机场与当地包括公交车、地铁、火车、轮船在内，组成综合交通体系，以确保所有的旅客、货物能够在最短的时间之内到达或离开机场，成为现代化综合交通的集散地或枢纽中心。在欧洲，所有的机场，不管它有多么小，都和其他地面运输组成一个综合交通体系，现代化综合交通系统的建立为航空运输增加了数以万计的旅客。集飞机、地铁、公交车、火车于一身的一票多用在欧洲取得了空前的成功，这种多式联运的运输方式对于我国机场建设和发展来说具有十分重要的借鉴意义。

上海虹桥机场规划建成后将成为集城际高速铁路（京沪）、航空（虹桥机场）、城市轨道交通（地铁）、城市地面公共交通、城市高速（磁悬浮）等各种交通工具换乘于一地的交通枢纽。

第五节　空港经济区

随着机场业行业内容的不断丰富，机场及其周边地区会逐步发展成为一个“航空城”或者说一个城市的“卫星城”。机场能够成为一个地区经济活动的核心区域，可以起到地区经济发动机的重要作用。现代化的机场不再是一个传统意义上的旅客和货邮的集散地，它首先应该是一个商业中心、购物中心。它不仅仅能够吸引航空旅客，还将吸引当地居民和旅游观光者。机场还将是一个能够为工业产品和出口商品等航空货物提供中转服务的枢纽。与此同时，机场不仅仅是一个公益机构，更为重要的是它还要作为一个商业实体而存在。因此，在机场周边地区，还可以兴建各种不同档次的宾馆、大型展览中心、功能设施齐备的会所、临港工业园区、高级写字楼等多种相关设施。这些设施的建立将最大限度地吸引众多的工业、商品生产厂商和更多的航空旅客，从而实现经济利益最大化。

一个功能完备的枢纽机场可以带动整个地区支线机场的发展，进而促进地区经济繁荣。据国际有关权威机构最新测算，100 万航空旅客一年最少可创造 1.3 亿美元的经济效益、2 500 个就业机会。机场的规模越大，产生的效益也就越大。如美国芝加哥奥黑尔机场，在职雇员 5 万多人，加上眷属和机场周边企业员工有几十万人，奥黑尔机场变成了“航空城”，成为了芝加哥市的“城外城”。在“奥黑尔航空城”生活的几十万人，年工资收入过百亿美元，这笔收入转化为消费、投资或储蓄，从而促进餐饮娱乐、工业、科技、金融等产业的发展。还有，航空枢纽的旅客吞吐量上千万人次，如美国亚特兰大、英国伦敦希思罗机场 2007 年旅客吞吐量分别为 8 937.9 万人次、6 806.9 万人次，其中商务旅客占 50% 以上，吸引万豪、希尔顿、麦克唐纳等世界级巨商和一些中小商人会聚机场，在机场周边兴建酒店、购物中心、银行、会展中心、汽车租赁等，为机场旅客、雇员特别是商务旅客提供服务，吸引物流、资金流和信息流会聚机场，形成加工贸易、物流仓储等中心。美国和欧洲的政治、经济、文化观察家将这种会聚机场周边的经济活动称为机场服务经济，有的也称作空港经济。

在北京顺义 2006 空港经济发展国际论坛上，达成共识，伴随中国经济的迅速发展，航空运输的作用日益显现，对经济和社会发展产生越来越深刻的影响，以大型枢纽机场为核心，以航空产业为主体，相关产业在周边地区的积聚辐射，产生了空港经济区。总局在贺信中说：“随着首都机场扩建完成，北京 2008 年奥运会的到来，首都空港经济区将成为世界上发展最快的经济发展区域之一。作为空港经济发展的重要支柱，中国民航事业始终伴随并支持空港经济的发展，空港经济区的建设将为民航经济的发展提供支持，民航事业的快速发展也将进一步推进和繁荣临空经济的发展，让我们相互携手为实现区域经济与民航事业的共同发展不懈努力。”

目前，顺义空港经济区初步形成了以首都机场为核心，以天竺出口加工区、空港工业区、林河工业区、国门商务区、空港物流基地、北京汽车生产基地等六大功能组团为依托，以航空产业、高新技术产业、现代物流业、会展业为代表的临空产业集群，集聚了松下、索爱、LG、JVC、TNT、空中客车等30家世界500强企业和550余家中外企业，空港经济区产业构成和功能分区也进一步趋向合理。预计到2010年，顺义空港产业功能区将实现地区年生产总值将达到600亿元左右，占北京市GDP的8%左右，创造就业机会13.2万个。到2020年，顺义空港产业功能区经济总量将占到全北京市GDP的10%左右，在环渤海地区的辐射带动作用将更加显著，成为亚太地区国际一流水平的空港产业功能区。

上海长宁区依靠虹桥机场的优势和长三角的区位优势相结合，发展以信息、物流和会展三大产业为引擎，形成长宁现代服务产业和科技都市产业带为标志的机场经济开发区；广州花都区发展以物流中心、商贸中心和航空相关产业为主导的新白云机场综合开发区；天津航空城依托天津滨海机场与海港联动的交通优势，利用空中客车公司建设A320总装线和快速发展的滨海开发区的契机，加快经济开发区发展成为新的天津经济增长点；重庆市政府与日本野村综合研究所合作，拟在重庆机场建设一个“国际空港技术产业城”等。这些事例说明：我国发展机场服务经济的大好时机已经来临。

发展空港经济一是要因地制宜，即依据不同城市的经济、文化等特征不同而不同；二是要有选择性，不是什么产业都可在机场周边发展，也不是每个机场都可以发展这种新型经济形态。建设枢纽空港经济区可供选择的产业主要有：第一类是直接与航空运输相关的服务性产业，如航空餐饮住宿与食品业、航空物流业、航空工程维修业，航油航材供应业、航空培训中心等。这些服务业随机场航空运输产业链的延伸而在机场周边形成；第二类是利用大型机场的区位优势和机场与城市间的综合交通优势而延伸发展的会展经济，旅游经济、总部经济、金融服务经济以及汽车出租、文化娱乐和购物等产业；第三类是利用航空货运快速性、安全性和口岸通关的便捷功能，发展对时效性要求高、技术含量和附加值高的高新技术产业，如电子信息技术业、邮件包裹快递业、创汇农业和花卉业以及高档服装业等。

而一旦空港经济发展具有一定规模之后，那么未来的“航空城”也就不再是一个梦想，如荷兰史基浦机场已经成功实现“城市机场”向“机场城市”的转变，而美国的达沃斯机场周边约49平方公里的拉斯克林临空经济区，也逐渐成为机场城市化的典型。

思　考　题

1. 民用机场地面系统从功能上如何进行划分？
2. 飞行区包括哪能些部分？
3. 什么是跑道？
4. 为什么称跑道是机场的核心？
5. 跑道等级根据什么要素进行划分？
6. 飞机基准飞行场地长度涵义是指什么？
7. 跑道的布局方式有几种？各有什么特点？

8. 飞机起飞或降落时,飞行员根据什么来识别跑道?
9. 跑道号及和跑道标识字母是如何编制的?
10. 跑道长度设计受到哪些因素影响?
11. 跑道道面等级序号与飞机等级序号之间是什么关系?
12. 除了跑道之外,跑道还有哪些附属区域?
13. 滑行道可划分为几种?
14. 仪表着陆地面设备有哪几部分组成?
15. 飞机如何在仪表着陆系统指引下安全降落?
16. 精密仪表着陆系统有几个等级?各种等级的限制条件有什么不同?
17. Ⅱ类仪表着陆系统的进近灯光系统是如何布局?各类跑道灯光起什么作用?
18. 什么是国家空域?如何对国家空域进行管理?
19. 什么是净空区?它由哪些障碍限制面组成?
20. 什么是航站楼,应具备哪些特征?
21. 航站楼设计应考虑哪些因素?
22. 航站楼的各种形状布局具有什么特点?
23. 航站楼内部布局从功能上如何划分,各个功能区域有哪些部门组成?
24. 货运区的布局如何适应现代物流的要求?
25. 机场消防设施和人员应安排什么位置比较合适?消防队应配备哪些装备?
26. 在国际机场中,应设立哪些国家口岸查验机构?
27. 进出机场的地面交通应满足旅客哪些要求?
28. 大型枢纽机场航站楼内的地面交通如何解决?

第五章　机场运行管理和新科技的应用

第一节　概　　述

一、运行管理模式与管理体制

1. 机场运行管理

运营管理包括运行管理和经营管理两个方面。机场运行管理是指为了保障飞机安全起飞和降落,满足航空公司、旅客及货主的需求,运用管理职能(计划、组织、控制、激励和领导)合理地优化机场资源(人力、物力、财力和信息),为航空运输生产提供有序、高效的地面保障和全面、优质的机场服务。

2. 运行管理与企业管理体制

运行管理与企业管理体制是密切相关的,我们以上海机场集团为例,运行管理的模式是随管理体制的变革而不断完善。

1987 年 12 月 14 日民航上海管理局进行管理体制改革,政企业分开,组建民航华东管理局、中国东方航空公司和上海虹桥国际机场

1988 年 6 月 25 日上海虹桥国际机场公司成立,成为独立法人,变为企业。

1994 年 12 月 26 日上海虹桥国际机场移交上海地方政府管理。

1998 年 2 月 10 日上海虹桥国际机场成立股份公司,2 月 18 日上市。

1998 年 5 月 28 日上海机场集团挂牌成立。

1999 年 9 月 16 日浦东国际机场第一期工程竣工,开航投入使用。

从 1999 年起,上海机场集在管理体制改革上扎扎实实地迈出了一系列改革步伐,实现了管理体制的改革完善和业务流程的再造,为企业的持续、快速发展注入了动力和活力,也为推进内部机制改革创造了体制条件。

提高管理能级、转变经营机制,首要的和基础性的是强化工作职责。为此,上海机场集团把运行模式改革的突破口选择在重构虹桥、浦东两大机场的生产业务链、强化两场管理责任上。

"模块式"管理曾是上海机场集团的一个创举。1999 年浦东机场一期工程投入使用

后,上海成为我国首座拥有两个国际机场的城市。"一市两场"给上海机场的经营管理带来了许多新课题,为解决两个机场航班、航线资源的合理分配,实现人、财、物等资源在两个机场的合理配置,上海机场确立了"一市两场、两位一体,以条为主、以块为辅,条块结合、统一领导"的"模块式"管理体制。5 年的实践表明,"模块式"管理体制有力地推进了两个机场的协调发展。

然而,随着上海两个机场的运输业务量的高速增长,特别是上海国际航空枢纽建设和现代企业制度建设两大战略目标不断向纵深推进,"模块式"管理的"以条为主",一个单位跨两个机场和一个机场几个单位管理的模式已难以适应形势发展的需要,为此,2003 年下半年,上海机场集团启动了两场管理体制的改革调整工作。经资产置换和股份公司股东大会的审议通过,上海机场实施了集团与股份公司的资产置换和两场管理范围的调整。

上海机场股份公司当时的定位是:构建以浦东国际机场航空运输业务为核心,以旅客和航空公司(客运)为顾客群体的专业性机场经营管理公司,集中力量打造浦东机场的客运枢纽。原保障性模块——管理公司则与之对应形成虹桥机场公司。

2004 年上半年,集团公司又下放了原集团运行指挥中心管理的两场指挥处以及指挥中心的具体安全管理职能和责任,并把原由建设公司承担的维修管理职能也划归两个机场公司,进一步完善了两场的管理职能,提高了两场管理的有效性。

通过两场管理体制的改革调整,虹桥机场和浦东机场分别建立起相对独立、完整、统一的机场运营管理体制,两大机场的管理主体更加明确统一,主体所拥有的资产更加完整,生产业务链被割裂的现象得以消除,从而有效地减少经营中的关联交易、管理中的交叉界面和运行中的关联接口,为进一步提升两场的服务和管理水平,增强机场的综合保障能力和核心竞争力奠定了基础。

二、以科学发展观为指导,创建机场运行新模式

2007 年机场扩建工程完工后,浦东机场将开始面临多条跑道和多座航站楼运行的局面,机场运行管理复杂性、风险性和专业性的特点将更为突出。因此,上海机场集团和浦东机场建设指挥部从管理世界级枢纽机场的目标出发,以科学发展观为指导,以创新的理念和思维启动了浦东机场未来运行模式的课题研究。这不仅是为解决浦东机场的运行管理问题,同时还关系到虹桥机场今后的运行模式和上海机场的总体管理模式。研究课题不仅考虑了机场,还考虑到航空公司、联检单位等所有在机场运行的单位,覆盖了整个机场的运行,使浦东机场未来的运行模式更加适应航空枢纽运作的要求,不断提升机场综合竞争力和运行服务保障水平。

上海浦东国际机场将学习和借鉴亚太地区先进机场运行管理的成功经验,对整个机场的运行效率、服务质量和安全保障能力进行集中监控和统一协调管理,按其功能、范围、地域及专业进行划分,形成机场运行中心(AOC)、航站楼运行中心(TOC)、交通信息中心

(TIC)、市政设施管理中心(UMC)和公安指挥中心(PCC)等5个运行管理中心,并按照各自分工,互相协调配合,对机场航班生产运行、安全和服务质量管理实施全面的无缝隙的组织和控制管理。

机场运控中心(AOC)是浦东机场的现场运行指挥部门,管理范围主要包括机场运行现场和飞行区安全运行管理。它是机场运行管理和应急指挥的核心,是机场日常航班安全生产和旅客服务现场的最高协调管理机构,主要负责整个浦东机场航班生产运行的监控、指挥和协调,航班信息的统一收集、发布和更改;飞行区资源的分配管理,包括飞机桥位、登机门的资源分配、重大活动的组织、突发事件的处理以及应急救援指挥等。

航站区运控中心(TOC)是机场航站区运行的区域管理者,是候机楼内日常运营、安全生产和服务保障的核心机构,是整个候机楼现场运行的指挥中心。TOC是航空公司客运的保障和支持中心,是驻楼单位和旅客遇到困难时的协调和指导中心。TOC对整个航站区的日常运营和航站区内各驻楼单位进行统一管理。TOC与旅客的联系最多、最频繁、最直接,实施区域化管理后,通过席位管理,高效协调各专业支持部门,可为旅客提供便捷、舒适、全方位的服务。旅客如在候机区域有任何意见或需求,都可通过现场服务人员或拨打服务热线,由TOC负责协调各单位予以解决,从而避免了旅客遇到问题时不知道该找哪个部门解决的情况。

交通信息中心(TIC)负责协调和监管P1、P2停车楼、出租车排队系统以及机场场区内的道路资源、交通流程、标志标识、磁悬浮、公交、长途、出租车站点等。TIC作为航站区陆侧交通监控的指挥主体,主要通过信息采集、传递来掌控P1、P2停车楼、出租车排队系统、航站区主干道及公共交通的运作情况,按照职权范围协同相关单位及各行政执法部门确保场区的正常运行,共同负责突发事件的应急联动指挥。

市政设施管理中心(UMC)主要负责其他中心之外的市政设施运行监管,与机场外相关市政部门的协调联系。

公安指挥中心(PCC)主要职责是对机场运行涉及的公安安全保卫工作和其他警务活动进行指挥协调和参谋、辅助决策,行使上海市应急联动中心机场分中心的指挥调度职责,为机场地区应急事件的处置提供指挥和信息平台。

第二节 飞行活动区安全管理

一、飞行活动区的范围

飞行活动区(航空器控制区)是机场内用于飞机起飞、着陆和滑行的部分,由运转区和机坪组成。

(1)机坪是指在陆地机场上划定的一块供飞机上下旅客、装卸货物和邮件,加油、停放和维修之用场地。

(2)运转区是指机场内用于飞机起飞、着陆和滑行的部分,不包括机坪。

(3)登机过程是指旅客为登机自离开候机楼(室),经机坪(廊桥)进入机舱的过程。

(4)离机过程是指旅客步出机舱,经机坪(廊桥)进入候机楼(室)或离开机坪的过程。

(5)车辆、设备、设施是指在活动区和机库内运行的车辆及设备、设施。

二、飞行活动区的安全

"十五"期间,民航总局党委明确提出并认真落实建设民航强国的战略构想,牢牢抓住发展这个第一要务,大力推进改革开放,运输能力、综合实力和国际地位显著提高,较好地适应了国民经济和社会发展的需要。到2005年,中国民航运输总周转量、旅客运输量均跃居世界第二,中国民航已跻身世界民航大国行列。在取得骄人业绩的同时,我们要看到,大并不自然等于强,在新的发展战略机遇期到来的同时,民航业界也承受了巨大的安全压力:从1996~2005年这10年之间,中国民航每百万飞行小时发生重大事故的次数是0.42。这个水平好于世界平均水平,世界平均水平是0.7。据我们初步了解,航空发达国家的最高水平为每百万飞行小时0.30。

这个数字我们只是作为一个参照,绝不能把它当成放松航空安全工作的一个理由。多年来,我们可以说是以如履薄冰的态度对待安全工作。中国民航每天的航班是5 000多个,每天飞机起降的架次是1.1万多次,这样大的航空流量,安全工作的压力可想而知。

民航历史上,因快发展导致飞行区事故频发,机毁人亡的事例还少吗?殷鉴不远,岂能不慎之又慎。

【案例1】 旅客登机时机头突着地

2007年7月1日下午5点10分,在旅客登机时间段内,执飞北京至迪拜航线的国航CA941次航班一架波音767客机前部起落架突然意外收起,飞机机头和部分机腹前倾着地,导致机上5名机组人员和3名旅客摔倒受伤。

事发地点位于首都机场209号停机位,当事飞机编号为2553,该次航班原定于下午5点30分起飞。

据现场知情人士透露,事故发生在5点10分,当时乘客正在登机,大部分机组人员已经就位,部分乘客已经进入机舱。就在部分旅客仍在登机过程中,飞机机身猛地一震,紧接着机头前倾重重地摔在地上。伴随着乘客的尖叫,部分正在登机的乘客摔倒在舷梯上,机舱内部分乘客也因此摔倒。

机场工作人员迅速赶到现场后发现,飞机的前起落架已经收起,机头砸在地上后底部有些变形。飞机开始漏油,两侧机翼下的发动机也已经贴地。

【案例2】　国航客机滑行时爆胎紧急制动

2007年7月23日下午5点左右,本应飞往旧金山的国航CA985客机仍停在首都机场东跑道上。由于在起飞前驾驶员突然发现异常,经机组人员检查发现主轮胎爆裂,机上乘客被疏散后该航班被推迟。目前事故原因尚在调查中。

"飞行员在滑行过程中发现有点儿不对劲,就赶紧停了下来。"昨天傍晚,机场塔台的另一位工作人员证实,飞机在加速滑行准备起飞前发生了爆胎,但是飞机上的乘客并未因此受伤,其他航班的飞机起降也没有受到太大影响。

2007年8月2日,民航总局召开了民航安全紧急电视电话会议,传达了国务院领导同志近期对民航安全工作的一系列重要批示。国务院领导在批示中要求我们注意飞行安全,对近期以来民航飞行小事故不断的情况要给予高度重视,"安全第一"这根弦不能有任何放松,各项责任制必须严格落实到位;强调在当前民航运输增长很快、各种极端天气多发的形势下,安全问题的警钟务必一敲再敲,消除任何隐患,确保飞行安全。国务院领导还在批示中充分肯定了民航总局坚持严字当头、严格要求抓安全的做法,指出只有这样抓,不放过一点隐患,才能确保安全,让大家放心乘坐民航飞机。

机场飞行控制区的安全问题一直是民航和社会各界高度关注的焦点。各机场对此高度重视,从上到下都积极行动,开展"地毯式"安全大检查,查漏补缺,彻底消除安全隐患。对各类事件进行深入细致剖析,针对机场的实际情况及时采取行之有效的对策,消除隐患,确保安全。

飞行活动区安全涉及到人员、飞行器、跑道、助航设施、运行等方面,运行管理就是在安全前提下,保障正点飞行。

三、航空地面事故的范围和等级

1. 航空地面事故的定义

航空地面事故是指在机场活动区和机库内发生航空器、车辆、设备、设施损坏,造成直接经济损失人民币30万元(含)以上或致人重伤、死亡。

2. 事故的范围

(1)航空器与航空器、车辆、设备、设施碰撞造成航空器及车辆、设备、设施损坏或致人死亡。

(2)航空器在牵引过程中造成航空器及设备、设施损坏或致人死亡。

(3)航空器不依靠自身动力而移动造成航空器及设备、设施损坏或致人死亡。

(4)航空器在检查和操纵过程中造成航空器及设备、设施损坏或致人死亡。

(5)航空器在维护和维修过程中造成航空器及设备、设施损坏或致人死亡。

(6)工作人员在值勤和服务过程中造成航空器及设备、设施损坏或致人死亡。

(7)航空器在开车、试车、滑行(直升机飞移)过程中造成航空器及设备、设施损坏或致人死亡。

(8)车辆与车辆、设备、设施相撞造成车辆及设备、设施损坏或致人死亡。

(9)车辆与设备在运行过程中致使人员死亡。

(10)在装卸货物、行李、邮件和航空食品过程中造成航空器及设备、设施损坏或致人死亡。

(11)旅客在登、离机过程中造成航空器及设备、设施损坏或致人死亡。

(12)航空器失火、爆炸造成航空器及设备、设施损坏或致人死亡。

(13)加油设备、设施失火、爆炸造成航空器及设备、设施损坏或致人死亡。

(14)在加油、抽油过程中造成航空器损坏或因航油溢出引起失火、爆炸造成航空器及设备、设施损坏或致人死亡。

(15)车辆、设备、设施失火、爆炸造成航空器及设备、设施损坏或致人死亡。

(16)载运的物品失火、爆炸造成航空器及设备、设施损坏或致人死亡。

(17)载运的货物发生外溢、泄漏,活体动物逃逸造成航空器及设备、设施损坏或致人死亡。

(18)外来物致使航空器损坏。

(19)航空器、设备、设施意外损坏。

3. 事故等级划分

(1)特别重大航空地面事故。凡属下列情况之一者为特别重大航空地面事故:

①死亡人数 4 人(含)以上;

②直接经济损失 500 万元(含)以上。

(2)重大航空地面事故。凡属下列情况之一者为重大航空地面事故:

①死亡人数 3 人(含)以下;

②直接经济损失 100 万元(含)至 500 万元。

(3)一般航空地面事故。凡属下列情况之一者为一般航空地面事故:

①造成人员重伤;

②直接经济损失 30 万元(含)至 100 万元以上。

四、机场安全运行的主要目标

我们以上海机场集团为例,2008 年安全运行主要目标是:

(1)杜绝因机场原因导致的飞行事故;

(2)在确保人、机安全前提下，杜绝因机场原因导致的劫机、炸机事件；

(3)杜绝因机场原因导致的重大航空地面安全事故；

(4)杜绝因机场原因导致的特大航空器维修事故；

(5)因机场原因造成的事故征候万架次率不超过0.1，因机场责任原因造成的鸟击事故征候万架次率不超过0.3；其中浦东机场鸟击事故征候不超过4起；虹桥机场鸟击事故征候不超过2起；

(6)因机场机务保障原因导致的飞行事故征候万架次率不超过0.45；

(7)因机场航油保障原因导致的飞行事故征候万架次率不超过0.01；

(8)避免因机场场道、飞行区秩序保障原因导致的飞机复飞，力争不发生飞行区车辆与飞机危险接近的事件。因责任原因导致的车辆与飞机抢道，股份公司不超过3起；虹桥公司不超过2起；实业公司、公安分局、物流事业部各不超过1起；

(9)杜绝机坪、油库火灾事故，杜绝站坪调度楼、候机楼、停车库等重要设施内发生影响航班生产秩序的重大火灾事故。直接财产损失在5 000元及以上的一般火灾，股份公司、虹桥公司各不超过2起；实业公司、物流事业部各不超过1起(芦苇着火除外)；

(10)杜绝机场责任原因导致的外来人员非法登机事件。无证人员进入控制区事件浦东机场超过7起；虹桥机场不超过4起；

(11)因机场责任原因导致的航班延误所占的比例，浦东机场不超过航班延误总量的1.5%(联检原因除外)；虹桥机场不超过航延误总量的1%；

(12)杜绝群死群伤恶性交通事故，交通事故死亡数两场不超过10人；

(13)因安检原因导致的翻舱检查、旅客下机重新检查，浦东机场不超过3起；虹桥机场不超过2起；

(14)杜绝因机场责任原因导致的员工工伤死亡事故；

(15)因机场责任原因的信息系统故障影响航班正常，浦东机场不超过2起，虹桥机场不超过1起；

(16)因机场责任原因不能按规定正常供电、供汽、供暖、供冷、供水，影响航班正常的，两场各不超过2起。

目标中的民用航空器飞行事故征候，是指航空器飞行员实施过程中发生的未构成飞行员事故或航空地面事故，但与航空器运行有关，影响或者可能影响飞行员安全的事件。

第三节　机场飞行保障工作

一、围界的维护

围界与围栏是有区别的，围界是由围栏、围墙、围场河等标志物组成。飞行区的围界是飞行区域与相邻非控制区域的分界线。

围界是为防止非控制区工作人员、无证车辆以及防止大得足以对飞机形成危害的动物随意进入飞行活动区在机场控制区周围设置的障碍设施。

据统计,从2004年8月份转场以来,1年来广州白云机场共抓获攀爬围栏20余起,驱赶入侵控制区的动物13只,查获无证无关人员433人次,说明飞行控制区的安全隐患形势仍十分严峻。

【案例3】 上海飞旧金山班机起落架内发现冻僵男尸

2007年7月19日美国旧金山国际机场新闻发言人麦卡润当地时间19日上午对媒体表示,从上海直飞旧金山的联航858班机于19日清晨7时45分左右抵达,机场检修人员1小时后进行例行检查,在这架波音747飞机的前起落架收起处突然发现了一具冻僵的尸体。

负责检验尸体的圣马特奥郡验尸官佛克劳特说,死者为年约50岁的亚裔男性。他已经提取了死者的指纹,并通过美国有关部门与中国方面进行联络做指纹对比。尸体尚未进行解剖。

麦卡润表示,死者极有可能是一位偷渡者。这种事件极为罕见,而且偷渡者利用这种形式偷渡极少成功。飞机在三万八千尺至四万尺的高空飞行12小时,气温只有-40℃,偷渡者藏匿的位置根本没有空气。

【案例4】 两男孩钻进起落架舱飞行700公里,1人身亡

14岁的湖南怀化少年梁攀龙与小伙伴束清离家出走,11月10日晚,两人从昆明国际机场的围栏钻入机场停机坪,爬入四川航空公司一架客机的起落舱内玩耍。飞机升空后,束清掉落当场摔死,梁攀龙则随该机由昆明飞抵重庆,在昏迷中被重庆机场的工作人员发现救出。

【案例5】 东航客机敦煌机场起飞一男孩从起落架舱坠落死亡

2005年5月25日7时50分,东航甘肃分公司一架A320飞机执行MU2417敦煌—兰州航班任务,从敦煌机场起飞时,一名约10岁左右的男孩从飞机起落架舱内坠落死亡。飞机状况良好,已于9时14分在兰州安全落地。

"5·25"敦煌机场男童坠机事件的发生,再一次敲响了机场围界的安全防护警钟。民航总局有关负责人严肃指出,以上两件事件充分暴露了机场安全保卫工作存在严重漏洞。围栏围栏,围而不拦。

1. 采取强有力的防范措施防患于未然

(1)在飞机起飞滑行必经之道口增设流动岗哨,加大巡查力度,防止飞机在等待起飞期间遭受突然潜入围界的无关人员和动物的侵扰;

(2)增加围界巡逻车辆,并实行24小时不间断巡逻,确保在发生非法越界事件后,执勤巡逻员能够及时赶到现场;

(3)加大场面纠察力度,维持飞行控制区的良好秩序;

(4)加强对飞机的监护,在各登机指廊实行人、车结合"双保险"巡查监护,同时要求飞机监护人员严格按照程序对飞机进行清舱,特别是对飞机起落架等重点部位进行彻底清查,防止夹藏危险物品和人员。

(5)机场在控制区各道口增设X射线机,对从道口进入控制区的所有人员和物品实施安全检查,以彻底消除可能存在的安全隐患,构筑机场安全防护的铜墙铁壁。

2. 提高围界的科技含量

目前,大多数机场主要采用功能先进的围界报警系统来担负机场周界的安全防范任务,通过对跑道、滑行道、站坪、飞行区围边围栏及飞行区入口通道实施监控,对翻越和破坏围界的行为及时发出警报,以达到及时处置和防范的目的,确保飞行安全。围界报警系统主要由报警探测器(振动传感电缆、微波探测器)、报警信号分析控制器、广播喇叭、广播驱动装置、照明灯具、照明灯驱动装置、传输设备、报警控制主机、报警管理计算机及相关软件组成。

如广州白云新机场长达30多公里的围界主要采用振动传感电缆作为探测器,电缆分段安装,每段(防区)不大于150米,沿围栏每隔300米在摄像机高杆上安装一个广播喇叭,每隔15米安装一盏照明灯,同时在围界围栏上设置围界防入侵报警设备使之构成系统,以便及时发现非法入侵行为。例如:当有入侵事件(如攀越或者破坏围界,从大门强行进入等情况)发生时,围界围栏自动向系统传送报警信号,在系统中心报警控制主机上显示并记录事件发生的时间、地点,同时自动启动广播在现场播放警告、劝阻语言。

如重庆机场围栏均安装了红外线报警系统,一旦有人翻越,摄像头便会自动跟踪"入侵者",同时监控室内的电脑画面自动切换到报警现场,如果入侵者跑向机坪,强光射灯便会发出10万流明(相当于100只100瓦灯泡的照度)的强光,迅速跟着"入侵者"移动,电脑同时自动响起广播,"请退回,注意安全!"就在机坪上的巡逻车会迅速赶到现场将"入侵者"制服。

针对围界部分栅栏存在偏矮容易攀爬的隐患。应在围界栅栏顶端加装蛇腹式钢刺网,加高筑牢围界防护设施。该蛇腹式钢刺网刺锋密集,刺尖锋利,防腐和抗破坏能力强,防攀爬和阻拦效果好,安全系数明显提高。

二、道面的维护

道面包括跑道、滑行道和停机坪的道面,其中最重要的是跑道道面。飞机在跑道上高速运动,任何小的裂缝或隆起都有可能造成爆胎或对起落架的损害,从而引发大事故。

【案例6】 贵阳机场因跑道发现裂痕关闭5小时

2005年5月3日凌晨两点,由于受雷雨气候的影响,贵阳机场的跑道出现裂痕,造成两架飞机的轮胎异常磨损。出于安全考虑,贵阳机场关闭。经过及时抢修和处理,关闭了5个多小时后到上午8时许,机场恢复运行。

【案例7】 跑道启用4个月裂痕累累

2007年01月24日泰国当局承认,曼谷新建的素旺那普国际机场可能要部分或全部关闭,对出现百多道裂痕的跑道进行维修,数以百万计的搭客也许会受到影响。交通部长提拉说,素旺那普机场两条跑道中有一条出现裂痕,这可能是设计和施工有问题或者维护不够造成的。

道面的维护包括以下4个方面:

1. 修补道面的裂缝和测试强度

大型机场的跑道都使用混凝土道面,它是刚性的,承载能力高,但在温度变化时它的膨胀和收缩会引起很大内应力。因而混凝土道面在一定距离上都留有伸缩缝。冬天混凝土收缩,伸缩缝变宽,这时水和沙就会进入缝中,当水冻结时就会产生很大的压力,使伸缩缝边缘开裂,随后雨水就可以渗入混凝土底层,使整块道面出现裂缝、隆起或伸缩缝变宽。跑道维护人员要定期目视检查跑道的表面,在春季要增加检查次数,及时修补。

还有由于跑道不均匀下沉,也会造成裂缝。

中型机场多在混凝土道面上铺一层沥青。这种道面是柔性的,不需要伸缩缝,但这种道面不耐水汽侵蚀,如果道面积水时间较长,就会造成小孔裂缝等,由于道面强度低,飞机的重着陆和暴雨都会使道面上的软材料被带走,造成空洞。沥青道面虽然造价比混凝土低,但它的维修的次数和费用都要高于混凝土道面。

每隔一定时期要对跑道的强度和性能进行检验,目前常用振动法来测定跑道的性能。这个方法不破坏跑道,只是靠振动波的传播和反射来测定跑道的性能,在振动法不能确定的地方,有时用打孔、切槽等破坏性检验来作补充检测。

2. 清除道面污染,增加摩擦力

道面的摩擦力会因道面的磨损、积水和污染而变化。

道面的磨损可以用及时的修补来解决，跑道上的薄层积水会使机轮打滑，甚至丧失全部摩擦力。解决的方法是在跑道道面上开出跑道安全槽，这些槽深只有6～7毫米，间隔为30毫米，它可以使道面上的水排干净，也可以排出由于轮胎摩擦造成的水蒸气和热量。

机场应配备跑道摩擦系数测试设备。按规定跑道日航空器起降架次大于210架次的，测试跑道摩擦系数的频率应不少于每周1次；当出现遇大雨或者跑道结冰、积雪；在跑道上施洒除冰液或颗粒；航空器偏出、冲出跑道的情况后，应当立即测试跑道摩擦系数。

跑道污染主要是由于油漆、废物和轮胎上的橡胶颗粒粘附造成的，其中最主要是橡胶粘附，它是由于飞机在降落后制动时摩擦产生的大量热量，使轮胎的橡胶颗粒粘附在道面上，这将大大减低道面的摩擦系数。清除这种污染也比较费力，目前采用的方法有以下4种：

(1)高压水冲洗。水压在300大气压以上而且只能在5℃以上的气温中进行。

(2)化学溶剂溶解。这种方法很有效，但容易引起环境保护问题。

(3)高速机械刷除。这种方法的设备比较昂贵。

(4)超声波清洗。这是一种新的方法，成本不高，效果较好。

3. 保持跑道清洁

道面应当保持清洁。道面上有泥浆、污物、砂子、松散颗粒、垃圾、燃油、润滑油及其他污物时，应当立即清除。

风沙，或在飞机起飞时发动机喷气吹起的灰尘，都会使跑道不清洁。跑道上如果有散落的东西，哪怕是一块小小的沙石，如果被发动机随着空气一起吸进去，就会打坏发动机，造成很大的损失。特别是对于发动机离地面比较近的飞机，这种危险就更大。有的散落物还可能戳坏飞机的轮胎。或者贴附在同跑道面平齐的灯具上，影响正常照明。这些都需要及时清除。

【案例8】　协和飞机空难

2000年7月25日下午，法国当地时间4时44分，一架法国航空公司编号为4590的“协和”号飞机，从巴黎戴高乐机场起飞不到2分钟就拖着长长的火焰，向左一偏几乎垂直地撞到了机场附近一个小镇的一家旅馆中，机上109名乘客和机组人员以及地面5人不幸遇难。这就是震惊世界的“7.25”空难。

据事故调查报告说，这次事故的直接罪魁祸首是跑道上有一块从另一架飞机上掉下来的约40厘米长的金属碎片。正是这块金属碎片使轮胎爆裂，机轮的金属碎片像炮弹似地打破了机翼和机翼上的油箱，造成燃油大量泄漏起火。飞机左机翼上方起火后又导致发动机丧失动力，并危及飞机的操纵面。

4. 除雪和除冰

下雪和结冰,是跑道正常使用和飞行安全的一大威胁。由于强冷空气的入侵,当地气温急剧下降,所降雨雪遇到低温,特别是气温低于零摄氏度时,雨雪会在跑道面上迅速冻结成冰层,飞机轮胎与冰层间摩擦力很小,起飞降落的飞机在有结冰的跑道面上不易保持方向,极易冲出跑道。飞行手册上规定,跑道上有结冰时禁止飞机起降。2008 年春,我国南方雨雪低温造成的冰冻灾害对航班威胁就很大。因此,一旦跑道结冰,机场有关部门必须立即采取紧急措施及时清除,确保飞行安全。另外,有较大的降雪,如不及时清除,跑道积雪也将影响飞机的起飞和降落。当然,如果降雪持续时间过长,雪量过大,机场的积雪有可能来不及清除,势必会造成机场的关闭。除雪、除冰虽然很麻烦,却必须及时。把喷气发动机装在车上,用炽热的喷流除雪,是一种办法。现在,还有了专门的扫雪车。

三、助航设施维护

助航灯光是安装在跑道两旁、跑道延长线、滑行道、联络道等处的大功率卤钨灯,有着飞机"外眼"的美誉。在阴、雨、雾、雪等低能见度的复杂天气条件下,它是引导飞机起降的重要辅助手段,而在晚上则必须有助航灯光的引导,飞机才能安全起降。每当夜幕降临,机场几千米长的跑道宛若一条笔直灿烂的星河。

1. 巡视维护

在这璀璨美景的背后,机场助航灯光站工作人员常年默默的辛劳和奉献。他们不论寒冬酷暑,不论狂风暴雨,不论白昼黑夜,一旦发生故障,要火速处理,如果不能及时排除,将导致飞机无法起降,甚至关闭机场。按规定,夜航灯光开启后若设备出现故障,则要用最短的时间修复,如果回路断电则要在 15 秒内恢复。因此要做好备用发电机的定期检查、维护和试运行工作,使其持续保持适用状态。每周至少应进行备用发电机的 30 分钟加载试验,每月至少应进行备用发电机的 1 小时加载试验。主要内容包括:

(1)检查电压、频率表计读数。输出电压、频率应当符合技术要求;

(2)与主、备电源的切换设备是否可靠;

(3)发电机试运行过程中是否有喘振或过热情况;

(4)内燃式发动机是否有渗油情况。

每月至少进行一次主供电源与备用电源之间及主、备用电源与备用柴油发电机之间切换的传动试验。电源切换时间应当符合《民用机场飞行区技术标准》的要求。

进近、跑道、滑行道灯光系统和顺序闪光灯的助航灯光系统的日常运行、维护、检查工作应当严格按照《民用机场助航灯光系统运行维护规程》的要求进行。主要维护检查项目应不低于以下要求:

①日维护:更换失效的灯泡和破损的玻璃透镜,确保透镜的干净、清洁,检查各个亮度等级上调光器输出电流是否符合技术标准;

②年维护:灯具紧固件的紧固,灯具锈蚀部分的处理,灯具仰角、水平的检查和调整,插接件的连接可靠性检查,并检查每个灯组的支架及基础情况;

③不定期维护:在大风和大雪后可能对助航灯光系统正常运行造成影响时,应当对助航灯光系统进行检查,并调整各类灯具的仰角及水平;清除遮蔽灯光的草或积雪。

助航灯光在外场经受风吹雨淋日晒,维修保障起来并不容易。夏季高温加上照明产生的热量,嵌在跑道里的中线灯膨胀拔不出来,只能用大铁锤锤;冬季灯具上冻,也要先用铁锤敲打;跑道上的沙尘会蒙住灯罩,要定期洗刷清理;如在围界外河道上安装了进近灯,要涉过河爬上 5 ~6 米的杆子维修。

每天一清早就开始了,打开并监控部分助航灯光,每隔 1 小时对调光设备巡查 1 次。此外,还有很多维修、保养任务。夜航结束后,值班人员上跑道对所有灯光进行巡视维修,一圈下来有近 20 ~30 公里,如果没有故障大约要 1 小时,也就是夜航结束 1 小时后才能休息,倘若发现故障就要维修,经常需要 2 ~3 小时甚至通宵,而第二天早上 6 小时必须起床做航前准备。

2. 防盗

机场助航灯电缆被盗现象时有发生,厦门高崎国际机场曾在短短十几天内就发生了两起助航灯具电缆被盗案件,直接对厦门航空安全构成威胁。

机场有关负责人深感忧虑:导航灯具是重要的民航安全保障设施,将直接为在空中接近机场的飞机提供准确的高度、方向等指示信息,一旦发生问题将直接危及人民生命和财产安全;同时,助航灯光桥架上有高压电源,窃贼随便进入桥架极可能导致人身安全事故。

2005 年 7 月 27 日,全国 60 多个机场的老总集体参观重庆机场。重庆机场首次揭秘世界领先的"人体生物探测器"安防系统,让外地机场老总们纷纷称奇。只要有人接触机场导航灯塔时表情紧张,智能化安防系统就会自动报警,从而提前制止攀爬破坏行为。

据研发新型数字式导航灯电缆视频防盗系统的龚卫国教授介绍,导航灯就像飞机起降的"眼睛",如果有人攀登灯塔或者盗割电缆,让导航灯"瞎了眼"的话,极有可能使飞机发生事故。由于飞机跑道较长,导航灯塔一般安装在机场围栏之外,监控难度较大,2004 年,重庆机场曾出现过导航灯电缆被盗割事件,致使航班延误。机场安装了这套智能报警设备。如果有人做出攀登的动作或者接触灯塔时面部紧张的话,智能报警终端的人体生物探测器便会立即发出 110 分贝的警报声,并向监控中心报警,同时会向值班人员和机场公安发送手机短消息,即使监控室无人值守也能报警。

3. 监察

监察机场周围路灯亮度,防止高速路灯误导飞行。

目前高速公路上的高杆灯和低柱灯，一般采用的灯泡都是从意大利进口的，高杆灯功率有1 000瓦，而低柱灯的功率也有250瓦。目前机场上的目视助航灯系统，所用的灯泡也都是高质量的，但所用的进近灯和跑道灯，其功率均为200瓦。尽管机场上的灯距只有60米，高速公路上的灯与灯之间在100米以上，其灯的密度大于高速公路，但是每当飞机在几千米或数百米的高空飞行时，飞行员向地面观察，只能看到灯光带，并不能看出灯与灯之间的间距。更何况高速公路上的灯光瓦数都比机场上的每盏灯光瓦数要大，光强度也大。

【案例9】 机场高速多次误导飞行员

1996年一天晚上，南京大校机场。一架国际航空公司由北京飞往南京的1503航班到达南京，由于当时南京城市及绕城公路灯光强度大，加上该飞机场跑道设备差，灯光较暗，而1503航班的飞行员在准备着陆时，误以为绕城公路灯光为跑道灯，于是飞机从高空一路降落，直奔绕城公路而来。正当飞机欲降落在绕城公路上时，被机场空中管制员发现，及时提醒，飞机上飞行员迅速拉起操纵杆，飞机拉起复飞，避免了一场险情，最后飞机安全降落。

2002年，安徽某机场，当天夜里机场管制员误以为当天航班已结束，人为关闭了助航灯光，致使华东五省地的飞机到达机场时，误将机场附近的高速公路强灯光，看作飞机降落时的跑道灯光，所幸发现及时，飞机复飞才未出现险情。

在武汉，曾经有一架大型客机，夜间准备在武汉机场降落时，同样是当时机场跑道灯光亮度不如武汉大桥灯光的亮度，飞行员误将大桥为机场跑道，飞机险些降落在长江大桥上。

机场因高速公路上或其他地方的灯光，误导飞行员产生险情，但从目前的情况看不可忽视。因为每个机场都必须有高速公路相衔接，这是一个回避不了事实，这不仅在南京，全国各城市的机场都一样。从机场和机场高速公路设计、规划时，就要进行监察。

四、净空保护

1. 净空环境恶化，违法事件屡禁不止

(1)城市建筑物超标影响起飞降下有效飞行空域。《民用机场管理条例》(送审稿)第六十一条规定：在民用机场净空保护区域以外，以民用机场基准点为中心，50千米为半径划定的区域内，一般不得修建高出地表150米以上的建(构)筑物和设施；对于飞行区指标为3或4的机场，以民用机场基准点为中心，15千米为半径划定的区域内，一般不得修建高出地表30米、同时又高出机场标高150米的建(构)筑物和设施(以下简称高大建筑物)。

在特殊情况下，修建超过前两款规定范围的超高建筑物或者高大建筑物的，地方人民政府应当征得机场管理机构的书面同意，并报地区民用航空管理机构审批。

由于城市快速膨胀，机场在水泥森林中突出重围，迁移他乡。

【案例 10】　昆明机场净空环境趋恶化

2006 年 4 月随着城市的快速发展,昆明机场净空区建筑物超高现象严重,鸟类撞击飞机事件频繁发生,致使机场净空环境日趋恶化。

据不完全统计,昆明机场周边的超高建筑有 100 余处,包括北京路地标建筑佳华酒店和广海路边的一些高层住宅都在超高范围,给飞行安全带来了严重隐患。另外,机场周边鸽子较多,也不同程度地危及着飞行安全,仅 2005 年就发生鸟类撞击飞机事件 8 起,这在国内机场中也属较严重情况。"十一五"期间新建昆明机场已正式破土动工。

【案例 11】　信号中断飞机迫降　空中交警遇上地面尴尬

2004 年 10 月宁波机场曾发生过一起过境飞机迫降事件,原因是导航台受周边环境影响,信号出现中断。然而发现,宁波庵东飞机航路导航台在整改中遭遇了重重困难。"按照国家标准,导航台周围 200 米以内要求没有建筑物,300 米以内严格控制,300 米以外也应有保护区。然而庵东飞机航路导航台(离上海向南方向 100 公里)根本达不到这个标准,超标建筑物很容易对导航造成干扰。"庵东镇是一片正在开发中的热土,近几年由于发展需要,使得周边的一些建筑物不同程度地对庵东飞机航路导航台存在影响,达不到国家标准。条件不好的导航台如果遇到自然原因,或者地理环境复杂的情况,信号会造成误差,甚至中断。前不久,在宁波机场也有过境飞机迫降的事件。

(2)鸟类动物撞击飞行器。大部分鸟类飞行高度在 4 000 米以下,因而鸟撞多发生在机场周围。飞机起飞或降落如果把鸟吸入发动机或与鸟相撞都会造成一定的危险,某些机场驱散鸟类是其主要的任务之一,国际民航组织每年收到的鸟撞报告在 2 000 次以上。

鸟击是威胁飞行安全的重要因素之一。据统计,在中国,鸟击造成的飞行事故已占事故总数的 1/3。我国民航自 1989 年 3 月至 2001 年 12 月 31 日共发生了 369 次鸟击事件,导致中断起飞 17 起,空中停车 3 起,返航或改航 35 起,航班取消 54 起,航班延误 125 起,这些后果造成了约合 3.55 亿元人民币的巨大经济损失。最近的资料显示,2006 年上半年我国民航共发生了 85 起鸟击事件,导致了中断起飞 1 起,返航或改航 2 起。

【案例 12】　万米高空撞上飞鸟　国航飞机雷达罩受损

2006 年 4 月 26 日晚,中国国际航空公司 B2604 号飞机在执飞北京——南昌的 CA1573 次航班过程中,在距南昌昌北国际机场 40 公里、11 000 英尺高空遭遇了鸟击,造成飞机雷达罩轻微受损,但对飞机的飞行安全没有造成影响。此后,该航班于 26 日 22:14 正常降落在南昌昌北国际机场。受此影响,4 月 27 日 8:30 由南昌飞往北京的 CA1574 航班延误,该航班旅客已转签其他航班出行。

【案例13】 东航客机与飞鸟相撞受损折返西安

2006年1月22日晚上，由西安飞往重庆的MU2183次航班在重庆空域内撞上飞鸟，最后迫返西安。东航重庆营业部周经理透露，飞机迫返原因是在重庆空域内遭到一只飞鸟撞击受损，只能返回西安检测和维修。此次飞鸟撞机事件造成了西安、重庆两地两架班次的百余名乘客延误数小时登机。

据记载，1975年，一架DC-10飞机在美国肯尼迪机场起飞，一群海鸥吸入巨大的发动机里，飞机爆炸坠毁。1996年9月22日，美国空军一架由707改装的军用飞机从阿拉斯加州的爱尔蒙多夫空军基地5号跑道起飞时，撞上了30多只加拿大鹅。瞬间发动机火光冲天，飞机坠毁在机场附近的洼地里，空勤人员全部遇难。

据航空科学家研究测定，一只质量仅1千克的鸟，对行驶中的飞机来说，其撞击力高达10吨，相当于一颗炸弹的能量。美国民航飞机的鸟撞损失每年高达2.6亿美元。之所以"鸟撞"如此日益严重，专家们认为主要有两方面的原因：首先是由于人们环保意识不断提高，各类鸟类的数量急剧增加；其次，随着高科技的发展，发动机的动力越来越大，而噪声却越来越小。B737发动机的进气量为320千克/秒，B747发动机的进气量为820千克/秒，B777发动机的进气量为1 420千克/秒。显然，只要鸟类稍微接近发动机就会被吸进去。而且发动机切线旋转速度高达450米/秒，小鸟一旦被吸入发动机内就会变成无情的杀手。如果风扇叶片被鸟击断，碎片会随气流向后甩入飞机其他关键部位，造成更严重的后果。

首都机场股份公司领导介绍，首都机场近年来每年航班量的增幅在15%左右，随着航班密度越来越大，鸟类对飞行安全的威胁也越来越大，鸽子已经成为首都机场最危险的鸟种。据统计，2004年首都机场周边养鸽数量为800余只，机场周边信鸽协会会员有800余户，到了2007年，机场周边信鸽协会会员增加至950余户，信鸽数量达2万余只，其中近500户分布在机场周边，距离机场仅2～3公里，同时首都机场周边存在12处信鸽训放站。据有关资料统计，2006年首都机场周边鸽群穿飞机场数量平均为每月1 800余只次，比2005年增加了两倍。鸽子已经成为目前危害首都机场净空安全最严重的鸟类。

(3)无人驾驶自由气球、系留气球和其他升空物体撞击飞机。能影响到航班飞行的气球主要有两类，一类是气象探空气球，一类是商业广告气球。气象探空气球主要用于气象科学研究，施放地点固定(全国现有120多个施放点)，气球规格和质量规范，且施放活动比较规律，因而管理起来比较容易，对航班几乎没有什么影响；而商业广告气球和风筝，存在着施放地点不固定，规格和质量不规范，施放活动没有规律的特点，管理起来很难，对航班的影响也最大。

随着社会经济的发展，近几年，商业广告气球的使用量激增，气球也越放越大；各地的风筝节也有增多的趋势，风筝的规格尺寸越做越大，放飞的高度也越来越高。广州天天有"黑气球"升空，广州一些广告公司介绍，在广州升放系留庆典气球，需经市容环卫局批准，由于系留气球经常失控，环卫局已暂停对公司或个人的批准手续。但由于一直没有相关的法律法规制约，部门监管也不很严格，再加上广州平均每天都有200多家公司开业，庆典气球有着极大的需求空间，因此目前仍有许多公司私自出租升放气球。靠近天河体育中心的一家广告公司一天就租出去10个气球，其公司人员告诉记者，出租后升放的气球仍由公司管理，"流失"并不多，但一些单位自己买回气球升空后，基本上就不管不问，时间稍长，就常常会出现气球"不听话"失控飞走。

气球失控升空与民航客机抢道事件时有发生，给飞行安全带来了极大的威胁。据专家介绍，大型广告气球一旦失控升空，就会成为杀伤力极强的"空中炸弹"。失控后的气球最高能飞到12 000米，飘忽不定，民航管制员无法利用雷达探测到气球的具体位置，因而很难指挥飞机避让，尤其是空域繁忙或夜间飞行时，这些气球若碰上飞机，很有可能被卷入发动机，造成发动机熄火，其后果不堪设想。

【案例14】　虹桥机场上空不明物体

2003年9月9日，东航一架波音737飞机在虹桥机场由南向北准备降落过程中，与一不明升空物体相撞。相撞地点位于闵行区七宝以南和莘庄之间的上空，高度约250～300米。飞机损伤较为严重，虽未造成人员伤亡，但已危及飞行安全。据统计，2004年1～8月份在虹桥机场起降航道附近发生升空物体干扰飞机事件共8起，其中风筝5起、航模1起、气球1起、焰火1起，给飞机起降和公众安全造成严重威胁。

【案例15】　1个气球，影响了9个航班

2004年3月21日，重庆江北机场，10时25分，由上海飞往重庆的上航545航班在即将降落时发现，有一带飘带的红色商业气球从飞机右前方穿过，气球高度约为1 200～1 300米，机组立即将此情况向空管部门报告，该航班在进行避让后安全着陆。接到报告，考虑到当日云层较低，云底高只有1 000米，空管员无法判断气球的具体移动情况，后续航班的飞行员也无法对此进行判断，空管部门被迫指挥区域内的其他航班备降或返航。11时30分，天气转好，云量减少，机场恢复正常运行。在此期间，共有8个航班备降，1个航班返航。1个气球，影响了9个航班，直接经济损失就达数十万元。这样的情况在重庆地区不止发生一次，近几年，连续发生了好28起类似的气球严重干扰航班的事件。

【案例16】　一边爬升一边转弯　1 500米高空飞机躲气球

2004年10月1日下午，合肥机场上空出现惊险一幕：当日下午3时10分左右，一架HU183航班满载75名旅客从合肥机场起飞赴杭州。该机在爬升至1 500米高空时，机组人员忽然发现飞机右侧前方不远处有一只直径约2米的红色大气球，正在快速向飞机"冲"来。

由于当时合肥机场上空有一层低云,1 400 米高度以上天空无法看清,飞机飞出云层后,才发现这只大气球已与飞机距离很近了,而此时空中风速很大,情况万分危急,空中机组人员紧急采取回避措施,向右偏转机头飞行,气球最终在距离飞机左侧仅 2 英尺左右擦肩而过,最终化险为夷,若非机组人员所采取的回避措施及时准确,后果难以设想。

按照飞行规定,飞机在爬升过程中一般是不能同时实施转弯的,因为这将增加飞机操纵的难度,但当时情况紧急,机组人员不得不被迫采取这一避险措施。

(4)焚烧农作物秸秆、垃圾等物质产生大量烟雾的影响飞行视线。农民大量焚烧收获过的农作物秸秆,滚滚的浓烟,遮天蔽日,部分地方的能见度只有 100 米之多,不但使飞机白天的起飞降落增加了难度,夜晚更是让飞行人员难以操控,一旦操作失误,便会带来机毁人亡的灾难,后果不堪设想。

田里留的麦垛秸秆,它是成行的,每隔一段距离就留一个堆,一般这个距离还比较相等,每个火堆都出现火花以后,特别在高空飞行的时候,容易对飞机驾驶员形成一种误导,好像这就是跑道一样。

【案例 17】 烧秸秆烟雾笼罩机场

2005 年 6 月 6 日傍晚,安徽合肥街头烟雾弥漫,浓烟导致合肥骆岗机场的两个进港航班迫降南京机场,而同样的事情,2002 年在西安也曾经发生过。

2002 年秋,西安周边的农田里,当地农民大量焚烧收获过的农作物秸秆,滚滚的浓烟,遮天蔽日,部分地方的能见度只有 100 多米,咸阳机场的飞行安全受到了严重的威胁,机场几次与所在地的咸阳渭城区的领导进行紧急协商。

(5)非法电磁信号干扰航空无线电频率,危及飞行安全。

民航无线电专用频率的安全使用,是民航飞行安全的前提和基础。随着我国国民经济的迅速发展,飞机航班数量不断增加,相应的机场、航路、扇区日趋扩展和饱和,机场所在地区的无线电台站以及机场附近辐射无线电波的非无线电设备大量增加,民航无线电专用频率遭受无线电干扰的机率不断加大,如广播及有线电视放大器泄漏造成的杂散辐射干扰造成的互调干扰等隐患时常出现,严重时机场被迫关闭。

无线电发射设备在日常生活中已经得到广泛应用,如移动电话机、无线电对讲机、无绳电话机、无线固定电话、无线网络设备、广播设备及各种微功率无线电设备等。但大批非法无线影音传输设备,设备使用的频段多为国际航空无线电导航使用的 900 ~ 1 200 千赫兹。

对此,中央领导同志高度重视,多次指出要对影响民航无线电专用频率安全使用的相关环节加强管理。

2. 净空保护需要加快立法步伐,加大宣传深度,加强执法力度

针对城市建筑超标:首先在新机场建设时作好统筹规划,如广州新白云机场建设要与

市城市发展始终和谐共进，新机场周边规划分为三个层次。第一层包括15平方公里的机场用地和300米绿化隔离带；第二层包括88平方公里的开阔地，此处为不可建设区；第三层为机场周边建设控制区，面积约152平方公里，该区域以支持机场运营为优先，逐步发展成为航空运输客流中心和物流中心。

解决鸟撞的办法有很多种。首先是把跑道和机场周围的垃圾封盖起来，控制一些昆虫和小动物的生长，清除杂草、水塘，使鸟类在这个地区没有食物来源；改善自然生态环境，如在上海浦东机场以东11公里长江口九段沙，种青引鸟，开辟新的适合鸟类生息的生态环境，改变候鸟迁徙路线，从根本上消除机场鸟撞隐患；取缔机场周围鸽子、飞禽饲养点；其他的方法有使用声音驱赶鸟类，投放化学药物及猎杀等方法。但有些方法遭到环境保护组织和动物保护组织的反对，防止鸟撞迄今是个还没能完全解决的问题，只能是机场加强对环境的清理，研究这一地区鸟类活动的规律，使驾驶员提高警惕来防止事故发生。

首都机场共有38名专职鸟击防范防员和1400余套驱鸟设备，目前这些人员和设备基本上能够保障首都机场的运营安全，可以有效地控制鸟害事件的发生。首都机场在机械驱鸟的同时，更加重视生态治理和扩大鸟情监控范围，并与科研单位合作开发了雷达探鸟系统，通过图像处理、识别和预估出飞鸟在机场的位置及飞行路径。同时，探索种植具刺植物来防鸟，人为营造不利于鸟类和其他动物的生态环境，以阻碍、制约鸟类在机场低空、地面的活动，确保机场的运营安全。

1996年我国实施的《中华人民共和国民用航空法》的第五十八条，规定了在机场范围内和机场净空保护区内禁止的活动，其中即包括饲养、放飞影响飞行安全鸟类和其他物体。第五十九条和第六十条则规定了违反第五十八条的单位和个人，由机场所在地县级以上地方人民政府责令在期限内清除。

2004年国务院办公厅下发《关于加强民航飞行安全管理有关问题的通知》，明确要求各地人民政府和有关部门要严格执行有关规定，禁止在机场净空保护区内饲养、放飞影响民航安全的鸟类动物。从1997年开始，内地相继有徐州市、宁夏回族自治区、安徽省、上海市、汕头市、贵阳市、四川省、昆明市、重庆市、南京市、威海市、无锡市、运城市、云南省、广州市、江西省、泉州市根据《中华人民共和国民用航空法》以政府规章、规范性文件或地方性法规的形式出台规定，以明确机场净空保护区内禁止饲养、放飞影响飞行安全的鸟类动物或从事容易引诱鸟类聚集的养殖业。

2004年民航总局、国家安全生产监督管理局和国家气象局曾针对气球和风筝影响民航安全飞行的事件，召开过《保护民航机场净空安全协调会》。在当年的3月21日的重庆江北机场，一商业用气球侵入飞行区域，导致一个航班紧急避让，8个航班备降，1个航班返航，机场关闭1小时，直接经济损失达数10万元。此事引起了国务院的高度关注，针对当时发生的一系列类似事件，国务院作出了重要批示，要求民航会同有关部门进行整顿。

系留气球限高150米按《条例》规定，单位和个人在升放无人驾驶自由气球时，必须提前两天持市级以上气象机构会同有关部门的批准文件，向当地飞行管制部门提出申请，经批准后方可执行，取消升放时应及时通知飞行管制部门。升放系留气球应确保系留牢固，不得擅自释放。升放高度不得高于地面150米，超过50米的，必须加装快速放气装置，并设置识别标志。在升放过程中发生无人驾驶自由气球非正常运行、系留气球脱离系留、其他可能影响飞行安全的情况时，应及时报告飞行管制部门和当地气象主管机构。《条例》同时规定，机场范围内和机场净空保护区内严禁升放自由气球和系留气球。

升空飞艇也有相关限制该《条例》规定，凡在我国境内从事无人驾驶自由气球和系留气球活动的，包括商业和非商业运作的公司和个人，必须遵照该条例的有关规定执行。违反规定的公司和个人，视情节轻重，《条例》将给予责令改正、警告或处以2万元以上10万元以下的罚款，停飞1~3个月，暂扣或吊销经营许可证、飞行执照的处罚，情节严重者将依法追究其刑事责任。除了升空气球，《条例》对于其他形式的升空广告活动诸如动力散飞艇等，也作了相应的规定。

但上述法规都过于原则，内容相对零碎，程序不够清晰，操作性不够强。另外对执法主体地位的规定显然有些不切实际。《施放气球管理办法》把施放气球活动监督管理者明确为县级以上气象主管机构，而气象主管机构显然没有足够的权力、财力和人力来管好这件事。

有一个典型的例子，2003年10月18日，全国第五届城市运动会开幕式在长沙举行。由于在开幕式上要施放大量自由气球，城运会组委会事先向湖南省气象局进行了申报，湖南省气象局将此情况通报了中南空管局，考虑到当天相关航路比较繁忙，且施放的气球数量太多，不好控制，湖南省气象局和中南空管局对组委会的申报没有批准。但组委会却坚持要放，几经交涉未果，结果气球还是放了。民航长沙空管部门只能立即启动了预先制定的应急避让预案，从当日21时~22时30分，9个进场航班返航或备降，3个离场航班地面等待，17个飞越航班绕航避让，另外造成大量航班延误。

从这个例子可以明显地看出，气象主管部门在碰到这类情况时，执法的力度不够强，而民航也处于被动的地位。国家气象局领导对此表示赞同，目前的状况是：有单位主动来申报，气象部门还能管一管；有单位不来申报，放了气球，他们就管不了；即便发现没有申报就施放气球的单位，他们也没有办法强制实行处罚。管理，有时就成了一句空话。相比较而言，各级地方政府对这个问题的管理往往更为直接有效，也能够强制执行一些处罚措施，因此，明确地方政府在这个问题上的执法主体地位，调动地方政府的积极性，是有法可依的一个基本保障。

因此，尽快出台一部专门针对气球、风筝等升空物体的制作、销售、施放、管理和审批的法规，成了当务之急。同时，也要加大对现有法律、法规的宣传力度，让更多的人了解气球、风筝等升空物体对民航飞行安全的影响，以及施放这些物体的要求和程序。

与此同时,民航各地空管部门也积极配合地方政府,制定了诸多加强升空物体管理的地方性法规、文件。如安徽省制定了《安徽省民用机场净空保护条例》,重庆市制定了《重庆市民用机场保护条例》,宁夏自治区制定了《关于银川、河东机场净空保护的规定》,浙江省制定了《关于加强升放气球管理确保飞行安全的通告》等。各地政府及管理部门采取多种形式,利用广播、电视、报刊、网络等媒体进行综合、全方位的宣传,为整治活动的顺利进行营造了良好的社会氛围;对机场周边的市、乡镇(村)采取拉网式排查,详细掌握本地区的干扰净环境情况,对严重地区进行全面检查,并对检查中发现的问题及时进行处理。建立和落实长效机制,常抓不懈,防止各类问题重新抬头,为民航飞行安全保驾护航。

第四节　机坪运行管理

机坪运行管理的目标是防止因机场原因导致航空地面安全事故的的发生,机坪运行管理的职能部门是机场运行指挥中心(AOC)。机坪管理就是在机坪上对飞机和车辆的运行实施管理。

一、机场运行指挥中心

机场运行指挥中心是现代民用机场航班现场作业指挥调度的中心,信息流程管理中心,又是机场特殊情况下的应急救援指挥中心,并代表机场对机坪运行实施具体管理。

随着我国经济和民航业的飞速发展,机场的规模和业务量日益扩大,在航班地面保障过程中如何确保安全、正常、高效地实施系统化管理,做好机场本单位及驻场各单位的协调配合等工作,确保机场各类资源的合理、优化利用,是机场正常运行的重要问题。而机场运行指挥部门就是机场运行的神经中枢,它担负着机场运行的组织、指挥、协调、控制和应急救援指挥的重要职责。

机场运行指挥部门就是在民航的生产运行发展中产生的。在民航发展初期,民航业内及各机场对现场指挥还没有明确的编制名称和统一的运作形式。八十年代中后期,民航体制改革后,机场作为企业独立开展运营,需要有一个部门对机场内部的各生产保障部门及生产过程进行统一的协调指挥和全面的综合管理,由此,机场运行指挥部门逐渐产生,具体承担现场指挥协调任务的指挥员应运而生。1995 年民航总局就现场管理问题专门作出规定,要求民用机场建立相应的现场指挥机构,其主要工作是发挥指挥枢纽的作用、参谋助手作用和对外协调作用。

近十几年来,随着民航业的迅速发展,机场所承担的运营任务越来越繁重,机场运行指挥部门在机场运营中起到的作用越来越突出,将代表机场当局全面负责管理机场的运行控制,它是机场加强自身建设和全面管理的关键所在,机场运行指挥部门的指挥协调能力直接反映出机场的运行管理水平，机场现场运行指挥部门作为机场控制与协调运行服务流程和提供应急救援服务的职能部门，其服务水平的高低将直接影响机场的市场竞争力和效益。

在国外尤其是欧美机场也都有相当于机场运行指挥中心的机构和机场运行指挥人员。例如，在欧洲最为繁忙的机场之一的德国法兰克福机场，旅客吞吐量已超过5 000万人次，其机场运行指挥中心有员工900多名，担负着机场的指挥、协调任务，是法兰克福机场运行的核心部门。

按国际民航组织颁布的附件十四"机场"的有关标准，机坪管理就是在机坪上管理飞机和地面车辆运行。机坪系统的管理范畴：入口管理、设备、车辆（交通）、机坪保洁与维护、机坪标志、线路与照明、机位分配、飞机引导、泊位系统、廊桥系统、飞机监护、现场作业管理、站坪秩序管理、站坪施工管理等。要充分发挥作为机场指挥中心的功能，使之成为一个行之有效的、及时的、完整的指挥系统。机坪管理原则：机坪运行管理遵循"安全第一，正常飞行，优质服务"的原则，建立和维护良好的机坪运行秩序，确保机坪技术状况持续地符合《民用机场飞行区技术标准》的要求，保障地面服务工作的正常进行。

机场运行指挥中心实施机场航班生产计划指挥并行使监督管理职能，承担运行指挥、航班信息服务和应急救援两大系统的职责。机场运行指挥中心的具体职责：

（1）编发航班生产计划，负责保障流程管理和生产计划的执行；掌握航班动态信息，迅速传递、及时、正确地发布有关指令和机场航行通告；及时、有效地组织指挥各类飞机的地面保障工作；组织协调备降和临时飞行任务的勤务保障工作；负责安排停机位。

（2）监督、管理航班生产作业过程的进度和质量，协调单位间的交叉作业并保证运作顺畅。

（3）协助公安分局维护飞行区的交通秩序和治安；负责站坪区域、航站楼的生产活动、工作秩序以及设施状况的监控，做好现场录像记录。

（4）负责召集周安全生产例会和日保障碰头会；总结讲评安全生产工作，针对问题提出措施建议。

（5）负责航班正常性统计，按时完成编制、上报工作。

（6）负责专机、要客保障、军事运输、交通战备和人民防空工作的指挥协调。

（7）负责应急救援日常事务和紧急事件的指挥组织、实施工作。

（8）参与公司航空地面服务协议的签约工作。

二、机坪控制区人员管理

保障安全，是机场人的天职和第一责任。机坪作为飞机的主要活动区域，其运行秩序的如何对保障航空器的安全运营至关重要。众所周知，稍具规模的机场其地面业务涉及多家航空公司和保障单位，作业环节点多面广，不可避免地存在安全规章执行难、违章现象协调难的问题。在当前机坪作业主体复杂多样的情况下,高效有力的管理机制对于提升机坪管理力度,确保机坪合理有序运作尤为重要。

人、车、飞机、设备是机坪作业的四大主体。而人作为其他三大主体的操作者,在机坪整个作业运作中具有核心的影响力。因此,加强对人的管理是整个联动机制中的关键所在。

【案例18】　海口美兰国际机场控制区安全管理模式

海口美兰国际机场以管理变革思想为指导,突破传统管理模式,巧妙运用自身管理权限,借用公安交管部门机动车驾驶证扣分模式,创造性的制定了《控制区安全行为管理办法》,大力推行控制区人员通行证分值管理制度,逐步建立起一套实用、简便和有效的安全管理模式。

控制区人员通行证分值管理制度,指的是由美兰机场制发的人员控制区通行证均实行10分制管理,持证人在美兰机场限定区域发生的任何不利于安全的行为将被记录证件编号,开具处罚单,并在门禁系统中扣除相应证件分值。随扣罚分值积累,门禁系统将依次出具蓝、黄、红三色警告单,并在门禁系统中根据警告级别,在限定时间内注销持证人通行证有效性,而由于证件注销所造成的损失则由其单位和本人承担。

这项制度自2005年1月1日在美兰机场推行以来,机场公司依据新制度所赋予的职责严肃查处了一批违章违纪行为的责任人。全年共开出了40多张处罚单,集中整治了机坪车辆和机务工具乱摆乱放、指挥飞机不到位、超速行驶、违反证件管理等一批违章违纪现象,在驻场单位中产生了强烈反响。通过对少数违章责任人实施处罚,起到了以点带面的警示和宣传效果,有效地维护了控制区和机坪运行秩序,在一定程度提高了美兰机场的安全管理水平。

实行控制区人员通行证分值管理制度,对机场管理主体是一种全新的管理模式,它改变了传统的以罚款为主要手段的处罚形式,避免了人为因素,基本做到标准统一、内外一致,得到驻场单位和美兰机场员工的理解与支持,逐步实现了由被动适应到主动配合、自觉遵守的转变。

该项制度推出之后,很快引起上级主管部门和兄弟单位的注意,2005年8月,民航总局在对美兰机场航空保安审计期间,审计组对该制度给予了较高评价,认为这项制度实用有效,其先进性和示范意义是显而易见的。

三、机位分配

在正常的情况下,机场运行指挥中心根据航班计划,对每一天的进出港的航班都会事先分配好机位,机位分配相对稳定,一旦遇到航班延误、流量控制、特殊运输任务,机场运行指挥中心会根据机位分配原则作相应的调整。

例如虹桥机场机坪面积51万平方米，共有可用机位70个（含客桥机位13个），停机位仅能勉强满足航班510架次/日的保障需要，已无力大面积接收备降航班。虹桥机场有登机桥13座。目前，航班靠桥已达到210架次/日，桥位利用率已基本达到极限，仅能满足45%的航班靠桥需求。在资源十分紧张情况下，民用机场应该本着公正、高效优质服务的目的对各航空公司所提出的飞机停靠要求提供最大的方便，只要条件许可，尽量满足需要。

各机场对航班机位分配必须建立公平、合理的机位、登机门分配、使用、监控和调整制度；及时发布机场的机位整体使用情况；建立超出机位容量时的应急方案及时向航空公司发布机位信息。进港航班宜ETA前30分钟发布；航班计划时间小于30分钟，收到ETA信息后3分钟内发布。出港航班满足旅客办理乘机手续及联检服务的时间要求。

在机型与机位相匹配的基础上机位分配上应遵循以下原则：

(1)全年在本机场运行的航空公司应优先于某个季度运行的航空公司；

(2)对于条件相等的新航班，承租人应比非承租人优先；

(3)货机不得使用登机桥和旅客候机楼内的设施；

(4)停靠机桥位时，一般按先专机、后要客飞机、再一般航班的原则；

(5)机桥位紧张时，通常采用国内航班让国际航班、小型机让大型机、不正常航班让正常航班的原则；

(6)发生紧急情况或执行急救等特殊任务飞机优先于其他飞机；

(7)飞机的进港或离港时间延误超过15分钟（含）以上的必须报运行指挥中心，由运行指挥中心根据情况重新指派停靠位；

(8)对过夜飞机的停靠位由运行指挥中心调度安排；

(9)日常生产运行中，以运行指挥中心的决定为最终决定。

由于机位分配不当，也会酿成重大航空地面安全事故。

【案例19】 飞机与廊桥危险接近

2000年7月24日，国航大连机场站将CA952航班/B747-200/B2450号飞机误发成B737/B2954号飞机，机场运行管理部将该机安排在219机位，飞机到达后，机长看到737-300机型，与塔台联系后，显示屏改为747-200机型，但没有进机位的引导指示，机组往里滑时，被机务发现，及时制止，飞机滑过停机线5米，向右偏移0.5米，机身距前廊桥不到3米。

【案例20】 机坪泊位系统引导事故

1996年6月14日，国航747SP飞机在斯德哥尔摩机场落地后，滑向17号停机位，未到停机线时，左机翼与廊桥相撞，经查，机翼距机身2米处被撞一个洞，面积为1.5×0.5米。

原因是地面指挥员将747SP机型误为747COMB机型输入显示器。直接损失51.5万美元，构成重大航空地面事故。

四、飞机地面运行管理

1. 飞机地面活动管理

飞机地面活动是指飞机在机坪与滑行道滑行、牵移、停靠、试车等作业活动。

飞机地面活动必须经空中交通管制部门同意后，方可按指定的滑行路线滑行、牵移，同时须与空中交通管制部门保持不间断的地面通信联络。如飞机需要试车，必须到指定地点试车，试车前须向运行指挥中心申请，不得超过有关规定，严禁在非指定地点试车。未经航空公司领导或地面代理公司领导同意和运行指挥中心许可，严禁飞机利用自身动力倒退。飞机离港地面滑行时，发动机所产生的废气、喷气或螺旋桨尾流不得对任何人或结构、财产造成损坏和构成危险，如达不到上述条件时，必须关闭发动机，使用牵引车拖至安全滑行线。飞机舱内有乘客时一般不能进行加油，确有特殊情况，需带客加油时，必须采取安全保护措施后，才可进行带客加油。

2. 飞机滑行、停靠管理

飞机进港是由地面指挥人员负责指挥飞机滑行、停靠，指挥人员除严格按照民航总局下发的《民用航空器飞机维修标准》执行指挥外，还须经有关部门培训取得信号指挥操作合格证后，方可指挥飞机的滑行、停靠。

指挥人员必须在飞机预计到达前15分钟到停机现场，检查飞机滑行线路和停机场地无杂物和障碍物，检查灭火瓶、轮挡和通话耳机等设备应处于良好的状态。飞机进入机坪时，指挥人员应位于飞机驾驶员能明显观测到的位置指挥飞机，必要时可增设引导员、引导车。在机群密集、转弯处、翼尖附近应设监护员，所有地面引导、指挥人员应穿着有明显标志的工作服。白天指挥飞机的使用信号板（一面为深黄色，另一面为红黄相间的方块图案），夜间使用能发光的指挥棒。

飞机进港停靠近机位，现代化机场是采用自动泊位引导系统，小规模机场则由人工指挥飞机滑行到位。停靠远机位、货机位、维修机位的飞机则由人工指挥其进离机位。

工人指挥飞机时必须做到指挥信号准确，姿势规范。飞机退离机位时，指挥员站在机头左或右前方，当飞机驾驶员发出请求滑行信号时，指挥员经观察确认可以滑出，及时指挥飞机滑出。靠登机桥飞机先用拖车将飞机推出桥位，再拖至滑行线上，撤离所有车辆和设备，并确认滑行线路内无障碍时，指挥飞机按滑行路线滑出停机坪。

飞机滑出时指挥人员应观察发动机、起落架、舱门及APU情况，当飞机全部滑出后方可撤离。

【案例 21】 首都机场两机相蹭

2006 年 8 月 27 日上午 11 点左右,东方航空公司一架从北京飞往宁波的空中客车 A 320客机,和南方航空公司一架从广州抵达北京的波音 777 客机,在首都机场地面滑行时发生刮碰,东航客机的垂直尾翼和南航客机的右侧大翼都受到不同程度的损坏,但没有造成人员伤亡。民航华北管理局正在对飞机发生刮碰的原因进行调查。两架飞机执行的北京—宁波、北京—广州航班都被延误,东航和南航随即安排旅客改乘其他航班出行。

【案例 22】 上海虹桥机场一架民航班机机翼撞上油罐车

2005 年 2 月 10 日下午 4 时 30 分左右,一架从舟山到上海的东航客机在虹桥机场降落,飞机刚滑行到一半时,突然来了一个急刹车,接着是“轰”的一声巨响。左边机翼不慎撞上停在跑道旁的油罐车,导致机翼受损。机上乘客有惊无险,在机场滞留约 30 分钟后,安全离开现场。

【案例 23】 国航一架客机浦东停机越线 发动机吸入异物受损

2004 年 8 月 30 日上午,中国国际航空公司一架波音 747 飞机从北京飞来上海的,执行 CA 1935航班的飞行任务。在上午 9 点 40 分抵达上海浦东机场时,不知何因飞机停机时超越了停机线,发动机紧靠廊桥的一根空调管子被飞机发动机巨大引力吸入,导致发动机受损。

【案例 24】 日航客机在上海浦东机场误撞灯柱

2000 年 8 月 29 日 11:50 日本航空公司一架波音 747 飞机在浦东国际机场降落滑行时,由于 791 航班机组没按原定的路线滑行,结果碰到了跑道旁的灯柱,造成右机翼断裂 2 米多长,幸无人员伤亡,见图 5-1 所示。事件发生后,日航取消了当天飞往东京的班机,部分旅客换乘到大阪的飞机,还有的旅客则等候今天飞往东京的航班。这架飞机停靠在浦东机场维修,半个月后重新投入运营。

【案例 25】 机坪飞机与障碍物相撞

1993 年 6 月 13 日,国航 747 飞机在乌鲁木齐机场着陆后滑向机坪,在引导车引导下,机组按线滑行,滑向第二灯塔杆时,左翼碰灯塔杆,损坏翼尖外侧约 20 ~ 30 厘米,机坪滑行黄线距灯塔杆只有 29.4 米,而 747 飞机单翼展为 29.84 米,必然造成机翼撞灯塔杆。

【案例 26】 机坪尾喷流事故

2001 年 4 月 10 日 7 时 32 分,CA 1215 航班,2554 号飞机在首都机场 232 机位推出后,在 M3 口右转弯由南向北滑行时，尾流将停在 231 机位的 CA1609 航班，2948 号飞机向西南方向吹偏 30°，前起落架距停机线 2.4 米，机头翘起与廊桥相撞，廊桥左侧顶棚被划破约 15 厘米，该机前舱门受损，无法关闭，廊桥可正常使用，航班取消，无人员受伤（当时风向 280°，风速每秒 9 米）。

图 5-1　日航客机在上海浦东国际机场误撞灯柱

3. 飞机地面牵引

飞机离港或移动时，地面牵引是一项十分重要又频繁的工作，为了避免发生撞机事故，地面牵引飞机时严格按照民航总局规定执行。

整个牵引工作由指挥员、机舱操纵刹车员、牵引车驾驶员、现场监护员组成牵引飞机工作小组。现场监护视飞机机型大小配备，D 类型（含 D 类型）以上的机型两名；C 类型（含 C 类型）以下的机型一名。

指挥员应持有飞机维修人员上岗证并经值班主任（班组长）授权；在牵引飞机中负责驾驶舱操纵刹车的人员应由机组人员、代理公司机务人员或经专业操作培训并经机务部授权的维修人员担任；牵引车驾驶员必须持有国家交通部门颁发的 B 级以上的驾驶执照和牵引车上岗合格证，并熟悉牵引飞机的程序、所牵引飞机有关的技术要求（如维修手册中转弯角度、牵引速度、翼展、高度等）和机场内的各种指示灯、标志线。

在整个牵引过程中，指挥牵引的机务人员应按要求佩戴通话设备，在牵引前检查牵引杆连接是否正常；牵引中与牵引车驾驶员和机舱刹车操纵人员保持联络，确保飞机行进中的安全，当联络中断时，应停止牵引飞机，直至恢复联络后再继续牵引。机舱操纵刹车人员应熟悉驾驶舱相关设备的使用方法，飞机牵引过程中，应始终与指挥员保持联络，遇有紧急情况时,应及时使用刹车。牵引车驾驶员按飞机规定路线及地面标志牵引飞机,牵引时应缓步启动,并缓慢地使牵引车减速或停止;遇有紧急情况时及时停止牵引。监护员负责观察飞机各个部位与障碍物的距离,确保飞机安全通过障碍物,在紧急情况下使用有效联络工具通知牵引驾驶员停止牵引。

防止飞机牵引发生事故,指挥和牵引车驾驶员必须控制牵引速度。在开阔地区直线行驶速度,不应超过10公里/小时,夜间和特殊天气时,不应超过5公里/小时;通过有障碍、拥挤区域、有坡度地带的速度,不应超过1.5公里/小时;转弯和进入停机位置的速度,不应超过3公里/小时。牵引飞机的转弯角度,遵照相关机型维护手册中的规定执行。

牵引飞机过程中,应按标志线行驶,牵引中的飞机与停放的飞机及移动中的障碍物的净距满足下列要求时方可通过:

翼展24米以下的飞机,净距不小于3米;

翼展在24米(含)至36米之间的飞机,净距不小于4.5米;

翼展在36米(含)及其以上的飞机,净距不小于7.5米。

达不到以上标准而又必须牵引时,则应在2名以上监护观察人员的监护下,以小于规定的牵引速度和转弯角度缓慢通过。

遇到特殊情况下应注意以下几点:

(1)遇有大风(风速超过该机型的牵引限速时)或在大雾、大雨、大雪的复杂情况下,如牵引车驾驶员不能清晰地看清机翼翼尖和监护人员或者超过牵引条件时,禁止牵引。

(2)在牵引飞机过程中,不允许人员上、下牵引车和飞机机舱。

(3)由于道面冰雪使牵引车打滑时,应清除冰雪后,方可牵引飞机。

(4)牵引飞机进入停机位位置时,牵引车前保障杆或最前端到达第一条前轮停机线前,牵引车驾驶员必须看清指挥人员指挥信号,无指挥人员或未看清指挥信号时不得继续再向前牵引。

【案例27】 机坪人员伤亡事故

1997年8月9日,北方航A 300飞机从机位推出,外场维修分部外航维修科朱关春、机械员丁燕京和国航地服拖车驾驶员共同执行任务,丁燕京在飞机左侧,(戴耳机),当飞机推出20多米时,丁面朝下摔倒,前起落架左轮将其左臂及左腿压断,随后送医院抢救无效死亡,构成重大航空地面事故。

五、登机桥运行管理

(1)严格按规定停靠的机型使用登机桥,如图5-2所示。各登机桥所规定的机型停靠线为该机、桥位允许停靠的机型。如增加新机型,需使用登机桥的航空公司应提前向机场运行指挥中心提出申请,并提供该飞机的几何参数。经核准后方可使用。运行指挥中心在批准新机型停靠时，核准左右停机间隔及登机桥停靠有关规定，确保两机安全间隔和前后安全距离在规定范围之内。

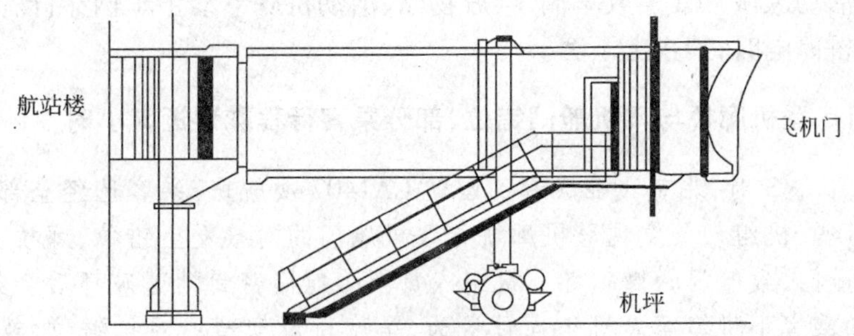

图 5-2　典型的飞机登机桥

(2)飞机在停靠近机位时按泊位引导系统的指示修正方向并停机，地面机位人员严密监视飞机动向，一旦发现泊位引导系统发生故障，而引导有较大误差时，使用紧急 STOP 按钮或用人工指挥停机。防止飞机冲线而造成不安全因素。

(3)靠、撤桥的有关规定如下：

①登机桥靠飞机的必备条件是：

- 飞机停稳，轮挡放好；
- 飞机发动机已熄火停车；
- 登机桥活动区域内没有障碍物；
- 飞机舱门处在关闭状态；
- 飞机停机位在停机线允许的范围内。

②登机桥撤离飞机的必备条件是：

- 该机已得到地面机务部门的撤桥指令；
- 廊桥空调管缩回，飞机舱门已关闭；
- 登机桥活动区域内没有障碍物；
- 400Hz 电源线已从飞机上撤离，电缆已被出悬挂机构收紧，且锁桥机构已解除。

③当靠桥的出港飞机在本场出现故障时，待旅客下完机后，登机桥可撤离飞机，待故障排除后，由航空公司或代理公司临时申请再靠桥。如故障排除时间需 2 小时以上的，则该机应退出桥位。按运行指挥中心临时指定机位停靠。

④根据登机桥设计和飞机舱门布局，原则上每架飞机相对只停靠一个登机门，如需使用双机门时，在使用前向运行指挥中心提出申请。

⑤桥位一经分配妥当，一般不再改变。遇特殊情况时，可应急更改机桥位，并立即通知有关部门。

⑥登机桥管理部门应在航班到达之前10分钟完成对登机桥运转状况的检查。

⑦非登机操作人员及非专业人员不准擅自启动登机桥设备和开启登机桥。

⑧登机桥活动区域严禁停放车辆、堆放物品、活动桥底下禁止车辆穿行。

⑨当登机桥停电时,禁止上下客。

【案例28】 登机廊桥与飞机舱门错位,部分乘客行程耽误近5小时

7月25日下午3时,北京飞往成都的国航CA1407次航班,乘客已经全部登机,在飞机上坐好等待起飞。机组人员发现登机廊桥与飞机舱门的对接发生错位,廊桥上的一根金属梁卡住了飞机舱门,致舱门轻微损坏。机组人员担心舱门密封性遭破坏后会给飞行带来严重危害,决定请乘客下机等候。机组人员认为,是廊桥滑动造成对接错位,致使舱门损坏。地勤人员则认为,是飞机意外滑动导致故障出现。双方争执不下。该事故造成该次航班取消,近300名乘客滞留首都机场。

【案例29】 重庆机场客机与廊桥对接时发生擦挂

2005年4月25日上午9:30左右,一架空客A320客机由昆明飞往重庆的客机降落后缓缓驶向停机位时突然失控,冲破停机黄线后径直冲向登机廊桥,飞机左翼撞了上去,直至慢慢停住。此次事故未造成人员伤亡。经初步调查,造成此次事故的原因是飞机在降落机场时油压系统突然失灵,导致飞机起落架出现故障,飞机突然刹车失灵。

【案例30】 机坪飞机与廊桥相撞

2000年9月30日22时40分,首都机场清洁人员告诉机场廊桥工作人员说要清洗231廊桥,要求廊桥工作人员将桥向前伸出,23时,廊桥工作人员在未认真了解飞机靠桥信息的情况下,将桥向前伸出,23时18分,执行CA1406航班的B767/2556号飞机进入231机位,国航机务指挥人员在未认真观察的情况下,指挥飞机滑入,造成飞机左发11点钟处与廊桥右侧相撞,飞机和廊桥均轻微受损。

六、车辆运行管理

随着民用机场客货流量的增加,在工作需要进入机场航空器活动区的车辆、人员增加很快,危及飞行安全和机动车辆撞坏航空器的事故时有发生。为加强民用机场航空器活动区的事故降至最低限度,以保护旅客权益,加强机场内场生产环境的安全,保障民航运输生产的安全,适应民航事业的发展,必须对民用机场航空器活动区道路交通进行管理。

1. 驾驶员车辆在航空器活动区行驶时,应当遵守下列规定:

(1)按指定的通行道口进入航空器活动区,接受值勤人员的查验。

(2)机场管理机构可根据本机场的实际情况,实行分区限速管理,但最高时速不得超过25公里。

(3)行驶到客机坪、停机坪、滑行道交叉路口时,停车观察航空器动态,在确认安全后,方可通行。

(4)遇有航空器滑行或被拖行时,在航空器一侧安全距离外避让,不得在滑行的航空器前200米内穿行或50米内尾随、穿行。

(5)行李车拖挂托盘行驶时,挂长3.4米、宽2.5米的大托盘不得超过4个,长1.9米、宽1.8米的小托盘不得超过6个。拖挂的货物重量不得超过拖车的最高载量。行李车在拖挂托盘行驶时不得倒车。

(6)机动车辆穿行跑道、滑行道、联络道或在跑道、滑行道、联络道作业时,应当事先征得空中管制部门或机场管理机构同意,按指定的时间、区域、路线穿行或作业。

(7)驶入跑道、滑行道、联络道作业的机动车辆应当配备能与塔台保持不间断通信联络的双向有效的通信设备,作业人员应当按规定穿戴反光服饰。

航空器活动区机动车辆行驶路线的设定

航空器活动区道路就当按照国家有关标准设置道路交通标志、标线。航空器活动区内的车辆、行人应当按照交通标志、标线通行。

2. 机动车辆管理

(1)所有在航空器活动区内保障航班生产的车辆必须经机场公安部门登记注册,申请办理控制区车辆通行证。无车辆通行证的车辆禁止进入航空器活动区。

(2)因工作需要进入航空器活动区的非生产用车须经机场公安交巡警部门审核批准并办理机场车辆通行证后,经指定门口经过安检后才准进入。

(3)需进入航空器活动区迎送VIP的车辆,严格按照公安部、民航总局及当地政府部门规定执行。

(4)凡进入航空器活动区的车辆,其制动器、转向灯、后视镜和灯光装置必须保持完整有效,检验不合格的车辆不得驶入航空器活动区,并严格按照指定的大门进入航空器活动区。

(5)依据《民航机场飞机活动区机动车号牌样式》及《民航机场飞机活动区机动车行驶证样式》规定,由负责机场治安的公安部门统一制发车辆号牌及飞机活动区车辆行驶证。

(6)在航空器活动区行驶的所有车辆必须配备有效的灭火器材。

3. 车辆行驶要求

(1)所有内场车驾驶员必须经机场公安交巡警部门考核并颁发内场驾驶执照后方可在

航空器活动区内驾车行驶。进入航空器活动区的车辆必须遵循避让飞机的原则。

(2)进入航空器活动区的车辆必须严格按规定行车道行驶,行驶车速不得超过25公里/小时,接近飞机时车速不得超过5公里/小时。

(3)在行车道交叉道口或行车道与飞机滑行道交叉点前设有STOP标志,任何车辆在通过STOP线之前必须提前减速,加强观察,确认无航空器滑行后,方可继续行驶。

(4)在夜间及低能见度时进入航空器活动区的车辆,必须启用黄色警示灯。

(5)超高车辆的行驶:高度在禁高标志线(一般在4~4.2米左右)以下的车辆,在固定廊桥下行驶时,必须贴近中心线行驶,高度在禁高标志线以上(4.2米)的车辆禁止在固定廊桥下行驶。

4. 临时执行公务的车辆管理

(1)凡需进入航空器活动区临时执行公务的车辆,事前必须向运行指挥中心提出申请,并经机场公安部门审核同意后,在机场工作人员带领下,由指定大门经过安检后方可进入。

(2)外来车辆在航空器活动区内行驶必须执行航空器活动区车辆行驶规定。在夜间或低能见度时必须启用双跳灯或黄色警示灯。

5. 车辆及有关设备摆放

(1)航空器活动区内车辆必须按指定的停车位置停放。与航班生产有关的设备按规定区域排列整齐,不得越线摆放。

(2)在"斑马线"内严禁停放车辆和设备。

(3)远机位出发、到达门前只供摆渡车临时停放,为上、下旅客服务。

6. 车辆接近飞机

(1)车辆在接近飞机时必须由专人指挥,轮挡应随车轮拖动,随时准备上轮挡起作用。

(2)车辆在接近飞机时须严格按规定速度(5公里/小时)行驶,在距飞机10米外点刹车,以确保制动有效。

(3)严禁车辆在飞机的任何部位下穿越停放,执行任务的特种车辆按有关规定执行。

(4)客梯车、装卸车辆须遵循先升起后接近,先撤离后降下的操作规程,不得在前后移动的同时操纵升降。

(5)除客梯车、食品车外,其他车辆距飞机不得小于20厘米。

(6)严禁无关人员和未经培训的人员操作车辆靠近飞机。

(7)车辆停靠飞机时,驾驶人员不得离开车辆的工作现场。

【案例31】　车辆入侵跑道

(1)1996年7月28日,南航757飞机在兰州机场跑道由北向南着陆,高度20~30英尺时,机组和塔台同时发现跑道"T"字灯前200米处有一辆面包车正在由北向南行驶,飞机在距地面10英尺高度上从汽车顶上拉起,复飞后安全落地。经查,该车为机场修建处场务工作人员驾驶,在未与塔台联系,也未带对讲机,擅自进入跑道。

(2)1998年1月15日,首都机场地区连续下雪,6时,场务队通知跑道开放,但机场管理处领导发现滑行道某些地方仍有雪,让一吹雪车再去吹一下,机场场务队吹雪车因长时间工作,警示灯不亮,在吹雪车吹完撤离过程中,与6时10分在首都机场着陆滑跑的瑞士航747飞机相刮,瑞航飞机发动机蒙皮有一道120厘米的划痕。

(3)2000年11月15日,东航安徽公司MD 90飞机预计14日23:57在虹桥落地,由于虹桥机场指挥处值班人员未认真核对航班计划,漏掉东航飞机动态,也未与塔台联系,盲目指挥巡道车上跑道,致使飞机在15日0029落地后滑跑过程中,右襟翼与巡道车顶部照明灯碰撞,飞机右翼轻微受损,巡道车顶部照明灯被撞坏。

(4)2005年9月4日上午,芬兰航空公司AY 052次飞机起飞前在首都机场加油时,加油车为抄近道被卡机翼下,将位于机翼下方的"翼刀"撞坏,飞机无法起飞。经飞机卸油、油车轮胎放气后,油车仍无法从机翼下开出。无奈之下,机械师爬到机翼上,将一块机壳卸下,事发1小时后,油车终于顺利地从机翼下驶出。经检查,飞机"翼刀"里面的一个操作杆被撞断,暂时无法修复。当时飞机上总共有287名乘客。虽然事故有一定危险,但当时由于消防车就在旁边,经过工作人员分析,不会危及乘客,加上当时已值中午,工作人员安排乘客在飞机上进行午餐。下午2时,工作人员引导乘客下机。工作人员随后把乘客安排在了两家五星级饭店。

(5)2005年11月16日晚7时许,广州白云国际机场工作人员在检修刚从北京飞抵的一架客机时发现其右发动机的蒙皮上有两个洞,这两个洞,一个直径30厘米、一个直径10厘米左右。工作人员初步判断这两个洞为外物撞击所致,撞击力度不大,撞击后没有危及飞机的飞行安全,机上有200多名旅客,全部安然抵达目的地。由该机执的另　航班被迫取消。初步判断这两个洞是该机停在停机坪时被行驶的车辆冲撞所致,但撞机的车辆目前还没找到。

为了防止车辆误撞飞机,在车辆上安装安全联锁装置是一个非常有效方法。深圳机场油料公司在原有的车辆联锁装置基础上,又增加了一系列的安全小发明,主要有飞机油箱盖联锁装置、接地线联锁、油箱盖板复位确认、地井接头托盘联锁、加油臂联锁、防撞雷达等。这些小发明是这样发挥作用的:如加油员为飞机加油时,将拧下的油箱盖放入联锁盒中,加油完毕,若忘记将油箱盖拧上,加油车将无法移动;同样,若加油胶管未从飞机油箱接口上取下，车辆也无法移动，从而防止油管拉坏飞机设备；为了防止油车加油时碰撞机翼，承远公司在所有的加油车上都安装了限高标杆和超声波限高雷达，油车若进入限制高度，车辆将无法移动。公司的加油员称这些小发明为他们的“好朋友”，能够时刻提醒他们不要出差错。

2. 利用卫星定位系统管理车辆

我国的大型机场由于航班多，为航班服务的车辆更多（首都机场共有几家航空公司进驻，在首都机场行使的车辆多达上千辆，分别所属几家航空公司），为了指挥调度这些车辆，各航空公司的调度人员与驾驶员之间需要进行频繁的通话来指挥车辆在机场的行驶。由于车辆多、通话的信道少，在同一时间内，经常有几十辆车同时与调度人员之间通话，通话的线路经常出现通道堵塞现象，造成联系不通。另外，在正常通话的情况下，由于通话的杂音大，调度人员与驾驶员需要进行不断的通话才能理解对方的意思，管制人员的工作量巨大，而且易出错误。同时调度人员对所指挥的车辆在机场内的位置不清楚，他们需要与每一辆车进行不断地询问，来了解每一辆车的具体位置。另外驾驶员在机场的行驶没有监控，其在机场的超速行驶、进入禁入区的现象时有发生，尤其在II、III类天气条件下，由于能见度很低，如果车辆进入禁入区而没有对其及时提醒，易发生车辆与飞机在地面的相撞，危及航空器的安全。

大型机场车辆指挥调度系统就是针对上述这些问题而研制的设备，其总体思路是利用地面管制调度与车辆之间的通信来解决机场地面服务部门的车辆调度和管理问题，通过相互发送短消息，避免地面管理人员与车辆之间的频繁通话，防止出现通话错误。同时利用车载系统的 GPS 定位功能，使地面管制部门可以监控每一辆车的位置、行驶速度，防止其进入禁入区和车辆的超速，降低车辆与飞机在地面相撞的概率。在欧、美等大型机场，其指挥调度均采用这种方法，提高其机场对车辆的指挥和监控能力。

深圳机场内车辆上配载 GPS 车辆管理系统为机坪车辆安全运行提供了可靠的保证。它具有超速警告、越界警告、禁区警告等功能，当车辆行驶速度在隔离区外超过 45 公里/小时、隔离区内直行路段超过 30 公里/小时、隔离区内转弯路段超过 20 公里/小时的时候，系统就发出“已超速”的语音警告，若 10 秒内驾驶员没有将车速降低到允许的行驶速度以内，系统将自动将超速行为上传到管理中心记录下来；当车辆进入航空器频繁活动区域时，系统将发出提示声响，提醒驾驶员注意观察和避让滑行的航空器；当车辆超出机场生产活动区域时，系统自动将越界行为上传到管理中心记录下来。驾驶员的所有违章行为都会被记录下来，作为员工安全考核的依据。

该系统 2005 年 2 月开始研发，2005 年 12 月试运行以来，大型摆渡车综合利用率和车辆到位的及时性有了大幅度的提升，摆渡车在场区秩序原因导致的航班不正常从 2004 年的月均 180 架次，降低到目前的月均几十架次，为提高航班的正点率起到了积极的作用。

【案例 32】　国航地服车辆站坪无线调度系统试运行效果佳

面对北京首都国际机场近年来航班量的不断上升，航班保障区域的不断扩大，以及 T3 航站楼启用运行的临近，国航地面服务部为适应安全生产的需求，在与民航中天科技有限公司的合作下，2006 年开始使用民航中天科技有限公司研制的站坪无线指挥调度系统，经过近一年的试运行系统使用情况良好。

此套站坪无线调度系统采用了先进的计算机软硬件技术，通过无线数字通信技术和 GPS 定位技术，在车辆调度在调度室内可以通过该系统掌握特种车辆在站坪上行驶、生产作业停靠点的位置，并根据航班进出港情况及时对特种车辆进行调度指挥，从根本上改变过去靠步话机通知的传统生产指挥模式，将资源有效、合理地进行调动，在规定的时间内，按照服务标准，完成对服务对象的服务，有效提高工作效率和质量，提高资源利用率，降低运行成本，确保安全生产，提高航班正点率。

国航地面服务部车辆保障中心现有特种车辆 271 部，18 个车种，职业驾驶员 460 人。其工作服务特性为服务地点分散，生产服务中要求车辆不断移动，信息数据要求及时共享，服务期间要求相互配合，服务时间限制非常严格，航班信息变化很难预测。过去传统的调度方式只能依靠手持步话机在局限的频道内进行生产任务的指派和信息的传递，经常会出现因信息传递受阻，不能对车辆及时进行调动而影响航班保障工作。2006 年，国航地面服务部车辆保障中心为积极配合系统改造工作，对车辆调度指挥人员进行了重新调整和培训，改善了车辆调度工作环境。并在飞机牵引车、摆渡车重点车辆上首先进行了接受设备的安装。在车辆行驶和作业时，调度员随时将收集航班信息，通过系统网络将信息发送到每辆安装该系统的车上。该系统主要由调度系统软件、服务器、调度终端、无线数字通信网络、车载终端、GPS 定位等组成。通过自动收集信息、自动调度、自动排班，实现有效、合理地调度资源，重点解决了大型摆渡车信息传递、就近派车、减少空驶、到位及时、监控车辆超速等，提高了车辆的综合利用率。并通过对原始数据的分析，预测航班变化和日高峰段的航班保障特点，对人员、设备的需求进行预测。

第五节　飞行区航班作业管理

一、航班作业流程

航班作业流程，如图 5-3 所示。

组织一个航班并保证它的正点飞行，要有航空公司的多个部门相互配合。

维修部门要对飞机进行维修和检查，决定飞机是否能飞行。

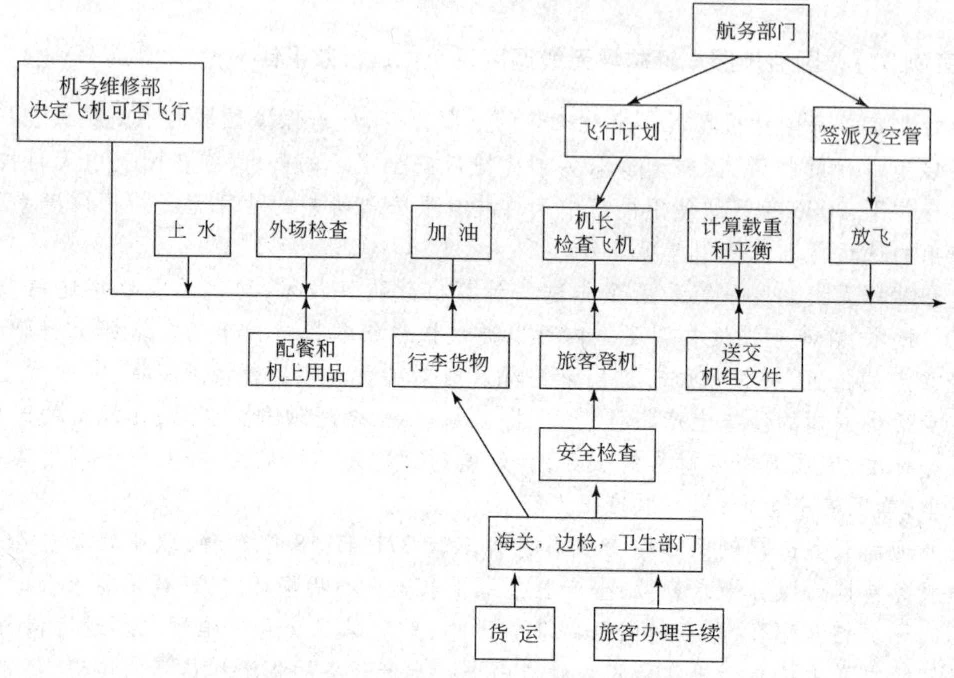

图5-3 航班作业流程图

航务部门收集气象情报，安排机组和制定飞行计划，把这个计划通知航管部门。

销售部门销售机票，办理货物托运。

供应部门供应机上用水，配餐，加油。

运输部门为旅客办理手续，旅客通过安检，登机，货运部把货物和行李装入机舱，计算载重和平衡，由货舱单和旅客名单和平衡图组成随机文件交付机长，经放行后，飞机才可以起飞。飞机到站后，又重复这一过程，飞往下一站。这个工作流程，如图5-3和图5-4所示。从图上可以看出整个流程一环紧扣一环，形成一个工作链。任何一环脱节都会影响到航班的正常运行，如果有任何的改动，也会影响到各个不同的部门工作。各个部门协调配合得好，就会缩短时间，提高飞机的利用率，使整个公司的效益增加。

二、地面勤务保障工作

地面勤务是指一系列的地面车辆和设施为飞机的出港、进港、经停服务。这些服务都有一定的时限，这样可提高飞机的利用率也增加机场的效益。这些服务包括上、下旅客，装卸货物，供应食品及其他用品，供水、加燃油及清除垃圾。这些任务统称为地面勤务。

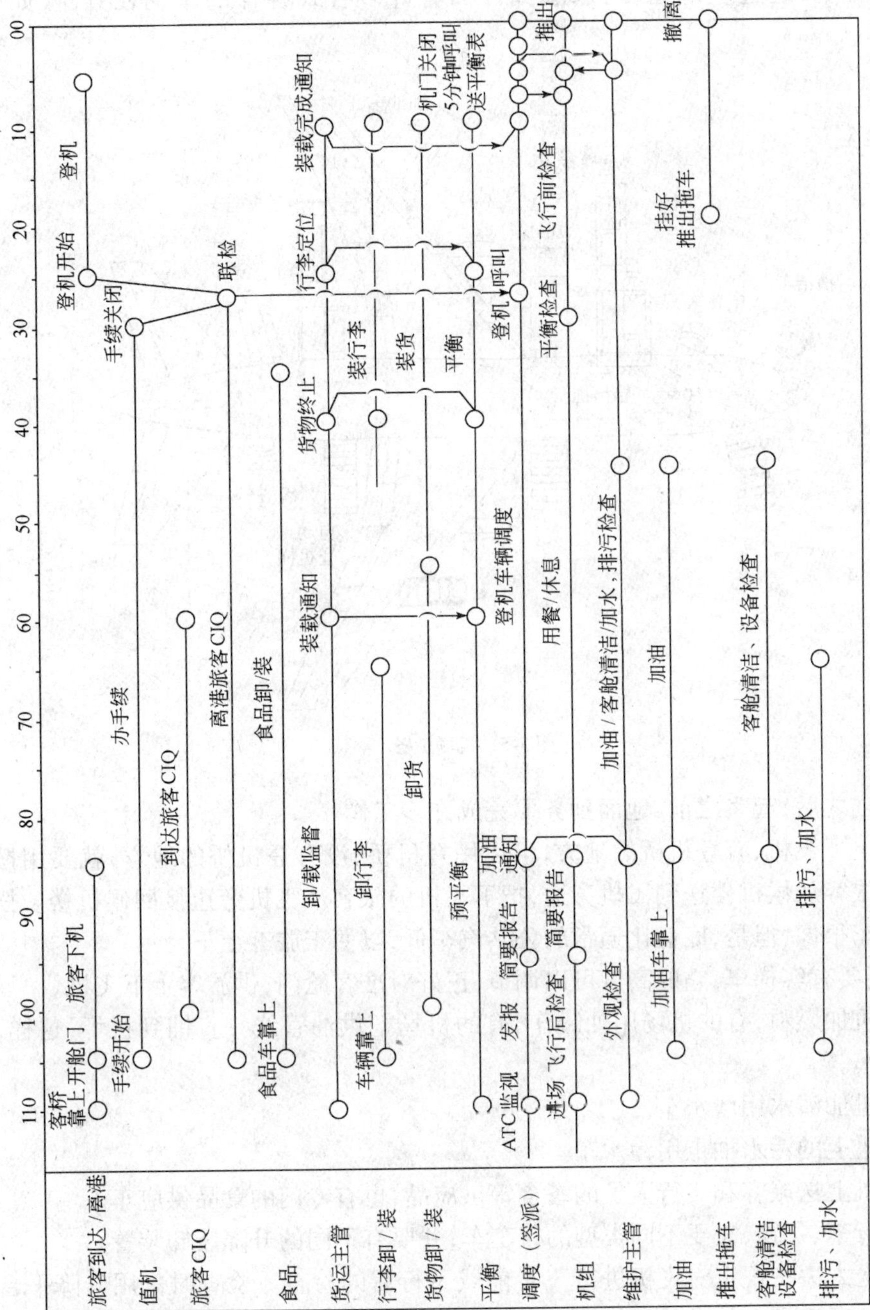

图5-4　日航747过站停场作业流程图

在候机楼里，通过玻璃窗，可以看到外面有许多各式各样的车辆在奔跑，如图 5-5 所示。

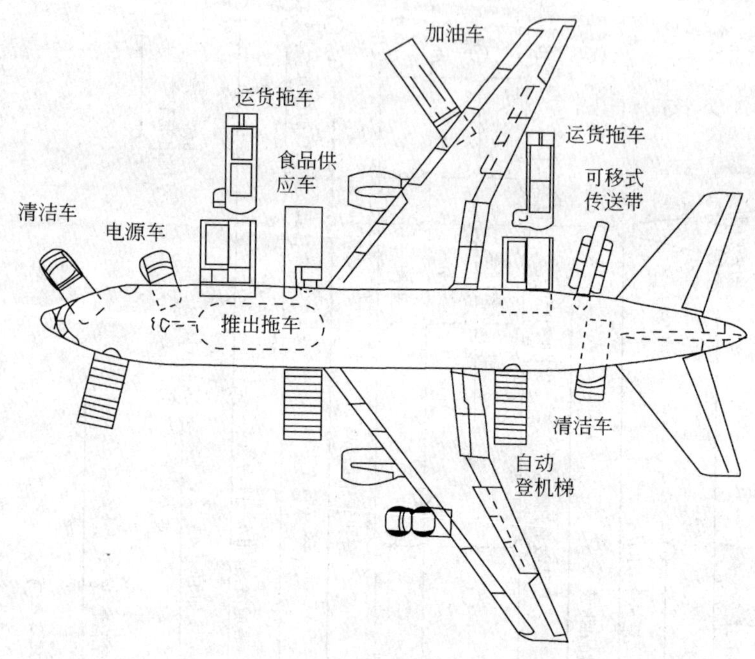

图 5-5　机场勤务

飞机着陆之后，起飞之前，地面勤务要完成许多工作。

旅客要上下飞机，有登机桥的地方，可以用登机桥，没有登机桥的地方，就要用摆渡车把上飞机的旅客从候机楼送到飞机旁边，把下飞机的旅客从飞机旁边接回候机楼。摆渡车和大公共汽车很像，但是，底盘比通常的公共汽车低，以便于旅客上下。

这时，还要有客梯车，它的高度可以调节，正好对准客舱门，供旅客上下飞机。

要给飞机加燃料，有的机场用油罐车，有的机场把供油管线一直铺到机坪，这样，就可以不用油罐车。

要给飞机加清水用清水车。

要把飞机上的污水抽走用污水车。

要往飞机上送旅客和飞行人员的餐食等供应品，也有专门的食品供应车。

要装卸行李、货物，需要不同类型的行李车，并要有不同的升降装卸装置。

要有车送人去按规定对飞机进行飞行前或飞行后的检查。检查时采用升降平台使维修人员容易接近飞机上的有关部位。

要有车送人去打扫客舱。

有时,要把飞机拖出停机位需要专门的拖车。

还有的机场,用写有“跟我来(follow me)”的小汽车,把着陆的飞机引导到停机位置。

飞机在经停时,一般要求在30~45分钟内完成勤务工作,环绕飞机周围,有十多辆服务车辆在进行服务。

勤务车辆有很多种,如图5-6所示。

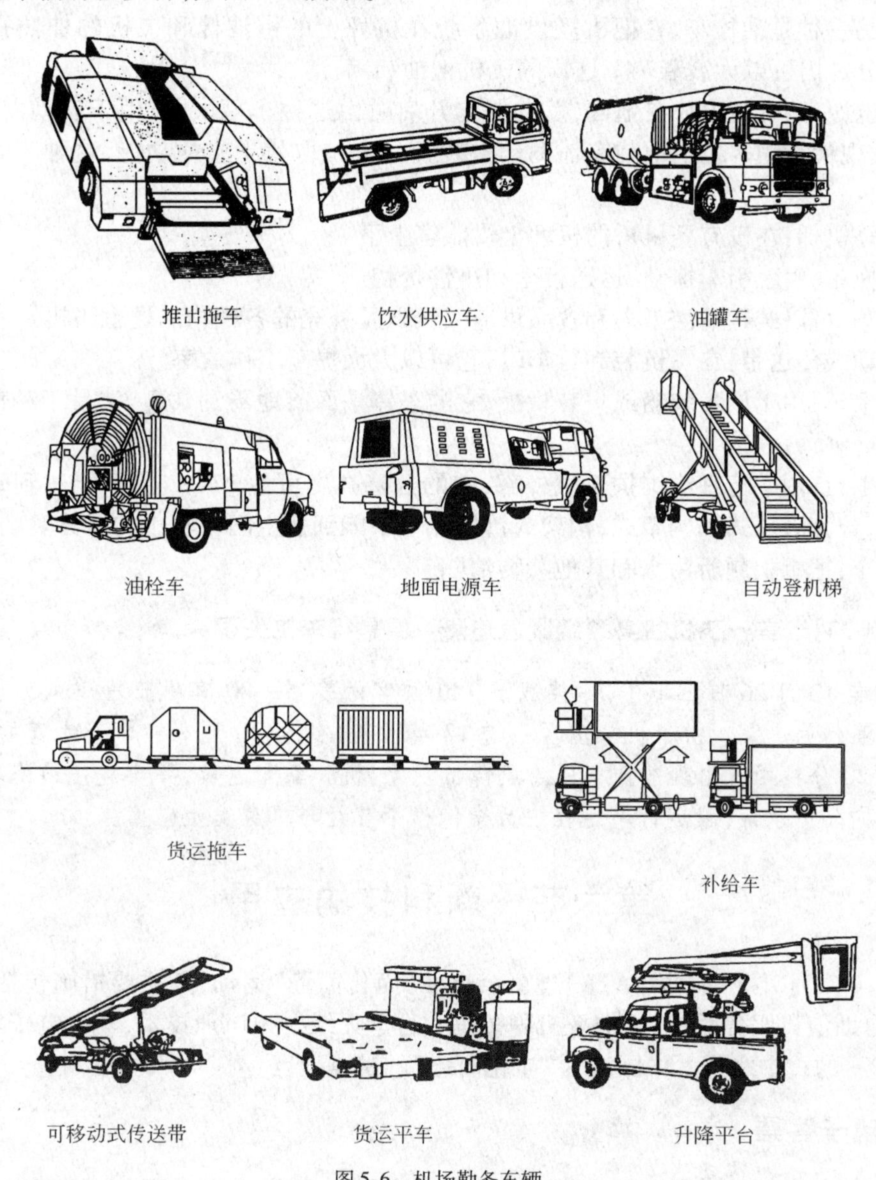

图5-6　机场勤务车辆

推出拖车(牵引车):在指廊式或卫星式的机坪,飞机是机头向里停在停机位上的,因而飞机必须倒退出机位,这时要借助于推出拖车把飞机推出机位,重型拖车可以把大型飞机推出,它的高度可以变化以适应不同机体的高度。

饮用水供应车:为飞机供应饮用水,可以携带数吨水。

加油车:分为两种,一种是油罐车,装有10吨以上燃油,上面有加油臂,1分钟可泵油4 000升,另一种是油栓车,它把机场供油系统在机坪上的供油栓和飞机的加油孔连在一起,在10分钟内可以为波音747这样的飞机把油装满。

地面电源车:飞机停放在地面,发动机未开启时由这种车辆供电,用于启动发动机、照明和空调,现代大型客机上都装有辅助动力装置(APU)取代了它的功能,这种车辆的使用在逐步减少。

自行登机梯:在没有登机桥的机坪上供旅客上下。

货运拖车:由牵引车拖动,运送行李和小件货物。

补给车:可以载运清洁工人和食品供应人员以及补充的各种物品送上飞机。

可移动式传送带:在飞机装卸行李时,它可以大大提高工作效率。

货运平车:用于放集装箱或集装货板,它的车体平面离地不到0.5米,易于和传送带联合作业。

升降平台:用于清理或维护飞机外部,它的升降高度可达12米,保证能达到飞机外部各个部位,分为液压式和构架式,构架式价格低但不能到达空间比较小的地方。

清洁车:把机上厕所污水和其他杂物清除。

【案例33】 美一飞机机身裂缝紧急迫降 原是行李工失误

2005年12月26日日下午,一架载满140乘客的麦道—80客机正准备从西雅图飞往加利福尼亚州伯班克。由于机身出现一道12英寸长(约合30厘米)、6英寸宽的裂缝,飞机起飞后20分钟内就出现舱内气压急剧降低现象,机长立即返航,并实施了迫降。一名行李工已经向公司承认,搬运行李过程中行李传输带曾经与机身发生碰撞。

第六节 新科技的应用

2004年6月,国际航协(IATA)理事会批准“简化商务”运动,其主要措施包括:电子客票、旅客自助值机服务系统、标准登机牌条码和行李无线射频识别技术,其中电子客票将是“简化商务”的重中之重。中国成为“简化商务”的试点地区。

一、电子客票

国内各机票代理商近日接到国际航空运输协会(IATA)的正式通知,从2006年10月

16 日开始，国际航空运输协会将停止向机票代理人发放 BSP 国内纸质机票（代理人中性机票），国内机票代理人将被强制发售电子客票，这预示着纸质机票将加快退市。据此，中国航空运输业设定了新的时间表：2007 年底，中国民航将实现 100% 电子客票。这表明，中国机票预订即将进入“网络机票”时代，传统的“电话订票，送票付款”的购票方式，将从人们的出行方式中淡出，取而代之的是“网上支付，实时出票”的全数字化方式。

所谓电子客票（Electric Ticket），是普通纸质机票的一种存在于计算机系统内的电子映象，是一种电子号码记录，简称电子客票。目前，它作为世界上最先进的客票形式，依托现代信息技术实现无纸化、电子化的订票、结帐和办理乘机手续等全过程。

简而言之，它是通过计算机对旅客的订座、支付、乘机全过程进行严密的管理，实现旅客“无纸化乘机”，给旅客带来便利以及为航空公司降低成本。

旅客如果需要报销凭证，可以在购票处或者网上直接打印由国家税务总局监制的“航空运输电子客票行程单”（报销凭证）。

1993 年，世界上第一张电子客票在美国 VALUEJET 航空公司诞生，经过 10 多年的改进和发展，作为电子商务的代表产品，电子客票已成为世界各大航空公司的主要销售手段，并为航空公司节约数以亿计的销售成本。

国际航空运输协会理事长吉尔万尼・比西尼亚尼曾经表示：“全球航空运输必须向低成本演变，依靠简化商务来解决。”受高油价的影响，我国民航业同样面临着前所未有的成本压力，降低成本的电子客票，成为航空公司减亏的一项重要举措。

国际航空运输协会提出，把中国作为世界民航业“简化商务”的试点地区。据初步估计，中国的航空公司因机票电子化一项每年可节省数 10 亿元人民币。国际航空运输协会北亚地区驻中国代表介绍说，依据中国的人力和资源成本计算，一张纸质机票在中国的成本是 20 元人民币。根据预测，2007 年客流量将达到 1.85 亿人次，如果 90% 的机票是无纸机票，就可节省 37 亿元。

电子客票的开发成本和使用成本都相对较小，使用单位只要具备宽带上网条件，并配备能够打印 T4 联发票的专用打印机即可。因此，对于航空公司来说，推进电子客票应用不仅有助于国内航空公司与国际市场接轨，降低成本，并加快信息流和资金流的周转速度，它同时还能保障资金的安全性，加快航空公司对销售数据的回收速度，为航空公司及时调整营销策略以达到效率最优化提供帮助。

旅客也能得到更多方便和实惠。航空公司的有关人士表示，有了电子客票，旅客可以从网上购票，或者通过电话与旅行社确认，无需担心取票或保存纸质机票的麻烦。旅客能够避免因机票丢失而带来的麻烦，从而提高订票和办理登机手续的速度和效率；旅客乘飞机也方便，既能在电子客票柜台办理登机手续，也可以在设有便捷登机手续办理的机场自助办理登机手续。由于可以不经过代理商，销售环节的成本降了下来。业内人士透露，一些航空公司将代理销售机票获得的 3% ~7% 的代理费转成网站直接购买电子客票的优惠费，旅客可享受到优惠。

当然推广电子机票的过程中各种障碍（旅客的认知程度、财务报销制度、机场管理、信用卡使用、技术标准等等）随着时代发展科学技术进步，将逐步得到解决。

随着国内航班电子客票的广泛应用，电子客票的方便、快捷已被越来越多的被消费者所接受。据统计，截至2006年12月，国内BSP电子客票占到了其总票量的93.1%，有的航空公司的BSP电子客票比例已达到98%以上。电子客票的迅速普及，使其销售管理中存在的问题也逐渐暴露出来，有的漏洞甚至给民航业内外的不法分子有了可乘之机，利用销售之便和电子客票可无票乘机的特点攫取非法利益，不同程度地损害了消费者的合法权益，也扰乱了航空运输销售市场的正常秩序。

规范国内航班电子客票销售管理工作是当务之急。以民航行业日常监管和联合工商、税务、公安集中治理为主，以行业协会要求销售代理企业自律为辅的原则，加强电子客票销售各个环节的管理，不断解决电子客票销售中出现的新问题，及时打击、遏制各种不法行为，使电子客票销售健康、有序发展。

二、自助值机

2001年4月5日，美国联合航空公司首次在机场部署和使用IBM的自助值机设备，通过网络连接实现在全国甚至是全球的服务一体化，开自助值机之先河，这对国际民航业具有重大意义。

2005年10月28日10时45分，中国互联网上的“传奇”式人物、网易创始人兼首席设计师丁磊成了中国民航新服务的首个“吃螃蟹者”——在广州新白云国际机场候机大厅的一台南航“自助登机”柜员机前，丁磊输入自己购买的广州—长沙段南航电子客票相关信息，仅用一分钟就取到了自动打印好的登机牌，他高兴地向在场的众人展示了他的登机牌上自选的靠过道的座位号——“11C”。“第一次在国内航班上自己给自己选座位，感觉太爽了。”丁磊说。他享受的是南航一项新推出的全新高科技便民服务——“自助值机”。即旅客网上购买电子客票后，到机场候机厅，通过专用设备自行换取登机牌，并自行选择喜欢的座位，无需排队等候工作人员换取。

在机场自助值机柜台的触摸屏电脑前，乘客只需要把身份证或护照插入类似自动取款机的插口，通过电脑的验证，输入电子客票订单号后，就可以打印出自己的登机牌和行程单，还可以自己选择座位，整个自助办理登机手续很方便。

使用机场自助乘机设备办理登机牌的方式有3种：①将二代身份证直接放在刷卡区识别；②在触摸屏上输入客票号码或者身份证号码；③把行程单放在扫描区域扫描。用以上三种任一方式操作后，屏幕就会显示出旅客的姓名、航段、登机时间、舱位等信息，核对无误后旅客可按照系统提示打印出登机牌。

1. 航空公司的自助值柜台

近年来自助值机技术的发展方兴未艾，世界各地的航空公司纷纷推出具有自身特色的自助值机服务，如英航、维珍航空、荷航、新加坡航空、美西北航空公司等，有些航空公司甚至在自助设备上延伸推出了累计里程、会员升舱、客票更改等特色服务，拉近了航空公司与旅客的距离，为进一步实现全球范围服务的无缝连接打好基础。

自助值机之所以大受欢迎，主要是因为它具有以下优越性：一方面，对于旅客特别是商务旅客而言，经常排队办理乘机手续，不仅环节繁琐，时间也较长，而自助值机解决了这些问题，节省了旅客的宝贵时间；另一方面，对于航空公司而言，自助值机节约了大量人工和柜台租金，降低运营成本。

2. 公共自助值机柜台

虽然近年来，许多航空公司在世界主要机场设立了自己的自助值机柜台，但国际航协(IATA)认为，由机场设置公共自助值机柜台是未来发展的主要趋势。根据国际机场协会、《航空公司商务》杂志和国际航空电讯集团联合对机场IT技术发展趋势的调查报告显示，有60%的机场表示，在未来两年计划安装公共自助值机柜台。

首先让我们想想从公共自助提款机(ATM)出现后，我们办理银行业务时变得多轻松省事。同样，公共自助值机柜台的推出，旅客独立办理登机手续也更方便快捷了。

加拿大温哥华机场和美国拉斯维加斯机场是世界上运营公共自助值机柜台历史最长的机场，目前这两家机场大约有20%的旅客都是使用公共自助值机柜台办理登机手续的。现在看来，旅客对其反应良好，因为使用公共自助值机柜台后，旅客排队等候的时间减少了，出行更加方便快捷，所以越来越多的机场开始应用公共自助值机柜台。根据国际航协的统计，2004年2月，世界上仅有10家机场拥有公共自助值机柜台，而到了2006年4月，这一数字已经上升到27家。

必须指出，公共自助值机柜台并不仅限于在机场使用，它还可以在酒店、汽车租赁公司等地使用，非常灵活。有了它，同以往的人工值机柜台相比，旅客每办理一次登机手续，可为航空公司节约成本2.5美元，以此类推，如果它的占有率达到40%，那么一年可为航空公司节省成本10亿美元。从此以后，机场就可以更加灵活地使用现有空间，而不用专门建造候机楼为每个航空公司提供人工值机柜台了。

但是不是所有的航空公司都愿意主动取消各自在机场的自助值机柜台却仍是个未知数。例如英航就表示，虽然以后使用公共自助值机柜台会日益普及，但其在世界上大机场仍有必要保留自己的自助值机柜台。

需要说明的是如何处置托运行李是办理自助值机时需要考虑的一个重要问题。自动值机柜台仅仅是解决没有行李的商务人士，对有行李的旅客仍需要人工值机柜台办理值机手续。目前普遍的观点就是，把自助值机和托运行李分开办理将比同时办理更有效率。

但国际航空电讯集团机场服务副总裁凯瑟琳·梅阿指出，公共自助值机柜台应该和公共自助托运行李机设置在一起，因为候机楼分散在整个机场，旅客不会愿意专门前往特定的托运行李处办理手续。据她介绍，现在国际航协正在就此问题进行研究。国际航协简化商务主要负责人凯文·莫诺表示，正在积极劝说国际航协采用温哥华机场现有的自助值机和托运行李两步办理的方案。

除了到机场使用公共值机柜台办理乘机手续外还有其他自助乘机方式：

1. 网上自助

2006 年 7 月 6 日，南航诞生了首张网上自助登机牌，从而将电子商务的发展推向了一个新的高度。网上自助让旅客可以安坐家中办理乘机手续，使乘机变为一种享受。

目前南航已开通广州、北京、深圳、武汉、沈阳、大连、哈尔滨、长春、乌鲁木齐、长沙、海口、贵阳、郑州、汕头、重庆、南京、上海、桂林、厦门、杭州、珠海、西安 22 个城市的网上自助办理乘机手续业务，旅客只要购买南航上述 22 个城市始发国内航班的电子客票，并有一台连接打印机的电脑，就可于航班预计起飞前一天 16 时至航班预计起飞前 1 小时登陆南航主页 www. cs-air. com，点击“办登机牌”，按照系统提示自助办理并打印出登机牌，无行李托运的旅客到机场后直接通过安检登机即可，方便快捷。

据统计，每日有近千位南航旅客选择网上自助来办理乘机手续，且这一业务的使用量正在逐日递增，仅 2007 年 5 月份就比 4 月份的使用量增加了 21.4%。

2. 手机自助

对于方便上网却没有打印机的旅客，采用手机自助则是一个不错的选择。2007 年 2 月 6 日，南航与中国移动广东公司联手，在国内首推“手机电子登机牌”服务，并于 2007 年 4 月 6 日由试运行转为正式运行。

凡是购买南航广州始发国内航班（代码共享航班除外）电子客票的中国移动广东公司的旅客，均可登录南航网页 www. cs-air. com，选择“办登机牌”，按照网页提示选择好自己喜欢的座位，然后点击“发送电子登机牌”，输入移动用户手机号码（联通用户、小灵通用户暂未开通此项服务），稍后手机会收到一条包含旅客本人登机信息的二维码的彩信（或短信），旅客保留短信，并于航班起飞前 60 分钟之前来到广州白云机场 C14 柜台，提取二维码，经专用设备扫描，系统就会自动打印出登机牌，确保旅客顺利登机。目前，每月有 1 000 多位南航旅客选择手机自助来办理乘机手续。

需要特别提醒旅客注意的是，选择自助方式办理乘机手续都只能换取登机牌，不能办理行李托运手续，有行李托运的旅客要在航班停止办理乘机手续之前到机场的值机柜台办理托运手续。

三、标准登机条型码、指纹登机码

条形码登机牌：它是一种新型登机牌，与传统登机牌最大的不同之处在于，它用条形码替代了以往的磁条。国际航协现在普遍推广的是二维条形码登机牌，这种登机牌存储数据的能力同磁条登机牌类似。最重要的是，航空公司可以由此节省一大笔成本，因为打印传统的磁条登机牌费用不菲，而且打印机购买价格和保修价格都很昂贵。

它为旅客提供的方便表现在，乘客可以在家或者办公室打印，这样就可省去在机场排队等候的时间，并且整个旅途无需更换其他登机牌；机场方面也可以由此降低硬件成本，提高服务水平。

德国汉莎航空公司自 2006 年 7 月 4 日起开始测试一种带指纹的登机卡，并很可能于 2007 年开始实施，届时，旅客先在办理登机手续的柜台提交指纹，将会得到带有自己指纹的个性化登机卡，登机时，所提交的指纹将会自动与旅客手中所持登机卡上所储存的指纹进行对比，有效阻止上错飞机。

四、电子货运

目前全球航空货运业还深陷“文本文海”中，每一票货物附带文件高达 38 份，在整个供应链中，处理每票货物附带文件成本大约是 30 美元。而且如果航空货运业继续保持“有纸化”，那么也很难对先进的电子货运信息进行管理。因此，国际航协推出了“电子货运”概念，并计划在 2010 年之前实现航空货运业“无纸化”目标，由此整个行业可节省成本 12 亿美元。但同客运相比，货运更为复杂，涉及到货主、航空公司、运送方、地服、海关、接收方等，而且如果实施电子货运，还要制定相关法律进行规范认可。所以正如国际航协货运总监亚历山大·波波维克向记者介绍的，“简化商务”5 项内容中电子货运是块最难啃的“骨头”，因为目前世界上还没有任何一国政府对此完全做好准备。

应该看到，电子货运带来的好处绝对是不可小觑的。航空公司、运送方和海关可以因此大幅节省成本，提高运输数据的准确性和竞争力。货主和接收方也可因此享受到更优质的服务。

五、无线射频识别技术

无线射频识别标签：无线射频识别技术是一种非接触式的自动识别技术，它通过射频信号自动识别目标对象并获取相关数据，识别工作无需人工干预，可工作于各种恶劣环境。它还可识别高速运动中的物体并可同时识别多个标签，操作快捷方便。

同传统的条形码识别技术相比，它是一种突破性的技术：①可以识别单个的非常具体的物体，而不是像条形码那样只能识别一类物体；②其采用无线射频，可以透过外部材料读取数据，而条形码必须靠激光来读取信息；③可以同时对多个物体进行识读，而条形码只能一个一个地读。此外,它储存的信息量也非常大。

六、机读护照

国际民航组织2006年7月11日在其设于加拿大蒙特利尔的总部宣布,该组织188个成员已就机读护照格式和技术要求达成一致,并同意在2010年4月1日在全球普遍采用机读护照。

国际民航组织发表的一份新闻公告说,国际民航组织已有110个成员采用了机读护照,这些成员中已有40个已表示将在2006年前实现按新标准制作护照。公告说,国际民航组织已制定了一份行动计划,向在实施机读护照新规范方面存在困难的成员提供技术和财力支持。公告还呼吁各成员在实施护照新标准方面密切合作,以实现简化边检手续、保证民航安全和防止欺诈。

2003年5月,国际民航组织运输委员会通过了一项将生物测量识别信息纳入机读护照的全球性计划。按计划,面部、指纹和虹膜将作为基本的生物测量部位。

七、IMS检测技术

形象地说,传统X光机安检设备靠的是"眼睛",而基于IMS技术的设备靠的是"大脑"。前者从图像上来"看"包裹内是否有爆炸物,后者根据从包裹表面所取样品来判断包裹内是否有爆炸物,有一个分析思考的过程。所以,行业内部习惯于将后者称为"分析仪"。

经常乘坐飞机的人都知道,登机前要经过安全检查:随身携带的行李要经过X光机扫描,乘客本人还要从安全门穿过,身上如果有金属物品的话,安全门会报警。对这些检查,乘客已经习以为常了。

然而细心的乘客可能会发现,在包括首都机场在内的一些机场登机前,他们有时还要接受一种陌生设备检查:安检人员可能会用一张纸或一块布在他们的行李上、甚至他们的衣服上擦一下,放到这种设备上去检测,有报警时还可能对其行李进行开包检查等。这种陌生的设备就是新型违禁品检测装置,它所采用的技术被称为IMS技术。

把所取的样品放到仪器上的专用托盘上,把托盘推到合适的位置,仪器就会自动开始检测分析,7~8秒内就会给出检测结果。如果发现了可疑物质,并且其含量达到了报警水平,仪器就会发出报警声音,并将所检测到的所有可疑物质名称列出来。

思 考 题

1. 什么是机场运行管理?
2. 根据当地实际情况,简述管理体制与运行管理模式的关系。
3. 飞行活动区是由机场内哪些部分组成的?
4. 如何正确评价当前机场飞行活动区的安全状况?

5. 什么是航空地面事故？
6. 什么是民用航空器飞行事故征候？
7. 如何划分航空地面事故等级？
8. 民用机场安全运行主要目标应包括哪些方面？
9. 什么是围界？围界起什么作用？
10. 如何提高围界的防范能力？
11. 跑道道面的裂缝是什么原因引起的？
12. 为什么跑道道面要保持一定的摩擦系数？如何保持？
13. 为什么下雪和除冰是飞行安全一大威胁？
14. 简述助航灯光设施与飞行安全关系。
15. 助航灯光设施的主要维护检查要求是什么？
16. 对在机场附近的城市建筑物的高度,民航有哪些规定？
17. 鸟类撞击飞行器的事件日趋严重,原因是什么？
18. 如何防止发生鸟类撞击飞行器事故？
19. 国家对升放气球有哪些具体规定？
20. 机坪运行管理对象是什么？管理范畴涉及到哪些内容？
21. 机场运行指挥中心的具体职责是什么？
22. 飞机地面活动必须在哪部门指挥下进行？有哪些具体要求？
23. 地面指挥人员如何指挥飞机进港滑行、停靠？
24. 飞机出港牵引工作小组由哪些员工组成,他们应具有什么资格或能力？
25. 在飞机牵引过程中,工作人员应把握哪些重要环节？
26. 机位分配应遵循哪些原则？
27. 车辆在飞机活动区行驶中应遵守什么规定？
28. 车辆接近飞机时如何操作？
29. 飞机着陆之后,起飞之前,机场地勤保障要完成哪些工作？
30. IATA 推进“简化商务”涉及到哪些方面？
31. 电子客票给航空旅行带来什么好处？
32. 公共自助值机柜台和航空公司自助值机柜台各有什么特点？

第六章　航班组织和旅客运送

第一节　航 班 组 织

一、航班的定义及分类

1. 航班的定义

飞机从始发航站起飞，经过中间的经停站，最后到达终点站的经营性运输飞行叫做航班。

2. 航班的分类

航班按不同的性质有多种分类方法。

(1)按经营区域可以分为国际航班、国内航班和地区航班。

始发站、经停站或终点站中有一站以上在本国国境以外的称为国际航班。

始发站、经停站或终点站全部在一国境内的称为国内航班。

始发站、经停站或终点站中有一站在一国内有特殊安排的地区中的航班称为地区航班，这些地区如我国的台湾省和美国的波多黎各等。

(2)按经营时间分为定期航班和不定期航班。

定期航班指列入航班时刻表有固定时间运行的航班。定期航班又分为长期定期航班及季节性定期航班。长期定期航班在我国执行的时间为 2 年，在此期间内班期、时刻、航班号，不能随意更改，要确保航班的正常性，如有旅客，不论人数多少都要飞行，如遇特殊情况需要改变也必须事先通报，并取得批准。

季节性航班指根据季节不同有不同时刻、班期安排的航班。航班的时刻和班次按季节进行重新安排，我国按冬春、夏秋两季，一年安排两次。

不定期航班也称为包机飞行，是没有固定时刻的运输飞行，是根据临时性任务进行的航班安排。

一个航空公司的主要业务和信誉建立在定期航班的基础上，因而空管部门、签派部门和机场在航班安排发生矛盾时，优先的次序为长期定期航班、季节性定期航班，最后是不定期航班。

二、航班的组织及安排

1. 航班时刻表

航班时刻表是航空运输企业生产活动的整个流程的安排秩序，对于企业内部它是运输企业每日生产活动的安排和组织的依据，企业围绕着它来调配运力，安排人员，进行协调和管理。对于社会航班时刻表则是向用户（单位和个人）提供服务信息和销售竞争的手段。旅客根据航班时刻表提供的航班时刻、机型、服务内容来选择他要乘坐的航空公司、飞机和航班。航班时刻表要根据季节和市场需求来进行调整或修正，在我国每年制订两次，每年4～10月使用夏秋季航班时刻表，11月至第二年3月使用冬春季时刻表，见图6-1所示。

时刻表包括始发站名称、航班号、终点站名称、起飞时刻、到达时刻、机型、座舱等级、服务项目等内容。它是按始发站的第一个拼音字母的顺序的先后编排的，同时应注意使用的时间是1天24小时的全时制，即没有上下午之分，时钟是由0时计算到24时，在有时差的地区，表上所列的都是当地时间。

2. 航班号

按照一定的方法给每一个航班以一个编号，这样旅客和工作人员便于区别和管理，这个号码叫做航班号。

（1）国内航班号的编排。由航空公司的两字代码加4位数字或3位数字组成，航空公司代码由国际民航组织规定公布。后面的4位数字第一位代表航空公司的基地所在地区，第二位表示航班的基地外终点所在地区（1为华北，2为西北，3为中南，4为西南，5为华东，6为东北，8为厦门，9为新疆），第三、第四位表示这次航班的序号，单数表示由基地出发向外飞的去程航班，双数表示飞回基地的回程航班。

例如：CA 1202，西安—北京航班，CA是中国国际航空公司，第一位数字1表示华北地区，国航的基地在北京，属华北地区；第二位数2表示航班的基地外终点在西北地区，西安属西北地区；02为航班序号，其中末位2表示是回程航班。

再如：MU5305，上海—广州航班，则MU为东方航空公司代码，5代表上海所在的华东地区，3代表广州所在的中南地区，05为序号，单数是去程航班。

根据航班号可以很快地了解到航班的执行公司、飞往地点及方向，这对管理和乘客都非常方便。

（2）国际航班号的编排。由航空公司代码加3位数字组成，第一位数字表示航空公司，后两位是航班序号，单数为去程，双数为回程。

例如：CA982，纽约—北京航班，是中国国际航空公司承运的回程航班。

班期 Days	离站 Dep	到达 Arr	航班号 Flight	机型 A/C	经停 Stop	注 R
BEIJING 北京 TO 至						
RANGOON 仰光 RGN						
– –3– – – –	0805	1300	CA905	733	1	
ROME 罗马 ROM						
–2– –5– –	0950	1615	AZ793	M1F	1	
– –3– –6–	1050	1701	CA939	74M	1	
SAN FRANCISCO 旧金山 SFO						
1 2 3 4 5 6 7	1045	0830	UA852	747	1	
–2– –5– –	1340	1205	CA985	74E	1	
– –34–6–	1410	1205	CA985	74E	1	
* – –3– – –7	1810	1350	MU581	M11	—	
SANYA 三亚 SYX						
1–3–5– –	1750	2240	CJ6712	M82	1	
–2– – –6–	1750	2240	CJ6702	M82	1	
– – – – – –7	1750	2240	CJ6716	M82	1	
SENDAI 仙台 SDJ						
–2– –5– –	0845	1430	CA923	733	1	
SEOUL 汉城 SEL						
1 2 3 4 5 6 7	0940	1220	CA123	767	—	(1)(3)74L
1 2 –4 5 –7	1220	1520	OZ332	767	—	(1)737
1 2 3 –5 6 7	1300	1600	KE852	AB6	—	(1)M83
– – – – –6–	1345	1635	FX0080	M1F	—	CG
–234– – –	1420	1705	FX0080	M1F	—	CG
SERI BEGAWAN 斯里巴加湾市 BWN						
– – –4– – –	0740	1300	BI622	763	—	
1– – – – – –	1050	1610	BI620	763	—	
SHANGHAI 上海 SHA						
1–3–5– –	0720	0915	SR198	747	—	
– – –4– – –	0750	0935	CA9011	74F	—	CG
– – – –5– –	0750	0945	CA929	74E	—	
1 2 – –5 6 7	0800	0955	CA921	767	—	763
– –3– – – –	0800	0955	CA949	74E	—	
– – –4– – –	0800	0955	CA921	767	—	
* –2– – – – –	0810	1000	MU5162	AB6	—	
– – –4– – –	0810	1015	OS591	340	—	28/10→26/3
– – – – –6–	0810	1015	OS591	340	—	28/10→26/3
– – – – – –7	0810	1010	CA935	74E	—	
1234– – –	0830	1025	CA929	74E	—	(3)74L
1 2 3 4 5 6 7	0840	1035	CA1501	74L	—	
– – –4– –7	0900	1100	MU5162	AB6	—	

图 6-1　航班时刻表

3. 航班时刻表的编制

航班时刻表的编制是一项复杂而细致的工作,要综合考虑各方面的因素,又要协调各种矛盾,权衡利弊,制定出既适应市场又充分发挥企业能力的航班运行计划。

航班时刻表的制定涉及到很多因素,其中最主要的有下列几项:

(1)航班时刻表制定的基础是运力,即公司的飞机数量及运行状况,在掌握了飞机数量及飞机的增减计划的基础上,才能制定航班时刻表。

(2)航班时刻表制定的依据是市场调查,在市场调查的基础上对航班运行期内(半年或两年)的市场做出预测。根据预测和以往实践的经验,制定出切合实际情况的时刻表来。

(3)航班时刻表是一个航空公司整体的行动计划,因而必须从整个航线网来考虑航班的安排,如航线之间的衔接,和国际航线的衔接以及和地面、水路交通的衔接,这样才能发挥整个航线的效益。

(4)航空运输对时间极为敏感,因而在班期和时刻的安排上要尽力做到与旅客的需求相适应。季节、周日对旅客人数都有影响,航班的起飞时刻和到达时刻是国内旅客选择航班的重要考虑因素。由于航线上有其他公司的竞争和机场容量的限制,在安排时不可能把所有的航班都安排在最佳时间,因此必须综合考虑,有时还要做出妥协或让步。

(5)组织航班要涉及到飞行、维修、供应等各个部门,因而制定航班时刻表要有这些部门的参与,以保证各个部门之间的工作周期和能力的协调。

(6)在实际运行时不可避免地要出现一些和原来设想不同的情况,如需求的变化,气象条件影响航班的正常进行等,在制定时刻表时要尽可能考虑到这些变化,并留有一定的备用运力和执行的灵活性。航班正点率是一个航空运输企业服务质量的主要标准之一,因而在遇到特殊原因航班延误或取消时,能尽快地予以补救。

三、旅客和行李的流程

航站楼的旅客都是按照到达和离港有目的的流动的,在设计航站楼时必须很好地安排旅客流通的方向和空间,这样才能充分利用空间,使旅客顺利的到达要去的地方,不致造成拥挤和混乱。

目前通用的安排方式是把出港(离去)和入港(到达)分别安置在上、下两层,上层为出港,下层为入港,这样互不干扰又可以互相联系。由于国内旅客和国际旅客所要办理的手续不同,通常把这两部分旅客分别安排在同一航站楼的两个区域,或者分别安排在两个航站楼内。

旅客流程要考虑3方面旅客:

(1)国内旅客手续简单,占用航站楼的时间少,但流量较大,因而国内旅客候机区的候机面积较小而通道比较宽。

(2)国际旅客要办理护照、检疫等手续,行李也较多,在航站楼内停留的时间长,同时还要在免税店购物,因而国际旅客的候机区要相应扩大候机室的面积,而通道面积要求较小。

(3)中转旅客是等候衔接航班的旅客,一般不到航站楼外活动,所以要专门安排他们的流动路线,当国内转国际航班或国际转国内航班的旅客较多时流动路线比较复杂,如果流量较大,机场当局就应该适当考虑安排专门的流动线路。

国内旅客乘机的基本流程有以下几个步骤:

(1)办理登机手续。准备上飞机(离港)的旅客,从二层进入航站楼的离港大厅(见图6-2)。进门有个比较宽敞的地方,使风尘仆仆的旅客,可以稍事休息,整理随身携带行李物品,准备办登机手续。

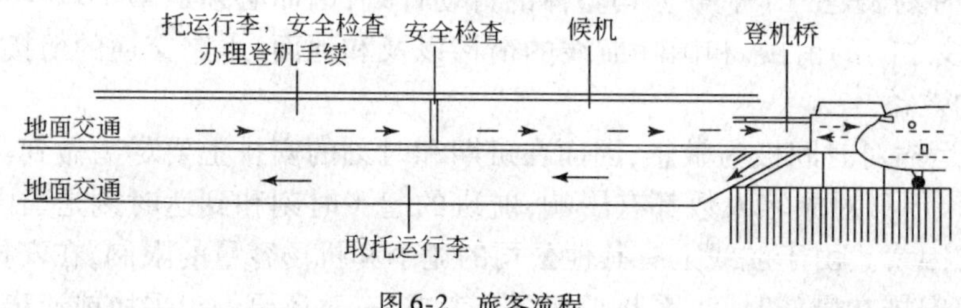

图6-2 旅客流程

办理登机手续的柜台和等待办登机手续的旅客队伍,要占好大一块面积。

各个航空公司租用一部分柜台,办理自己航班的旅客登机手续。也有的航空公司委托别的公司代理旅客登机手续。

办理旅客登机手续时,航空公司按照计算机旅客订座系统的信息,把某一航班实际登机的旅客记录下来,确定每个旅客的座位,发给旅客登机卡。同时,把旅客托运的行李核收下来,发给旅客行李托运证。

为了完成这些工作,柜台有计算机旅客离港系统终端,并且有传送带,随时把托运的行李运走。对于托运的行李,在送走之前,还要进行安全检查。

(2)安全检查。办完登机手续后,旅客就可以携带手提行李,通过安全检查,进入候机厅等候上飞机。这个区域是对外隔离的,也叫做隔离区。

(3)候机及登机。旅客按指定的登机门,上飞机。图6-2,表示的是旅客通过登机桥上飞机。

(4)到达及提取行李。下飞机(到达)的旅客,从登机桥的另一个通道,很快下到航站楼的一层,进入行李提取大厅。没有托运行李的旅客,就直接出航站楼。有托运行李的旅客,在这里等候提取行李后离开。

1. 国际航线旅客流程路线

(1)出发流程。地面交通→出发大厅→卫生检疫和海关检查→办理登机手续→托运行李(含托运行李安全检查)→边防出境护照检查→安全检查(个人及手提行李)→出发候机厅→检查登机牌→登机。

(2)到达流程。下飞机→检验检疫→边防入境护照签证检查→提取行李→海关行李检查→行李标签检查→抵达大厅→地面交通。

(3)中转流程。下飞机→健康检查→护照检查→隔离区办理转机手续→手提行李→海关检查→安全检查(个人及手提行李)→出发候机厅→检查登机牌→登机。

(4)过境流程。发过境登机牌→下飞机→健康检查→护照检查→手提行李海关检查→安全检查(个人及手提行李)→出发候机厅→检查登机牌→登机。

2. 国内航线旅客流程路线

(1)出发流程。地面交通→出发大厅→办理登机手续→托运行李(含托运行李安全检查)→安全检查(个人及手提行李)→出发候机厅→检查登机牌→登机。

(2)到达流程。下飞机→提取行李→行李标签检查→抵达大厅→地面交通。

(3)中转流程。下飞机→中转隔离区办理转机手续→安全检查(个人及手提行李)→出发候机厅→检查登机牌→登机。

3. 国际、国内互中转

重新办理进出港登机手续

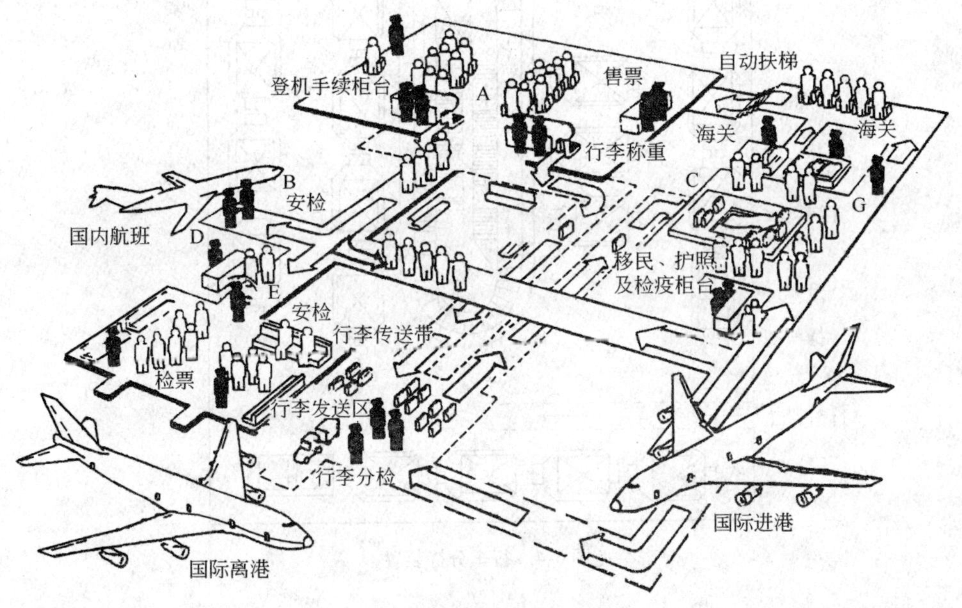

图6-3　旅客流程立体图

从图6-3中可以看出一个机场典型的旅客流程立体图，图中未画出足够的旅客等候区，由于延误和高峰时段及其他原因，经常会发生大量旅客积压的情况。因此实际上各个机场航站楼在设计时必须留出较大的空间，以备高峰及延误时旅客候机或疏散时使用。

4. 行李流程

旅客交运的行李，分别属于不同的航班，目的地也各不相同，必须迅速、准确地把这些行李装上各自的飞机。

旅客办登机手续时托运的行李，经过传送带送到行李分拣区，再用不同的方式，把同一航班的行李装上行李车或集装箱，运到飞机旁边。

图6-4是一种行李分拣装置，行李由传送带送到分拣转盘，然后人工装入相应的集装箱。

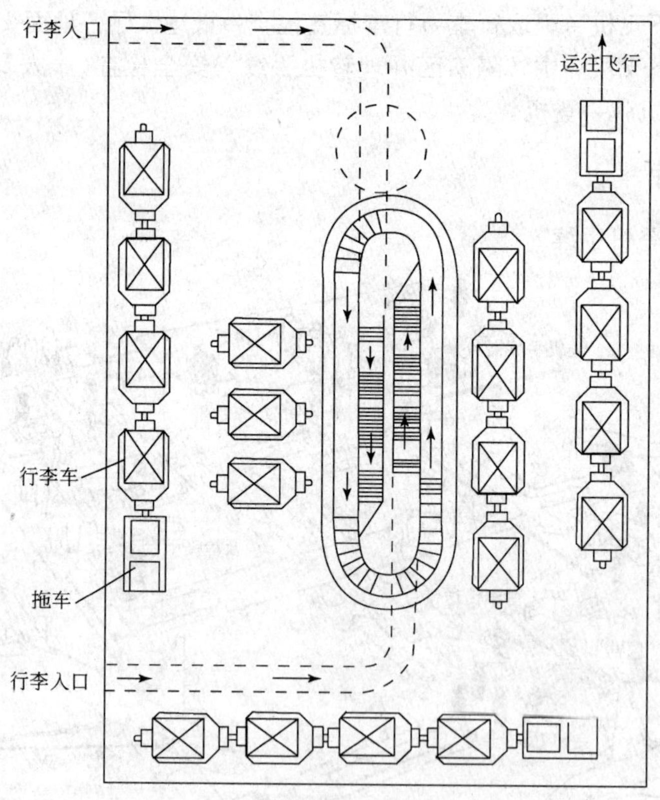

图6-4　行李分拣装置

图 6-5 是一套自动化行李分拣系统。通过传送带,将行李运到主分拣器,用自动读码器对行李牌进行编码识别,将行李分流到应该去的次分拣器。再次分拣后,从规定的出口送出。

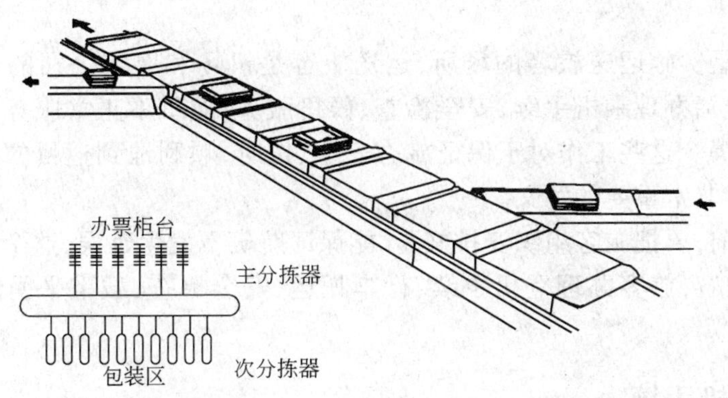

图 6-5　行李自动分拣装置

到达旅客的行李,从飞机上卸下之后,也要经过类似的处理过程,把到达的与过站的分开,并做分别处理。

旅客提取行李是在行李提取大厅里,那里有行李传送设备。传送设备有许多不同的形式。图 6-6 是其中的一种,叫做行李转盘。行李从飞机上卸下后,送到行李转盘入口处,通过传送带运上行李转盘。旅客从运转的转盘上,找到自己的行李。每个航班的行李用一个转盘。行李提取大厅里,有不止一个转盘。

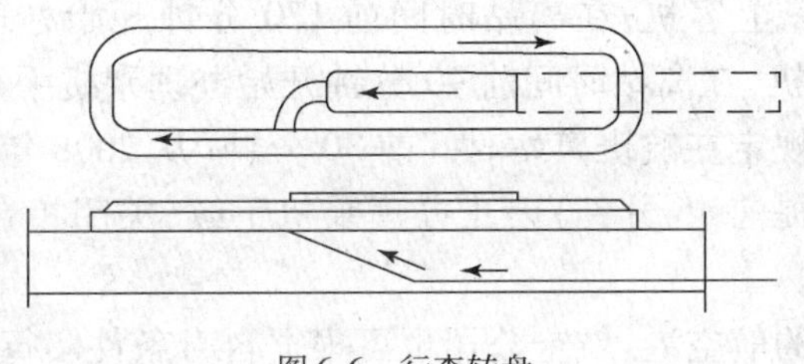

图 6-6　行李转盘

对于国际航班,上飞机的旅客在进入隔离区前,还要办理海关和出境手续。下飞机的旅客,在提取行李之前,办理入境手续。取出行李之后,通过海关和动植物检疫后才能离开。

如果飞机不是从 A 机场直达 B 机场,而且经停 C 机场时,在机场 C 去 B 机场的旅客就是过站旅客。这些 A 去 B 机场的旅客下飞机后在航站楼的隔离区里另有休息的区域,然后,再上飞机前往 B 机场。

如果旅客不是乘坐城市A和B之间的直达航班，而是在城市C转飞机，如果旅客已经买好了从A到B的联程客票，那么他的交运行李不必在C处取出就可以直接运到B。

第二节　旅客的运送

机场和客舱是实施运送旅客的场所，运送旅客是机场和航空公司的主要运输生产工作，其工作内容包括办理乘机手续、安全检查、候机服务、航班不正常服务、登机、机上服务和到达航班服务等。这些工作对于保证旅客安全、按时、顺利地到达目的地和确保飞行安全、航班正点有着非常重要的意义。

在飞机起飞前，要把旅客组织安排好，才能保证航班不发生延误，这个工作称为离港工作，包括5部分内容：旅客办理登机手续、行李托运、安全检查、载重平衡的计算和航班的控制。

一、办理乘机手续

1. 办理乘机手续的时间规定

承运人一般规定旅客在航班离站时间前90分钟到达机场，以保证旅客有充足的时间办理乘机手续。旅客应在承运人规定的时限内到达机场。航空公司或其地面服务代理人一般在航班离站前90分钟开放柜台，接受旅客办理乘机手续，并在航班离站前30分钟关闭柜台，接受候补旅客，配齐餐食和结算飞机载量等一系列航班离站前的准备工作，以保证航班正点。大多数航空公司或地面服务代理人根据飞机的座位数制定柜台开放的时间，如200个座位（含200个）以上客机，在离站时间前120分钟开始办理乘机手续；200个座位（不含200个）以下的客机，在离站时间前90分钟开始办理乘机手续。

我国航空公司统一规定在航班离站时间前30分钟（从2008年4月20日起，有的机场为了提高安全检查级别提前45分钟）停止办理乘机手续，关闭柜台，旅客未按规定时间办妥乘机手续按误机处理。

有计算机离港系统的航空港，航空公司也可根据自身条件实行办理乘机手续全天候开放，还可实行在任何一个柜台办理任何一个航班的乘机手续，为旅客提供方便和更好的服务。

2. 乘机证件的检查

旅客应当凭客票及本人有效身份证件按时办理乘机手续。根据我国政府规定，旅客乘坐飞机，必须出示有效的由政府主管部门规定的证明其身份的证件。因此，在办理乘机手续时，承运人有权要求乘机旅客出示其有效的证件，如居民身份证、护照、回乡证、军官证、警官证、士兵证、文职干部或离退休干部证明、16 周岁以下未成年人的学生证、户口簿等证件。

旅客购票时应先查看自己身份证件的有效期，如旅客乘机有效身份证件被盗、丢失、破损、过期时，可凭有关报案证明或户籍证明到公安部门开具《临时身份证明》，也可到机场候机楼内的民警服务台，凭有效证明现场办理临时乘机证明。旅客不能出示上述旅行证件或因其旅行证件不符合规定而未能乘机，由旅客本人承担责任。

3. 电子客票的查验

旅客乘坐飞机必须购买有效电子客票，并在计算机订座系统与离港自动生存相关信息，旅客在机场可凭身份在值机柜台或自动值机柜台上即可办理乘机手续，领取登机牌。

4. 客舱的座位安排要求

根据飞机客舱座位布局、旅客定座情况和飞机载重平衡的要求，预先安排座位，以便旅客登机入座时有良好的秩序。旅客乘坐飞机必须严格按照登机牌的座位号登机、对号入座，安排座位对提高客运服务质量、保证航班正点和确保飞行安全非常重要。

安排座位要考虑以下基本要求：安排座位应符合飞机载重平衡的要求；严格按照旅客客票的座位等级安排座位；重要旅客和需要特殊照顾的旅客一般安排在客舱前部靠近乘务员的座位，以便乘务员服务；团体旅客、同行旅客或需要相互照料的旅客尽可能安排在一起的座位。

已建立离港系统的机场，计算机会自动打印登机牌和行李牌，安排座位应尽可能满足旅客的要求，为旅客挑选合适的座位。

二、行李的托运

有关行李的规定旅客个人在旅行中需要穿着、使用的物品和财物，可以作为行李托运。贵重物品如证券、货币或重要文件不要夹入行李中托运，如果遗失或损坏，承运人只能按一般物品赔偿，这些物品旅客应自己随身作为自理行李携带。国家规定的禁运物品，如易燃、剧毒、腐蚀性、放射性物品和武器、凶器等不能作为行李托运。

为了装卸、运输的安全，对托运的行李的包装、尺寸、质量都有相应的规定。托运的行李每件质量在 50 千克以内，尺寸不超过 40 厘米 ×60 厘米 ×100 厘米，包装要坚实、完好，能承受一定的压力和冲击，在正常条件下安全运送。对于自理行李，重量不超过 5 千克，尺寸不超过 20 厘米 ×40 厘米 ×55 厘米。

收运行李时要检查旅客机票，行李运送目的地和客票上的到达目的地相符，行李要过磅并将重量填入客票的行李栏内。行李上要贴挂行李牌和行李标贴，行李牌是托运行李的凭证，到站后旅客凭下联提取行李。行李标贴是为了方便寻找行李，其中主要是行李名牌，名牌上由旅客填写姓名、住址、电话，贴在行李上。

国内航班规定免费行李额，头等舱为40千克，公务舱30千克，经济舱20千克，免费行李额可以合并计算。行李超重收费：行李重量超过免费额部分就要按愈重量收费，运价每千克按经济舱票价的1.5%计算。

三、安全检查

为了预防飞机在空中飞行中的非法行为而采取的防范措施。按照国家有关法规实施，对旅客以及其携带物品要进行安全检查，防止将武器、凶器、弹药和易燃、易爆、剧毒、放射性物品带上飞机。除经特殊许可外，所有的旅客、进入安全隔离区的人员和物品都要进行安全检查。

四、载重平衡的计算和随机文件的编制

包括飞机最大业务载重量的计算，实际业务载重的配算和载重平衡3个方面。

(1)最大业务载重量指飞机从本站出发时的最大允许业务载重量。

(2)实际业务载重量的配算是根据飞机在本站出发时的最大允许载重量来配算运到各航站的旅客人数、行李、货物及邮件的重量，一般简称为配载。

(3)载重平衡是把旅客和货物按照飞机重心的位置，妥善地安排，使飞机不论在满载或缺载的情况下它的重心位置都在平衡范围内，使飞机能安全、顺利和经济地飞行。

随机文件的编制：在按载重平衡的计算结果安置了旅客和货物后，就要编制舱单、载重表和载重平衡图，这些称为随机文件，它的作用一方面是使机长了解机上的配载情况，更主要的是使经停站和终点各站的值机人员迅速了解机上货物的位置，能迅速卸下到达的货物和邮件，再装上新的货物。

五、航班控制

航班控制指安排航班的登机口或更改航班时间、航程、机型等，分配航班上的座位、旅客的限额等工作，并把这些信息提供给有关方面，特别是在关闭或取消航班时，要及时通报。

第三节　航班信息

一、航班信息在机场管理中的意义

信息对于航空运输而言，格外显得重要。由于航空运输具有快速、机动的特性，民航的安全飞行与管理，飞机的适航性与维修，航班、机票销售与飞机离港等，都离不开来自相关

方面的信息。信息是航班营运必不可少的组成部分,是民航生产活动的先决条件。由于航空器在高空飞行的特点,飞行中必须保持飞机与地面,地面与地面通畅的信息联系,通过通信、导航与控制,使信息得以采集、集成和传播,从而形成航班营运的神经。飞机的起降通过地空移动通信传递的天气信息、机场信息、航行情报。空中交通管制信息乃至反馈的飞机故障信息、紧急救援信息都是至关重要,刻不容缓的。因此,民航运输对于信息的需求与利用,比其他行业则显得更直接、更迫切、更关键。

航班信息水平已成为衡量机场管理水平和竞争能力的重要标志。航班信息的正确性及时性对机场的安全水平、服务质量、经济效益以及管理决策水平等方面所起的作用已越来越重要。民航从很大程度上讲,是为旅客服务的。向旅客提供准确的及时的航班信息,为旅客提供优质服务是机场的一项重要工作内容,其质量好坏,直接影响着机场、航空公司的形象和声誉,这正是服务行业赖以生存的基础。也直接关系到机场管理水平和工作效率。

二、航班信息的形式

航班信息按其传递特征分为文献信息、口头信息和实物信息三种,按其存储与否可分为记录信息与非记录信息。信息之所以在一定时空范围内传递,总是依附于文献、实物以及声音等载体。

文献是记录有知识信息的载体,是主要的信息源,人类知识得以长期保存、广泛传播、不断累积繁衍乃是拘于文献这一基本形式。因此,文献信息是信息的重要组成部分。民航文献是记录有民航生产技术信息的载体。民航文献是规范民航营运活动的准则,是飞行安全及其管理的基础和依据,也是传递国际民航动态、信息的中介和工具。因此文献信息对民航业是不可缺少的重要信息源。

民航非文献信息,指通过交谈、观测、以及电话、电报、电传、载波通信、微波传输、卫星通信等现代化传输手段获取的口头或图像信息。这些信息是在相应的时间内,需要迅速做出反映的实时信息。如航班飞机离港之前,涉及机场客运调度、天气预报、航行调度、机务维护、油料供应、货运行李调度,客车、客桥、现场指挥、平衡配载、特种车辆等,只有通过信息的传递,才能使之形成有机的整体。任何一个环节出现纰漏,都会影响航班的正常或对飞行安全造成严重的威胁。

综上所述,民航文献信息与民航非记录信息具有同等重要的意义,都应给予高度的重视,并把握两种信息之间的相互转化。非文献信息源有时需转换成文献信息源的形式,以便有效地存储、保留和利用。

三、航班管理信息系统分类

1. 运行指挥系统

运行指挥系统是对飞机在机场停靠期间地面各保障工作进行调度的系统,包括采集航班起飞、降落、预达、延误、更换飞机、增加、删除及取消航班等信息。根据这些信息可更改飞机号，调整航班衔接，根据航班的到港时间可预计航班的离港时间，根据机型、机位及航班到、离时间可合理分配机位。具体信息包括以下方面：

(1)航班资料：包括航班号，国籍、航空公司代码、机型、航线代码。

(2)航班时间：它包括办理乘机手续的时间，航班预计的登机时间，航班预计的起飞时间，航班的飞行时间，航班预计的到达时间。

(3)气象预报：出发港和到达港的天气状况，航路沿线区域的天气状况。

(4)航行管制：空中管制状态，航线变更，航班备降，航班取消等。

(5)机务保障：飞机的状态，检修的时间，更换机型等。

(6)机场状况：专机包机、突发事件、机场设施保障等。

2. 航班信息传播系统

航班信息系统是利用运行指挥系统和离港系统的信息向工作人员和旅客发布航班信息，是一个信息传播的系统。该系统通过机场内各种 LED 屏和电视的航班信息显示器及语音广播向旅客发布航班起降、延误、取消、上客、值机、登机信息。LDE 屏有离港、进港、候机厅位置的引导大屏，值机、候机、登机、行李提取、行政法规等条屏。旅客也可能通过航班信息查询系统、电话自动问询系统、多媒体查询系统了解航班动态。

3. 离港信息系统

离港系统是属旅客服务系统，它通过网站下载民航定座系统中的旅客名单，办理旅客的值机手续，系统在办理值机过程中能自动根据机票的订座号与数据库中的旅客信息进行核对，可以有效地防止持假票和超售机票的旅客登机；系统可根据配载要求自动或手动地分配座位，并可办理团体票、小孩票、婴儿票等，旅客的行李与座位信息将同时存入计算机，必要时(如拉下旅客时)可查询旅客的座位及有无行李等信息，保证航班的正常起飞；打票机所打印的登机牌附有航班号、日期和旅客座位等条码信息，旅客登机时用条码阅读器扫描，统计已登机与未登机旅客既快又准，并且可以在登机、值机同时进行时，每办理一个旅客的值机手续，其乘客信息立即通过计算机网络传送到该航班所在的登机口的计算机中，同时，调度室和值机部门的工作人员可以实时地掌握旅客的登机动态。

四、航班信息向旅客传播的媒介

信息传播是连接航空企业和旅客的纽带，是相互了解、相互合作的桥梁。信息不能独立存在，它必须依附于某个特定的载体方能显示。信息的物质载体称为传播媒介，凡载有信息的任何物体都可视为传播媒介。

机场早期信息传播方式非常简陋，信息显示主要是人工广播和写公告牌；旅客需到达指定地点，或向工作人员询问后才能获得有关信息。这种方式在航班量不多的情况下，勉强可以满足要求，但旅客增加时，就容易由于信息不灵造成航班延误，甚至影响飞行安全。

近年来，中国民航先后引进了计算机定座系统、计算机离港系统和计算机货运系统，随着这些系统的投入使用和民航业务的飞速发展，人们认识到，机场传统的手工作业方式和现有的一些技术手段越来越不能满足生产和业务的需要，民航必须利用计算机科学技术，采用多种形式以最快速度向旅客传播最准确的信息，为旅客提供从购票到登机全方位服务。信息传播的媒介有以下几种：

1. 广播系统

机场的广播系统是一种最重要的信息发布手段，在航班登机和到达时将担任航班广播，在旅客候机时还须播放背景音乐或服务公约。传统的广播均采用人工播音，音调、语气、甚至用语都难以达到规范一致。目前的多媒体语音自动广播系统，按照统一民航用语标准，通过计算机进行语音合成，可自动播出中、英、日等多种语言。提高了服务质量，减少了差错。

2. 航班动态显示系统

航班信息显示系统，为旅客提供提示和引导功能。由计算机控制的航班显示系统有4种方式，等离子液晶显示、电视终端显示、翻板显示和发光二极管显示。

等离子液晶显示和电视终端显示系统都采用电视机作为显示终端，滚动播出进出港航班、国内国际航班，在航班间隔休息时间还可以转播电视节目，具有信号稳定，成本较低，安装灵活，通常分布在机场的不同位置。

翻板显示系统采用计算机控制的同步电机，转动黑色塑料片，显示航班信息，形式壮观，并且可用闭路电视显示，常安装在机场的候机大厅等显要位置。

发光二极管显示系统是目前市面上应用最多的信息显示媒体，在机场处处可见，分别可显示字符、文字、图形等信息，是显示内容最灵活多样的一种方式，用于机场办理乘机手续、候机引导、登机引导、行李提取及动态显示。

3. 信息公告牌、指示牌

候机楼许多公共区域树立了各种各样的公告牌、指示牌，向旅客宣传运输知识，运输规定、乘机须知、违禁品的种类、办理各类乘机手续的程序、民航运输服务承诺、服务标准以及各类场所的平面示意图、指示牌、引导牌。引导旅客进入机场进出港大厅即可到达相应柜台，按公告要求办理各种手续。

4. 报刊杂志

民航的报刊杂志是常见的旅客乘机读物。具有信息量大，时效性强的特点。它及时地向乘客报道国内外新闻，介绍民航日新月异建设成就，传播航空知识，宣传乘机常识，刊登各地的旅游风情及其丰富多彩的文艺作品，是旅客休闲的良好读物。民航报刊杂志有：中国民航报、今日民航、各类航空公司和航空港刊物等。

5. 航班时刻表

航班时刻表每年发行二次，公布中外各航空公司的航班时刻表，是旅客旅行的必备手册。它包括3方面的内容：①班期时刻，其中有使用说明、航班索引和详细的航班期时刻表(班期、离站时间、到达时间、航班号、机型、经停和备注)；②乘坐国内外航班的旅客须知，其中介绍订座、购票、行李、责任和权利等知识；③介绍航空企业、售票地点、联系电话、机型等。

6. 互联网

随着计算机技术的发展，航空公司和机场的信息都已上了互联网，旅客可以坐在家里了解航空各面的情况与航班动态，旅客可以通过互联网进行订座、购票业务。

7. 广告宣传

候机楼广阔空间为广告宣传提供了良好场所，公益广告、航空运输广告、航空商业广告等都会向旅客传递各种信息。

8. 电脑触摸屏查询

以往旅客查询航班信息，常常需要到问讯柜台，向工作人员提问，这样对旅客造成不便，也给机场人员增加了很大的工作负担，现在旅客可以直接触摸计算机屏幕，获得有关的航班信息、机场设施信息、城市旅游信息等。触摸屏系统除了可供查询文字信息外，还可播放广告、图像信息、为旅客提供一种娱乐手段。

9. 电话自动问讯系统

电话自动问讯系统是供旅客查询航班信息的一种辅助手段，旅客拨通机场问讯电话后，语音提示，二次拨号，输入航班号或航班到达站的城市区号，计算机自动回答该航班的动态信息。

五、机场航班信息管理流程

航班信息管理部门是机场营运指挥中心。由它负责所有航班信息以及诸如值机柜台、停机位等固定资源的营运管理。机场各生产营运保障单位、部门值班、调度、监控人员通过各自的系统终端获取航班信息，并且通知一线航班保障人员。航班生产保障信息的传递是以计算机信息集成系统为依托,通过计算机信息系统的生成、集成、发布来实现航班信息的流转。

1. 航班信息的来源

机场通过计算机信息集成系统自动收集航班信息,包括航班计划信息、航班动态信息、气象信息等,在正常情况下航班信息是通过集成系统从系统内部、外部各信息接口自动取得,在非正常情况下(计算机发生故障)空管部门和航空公司通过有线电话和对讲机等手段将航班信息通报机场信息管理中心,如图6-7所示。

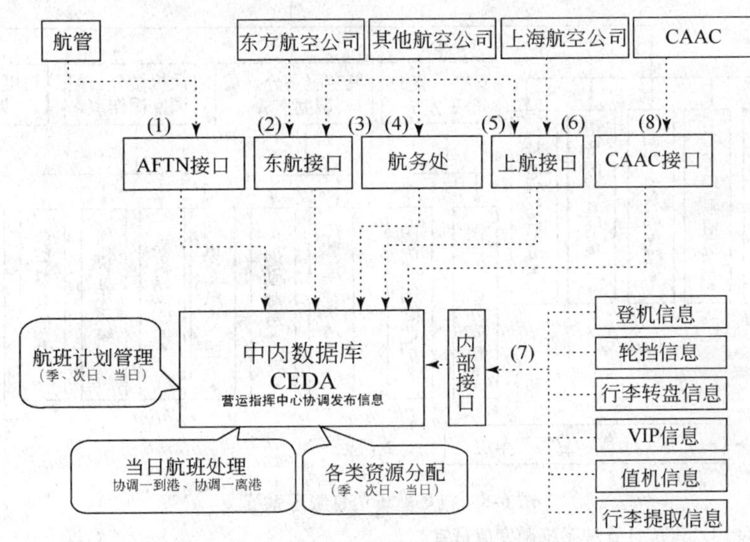

图6-7 浦东机场航班信息获取流程图

民航系统内的各个企业、管理部门之间是相互联系、相互合作、紧密配合的关系。在当今这个信息时代,信息共享、信息集成处理、信息充分利用是提高航班管理水平的一个主要手段。

(1)机场当局提供资源分配信息、登机信息、泊位轮挡信息、行李转盘信息、离港值机信息、VIP信息、行李提取信息等。

(2)航空公司或地面代理公司提供季和中长期航班计划信息、航班动态信息、旅客信息、离港信息、登机信息、当日航班处理信息。

(3)空中交通管制部门提供航班计划信息、航班动态信息、气象信息和各地机场信息等。

2. 航班信息的发布

每一条航班动态信息都有一条或几条不同的信息来源途径。由于各种原因这些不同来源的航班信息可能出现偏差，就需要进行分辨，以保证航班信息的准确性。一旦信息确认完毕，该航班信息就将发布到各下级信息单位，并作为机场运营的信息依据。正常情况下航班信息被计算机集成系统默认后即自动发布到各子系统（综合查询系统、广播、问讯、行李系统等），提供工作人员和旅客直接使用。各下级信息接收单位和部门的工作人员通过各自工作值班点所配备的航班系统或综合查询系统来得到各类航班运行信息，同时通报一线生产保障人员，机场航班信息管理系统，如图6-8所示。

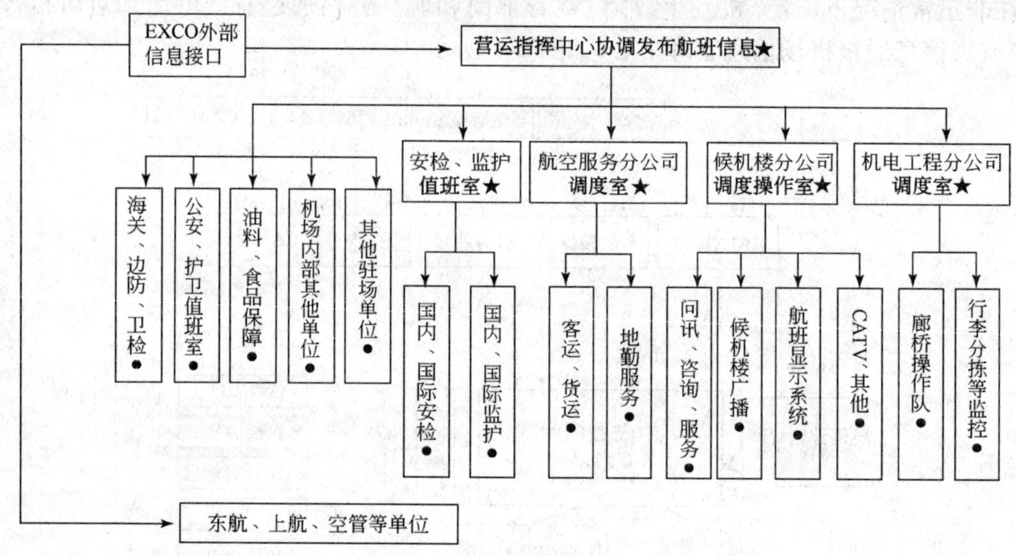

图6-8　机场航班信息管理系统

注：★配备使用航班信息管理系统调度值班室

●配备使用航班信息综合查询系统调度值班室

第四节　计算机离港系统

由于计算机技术的发展，国际上从20世纪80年代中期开始用大型计算机为航班旅客办理乘机手续及对飞机载重计算进行实时处理，这个系统称为计算机离港系统。

一、计算机离港系统的主要功能

1. 办理旅客乘机手续

记录旅客的座位；行李重量、占用座位、联程航班情况，计算行李超重，打印登机牌等。

2. 航班控制

发出航班的信息，分配航班的座位和接收旅客限额，更改航班及关闭航班的决定等。

3. 载重平衡计算

原来由值机人员进行的计算，现在由这些人员输入数据后计算机可以自动计算并记录结果，实时检查载重是否在配平允许范围之内并实行自动配载。

4. 建立或修改有关各种数据

离港系统需提供包括飞机、机场、天气、航行等数据。

5. 自动处理电报

不难看出使用了计算机离港系统之后，不仅使值机人员的工作量减轻，而且大大提高了工作的效率，办理登机手续的同时载重平衡的计算已经完成，使这两部分工作即时配合，准确地控制协调整个航班的载量。

1990 年我国首先在广州和北京启用了计算机离港系统，随后扩展到国内各主要机场，到 2003 年全国中小机场将全部启用离港系统。离港系统连成网络并和计算机订座系统联网之后，使一个航班从始发站、经停站到终点站的运输控制结成一个统一的整体，从系统中能迅速得知整个航线上的动态情况，并使各航线配合能使航班最大限度的合理安排商载，保证飞行安全，减少旅客办理手续时间，提高服务质量，增加经济效益。但必须重视计算机离港系统的安全性，各机场必须建立紧急预案和计算机第二套备份系统，以防意外事件发生。

【案例】　首都机场离港系统出现故障，登机手续停办 20 分钟

2006 年 1 月 11 日上午 10 点 50 分左右，首都机场离港系统发生故障，整个机场办理登机手续的柜台停工 20 多分钟，当时正在办理登机手续的航班不得不推迟起飞，之后部分航班顺延。

乘坐 11 点 20 分国航 CA1557 次航班去上海的许先生介绍，10 点 30 分左右，他所乘坐的航班已经开始办理登机手续，但 10 点 50 分左右，办理登机手续的队伍突然停下来，柜台工作人员也都停止工作。工作人员向等候在柜台边的旅客解释，“因系统故障，所有柜台暂时停办登机手续，航班会根据情况向后延迟，请旅客不要着急”，其间，旅客仍有秩序地在原地排队等候。11 点 16 分左右，系统恢复正常，柜台工作人员开始为旅客办理登机手续。许先生乘坐的国航 CA1557 次航班于 12 点 06 分由首都机场起飞，延后 46 分钟。

首都机场新闻中心表示，因离港系统故障，登机手续的办理暂时中断了 20 多分钟，但因机场通常是提前1个半小时左右就开始为旅客办理登机手续,所以此次系统故障的影响并不大。

二、离港系统主要操作指令(控制、值机)

1. 基本操作

(1)功能:进入离港生产系统

格式:▶$ $ OPEN TIPJ ↑

注:↑是发送键,使用F12键,不是回车键。

(2)功能:显示当前工作区使用情况

格式:▶DA ↑

(3)功能:输入工作号进入工作区

格式:▶SI:工作号/密码/级别/OFFICE号

例:▶SI:18888/1A/81/SHA001 ↑

(4)功能:完全退出系统

格式:▶SO ↑

2. 建立航班(81级)

(1)功能:显示飞机机型有效性索引

格式:▶EX:航空公司/飞机机型

例:▶EX:MU ↑

▶EX::MU/300 ↑

(2)功能:显示座位源图

格式A:▶SEM:航空公司/飞机机型/版本号

例:▶SEM:MU/300/600 ↑

格式B:▶SEI:索引序号(在▶EX指令执行后使用)

例:▶EX:MU ↑

▶SEI:7 ↑

(3)功能:显示航空公司舱位定义

格式:▶CG:航空公司

例:▶CG:MU ↑

(4)功能:显示航空公司机型表号

格式:▶CND:航空公司/A/机型

例:▶CND:MU/A ↑

▶CND:MU/A/300 ↑

(5)功能:建立新航班(96 级)

格式:▶BT:T/航班号/1/起始日期/终止日期/班期

例:▶BT:T/MU5399/1/19AUG02/31OCT02/D ↑

(6)功能:显示已建立但尚未生效航班

格式:▶SFL:航空公司

例:▶SFL:MU ↑

(7)功能:新建航班生效

格式:▶BP:R/ACT/航班号

例:▶BP:R/ACT/MU5399 ↑

(8)功能:显示已生效航班

格式:▶AFL:航空公司

例:▶AFL:MU ↑

3. 航班准备(81 级)

(1)功能:查看指定日期航班信息

格式:▶FI:航班号/日期/起飞城市

例:▶FI:MU5399/./SHA ↑

(2)功能:查看起飞机场登机口编号

格式:▶AZ:起飞城市

例:▶AZ:SHA ↑

(3)功能:添加登机口号

格式:▶FU:航班号/日期/起飞城市/GATE/登机口号

例:▶FU:MU5399/./SHA/GATE/5 ↑

(4)功能:更改飞机注册号

格式:▶FU:航班号/日期/起飞城市/CTN/注册号

例:▶FU:MU5399/./SHA/CTN/B3208 ↑

(5)功能:更改航班多项时间

格式:▶FDC:航班号/日期

例:▶FDC:MU5399/. ↑

4. 航班初始化(81 级)

(1)功能:航班初始化

格式:▶IF:航班号/日期/起飞城市

例:▶IF:MU5399/. ↑

(2)功能:查看名单报是否收齐

格式:▶MB:PNL/航班号/日期

例:▶MB:PNL/MU5399/. ↑

(3)功能:显示名单报

格式:▶MD:航班号/日期

例:▶MD:MU5399/. ↑

(4)功能:显示值机可使用航班

格式:▶CFL:航班公司/日期/起飞城市/选项

例:▶CFL:MU/./SHA/I ↑

注: I: 初始化航班　S: 所有状态

(5)功能:显示航班状态

格式:▶SY:航班公司/日期/起飞城市/选项

例:▶SY:MU/./SHA/Z ↑

注: Z: 分区显示　S: 分舱位显示

(6)功能:显示某航段座位图

格式:▶SE:航班号/日期/舱位等级/航段

例:▶SE:MU5399/./*/SHAPEK ↑

(7)功能:座位控制,把*位变 C 位(在 SE 指令后执行)

格式:▶SU:+C/座位(排、号)

例:▶ SE:MU5399/./*/SHAPEK ↑

▶SU:+C/10-12 ↑　10-12 排*位变 C 位

▶SU:-C/10-12 ↑　10-12 排 C 位变*位

注:先发*位登机牌,最后发 C 位登机牌

(8)功能:座位控制,把*C 位变 X 位(在 SE 指令后执行)

格式:▶SB:座位(排、号)

例:▶ SE:MU5399/./*/SHAPEK ↑

▶SB:15A-C ↑ 锁定15A-C为X位

▶SB:-15A-C ↑ 撤销15A-C锁定

注:X位是锁定不能使用

(9)功能:座位控制,按航段分配座位(在SE指令后执行)

格式:▶AL:座位(排、号)

例:▶ SE:MU5399/./*/SHAPEK ↑

▶AL:20-25 ↑ 把20-25排分配给SHAPEK旅客

5. 值机(96级)

(1)功能:显示当前值机航班

格式:▶SY:航班号/日期

例:▶ SY:MU5399/. ↑

(2)功能:把当前航班设置为缺省航班

格式:▶FT:航班号/日期

例:▶FT:MU5399/. ↑

(3)功能:显示旅客名单

格式:▶PD:航班号/日期/舱位/航段/限制条件1,限制条件2,……

例:▶ PD* ↑ 显示全部旅客

▶PD*,VIP ↑ 显示VIP旅客

▶PD*,GRP ↑ 显示团体

▶PD*,GRPH, NGRP ↑ 显示H团体旅客(不带团名)

(4)功能:寻找旅客

格式A:▶RN:姓

例:▶ RN:CHENG ↑

格式B:▶RL:记录编号

例:▶ RL:EK8N3 ↑

(5)功能:提取旅客详细纪录

格式A:▶FB:登机号

例:▶FB:5 ↑

格式 B:▶FSN:座位号

例:▶ FSN:10A ↑

(6)功能:接收旅客

格式:▶PA:序号,性别,行李,选项

例:▶ PA5,1/20 ↑

▶ PA5,M1,1/10 ↑

▶PA5,1/20,RW ↑

▶PA5,CHD1,1/20 ↑

▶ PA5,FFMU/100566,1/20 ↑

▶ PA5,INF1Hhuang/fang,1/20 ↑

(7)功能:值机关闭

格式:▶CI:航班号/日期

例:▶ CI:MU5399/. ↑

(8)功能:打印登机名单

格式:▶JL:选项/航班号/日期/舱位/航段/打印机 PID

例:▶JL:N/MU5399/./Y/10043 ↑

N:按姓名顺序打印　B:按登机号顺序打印

(9)功能:统计

格式 A:▶ACL 航班号/日期

例:▶ACL MU5399/. ↑　统计旅客、行李、重量指标

格式 B:▶JB 航班号/日期

例:▶JB MU5399/. ↑　统计行李数量指标

(10)功能:控制关闭(81 级)

格式:▶CCL: 航班号/日期

例:▶ CCL MU5399/. ↑

思 考 题

1. 什么是航班?如何区分国际航班和国内航班?
2. 航班时刻表在航空运输中起什么作用?

3. 航班时刻表由哪些要素所组成?
4. 编制航班时刻表应考虑哪些因素?
5. 简单描述国内航空旅客的流程。
6. 简单描述国际航空旅客的流程。
7. 为什么航空公司在航班离站前30分钟停止办理乘机手续?
8. 旅客乘机有效证件包括哪些? 如果乘机前丢失身份证如何办理补救手续?
9. 托送行李有哪些具体规定?
10. 值机工作人员如何安排客舱座位?
11. 载重平衡的计算涉及哪几方面工作?
12. 信息在机场管理中具有什么重要意义?
13. 机场运行指挥系统应采集哪些具体信息?
14. 航班信息可通什么渠道与旅客沟通?
15. 机场航班信息管理部门应负责哪些工作?
16. 计算机离港统主要功能有什么? 如何防止发生离港系统故障?

第七章　机场运输生产指标

第一节　机场运营业绩的指标体系

任何一个企业,无论是国有企业还是私有企业,都需要衡量和监控其运营效果和业绩。为了机场运营更有效,其业绩的衡量更为重要,这也是机场的特征决定的。在如今竞争日益激烈的环境下,市场的压力使得企业必须提高效益,而最有效的业绩就等于利润。由于机场的需求缺乏弹性,大多数机场利用它们所处的垄断地位从其用户那里获得较高的收入。在这种情况下,单纯利用利润来衡量机场运营效果并不能代表机场运营的有效性。因此需要建立内容更为广泛的指标及设立合理的标准,能够帮助机场管理者衡量衡量机场运营,确保机场的投入与资源更有效的利用。

1. 国外机场业绩衡量指标

英国一个运输研究机构(the Transport Studies Group of the Polytechnic of Central London)从20世纪70年代就开始着手研究并建立了一套衡量机场业绩的方法。他们收集24个欧洲机场详细的运营和财务数据,计算每个指标的标准。主要指标有:

(1)总成本状况的指标:单位换算旅客的总成本、单位换算旅客运营成本。

(2)劳动生产率的指标:单位职工对应的换算旅客吞吐量、单位职工对应的总收入。

(3)资产利用状况的指标:单位资产成本创利、千元净资产对应的换算旅客吞吐量。

(4)收入状况的指标:单位换算旅客对应的总收入、单位换算旅客的航空收入、航空收入在总收入中的百分比。

(5)商业活动的指标:单位旅客的特许经营收入、单位旅客产生的租赁收入、机场特许经营收入占特许经营者总收入的百分比。

(6)利润指标:单位换算旅客的盈亏、收入支出比。

此外,国际民航组织在《AIRPORT ECONOMICS MANUAL》中也提供了些衡量机场运营业绩的指标:单位旅客的收入(Income per passenger)、单位旅客对应的成本(Expenditure per passenger)、单位旅客对应的税前利润(Trading profit passenger)、单位旅客对应的航空性收入(Aeronautical income per passenger)、单位旅客对应的非航空性收入(Non-aeronautical income per passenger)、单位员工完成的旅客吞吐量(Passenger per employee)、单位员工完成

的收入（Income per employee）、单位员工完成的利润（Value added per employee）、单位旅客对应的资本性支出（Capital expenditure per passenger）、单位员工对应的净资产（Net assets per employee）

在欧洲，The transport research laboratory（IRL）专门从事对机场的研究，通过公布一些衡量机场运作的指标来帮助机场管理者、财务分析者和法规制定者评估机场的业绩。

2. 机场运营指标体系的具体内容

机场运营指标体系的具体内容，如表 7-1 所示。

机场运营指标体系一览表　　表 7-1

反映机场运营条件的指标	反映机场生产经营过程的指标	反映机场生产经营成果的指标	机场财务成本指标	机场生产经营经济效益指标
期末职工人数	起降架次	客、货吞吐量	主营业务成本	
平均职工人数	出港平均客座率	市场占有率	管理费用	单位吞吐量成本
职工流动率	装卸量	相对市场占有率	财务费用	每万元固定资产提供吞吐量
出勤率	操作量	增长率指标	营业外支出	
制度工作时间	装卸作业机械化系数		利润总额	成本费用利用率
实有设备数	事故频率		净利润	资金利税率
设备完好率	每十万架次重大以上飞行事故率			

总之，由于机场规模大小、复杂程度以及管理目标各不相同，所建立的指标体系也各不相同。另外机场的服务衡量也需要建立相应的指标及标准，这部分信息主要从顾客那里获得，因为服务的主要的目的是让旅客对机场满意，通过对旅客的调查设置一些指标。

第二节　机场生产运营与财务指标

机场是民用航空运输的地面节点，安全、高效的保障各航空公司航班在地面以及机场终端区的运行是机场的首要职责。本节主要探讨了机场生产统计指标、运行效率指标和机场财务指标 3 个方面的内容。

一、机场三大运营统计指标

1. 飞机起降架次指标

(1)起降架次——指报告期内在机场进出港飞机的全部起飞和降落次数，包括定期航班、非定期航班、通用航空和其他所有飞行的起飞、降落次数。起飞和降落各算1次。

例如:2006年上半年,厦门机场累计起降3.69万架次。

2005年,上海机场飞机起降375 127架次。

2002年,白云机场飞机起降架次147 668架次。

(2)高峰日起降架次——指一个机场报告期(按一年计算)内飞机起降最多一天的起降架次数。

对于任何一家机场而言,每天的航班并不是均匀分布的,所以机场各项资源的实际利用率会随着航班分布的不同而有较大的差异。高峰小时起降架次反映了机场陆侧和空侧资源的每小时最大负荷,机场管理者要根据高峰小时起降架次的数据来合理规划机场陆侧和空侧各种设施的容量,确保机场在高峰小时的运行顺畅。

(3)高峰小时起降架次——指报告期内"典型高峰小时起降架次"。"典型高峰小时起降架次"是指将报告期(按一年计算)内机场每个小时的飞机进出港的起降航班架次按数值大小排列(以整点小时计算),第30个高峰值的起降架次就称为典型高峰小时起降架次。

2. 旅客吞吐量

旅客吞吐量是指报告期内进港(机场)和出港的旅客人数,以人为计量单位。其中:成年人和儿童按1人次计算,婴儿不计人次。

进港旅客是指旅程中止于本机场的旅客和联程旅客。

出港旅客是指由本机场始发的旅客和中转飞机的联程旅客。其中:始发旅客指客票确定的以本机场为起点,始发乘机的旅客。联运旅客指购买联程客票在本机场中转飞机的旅客。

过站旅客是指仍要乘坐到达本机场的航班(同一航班号)继续其航程的旅客。过站旅客单独统计,但计算吞吐量时只统计1次。

3. 货邮吞吐量

货邮吞吐量是指报告期内货物和邮件的进出港数量,以千克和吨为计算单位。其中货物包括外交信、货和快件。汇总时,以吨为计算单位,保留1位小数。进港货邮和出港货邮的统计方法、范围与进港旅客和出港旅客相同。

例如:2006年上半年,厦门机场旅客吞吐量356.86万人次,货邮吞吐量11.01万吨。

2005年上海机场完成旅客吞吐量4139.16万人次,货邮吞吐量220.52万吨。

机场生产是一个连续的生产过程,因此,在建立反映机场运营生产指标时,还应该考虑如"同比增长"、"年均增长"等反映机场业务量增长情况的指标,以从时间序列(即动态)方面考察机场生产的发展变化情况。

“同比增长”就是与同期相比增长了多少,同比发展速度主要是为了消除季节变动的影响,用以说明本期发展水平与去年同期发展水平对比而达到的相对发展速度。如本期2月比去年2月,本期6月比去年6月等。在实际工作中,经常使用这个指标,如某年、某季、某月与上年同期对比计算的发展速度,就是同比发展速度。

假设本期的产量为X,去年同期为Y。同比增长就是$(X-Y)/Y\times100\%$。

例:2005年上海机场共保障飞机起降375,127架次,同比增长13.86%,完成旅客吞吐量4139.16万人次,同比增长15.26%,货邮吞吐量220.52万吨,同比增长13.89%。

除此之外,还有环比增长、年均增长率、定基比等统计指标。

4. 安全生产指标

(1)飞行事故率是指报告期内重大以上飞行事故的发生频率。

每10万架次重大以上飞行事故率是指飞机平均每10万起飞、降落架次发生的重大以上飞行事故频数。

计算公式:

$$\text{每10万架次重大以上飞行事故率}=\frac{\text{报告期内重大以上飞行事故发生次数}}{\text{报告期内起降架次}}\times 100\,000$$

上式中飞行事故是指自任何人登上飞机准备飞行直至这类人员下飞机为止的时间内,飞机在运行过程中发生人员伤亡,飞机损坏的事件。

飞行事故又分为特别重大事故、重大飞行事故和一般飞行事故3种:

①特别重大事故:指凡属下列情况之一的,统计为特别重大事故:

人员死亡,死亡人数在40人及其以上;

飞机失踪,机上人员在40人及其以上。

②重大飞行事故:指凡属下列情况之一的,统计为重大飞行事故:

人员死亡,死亡人数在39人及其以下;

航空器严重损坏或迫降在无法运出的地方(最大起飞全重在5.7吨及以下的航空器除外);

飞机失踪,机上人员在39人及其以下。

③一般飞行事故:指凡属下列情况之一的,统计为一般飞行事故:

人员重伤,重伤人数在10人及其以上;

最大起飞重量5.7吨(含)以下的飞机严重损坏,或被迫降落在无法运出的地方;

最大起飞重量5.7~50吨(含)的飞机一般损坏,其修复费用超过事故当时同型或同类可比新飞机价格的10%(含)者;

最大起飞重量50t以上的飞机一般损坏,其修复费用超过事故当时同型或同类可比新飞机价格的5%(含)者。

上述飞行事故中伤亡人数确认标准是:

①死亡人数,指凡自飞机发生事故起30天内,由于本次事故导致的致命死亡人数。

②重伤人数,指机上人员在飞行事故中受伤,经医师鉴定符合下列情况之一的:

a. 自受伤日起7天内需要住院48小时以上;

b. 造成任何骨折(手指、足趾或鼻部单纯折断除外);

c. 引起严重出血的裂口,神经、肌肉或腱的损坏;

d. 涉及内脏器官受伤;

e. 有二度、三度或超过全身面积5%以上的烧伤;

f. 已证实暴露于传染物质或有伤害性辐射。

飞行事故伤亡人数分为:机组伤亡人数,乘务、保卫员伤亡人数,旅客伤亡人数。

(2)安全生产持续天数。

二、机场运行效率的主要指标

航空运输是速度最快的运输方式,机场是航空旅客、货物的集散地,每一个航空旅客都希望能够快速办理好出港、离港的各项手续,货主也希望托运的货物能够以最快的速度到达最终目的地,尽量减少地面处理的时间,因此,对于机场,尤其是枢纽机场,机场运行效率是衡量机场服务质量的重要指标。从目前国际上对机场运行效率研究的焦点来看,机场运行效率的主要指标包括:

(1)机场空间和拥挤程度(跑道容量、机位数量、候机楼容量)。

(2)延误时间。

(3)客货地面处理速度(航空器过站时间、旅客、货物离场和到达处理时间)。

(4)顺畅方便的处理流程。

(5)各种突发事件反应效率。

(6)各种设备、基础设施存在的缺陷。

1. 机场容量

机场容量决定了机场飞行区在同一时间内可以允许起降的飞机起降架次、停机坪可以停放的不同机型的飞机架次以及航站楼可以容纳和处理的旅客数量等。

(1)飞行区容量。影响机场飞行区容量的要素有跑道规模和可用性、滑行道构型、航空器运行程序以及泊位的数量、大小、位置和分配程序等。

(2)航站楼容量。影响航站楼容量的要素有登机门数量、值机柜台数量、候机楼面积、设计容量等。

2. 客货地面运作效率

分别从旅客、货物以及航空器3方面来衡量机场客货地面运作效率。

(1)旅客。衡量旅客办理手续效率的指标有旅客平均占用面积、排队时间、步行距离、各种手续办理速度、航班信息显示数量等。

(2)货物。衡量货物地面处理效率的指标有海关手续时间、货物停场时间等。

(3)航空器过站时间:

过站时间是指从航空器开机门至航空器关机门之间的时间。

最少过站时间是指通常情况下航班过站需要的最少时间。航空公司安排航班计划时,不得少于最少过站时间。

最少过站时间以航空器大小进行划分:

a. 60座以下的航空器不少于35分钟,如:DHC8、YN7、CRJ200、EMB145、DORNIER328和SAAB340等;

b. 61~150座的航空器不少于45分钟,如:B737、MD82、MD90和BAE146等;

c. 151~250座的航空器不少于55分钟,如:B767、A310、B757-200和B737-800等;

d. 251~300座的航空器不少于65分钟,如:A300、B747-SP、B747-200、B747-400、A340和A330-300等;

e. 301座以上的航空器不少于75分钟,如B747-400P、MD11、B777、A330和IL86等。

3. 各种突发事件反应效率

机场的职责除了要保证每一个航班安全、准点的运行,还需要能够处理各种各样的突发事件和紧急情况,以确保整个民航运输的公共安全,因此,在衡量机场运行效率时,还需要考虑机场对各类突发事件的反应效率,例如消防车反应时间、危险品处理能力、冬季除冰雪能力、鸟害防治等。

4. 飞机平均延误时间(飞行区)

延误时间是指飞机运行实际需要的时间与飞机运行在非拥挤以及不受其他飞机运行影响的条件下所需要的时间差。

无论何时,只要两架或者以上飞机试图同时占用跑道、滑行道、门位机位或者其他任何空侧设施时,延误就会在飞行场地上出现。当其中一架飞机占用时,另一架飞机必须等待。由于飞机并不是按照均匀的速率到达或者出发,而是有些随机的,所以即使当需求低于容量时,这些飞机仍可能发生延误。图7-1显示了延误不是仅仅发生在容量极限的一种现象。一些延误在机场远没有达到容量极限之前就已经出现,并且随着需求的增长,延误时间呈指数增长。

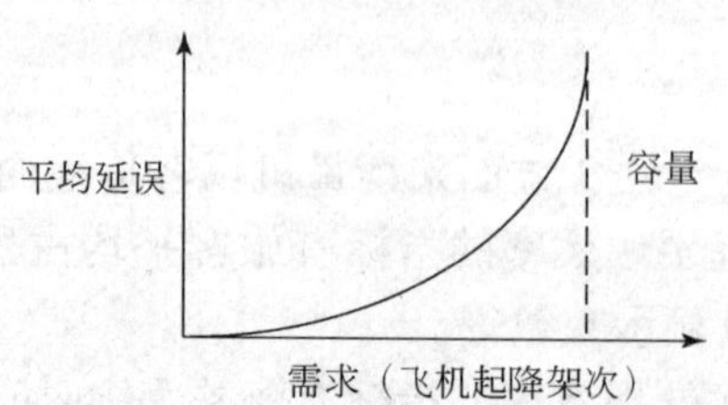

图 7-1　运行需求和平均延误的关系图

延误的测度：记录具体的延误时间。

三、机场财务指标

机场财务指标分为成本和收益两部分。机场运营成本指标除了要考虑机场的成本结构以外，还要考察单位成本指标与影响单位成本的因素。收益指标包含了机场的收益结构以及单位收益指标以及利润指标。

1. 机场成本绩效

（1）机场成本结构：①劳动力成本份额
②软成本份额

（2）单位成本：①单位旅客劳动力成本
②单位飞机位移的劳动力成本
③单位工作量单元劳动力成本
④单位旅客总变动成本
⑤单位飞机位移总变动成本
⑥单位工作量单元总变动成本
⑦单位变动成本指标

（3）影响单位成本的因素：①投入价格
②单位可变成本与劳动力价格
③单位可变成本与服务质量
④单位可变成本与机场规模
⑤单位可变成本与机场特性

2. 机场财务绩效

（1）收益份额：①非航空性收益份额
②特许经营权收益份额

③停车收益份额

(2)收益产生:①单位飞机位移的航空性收益

②单位旅客的非航空性收益

③单位旅客的总收益

④单位飞机位移的总收益

⑤单位工作量单元的总收益

⑥单位雇员的总收益

⑦收益指标

(3)经济获利能力:①净收入

②利润边际

③流通比率

④资产回报

⑤股份回报

⑥债务资产比率

⑦负债率

第三节　机场服务水平调查

对于机场来说,服务的好坏在竞争中起了重要的作用。可以说,服务就是竞争力,服务就是市场,服务就是效益。因此,需要衡量机场的服务质量,提高机场的服务水平。这主要通过对机场旅客的调查来得到信息。

AETRA 机场评选

为了完善机场旅客满意度的评比制度,自从 2004 年 1 月以来,国际机场协会以及国际航空运输协会发起了一项新的旅客满意度调查活动,以取代"全球机场监视器"调查活动。这个新的调查活动取名 AETRA,其名称取自拉丁语,意思是"明朗天空"、"上天"。

AETRA 意见调查全年进行,全球共有 48 个机场参加。受访的旅客就他们在机场当日的体验給予评分。这是业界最具代表性的机场基准调查之一,由国际航空运输协会及国际机场协会联合举办,两会是全球航空公司及机场业界的组织。

全球机场旅客满意度调查内容广泛,涉及到航班信息屏幕、指示牌等机场设施,机场饭店、商店、餐厅、卫生间等设施及服务,安检、移民局人员的服务,机场环境和登机检票速度等,都在旅客打分的范围之内。在全球 66 个机场中,根据 10 万封以上的使用者之问卷调查,所挑选出来的。

AETRA 的调查理念将比以往的调查有所改进。首先,AETRA 将对旅客全程乘机过程中的体验进行调查,所涉及的调查指标多达 30 个。其次,对进出某个机场的所有航班抽样调查,并且确保抽样具有一定的代表性。由于这样的调查是针对机场整体服务质量,因此,调查地点一般选在机场登机口附近,以调查人员向准备登机的旅客随机发放调查问卷的方式进行。这一点对我国民用机场服务质量调查方式具有一定的借鉴意义。我国过去在进行旅客对机场的满意度调查时,一般是在机场内随机抽查,地点不固定,这样就难以很好地体现旅客对机场提供的各种服务的满意程度,所获得的数据难以体现可信度和代表性。

AETRA 的另一个特点是大规模数据分析。有了比较有代表性的调查手段只是一项良好可信的调查活动的前提,如何通过这些获得的数据进行分析筛选和比较是非常关键的。AETRA 每隔三个月对来自旅客的关于某个机场的调查数据进行全面地综合分析筛选和比较。这样,每年几乎要进行四次同样的分析工作。这就基本保证了 AETRA 调查结果的公正、可靠、可信。而且 AETRA 的目的本身就是为了促进和提高机场的服务水平,同时满足广大航空旅客对机场服务不断增长的需求和期望。这使得 AETRA 成为世界机场服务质量调查的"标杆"。

在 2004 年的 AETRA 意见调查中,香港国际机场的整体表现出色,获商务及消闲旅客给予最高的评分。调查结果显示旅客最欣赏机场人员态度有礼、热诚助人,也认为机场环境舒适宜人,效率超卓,而且往来机场交通方便。

思 考 题

1. 简述机场运营指标体系的主要内容。
2. 机场三大运营指标是什么?
3. 什么是高峰小时起降架次,它对机场的运营有什么影响?
4. 哪些指标可以反映机场生产运营的发展变化情况?
5. 如何考察机场的运行效率?
6. 影响机场飞行区容量的因素有哪些?
7. 影响旅客通过航站楼的因素有哪些?
8. 机场如何提高各种突发事件的反应效率?
9. 机场单位成本指标对机场的运营管理有什么意义?
10. 机场如何能够更好地了解旅客对机场服务的满意程度?

第八章　机场资源利用

地主型机场作为航空运输的地面节点，是机场范围内所有建筑物、设施的拥有者；同时，为了保障航班的正常运行，机场拥有提供各种航空地面服务的经营权，也拥有在机场范围内展开商业经营项目的经营权。因此，一个现代化机场包含了各种设施和服务，机场的运行也包括了航空公司、特许经营商和其他运营商在机场辖区内所从事的各种经营活动，他们之间构成了一种独特的"地主"与承租人的关系。在这一章里，我们将讨论除了建筑物、设施等有形资源以外，机场所拥有的经营资源。

第一节　机场内部资源

1. 飞机起降权资源

飞机起降资源利用直接反映到我们通常说的起降费/服务费收入上。飞机起降权资源是机场最核心的资源，由于地域条件限制，航空公司一般对飞机起降没有选择权；而由于机场航空延伸服务业务经营水平还不高，目前飞机起降等收入占机场总收入比重较高，也就是说目前机场的起降资源利用率还是比较充分的。对于有容量问题的机场，航班时刻是非常稀缺的资源，制订航班时刻表也是一个复杂的问题。为了解决当前我国一些大型机场时刻资源紧缺的问题，中国民航总局在2007年8月发布了《中国民航总局关于印发民航航班时刻管理暂行办法的通知》，探索建立公平、公正、公开的航班时刻分配与管理制度。关于此暂行办法的具体内容，可以参考本章最后的附录。

2. 候机楼物业资源

候机楼物业资源包括候机楼内的所有场所，有贵宾室，各类业务用房，各类柜台(值机、售票、保险以及宾馆等)。这类资源主要客户群体包括航空公司，保险公司，银行以及邮局等驻场单位，资源有较大的希缺性和垄断性，是机场目前的重要收入来源。

3. 机场商业资源

机场不仅仅是物流中心，还拥有庞大的客流量，机场更是商业中心；机场拥有的较强消费购买力意味着机场的商业资源应该有很高的市场价值。国外机场如英国机场管理局以及法兰克福机场以其出色的商业管理创造出商业性收入占总收入比重超过60%;目前国内机场对零售商贸业务采用的固定租金加营业额浮动租金的模式实际上就是特许经营权转让费,可以预计国内机场的商业服务资源仍有进一步开发空间。

4. 机场广告资源

国内通行作法是当地政府授予机场广告专营权,授权机场进行候机楼内外的广告代理业务;机场拥有场区所有广告资源,通过自营或招租方式盘活资源。广告收入同样是机场重要收入来源,但目前利用率还有待进一步开发。

5. 土地级差资源

由于安全和发展的需要,在理论上机场应该是占有相当多的政府授权经营的土地,并且拥有对机场资源进行经营规划的特许经营权。实际中,一方面由于大型机场大都属于上市公司,土地使用必须从代表政府的机场集团手中进行租赁,另外更加重要的是,由于早期民航改革初期,政企不分,在民航一体化框架下,航空公司,航油公司,维修公司以及机场公司的权益分割不清,导致众多土地被非机场公司(包括航空公司,航油公司以及维修公司等)无偿占有,机场土地被无偿转让,更重要的是,机场部分丧失了对土地的经营管理规划权(目前货站/航油公司/维修公司的经营权益在有些机场中并为未得到体现)。由于发展的需要,机场普遍留有大量的航空预留地,未来土地资源的利用将进一步提高,包括机场附近的房地产业务。

6. 地面代理服务资源

地面代理服务包括为航空公司提供的机务维修,飞机牵引,清洁,值机等服务。目前机场许多地面代理业务由航空公司无偿经营,机场部分丧失了经营收费权;很明显,首都机场的地面服务业协议明确确定了机场对地面服务业务拥有的特许经营权,无论是对地面服务进行参股经营还是对外招标,机场都应该首先获得特许经营权,如此机场对资源的控制才能得到保证,另外通过特许经营权实施,机场也将能够为航空公司提供更加中性化的服务,能够引入运营商的竞争,有利于航空业务的发展。

7. 航空客货运销售代理资源

客货代理是一项高收入,高利润的经营项目,而机场随着我国枢纽机场航空吞吐量的高速增长,未来客货代理业务的前景将更加广阔。

在机场的各项资源中,飞机起降权资源是机场平时最强调的,也是利用率最高的部分,业务量增长将能够带来机场盈利能力上升;候机楼物业资源,机场商业资源和机场广告资源经营相对成熟,但仍然有进一步成长空间;土地级差资源,地面服务资源和航空客货销售代理资源作为新兴资源,未来增长潜力较大。

第二节　提高机场资源利用的效率

机场的业务可以分为航空业务和非航空业务,对于航空业务来说,机场并不拥有航空业务的处理流程,但为整个流程的参与各方提供场地和设施,因此,在航空业务领域主要是通过提高资源利用效率,保证服务质量和服务安全来促进业务收入的增长。

一、机场空侧技术的改进

在空侧采用技术途径解决机场扩容问题或者减少延误问题主要包括两大类别:

第一类:改进设施和程序,使之能够加速进出机场的空中交通流量。

第二类:使用便于飞机在机场场面上活动的技术,使飞机尽快地在跑道和旅客上下飞机的闸口间运行,减少飞机滑进滑出段造成的延误,缓解了在滑行道、机坪和登机机位上的拥挤。

1. 改进设施和程序

(1)空域发展。通过重新组织空域结构并且修改进场、离场航路以及终端区飞机流的模式扩充容量。

(2)运行程序。修改空中交通管制程序以改善飞机在终端和航路的流量。

(3)扩容技术。通过技术改造提高通信能力、导航能力、监视水平、天气预报水平、空中交通管理技术(自动决策支持系统)。

2. 提高机场场面利用率

(1)监视和控制系统。提高低能见度条件下飞机地面活动的安全和效率,并且对潜在冲突发出警告。

(2)滑行道的设计和布局。合理的出口滑行道的位置、夹角;清晰易懂的滑行道标志和灯光系统。

(3)机坪布局和机坪设施。调整机坪构型、改变机坪管理模式、缩短飞机地勤服务时间。

二、机场陆侧技术改进

一个航站楼的主要目的是以最小时间、最顺畅的流程为旅客和货物在地面和航空运输之间提供衔接。

1. 影响办票柜台和行李检查服务水平和容量的因素

(1)柜台席位的数量和类型。
(2)航空公司的办票程序和人员配备。
(3)空间和构型。
(4)航班机型、时刻和荷载。
(5)航空公司租赁协议和机场管理的条例。

2. 影响旅客安全检查的服务水平和容量的因素

(1)通道数量、空间和人员。
(2)安检设备类型、设备灵敏度以及机场/航空公司/代理人的政策和做法。
(3)旅客特征。
(4)航站楼的构型以及旅客的流程模式。
(5)机型时刻和荷载。

3. 加速行李处理流程

(1)车道边值机。
(2)环形的传送带替代行李提取转盘。
(3)自动化的行李分拣系统。
(4)自动的自我服务的行李处理系统。

4. 机场地面交通

(1)建设机场与城市之间的高速专用之路。
(2)根据机场规模,配套建设与其相适应的停车场。
(3)把公共交通(公交、轨道交通)延伸至机场。
(4)有多个航站楼的机场,根据旅客的流程设置机场内部通道。

第三节　提高机场利用的效益

大多数机场的航空收入占总收入过半,特别是对小机场,商业收入显得不重要。航空性收入是可调整的收入,能够迅速弥补上升的成本或亏损。

一、传统的航空收费结构

1. 飞机起降费

(1)收费基础:根据最大起飞重量 MTOW 或最大着陆重量,以每单位质量来收费(每吨或每 1 000 磅等)

(2)收费方法有以下几种:

①固定的每吨的费用。总计 = 单价 × 吨数。

②重量分界点,每吨费率随重量分界点阶梯上升,计算时用相应的费率 × 相对应的重量,然后累加。

③同②,但不同的是,③不累加。

④含固定收费(①)加上分界点(②或③)。

⑤单一的固定收费。

(3)使用的相应设备费。空中交通管制设施(ATC)、着陆用的跑道、滑行道、停场占用机坪、上下旅客用的登机门、廊桥、起飞设施等。

(4)费用一般是在降落时支付。

(5)附加费用和折扣一般有三种,与航班距离或种类、噪声、夜航有关。

2. 停场费

(1)除去一段免费停场时间(2 ~ 6 小时),飞机要支付占用机坪、滑行机坪的时间,停场费是按小时收费,通常是按 24 小时为一单位。

(2)计算时,以飞机重量而非面积为收费基础,每单位重量的费率是固定的,有些机场的单位收费会随重量增加而增加。通常用停场费占起降费的百分比来表示。有些机场为公务或私人飞机提供机库。通常是以占用面积为基础来计算,用飞机占用面积(翼展 × 长度)来表示。

3. 旅客服务费

(1)旅客服务费通常是对离港旅客征收,少数机场对到港旅客征收。这样,当着陆时飞机付费,离港时旅客付费。这样也许可以在地面进行设施容量的调整,候机楼容量大小是由离港旅客决定的,与到港旅客相比,离港旅客要花更多的时间在候机楼。

(2)收取方式:

①离港时,直接向机场当局支付,在值机区域设置单独的柜台。

②由航空公司代表机场在旅客买票或值机时收取,然后再由公司交给机场。

③直接打入航空公司票价中,机场向航空公司收取。

4. 其他航空收费

其他航空收费包括终端区导航助航费、燃油产品费、登机桥、摆渡车、自动廊桥等费用，机坪服务、候机楼设施、安检费用等。

国内机场收费的主要内容包括有：

(1)起降费。其中包括场道服务、消防服务、救护费，另外还有夜航加班费，航道灯光费、停场费；

(2)地面服务费。包括旅客过港服务费、机务费、飞机清洁费、运输服务费、安检费、加油费；

(3)航路费。监听服务另外收费；

(4)机场进近指挥费。包括气象费、空中指挥费、航行服务费、导航费、通讯费；

(5)场地租用费。包括头等舱休息室、贵宾室；营业用地：包括值机柜台、仓库用地、办公室。

二、传统的价格策略

1. 收费原则

机场是一个国家非常重视的功用设施。特别是提供的航空性服务，要收取一定费用弥补成本。设置一个合理的价格，主要考虑一下几个方面：首先机场的收费要保证政府和机场当局能支持机场的发展和投资，并弥补运营造成的亏损。其次，机场定价政策是基于弥补设施的成本，即成本会计为基础。但很多情况并非如此，机场会提供更多的社会福利，即外部的经济，而造成内部的损失。最后，由于机场是公用设施，对所有用户应是自由进入，无歧视。这个原则早在1944年芝加哥公约文件15中就明确指出。但这种成本回收和无歧视原则会导致机场收费在各用户间造成平均化，致使对机场资源的无限制使用，甚至是浪费。

2. 定价方法的修改

意义不完全的“成本回收”和“无歧视”原则所导致机场收费结构在各用户之间的平均化，因此也把这种定价方法称为“平均成本定价法”。后来，这种简单的平均成本定价法被修正过两次，一次就是前面提到过的有断点的结构：重量超出某一范围，每吨的费率上升。另一次就使“有能力支付”概念的引入，例如相对于短航线的航班来说，长航线的航班在运营中机场费用在其总运营成本中比重小的多，长航线航班及其旅客有能力接受较高的费用。这样在起降费和旅客服务费中引入与距离相关的额外收费。所以，在传统的收费结构下，定价方法试图将两者结合起来，即平均成本法和有能力支付。

三、传统定价的缺陷

(1)没有鼓励飞机制造商和航空公司开发和使用那些需要跑道短、对跑道荷载要求低的飞机或是需要较小的机坪及停场区的飞机。

(2)加剧高峰问题。

(3)不能确保机场设施在高峰期被最需要使用的用户使用。

(4)不能阻止通航飞机和相对较小的运输机在高峰期使用设施。

(5)平均成本和无歧视原则还带来这样的情况:在一个国家、地区大多数机场的起降费等其他费用几乎是一样或非常接近;而实际上,不可能所有的机场处理飞机和旅客的成本都一样,所以目前的平均收费结构不能反映不同的成本。

四、定价策略的改革

我国机场收费的定价是按照国家规定(《国内机场收费标准的通知》(民航财发[2002]179号)的规定)执行的,机场自身不具有定价权。机场有限资源的合理配置需要用户对服务支付一个能反应其成本的价格。从财务角度要收回成本,达到盈亏平衡,这是目前定价结构追求的目标,但从以上的分析可以看到其弊端:从经济的角度,机场应该更注重资源的有效利用,一些欧洲在放松管制后,在成本上升和容量扩展的压力下,发展了一些更能有效分配和利用资源的定价体系,期待更有效的利用资源。

1. 边际成本定价

如果某一机场容量是指容纳 n 架飞机,那么,要容纳 $n+1$ 架飞机就必须扩展机场容量(如投资新建一条跑道),此时就要考虑对机场用户的收费率和扩展容量之间的关系。但是,现存容量利用不足的机场在一天的任何时间增加一架额外的飞机和一个额外的乘客其成本几乎为零,此时,额外的飞机和乘客对机场经营成本的影响极其微小,建立在边际成本定价基础上的费率也就很低,愿意利用机场设施的用户在低费率的激励下将增多,机场设施将被最大程度地有效利用。

2. 拉姆士定价

当边际成本定价不能产生足够的收入以回收机场所有成本时,就可以选择拉姆士定价。拉姆士定价的用户收费高于边际成本,它对不同用户征收与服务的需求弹性成反比的费率,换言之,收费基础是用户的意愿支付。机场用共同的设备向需求价格弹性各不相同的多个用户群提供服务,设 i 用户群(各用户群的需求相互并无影响,即需求是各自独立的)的需求价格为 P_i,供给量为 Q_i,共同固定费用为 F,单位平均可变费用(=边际成本)为

C_i,在收支相等的公式 $\sum_{i=1}^{n} P_i Q_i = F + \sum_{i=1}^{n} C_i$ 的条件下,使用拉格朗日乘数 λ,设 $\varepsilon_i = -\frac{P_i}{Q_i} \cdot \frac{dQ_i}{dP_i}(\varepsilon_i > 0)$,亦即为需求的价格弹性,$\lambda(\lambda+1) = R$,得机场服务定价公式为:$P_i = \frac{C_i}{1 - \frac{R}{\varepsilon_i}}$。

i 用户群的收费虽因需求的价格弹性而不同,但必须按比率 R(称为拉姆士指数)打折扣。拉姆士定价以收支平衡为前提条件,并且使经济福利最大化,是次于边际成本定价的"次优"收费方式,它能减少机场经营航空业务的赤字,避免财政补贴。另外,拉姆士定价允许诸如拥挤、噪声和空气污染等外部性产生的社会成本在机场收费结构中反映。拉姆士定价一般被称为商业导向的,它对使用机场服务的用户征收与其弹性需求成反比例的费率,即把收费建立在支付能力的基础上,提高了机场的收入。在放松规制后的欧洲,拉姆士定价在机场收费理论和实践中都得到了最广泛的发展。

3. 高峰时间的价格策略

高峰定价理论早在放松管制前就被提出来过,放松规制后,欧洲一些国家的机场为了解决机场的拥挤问题而在实践中加以运用。高峰定价的理论依据是非高峰用户应支付长期边际成本,而高峰用户应支付短期边际成本(如机场处理拥挤的成本),高峰时期运用短期边际成本定价不但能使机场回收成本,而且能激励航空公司尽量在非高峰时期运营。不过,由于飞机的使用要求等因素的制约,对这种定价体系的合理性目前尚存在不同的看法。

应用该措施的最关键环节是"额外费"的确定,这种"额外费"的确定要考虑多方面因素。首先,要使航空公司感到降航班时刻调整到非高峰时间是划算的,因为高峰时间意味着高的载客率,如果这种"额外费"的收取不足以使航空公司认识到高峰时间内的运营成本将大于其运营效益,那么这种措施是起不到应有的效果的,甚至航空公司可以将这笔费用转嫁到旅客身上,而有些旅客对价格因素并不是很敏感的,如商务旅客等。另外还要考虑的是公平竞争的问题,一般来说大型航空公司实力雄厚,即使在此有所损失,但其可以从其他方面得到补偿,为了占有市场,宁愿有损失也在所不惜;而小型航空公司或新的航空公司由于实力有限,则可能不得不退出,因而可能造成市场垄断。因此,利用该措施必须要进行多方面的综合考虑。

4. 两部收费

两部收费能回收机场固定成本和服务生产过程中的可变成本。固定成本(建设成本和资本成本)通过确立一个独立的固定收费收回,可变成本(维修成本和利用服务导致的其他成本)通过反映服务的边际成本的定价收回。这种收费的主要问题是固定成本由谁支付,在欧洲实行两部收费的机场中,一般让所有航空公司支付相同数量的固定成本。

五、提高非航空性业务收入

在非航空业务领域，机场也是一个场地提供者，但不同的是，机场拥有非航空业务的控制权，可以通过更好的商业规划和多种灵活的特许经营等方式来增加机场收入。

1. 非航空性业务

目前机场主要的非航空性业务主要包括：

(1)地面交通集散地。一般多为停车场收入，近几年来物流园区也开始贡献更多的价值。

(2)候机楼商业资源。大多是采用招标的方式选定的候机楼内的商店、餐厅、酒吧以及机场内的酒店、汽车租赁、航空配餐、行李分检公司、货运代理等的租金。

(3)办公用房租赁。包括商铺以及为航空公司和其他办公单位提供的办公室、会议室和商务活动所使用的办公用房。

(4)贵宾厅。在机场除了有航空公司为头等舱和商务舱的客人提供服务的贵宾厅外，部分机场也会为所有旅客提供有偿服务的贵宾厅。

(5)广告。广告收入在中国机场非航空性收入中占有相当大的比例。

(6)IT 资源。大部分的机场内企业都可能需要租用专门 IT 公司开发的系统进行管理。

2. 非航空收入来源

(1)租金。出租场地直接给机场用户：航空公司、地面代理服务商、货主、旅游代理、公用交通运营者、酒店、餐饮公司、制造公司等；出租值机设施、行李传送带、其他设备；还有政府机构（移民、健康检查）也要支付所占场地的费用。租金是商业收入中的重要来源之一。在欧洲机场，总收入中平均 8% ~10% 来自租金，美国机场租金占总收入的 1/4。

(2)特许经营费。从经营商店、免税店、非免税店、餐厅、休闲服务、广告、飞机相关的服务、旅客、行李或货物处理中收取的收入。

(3)机场自己经营的商业活动收入。

(4)机场从机场外经营活动的收入。

对于各类特许经营和租赁活动在对其确定收费标准前应首先估算一下其有关成本，即机场为每一个特许经营人或承租人提供房屋或土地而发生的成本。其目的是要为每种不同情况分别确定一个最低收费标准，从而使机场不至于在交易活动中受到损失。

大多数机场采用招标的方式选定的候机楼内的商店、餐厅、酒吧以及机场内的酒店、汽车租赁、航空配餐、行李分检公司、货运代理等的租金。不过国际的经验显示，并不是谁报价最高谁就中标，因为投标者的素质、服务水平、商品价格的合理性等因素对机场的形象和利益都有着影响。因此多在招标前由机场事先遴选出服务水准合格的投标人参加竞标，通过竞争选出对机场更为有利的投标者,从而获得更大的利润。

在租金的收取上机场与参与机场商业经营的客户之间的契约关系都较为灵活:有的按占地面积收取固定租金;有的按销售额的一定比例提成;有的客户的产品则采取试销的方式只收取少量的保证金;对于少数确实经营有困难的经营者机场主动给他们提供必要的帮助。

特许经营费可以是变动的,也可以是固定的,或两者兼而有之。既含有变动部分,又含有固定部分的特许经营费一般更为常见。这两种方法相结合的特许经营收费方法适用的范围通常随着机场规模的扩大而扩大,在那些吞吐量很大的机场,大多数活动趋向于采用这种收费方法。

在机场确定了特许经营的收费标准和房屋租金以后,还须进一步确定选择特许权经营人的方法。通常机场广泛采用的方法是公开招标。因为采用这种方法,机场更有主动权,因而对机场更为有利。但应该注意,那种谁报价最高谁就中标的做法未必明智,因为投标者的素质、服务水准和其商品价格合理性等方面对机场今后的形象与利益都有一定影响,因此招标活动最好分两个阶段来进行:首先要选择服务水准能到达基本要求的候选人;然后再邀请这些候选人投标,并对其进行审评,择优选取。

机场公开招标时,通常在招标邀请中,应提供给投标人报价的基本信息和资料,以供投标人作为报价的依据。

机场一旦选定了特许经营人,就要签订合同,以明确和限定机场和特许经营人的行为。机场通常应负责起草合同。合同还应规定,在仲裁失败时,任何可能出现的争端都应通过机场所在国的法院解决。

至于房屋、土地和建筑场址的租约,在拟定此类合同时要十分慎重,因为其合同期较长,所以需要在租约中写明机场将定期重新审订租金的条款,以及阐明在合同期满后,机场有重新获得其产权的权利等条款。此外合同中还应该注明机场收回其地产的三种情况:①承租人拖欠租金;②为机场营运的需要;③为了公众的利益。若机场提前收回其地产,也需要在合同中注明对受损失的原由及补偿等内容。

第四节　机场人力资源管理

一、人力资源管理

选人,育人,用人,留人是人力资源管理的核心。

1. 选人

(1)通常的招聘程序(也是很多知名公司通用的程序)是:发布招聘广告,收集应聘资料,对应聘资料初选,约见面试,填写公司要求的履历表,参加招聘单位主持的笔试(专业知识，外语）、心理测试题，以及技能测试，人力资源部和用人单位的面试，背景调查，录取试用。

（2）展示企业的实力和形象。展示本企业实力和形象的设计是绝对不能马虎的，“酒好不怕巷子深”的时代已在离我们越来越远，应聘者也在开始掂量他们即将加入的新集体的分量，成功的招聘主管懂得恰当的推销公司的形象，招聘人员的素质形象也被应聘者当作是公司形象的缩影，很多专业人士认为安排下属去招聘未来的上司决不是恰当的。

（3）收集应聘资料。收集应聘资料的途径，可能是内部，或外部报刊、网站、人才交流中心、劳动部门、猎头公司、高等学校等。

（4）对应聘者的考核。对应聘者的技能考核要有针对性，例如考核接线员，会涉及语音，声线，打字速度，词语表达能力等；考核印刷工，会涉及色盲测试等；考核办公室文员，计算机水平是必不可少的。对每一个职务，都会有详细的岗位标准或工作说明书。人力架构和编制，也是决定人力补充的依据之一。

在约见面试时间安排上，有的企业根据每位应聘者的可能面谈时间作间隔性的分段约见。也有部分公司通知应聘者面试时全部集中在同一时间，也许他们的观点是“宁可人等我，不可我等人”，但应聘者久等未获面试安排时便会猜疑公司的整体管理和效率。

选人的另一个课题包括人力资源的储备。时下大多数企业的人力资源管理者已经尝到了招不到工的苦涩味，人力资源管理者不对当前人才需求进行分析和与各人才生源地保持紧密联系，是会给公司和个人都造成损失的。

2. 育人

育人主要在于建立有效的培训系统。

培训工作已逐渐被大多数公司重视，尤其是短期培训，因为立马可以收到效果。培训在西方国家被称为教育和训练，有时也叫做开发。人力资源管理者是需要制定短期（年度和月季周）和长期（2 年、5 年，甚至 10 年）的培训计划的。

一个有效的培训系统包括以下几个方面：

（1）需求。对部门培训申请（需求）进行调查，也要主动对全公司各职系进行需求评估。

（2）实施。按新人和在职分类，设定相应的培训课程，可分为公共课、理论课、应用课，涉及企业文化、品质意识、业务知识、操作技能，然后按不同需求进行课目分析，经征求各部门主管的意见后，便可以组织师资力量和确定教材实施培训。

（3）考核。分理论知识和上任后表现两部分，考核成绩应当公布，必要时可颁发证书。

（4）应用。根据考核成绩作出岗位资格和任职资格的确认，必要时的工作扩大和丰富化，工作升迁，薪资调整等。

3. 用人

(1)职业规划。对于新人,人力资源管理者的一个重要课题是:职业生涯规则。在3个月的试用期后,对新人进行一次考核评估,同时跟他进行一次正式的交流:公司对他的期望,对他的个人发展计划的安排,例如半年、1年、2年后要达成的目标,可以享受的待遇,需要得到什么帮助等,并定期检查进度和评估效果,协助其达成。

(2)女性抬头。21世纪用人的一大明显趋势是:女性抬头。在大多数公司,女性担任中高层职务的比例越来越大,这一点从很多大公司的实际情况都能够看出来。所以,人力资源管理者在选人用人时必须摒弃性别偏见。

(3)内部提升。很多大公司的大部分职位空缺都采用内部提升的政策,这帮助企业在建立强有力的凝聚力和激励员工创造业绩方面起到了不可低估的作用,也使一些贡献大、表现优秀的员工获得更大的施展才能的舞台,努力创造双赢的结果。

(4)考核考评。用人历来主张唯贤,"人尽其才,物尽其用"是人力资源管理的最终目的,达成这一目的的重要方式是合理公正的考核制度。考核应做到"公平、公正、公开",考核是手段而非目的,所以,考核前将考评的标准公开化,人人都明白目的和要求,才能竭力去争取实现。

赶驴子的故事古老而年青,有一头驴子,你怎么赶它,它都不肯动半步,赶驴人于是在它面前晃动一个萝卜,这驴子便跟着一直往前跑,等到了目的地,赶驴人才将萝卜给它吃。所以,怎样得到萝卜和能得到怎样的萝卜对于员工来讲是很重要的。

考核较宜采用两级或三级考评,如上对下,下对上,平级考核,或由考核小组完成。考核的内容要全面,"德、能、勤、绩、体"立体考核,同时要兼顾本公司的实际,突出主次轻重。考核结果可以在公司的专门的公告栏公布,员工可以对考核结果提出异议。当然,考核标准最好是可以量化的,才可以让人心服口服。

(5)末位淘汰制。有考核没有奖惩是作用不大的。所以,除了将考核结果与工资、福利、晋升挂钩外,对于那些给萝卜都不肯吃的员工来说,末位淘汰制也许是一个好办法。在历次考核中,对连续或年度累积超过几次的末位员工,予以强制淘汰,让素质差的人合理流失,而公司整体素质不断的周而复始、螺旋上升(而非循环上升)。

4. 留人

(1)安抚是留人的手段。所谓"既来之,则安之"。新人招聘来了,就要想办法安抚他们,让他们产生归属感和敬业热情,如果任其自生自灭,对双方都是一种损失。人人都在叫"以人为本"的口号,可是又有多少人真正做得到呢?

(2)沟通是留人的关键。管理的一大误区是:忽视了员工之间的沟通。据分析,人类除了睡觉外,70%的时间是用在人际沟通上的。

在招聘过程中，有一半的应聘者回答为何要跳槽时，答案都是“沟通不好”，这个数据是令人惊讶的。尤其是现代科技的发展，部分公司时兴无纸化办公，大小事统统 E-MAIL 搞定，人与人之间的面对面交流的机会越来越少，真不可想象，如果有一天老总在他深闭的房间内有什么三长两短，可能要几天之后才会被发现。网络在真真实实地改变我们的生活，所以，人力资源管理者应创造足够的沟通机会，例如茶会，舞会，倾听会，游戏节目，创办企业刊物等等。

同时，人力资源管理者还应有对员工之间的人际关系的洞察预见能力，发现僵局及时调解润和，避免关系恶化造成不必要的人员流失。

(3)福利仍是主要的留人机制。福利，始终是现阶段最主要的留人机制。广义的福利计划包括：文娱康乐，图书报刊，医疗保健，保险，公积金，劳动保护，公用电话，邮政代办，班车服务，无息借款，年终奖金，春节车资，旅游计划，住房计划，员工持股等等。

此外，情感留人，健康的竞争机制和用人机制都是有效的辅助手段。并非人人都只追求薪酬，和谐的环境，融洽的人际，舒心的工作，自我满足和价值的体现，都足以抵抗好多外界的诱惑。

人是世界上最难打交道的动物，如把人力资源管理称为 Human Party(人力资源舞会)，在这个 Party 上，人人以愉悦的心情，和谐的步伐，绝佳的搭配，在舞曲的牵引下，各施其能，井然有序，创造着世间的奇迹。而作为人力资源管理的你，在他们之间游刃，将这个 Party 推向更高潮。

二、人力资源管理的案例

UPS 如何招募合格的员工

2005 年 12 月 7 日，UPS 的首席执行官 Michael Eskew 在美国华盛顿国际教育学院发表了主旨演讲。在演说中他提出 UPS 一直以来致力于招聘具有 6 项鲜明特点的员工，这些员工的精诚团结和热情奉献筑就了 UPS 今日的辉煌，同时这位首席执行官认为在如今迅速转变的全球化浪潮中，这六项特点也是帮助美国企业屹立于不败之地的奥秘诀窍。那么究竟是哪六项特点呢？

没有什么比教育制度的质量对我们国家的长期竞争力、健康发展和富裕生活更重要的了。

整个世界正在变革；商业正在变革；我们的社会正在变革，从而我们教育和培育未来领导人的方式也必须变革。

我们今天在华盛顿聚会，而华盛顿富有内涵的历史有利于引导我们思考。1860 年当时的林肯总统和国会所面临的状况和我们目前类似。我并不是想论及当时的内战状况。今天我们所涉及的是当时往往被忽略的——变革中的经济和工作。当时横扫一切的经济变革正在威胁着我们这个农业大国，以及以农村为主的封闭的生活方式。那时刚刚引入蒸汽船运输服务;美国正在建设许多运河;铺设了数千英里的铁轨;以及架设了数不清的电报线路。

当时是一个具有开创性的创新时代!

几乎在一夜之间,原来自给自足的农村经济一下子被卷入了快速变革和拓展的国家经济变化之中。竞争不再只是来自邻近的村镇,来自于全国各地的生产厂商,甚至来自了国外。人们开始更经常地出远门,旅行的范围越来越广。变革之中也充满了紧张局势,经济危机发生了——比如 1857 年的大恐慌,导致了失业率急剧上升,出现了大量的破产行为,许多只能依赖举债生活。毫不惊奇,许多人厌恶这种带来不确定的变化。由此导致保护主义势力日益强盛。

1860 年,林肯和由共和党主导的国会上台执政。美国政府推行以下 4 项政策:

(1)帮助美国人建立自己的财产和商业活动。

(2)政府支持经济、教育和技术变革。

(3)建立一个横跨美国大陆的铁路网。

(4)政府意识到尽管本时期的动乱可能是改革的潜在障碍,但这依然可能带来特别的机遇。

政府颁布四项政策后,带来了一系列结果:

(1)许多州加入美国。

(2)美国人充分利用创新和新技术的气候形成了。

(3)企业家和财产拥有者阶层发展扩大了。

正是这个阶段的发展,美国经济从而主导了整个 20 世纪。如果我们咨询一位教育家,他会告诉你,我们可以从历史中学到许多。现在我们必须为 21 世纪的全球经济而竞争。类似林肯所倡导的那样,我们应采取多种多样的方式,教育问题涉及到社会的方方面面。

我对国际教育学院的工作深感敬佩,你们正在想方设法推动以下项目:

(1)和中国建立学生和老师交流制度。

(2)全新的多种语言教育课程。

(3)推行国际贸易知识普及。

(4)推进全球沟通技术的普及等。

你们正有效地改变教育下几代美国人的模式。UPS 也日益融合到全球贸易之中,我们在招聘员工们会考虑以下 6 个特点:

(1)具备贸易知识。

(2)熟知国外文化。

(3)能够流利地讲外语。

(4)拥有技术。

(5)有能力管理复杂市场。

(6)具有良好的伦理。

如果想在全球经济中取得成功，踏入工作岗位的员工应该具有上述的教育背景。尽管我使用的是UPS招人案例，但今晚我并不是代表我们公司发言。在过去的几年中，我参加了许多委员会、董事会、机构等，比如商业圆桌会议，总统出口委员会，中美商务委员会等等。许多时间内我都和业务同行以及政府高官进行沟通，我可以告诉你们大家的想法差不多。正如一位老师所言："了解全球真正发挥作用的经济、社会和政治力量，对于解决本地和全球问题都是至关重要的。"

这一点也正是我所提出的第一项特点——了解全球贸易。换言之，人们需要了解21世纪贸易和经济的基本知识。UPS公司已经开始为每一位员工提供不断更新的全球贸易课程。通过内部网页，以及会议、讨论等形式向员工们提供这样的知识培训。同时UPS邀请了许多世界著名政治家，经济评论家就有关全球贸易和供应链问题发表演讲。UPS业务进一步拓展不再局限于供应链，更多地涉及到了贸易领域，我们公司发现极需招聘具有全球贸易技能的员工。在过去的5年中，我们招收了20 000多名供应链员工。最近的《华尔街日报》曾这样形容供应链岗位的："它是国际贸易所产生的高价值工作，这是我们国家现在极需的工作，这能弥补其他行业的亏损。"

UPS招聘员工所需求的第二个特点是熟知并能适应国外文化。1976年，我们刚刚开始国际业务拓展。当时我被派往德国，这是一次令人大开眼界之旅。那时我们对跨文化交流依然并不熟悉，因此产生了许多经验教训。随着我们欧洲业务的拓展壮大，UPS准备将16家新收购的公司进行整合。当时如何整合是我们国际业务面临的最大挑战。我们的教训是，一开始UPS更像突击队；而不是老师、合作伙伴和咨询顾问的角色。当时公司的态度往往是这样的"你站在那里看我们怎么做，然而你就同样的方式做就行了。"简而言之，"要么按UPS的方式；要么就不。"这种方式并没有成功，我们的国际业务也受到伤害。我们发现只有将UPS企业文化、能力和当地情况很恰当的结合才能让企业顺利前行。我们也意识到当地员工能给当地客户带来更多的信任度，因为他们了解当地的文化、语言法律和业务习惯。我们同时意识到将收购的公司整合进入UPS需要平衡双方的期望值，建立一种信任合作包融的氛围。那些洞察国外文化的人将永远在UPS找到宾至如归的感觉。

UPS要求新入行员工应精通外语。如今美国的学校中，100万学生正在学习法语。只有不到50 000名美国学生正在学习汉语——而这门语言使用者超过10亿。最近我访问了中国发现了一个有趣的现象——中国学习英语人数之多超过了美国的使用者。在很短时间内，美国将成为全球第三大英语国家——排在印度和中国之后！UPS向200个国家提供服务，涉及的语言超过150种。我们公司的网站有22种语言格式。对于UPS业务而言，外语技巧是至关重要的，随着我们不断拓展亚洲以及发展中国家的业务，这种技巧越发重要。

对于UPS，通用的语言是技术。全球技术发展和运用极大地影响了我们的生活和业务。让我们看一下发展中国家，尽管缺乏有线网络资源，它们一下子跨入了西方发达世界——通过无线网络的运用。比如中国每个月新增5百万个移动电话用户。中国和印度为世界培养了不计其数的工程师、科学家、材料研究者、软件开发人员和许多技术专家。美国在工程师人才数量方面已经落后。当年苏美太空竞赛，激发了无数美国人致力成为工程技术人才，我也是其中一员。目前 UPS 共有 10 000 多名工程师，今后这个数量还会上升。UPS 的使命是服务于每位客户——不管他是在波士顿还是在曼谷，技术对于我们完成使命将发挥中心作用。没有技术能力，就不可能在全球经济中竞争取胜。客户们要求更多的服务和更快的响应速度，而技术能完成这个任务。比如说 6 年前，在假期中，我们要接听 600 000个电话——绝大多数都是查询电话，每个电话的成本为 2 美元。如今这些查询都通过因特网完成。每到节假高峰期间，我们处理的查询量高达 0. 12 亿次，每个查询只需花费 1 美分——通过先进技术，我们向客户提供了更好的服务，成本同时更低了。

新技术，新的竞争对手和分裂瓦解的商业模式正在飞速发展——你只要看一下迅然崛起的 ipod，Google，eBay 等，正如专栏作家佛里德曼在畅销书《世界是平的》那样描述的。

这些力量在全球层次上进一步整合，这也是为什么 UPS 在招聘时关注管理复杂事物和不确性能力的原因了。

资讯日益丰富，然而事物的复杂性和不确定丝毫没有减轻，反而更加朝相反方向发展。UPS 员工职业发展是需在公司内要从事 6 项乃至更多的不同工作岗位。实际上，UPS 认为这也是保持管理长期性的关键——这可是 UPS 一项与众不同的竞争优势。如今，UPS 的经理层平均而言在公司已经服务了 16 年多，并且至少承担过 6 项不同的工作，其中许多都是和国际业务有关。学文科的人有一项特别好的优点——学会了如何学习。我们坚定地认为美国传统的文科教育对于美国社会将发挥关键作用。

UPS 招聘时非常关注伦理行为。近些年来，有关商业正直和交际手段两者之间的关系一直被广泛讨论。美国大多数商业领袖在他们每日生活中表现的都是诚实可信的角色。然而美国之外，许多人对我们国家依然抱有否定态度。整个商业社会需要重新弥补这种形象。我相信现在商业交际手段已经超过了政治外交手段。整个世界已经在经济融合，如今影响全球绝大多数人生活的最大力量——是商业。我们的行为和信仰不但塑造别人对我们公司在国外运营的感受，而且塑造了别人对我们国家以及所代表的理想的感受。这是一个光荣的责任，我们必须小心谨慎地对待。UPS 每年都要对所有经理进行有关国外业务活动是否遵守有关职业操守进行审核。UPS 已经建立了“通过正确做事达到做得好的目标”的企业哲学，此哲学将继续引导我们前行。

我所说的六项原则是 UPS 如何招聘合适员工的指南，这也是我们在快速变化的充满挑战的复杂世界获得成功的奥秘。

思 考 题

1. 机场内部资源有哪些？
2. 你如何看待“地主型”机场这一称谓？

3. 影响机场空侧通行效率的因素有哪些?
4. 根据你的了解目前机场采取了哪些措施来提高陆侧的通行效率?
5. 机场一般的航空收费包括哪些内容?
6. 传统的航空收费定价原则有哪些弊端?
7. 你认为新的定价方法是否能够缓解机场所面临的成本上升和容量扩展的压力?
8. 机场非航空业务与在航空业务的运营有什么区别?
9. 机场非航空业务主要有哪些方面?
10. 机场非航空业务收入主要来源于哪些方面?

第九章　服务质量管理与机场服务

第一节　服务质量管理

一、航空运输服务质量

1. 质量定义

众所周知,评判质量的优劣,从不同的角度审视,会有不同的标准和不同的评判结果。生产者看质量,认为产品是否符合各项生产技术指标、功能要求和产品特性等技术性标准。消费者看质量,认为产品是否满足他(她)需求的功能和产品性能等方面的要求。换言之,产品质量是“产品或服务满足明确或隐含需求能力的特征和特性”的总体反映。

有形产品的质量,通常指产品的功能、性能、可靠性、安全性、经济性和耐用性等具体的量化指标。如果提及产品的售后“服务”质量,则指提供的保修内容、保修期限、顾客对维修的满意程度等。

无形产品的质量,一般指提供能够满足顾客需求所具备的服务内容、服务态度、服务技能、服务效果、服务的周到和及时程度以及价格等特性。衡量这类产品的质量,不仅取决于提供的服务本身具备的要求和特性,而且由于这类产品质量的标准是一些不可以完全量化的指标,因此很大程度上还取决于大多数顾客的满意程度。

1996 年中国民用航空总局根据《中华人民共和国民用航空法》和 ISO 9004—2《质量管理和质量体系要素第二部分:服务指南》,制定了《公共航空运输服务质量标准》,作为我国民航运输产品质量评估的国家标准。它为全面提高航空运输服务质量,提供了法律依据。2004 年 3 月中国民航总局要求航空公司向社会公布顾客服务承诺条款,确保消费者合法权益不受损害。2006 年 10 月 16 日,民航总局颁布了《民用机场服务质量标准》(MH/T 5104 –2006),该标准自 2007 年 1 月 1 日起正式实施。《民用机场服务质量标准》作为行业推荐性标准颁布实施,填补了我国民用机场没有统一的服务质量标准的空白。2007 年 2 月 12 日《公共航空运输服务消费者投诉管理办法》正式实施。新修改的《公共航空运输服务质量》和《公共航空运输服务质量评定》两个国家标准也于 2007 年 9 月 1 日开始实施。这是民航总局为贯彻中共中央关于构建社会主义和谐的重大战略,创造和谐的航空运输环境,切实维护航空消费者的合法权益,进一步加强消费者投诉管理而推出的重要措施。

民航运输和其他运输方式一样,它并不生产具有实物形态的物质产品,而是提供一种使旅客和货物在一定时间内发生空间位移的服务。提供这种服务的过程就是民航运输生产产品的过程,也就是顾客的消费过程。在乘客到达终点站并提取了行李或货主提取了货物之后,这种服务(或生产、或产品的消费)过程也就随之结束。因此,航空运输产品是无形的,既不能储存,也不能转让,是一个过程。这个过程是从顾客咨询、订座、购票开始,到最终到达目的机场并离开机场为止的全过程。

2. 民航运输服务质量的特性

民航运输服务质量是指"提供民航运输产品(服务)满足顾客需求能力的特征和特性的总体反映。"

由于民航运输产品的生产和消费的特殊性,其产品质量的衡量标准和指标与其他有形物质产品不同。民航运输生产的产品质量是"以安全为中心的优质服务"。具体说来,民航运输产品的质量具备以下几个特性:

(1)安全性(Safety)。民航运输是一种特殊的运输方式,它借助于飞机这种现代交通工具,将旅客和货物在一定时间内从空中快速运送到目的地。整个运送过程必须保障旅客安全、货物无损。这是民航运输产品的第一个重要质量要求。衡量这一质量优劣通常采用每百万飞行小时发生重大事故的次数(旅客安全运输率)、货运损失赔偿金额率和飞机安全率等几个指标。具体计算方法如下:

每百万飞行小时发生重大事故的次数 = (年重大事故的次数)/年百万飞行小时 ×100%

安全飞行率 = [周期内安全飞行(起落)架次/周期内实际飞行(起落)架次] ×100%

货运损失赔偿率 = (周期内货运赔偿金额/周期内货运总收入) ×100%

(2)正点率(Punctuality)。航空运输最主要的特点就是速度快。因此,旅客运输正点始发和货物按期运达,是民航运输产品质量的另一个重要指标。对于旅客运输来说,就是正点始发和正点到达、中转等候时间以及飞机调配的及时程度等。我们知道,影响民航旅客运输正点率的因素很多,目前主要考核始发正点率指标:

报告期航班正点率 = 报告期正常始发航班数/报告期始发航班总数 ×100%

报告期平均延误时间 = 报告期延误时间总和/报告期延误航班次数

对于货物运输来说,影响正点率的因素有货物的地面运输、发运、中转等。通常采用货物的按期运达率指标考核:

报告期运达超期率 = 报告期超期货吨数/报告期运输货物总吨数 ×100%

(3)舒适性(Performance)。民航旅客运输的舒适性,主要反映在两方面。第一方面是环境的舒适性,包括地面的购票环境、机场候机环境以及空中的乘坐环境等;第二方面是服务,如态度、便利、周到、及时等。

由于一般无法使用量化指标来直接衡量旅客运输舒适性的程度，航空运输企业通常通过旅客或顾客的投诉情况来反映。

投诉率 = 服务质量投诉件数/吞吐量（万人）×100%

对于民航货物运输，主要质量指标就是货物或行李运输的完好率，如货物在仓储、装卸和运输过程中完好无损，以及货物交运和提取时的服务态度、便利程度等。货物运输可以通过货物吨位损差率来考核。

货损率 = 货物损坏吨（件）数/货物运输总吨（件）数×100%

货差率 = 货物差错吨（件）数/货物运输总吨（件）数×100%

（4）便利性（Convenience）。便利性是指旅客购票、进港、登机、中转、离港和货物交运、提取时的方便程度。

（5）经济性（Economy）。民航运输产品的质量还反映在运输价格上，就是物美之时价要廉。以上四项用于考核产品是否“物美”，而经济性则考核“价廉”程度。与其他产品一样，要价格好，才有市场竞争性。在生产过程中，必须充分合理利用资源，运量多，速度快，质量好，费用省，才能降低生产成本，提高经济效益。

3. 民航运输服务重要评价指标“满意度（满意指数）”

旅客或货主对服务质量特性的感受可用综合指标满意度（满意指数）来反映。

2000 版 ISO 9000 标准对顾客满意给出了以下定义：顾客满意是指顾客对某一事项已满足其需求和期望的程度的意见，关键词是顾客的需求和期望。换句话说，顾客满意 = 顾客期望—产品/服务结果（对航空运输企业来说最终顾客就是旅客和货主，对机场来说航空公司是第一客户，从广义角度来说企业内部下道工序的操作者是上工程序的顾客）。顾客满意不是企业拿着自己的产品/服务去询问顾客“我准备为你提供怎样的服务”或者是对于“我已经为你提供的这些服务”你是否满意？真正含义的“顾客满意”是指企业所提供的产品/服务的最终表现与顾客期望、要求的吻合程度如何，从而所产生的满意程度。

面对众多顾客，如何了解每个顾客的满意程度？顾客满意不满意是人们心中感觉，如何具体测定其满意度，这是科学地测评“顾客满意度”是首先要解决课题。目前对航空运输企业“顾客满意度”水平的测评，主要由中国民航协会通过抽样调查，向旅客发放问卷方式进行的，抽样调查时应注意顾客的类别、地区分布、职业差别等各个因素保证抽样调查的科学性。问卷项目设计应围绕顾客期望、顾客感知质量、顾客投诉和顾客忠诚等多重指标，来测评顾客满意度。所测评指标主要采用适用性质量指标，例如“服务态度”、“引导标识”、“航班信息”、“候机环境”、“安全检查”、“购物”、“餐饮”、“广播”、“问讯”、“乘机手续”、“行李交付”、“地面交通”等等。目前处理这类指标可以采用模糊集合论方法，即用清晰等级边界模糊化的技术把每一等级用模糊集合表示，因为顾客在评价这种难以给出评判标准的项目时，人们心理活动的模糊性就明显地突现了出来，不易绝对地说“好”或“不好”，因为“好”与“不好”难以说明实际情况，在“好”与“不好”之间实际存在着的亦此亦彼中介过渡状态，因此把顾客满意度分成“非常满意”、“满意”、“一般”、“不满意”、“非常不满意”5个等级，模糊评价则取其中间值，也可给上述每一等级赋予不同的分值，整个测标体系的统计则可采用模糊综合评判法。

民航系统是较早被中质协指定为研究和开发用户满意度指数的试点行业。2002年中国民航协会用户工作委员会成功地进行了中国民航用户满意度指数测评试点，取得了宝贵的经验。从2004年开始，“旅客话民航”用户评价活动全面采用用户满意度指数测评方法。

近年来，民航认真贯彻落实科学发展观的要求，坚持“以人为本”，采取了一系列的有效措施，不断提高服务质量：①进一步完善消费者事务工作体系和制度，各地区管理局、航空公司和机场已经建立和完善了受理旅客投诉机制；②组织制订了《民用机场服务质量标准》；③在航空运输企业中积极推行“顾客服务承诺制”，各航空公司、大部分机场均公布和实施了《顾客服务承诺》；④继续狠抓航班正常工作；⑤加强服务质量监督，定期向社会公布航空公司航班正常率、旅客投诉率和货物/行李运输差错率。在民航各单位共同努力和社会各界的推动下，民航服务质量有明显改善。

2005年全行业航班正常率为81.99%，2006年全行业航班正常率为81.48%；2005年旅客投诉率为万分之0.026。

参加“2006年旅客话民航”用户测评的单位包括9家航空公司和旅客吞吐量最大的前34家机场。本次测评航空公司按旅客运输量、机场按旅客吞吐量大小分配样本数量，按照随机抽样原则，组织了两次集中现场抽样调查，加上航机杂志卡调查，最终获得调查数据。中国民航协会用户工作委员会根据各企业用户满意度指数得分，进行了分档评优。航空公司按照年度旅客运输量，划分为二档；机场按照年度旅客吞吐量，划分为三档；对用户满意指数得分达到基本标准以上的，根据指数得分依次分别评选出各档用户满意企业，授予用户满意优质服务奖。

获得“用户满意优质奖”的机场：

年旅客吞吐量1 000万人次以上组为：

成都双流国际机场

深圳市机场(集团)有限公司

上海国际机场股份有限公司

北京首都国际机场股份有限公司

年旅客吞吐量400～1 000万人次组为：

厦门国际航空港(集团)有限公司

海口美兰国际机场股份有限公司

沈阳桃仙国际机场股份有限机场

大连周水子国际机场集团公司

年旅客吞吐量400万人次以下组为：

济南国际机场股份有限公司

长春龙嘉国际机场

三亚凤凰国际机场有限责任公司

中国民航协会用户工作委员会在京召开的"2006年旅客话民航"用户评价结果会上发布，中国民航2006年度用户满意度为74.0分，比2005年提高了2.2分，表明2006年民航用户满意水平又有了新的提升。其中，航空公司用户满意度为77.0分，比上年提高了0.2分；机场用户满意度为71.1分，比上年提高了4.3分，满意度提高幅度较大(其中，航空公司评机场用户满意指数为69.1分，比上年提高了7.4分；旅客评机场用户满意指数为73.1分，比上年提高了1.1分)。

中国民航协会用户工作委员会主任刘玉梅介绍说，通过对民航用户满意指数模型主要模块的分析可以看出，2006年用户切身感受的民航服务价值、服务质量、民航企业形象和忠诚度分别提高了3.2分、3.1分和1.9分，用户抱怨率比上年降低了10.9个百分点。这些数据表明，民航企业在服务质量提高方面作出了很大努力，得到了消费者的普遍认可。同时，用户预期质量也提高了3.4分，说明用户对民航服务的期望和要求更高了，需要民航企业继续努力，追求更高的服务水平和服务境界。

航空公司的调查结果显示，在各个评价指标中，旅客对空中服务评价较高，达到82.7分，比上年提高了0.2分；对售票服务、航班延误时服务、地面服务的评价低一些，分别为78.7分，76.2分，75.5分。旅客对航空公司不满意的服务项目主要有：航班正点执行情况，航班延误服务时的信息沟通，机上餐饮，机上书报杂志等，见表9-1所示。

机场的调查结果表明，旅客对机场不满意的服务项目主要有：候机娱乐，进出机场交通，引导标识，候机楼环境秩序、机场购物，航班延误时服务，机场洗手间卫生，餐饮服务，机场饮水设施等。

2006年旅客对机场不满意项目提及率(%)　　表9-1

候机娱乐	14.2	安全检查	6.8
进出机场交通	13.0	办理乘机手续	6.4
引导标识	10.4	登机引导	6.2
候机楼环境秩序	9.9	机场问询	6.0
机场购物	8.9	航班信息	5.3
航班延误时服务	8.9	行李推车	5.1
洗手间卫生	8.7	通讯设施	5.0
餐厅服务	7.8	行李提取	1.1
饮水设施	7.7		

随着国民经济的高速发展,民用航空运输在国民经济中的地位日益提高,飞机已成为人们出行的一种大众交通工具,在人们心目中的形象日趋加强,对民航服务的期望值非常高,引起社会的高度重视。

中央电视台在2006年“3.15”前通过综合热线电话、短信、电子邮件、调查点击的情况,发布本周(2月20~26日)支持率最高的“十大心愿”:

(1)别让农民成为消“废”者!

(2)机场和航空公司提高服务质量!

(3)填平消费“陷阱”,买东西不用成“N项全能专家”!

(4)不再买到价格掺水、面积缩水、四处渗水的倒霉房!

(5)不再被垃圾短信惊扰!

(6)严查严办非法行医!

(7)教育消费要物有所值!

(8)厂家倒闭、停产,产品维修服务要有人管!

(9)洗坏衣物只退、赔洗衣(物)费的行规该改改!

(10)网上交易的监管更严格!

与上周相同的是,“别让农民成为消‘废’者”和“机场和航空公司提高服务质量”仍高居榜首,反映了广大观众、听众和网友们对“三农”问题和航空服务的极大关注。

【案例1】　旅客对机场服务质量的投诉

1. 机场安检服务工作有待改进

旅客林××在某机场过安检,安检一位小姐看过机票后发现机票上的吴字的“口”二边竖稍微拉长,按拼音是对的。安检小姐把机票拿给旁边安检的一位中年男子,(称呼男子书记)这位书记拿过旅客的机票和身份证,检查了一会儿又拿到安检值班室递给值班警察,值班警察看过机票还给旅客说“这机票不行,哪里买的”,旅客的机票是在所住宾馆买的,但没有记住代购点的名字和电话,林××旅客问“怎么办”。警察和安检人员回答“哪里买的找哪”。旅客一下就急了怎么来得及呢!林××希望安检人员帮忙出个主意,因为是外地人对当地不熟悉。安检的书记说“你去办理登机手续处问”,林××跑到柜台问柜台人员“刚才给我办手续的人呢”?柜台工作人员说“不知道,不是她们的事”。林××怕误机又跑回安检,安检的书记说“现在不知你的票是真是假,问题出在哪个环节,怎么来补救,你还要去办理手续的地方”。林××心里已非常着急,再三向这位书记表示时间已相当紧张了,飞机起飞时间马上到了请你们当中一位来帮助我指明去处找该找的地方(当时在安检旁边站着5~6人)。但没一人帮忙,林××只好在安检与大厅间来回跑步,也没问出结果。

这时林××忽然想起有困难找民警，于是跑到机场派出所，机场派处所正好有一位警察和一位保安人员，旅客把情况向他们说了一遍（这时在安检值班的警察也走过来）结果是警察表示没办法。林××就像无头的苍蝇在桂林机场大厅内跑来跑去，得不到半点帮助。旅客无奈只好到补票点重新购买机票，售票小姐看到林××的机票非常负责的打开电脑核对。电脑里所显示的林××的名字是正确的，出票地点是环宇航空售票公司。售票小姐告诉林××找这个公司让他们来交涉。

林××投诉有两点：①这不是安检的错，也不是我的错，安检严格把关没错。错的是你们应该告诉旅客该如何办；②作为为民解难的公安民警，对于旅客焦急的求助无动于衷。

2. 因机场服务不周，耽误了学生学业

旅客乘坐某航空公司航班从奥克兰经悉尼、广州回北京，到北京落地是0:15分。旅客坐在后舱倒数第二排A位。由于北京天气比出发地冷得多，旅客在下飞机前穿毛衣时，顺手把护照插在座椅前放杂志的口袋里。里面有回程机票、电话本、75美元、150新币。在乘务员的催促下，忙乱中忘了拿护照。他是最后下飞机的。出了飞机客舱走在候机室大厅时想起，旅客突然想起立刻跑回去取保安不同意，告诉这位学生旅客他现在已经封舱，正在打扫卫生，解决的办法是找派处所，可派处所没人值班。当时已深夜两点钟，机场的一名工作人员让这名学生旅客明天上午8点半来。日后这名旅客的母亲亲自到过机场派出所、飞行队、卫生队及机场值班经理去查找都没任何结果。然后又多次打电话寻找护照回答的还是没人拾到。全家人绝望了，没护照是很难返回新西兰上学。3个月过去了，一天机场一名工作人员打电话给旅客说护照找到了。旅客立即到机场取护照但现金丢失。旅客认为如果护照不是和现金放在一起，决不会拖3个月才找回。

旅客在没有出隔离区期间，航空公司接航班的工作人员完全可以帮助旅客找回，责任心不强，服务意识差。

二、坚持ISO 9001认证是机场进步的一个标志

1. 认证的意义

1993年9月1日开始实施的《中华人民共和国产品质量法》规定“国家根据国际通用的质量管理标准，推行企业质量体系认证制度。”其中“国际通用的质量标准”，就是由国际标准化组织TC 176委员会制定、1987年颁布、2000年第二次修订的质量管理和质量保证体系即ISO 9000族标准。我国许多机场已经通过了ISO 9000质量标准第三方认证，上海虹桥国际机场于1998年7月2日通过了ISO 9002质量标准第三方认证，成为中国民航机场行业首家获得该项资格的企业。近两年来，很多国内的机场都成功地通过了ISO 9000认证，如首都机场，白云机场等。

国际标准化组织(ISO)认为,可以把机场的“服务”当作一种产品来看待。既然是产品,就会经历被设计,然后交付给客户的过程,同样“服务”这种产品也能够被持续性地管理。一旦“服务”这种产品被大众所认同接受,在质量上有所保证时,那么“服务”就会变成树立机场品牌的一个重要决定因素。因此所有通过认证的机场都应该有持续性的,高质量的服务水准。一旦没有满足客户的需求,那么“服务”这个产品就应该被认定为质量不合格。

机场通过 ISO 9000 认证,其目的就是希望所有的业务过程都是符合标准,确保一致性,减少人为因素。在某种程度上,机场通过 ISO 9000 认证,也就意味着达到了国际化标准,是一种专业性的表现。采用 ISO 标准也就代表着企业对于质量需求尽到持续性的义务,而外部周期性的审查,也保证了这种义务能够有效地完成。

ISO 质量认证要与业务过程自然结合。ISO 9000 的认证并不是一次性事件,做完了就不需要再努力。它是需要我们每天都坚持做的。当然你也不能为了取得 ISO 9000 的认证,而把机场的自然业务丢在一边,应该相互融合,不应该有两个体系。

机场安全管理体系应与 ISO 认证有效融合。对于机场而言,安全是头等大事。机场的安全管理体系,其前提就是假设机场在诸多方面存在安全隐患,而机场员工就是要在这些安全隐患变成重大问题前,一一把它们消除。机场应该在内部培育出强有力的安全文化,这样就能有效消除不确定因素,降低风险、减少人力、金融成本。

机场可以借助 ISO 9000 标准去建立机场的安全质量管理体系,制定好机场的规范化管理手册,在机场及候机楼管理、机场及机务维修、机场安全管理、商业管理和有关航空服务等方面通过认证,实现规范化管理,创建机场自身的安全运行质量保证体系,建立机场空防、机务、客货运等诸多方面的自我监督检查系统,确保公司在安全轨道上健康运行,保证机场安全管理工作的持续发展。

2. 实施中的 8 项原则

2000 版 ISO 9000 族标准中,ISO 9000 标准起着确定理论基础、统一技术概念和明确指导思想的作用,具有很重要的地位。新版 ISO 9000 标准代替 1994 版 ISO 9000 标准在内容上有了很大变化。这其中新增加的一个非常重要的内容就是八项质量管理原则。它是新标准的理论基础,又是组织领导者进行质量管理的基本原则。8 项质量管理原则是新版 ISO 9000 标准的灵魂。

(1)以顾客为关注的焦点。组织依存于顾客。因此,组织应理解顾客当前的和未来的需求,满足顾客要求并争取超越顾客期望。顾客是每一个组织存在的基础,顾客的要求是第一位的,组织应调查和研究顾客的需求和期望,并把它转化为质量要求,采取有效措施使其实观。这个指导思想不仅领导要明确,还要在全体员工中贯彻。

(2)领导作用。领导必须将本组织的宗旨、方向和内部环境统一起来,并创造使员工能够充分参与实现组织目标的环境。领导的作用,即最高管理者具有决策和领导一个组织的关键作用。为了营造一个良好的环境,最高管理者应建立质量方针和质量目标,确保关注顾客要求,确保建立和实施一个有效的质量管理体系,确保应有的资源,并随时将组织运行的结果与目标比较,根据情况决定实现质量方针,目标的措施,决定持续改进的措施。在领导作风上还要做到透明、务实和以身作则。

(3)全员参与。各级人员是组织之本,只有他们的充分参与,才能使他们的才干为组织带来最大的收益。全体员工是每个组织的基础。组织的质量管理不仅需要最高管理者的正确领导,还有赖于全员的参与。所以要对员工进行质量意识、职业道德、以顾客为中心的意识和敬业精神的教育,还要激发他们的积极性和责任感。

(4)过程方法。将相关的资源和活动作为过程进行管理,可以更高效地得到期望的结果。任何资源并通过管理,将输入转化为输出的活动,均可视为过程。系统的识别和管理组织所应用的过程,特别是过程间的相互作用,就是“过程方法”。以过程为基本单元是质量管理考虑的基本思路,企业的质量管理体系就是通过一系列的过程来实现的。过程方法要求对机场质量管理体系所需要的过程,包括管理活动、资源管理、产品实现和测量等,明确过程的顺序和相互作用;机场还要确定每个过程中有哪些必须开发的关键活动,并明确为了管理好关键过程的职责和义务。例如,机场可以将地面服务的测量、分析及改进作为一个过程。这个过程的输入是地面工作日志,质量部门收集到质量情况及旅客意见表或表扬、投诉等,通过监管部门的上门回访或电话回访、质量总结、拟定改进措施等管理工作后,输出的是对地面服务产品的评价或改进,而其中的关键活动则是明确地面服务质量有哪些不到位、如何持续改进。

(5)管理的系统方法。针对设定的目标,识别、理解并管理一个由相互关联的过程所组成的体系,有助于提高组织的有效性和效率。所谓系统,就是“相互关联或相互作用的一组要素”。系统的特点之一就是通过各分系统协同作用、相互促进,使总体作用大于各分系统作用之和。机场在质量管理中采用系统方法,就是要把质量管理体系作为一个大系统,对组织质量管理体系的各过程,如管理职责、资源管理、产品实现和测量、分析和改进等到加以识别、理解和管理,并使每个过程间的相互关系十分明确,彼此协调一致, 以达到实现质量方针和质量目标的目的。系统方法和过程方法关系非常密切,它们都以过程为基础,要求对过程间的相互作用进行识别和管理。但前者着眼于系统和实现总目标,后者着眼于具体过程。

(6)持续改进。持续改进是组织的一个永恒的目标。持续改进是“增加满足要求的能力的循环活动”。航空市场千变万化,旅客会不断提出新的要求。从概念上讲持续改进是指在现有水平上不断提高产品质量及管理体系的有效性和效率。在质量管理体系中,持续改进包括:了解现状;建立目标;寻找、评价和实施解决办法;测量、验证和分析结果,把更改纳入文件等活动。

(7)基于事实的决策方法。对数据和信息的逻辑分析或直觉判断是有效决策的基础。决策是针对预定目标,在一定条件下,从诸方案中选出最佳的一个付诸实施。基于事实的决策方法要求机场做出决策时有事实依据,可防止决策失误。在质量管理上特别要有意识地收集与目标有关的各种数据和信息,包括规定收集信息的种类、渠道,并通过鉴别,确保数据和信息的准确性和可靠性。在对信息和资料做科学分析时,统计技术是最重要的工具之一。统计技术可用来测量、分析和说明产品和过程的变异性,统计技术可以为持续改进的决策提供依据。

(8)互利的供方关系。组织与供方相互依存的,通过互利的关系,增强组织及其供方创造价值的能力。在 ISO 9000 系列标准的"供方——组织——顾客"供应链中,如果供方向机场提供的产品不合格,势必影响到机场提供产品的质量。机场在建立与供方关系时,要考虑长远利益,要营造一个清晰和公开的沟通渠道,与供方共享必要的信息和利益,共同商讨改进措施,承认对方的改进成果,使供需双方达到"双赢"。因此在处理好与供方的关系时,对供方不能只讲控制不讲合作互利,特别对关键供方,更要建立互利关系,这对组织和供方都有利。

三、树立服务质量的新理念

1. 以人为本,以客为尊

以人为本,就是要以广大旅客为本,而不是以个人或小部门为本;满足旅客的需要是现实的、适时的;以人为本应是我们一切思考和行动的最终出发点和落脚点。因此,摆正局部利益和全局利益、部门利益和旅客利益、眼前利益和长远利益的关系,做到权为民所用,情为民所系,利为民所谋。肯定广大旅客的现实、适时的需要为我们的价值取向,我们就要把旅客的呼声和要求作为第一信号,把旅客满意作为第一目标,把实现旅客利益作为第一追求,我们要处处讲求尊重人、爱护人、理解人、关心人,处处从方便、体贴、适合人的需要的角度思考问题等等,要为旅客安全、便捷、舒适的空中旅行创造有利的环境条件,为让广大旅客旅途生活得更美好、更舒心,精神生活更加充实。

【案例2】　路径狭窄处　留一步与人行

旅客刘先生从香港到北京,到达首都机场时已经是晚上10点多钟,发现提取的行李拉锁损坏,便到为该承运人负责做代理的行李查询柜台做申报。当刘先生提出行李拉锁的问题时,胸佩"实习"卡的工作人员拿出该承运人印制的"X 公司行李免赔通告",指着上面标注的10项属轻微破损内容中第七项"隐形损失"一栏对旅客讲:"你的情况属于这类,所以不能赔偿。"旅客坚决要求值班经理出面解决。30分钟后,这名工作人员电话征得值班经理同意,为旅客办理了赔偿50元人民币的手续,此时已近午夜时分。第二天,旅客提出投诉,认为代理人在处理过程中,“没有把旅客放在眼里”,要求当天代理人的值班经理和当事人登门道歉,并且在北京各大媒体公开致歉。

旅客刘先生的行李破损事故,并不是一个很难处理的事情。因为按照承运人的授权规定,代理人有权在200元人民币内给予妥善处置。但是接待旅客的工作人员由于缺少经验,服务态度没有摆正,认为旅客“无理取闹”,无视旅客的正当要求,没有在第一时间妥善处理问题,导致了投诉升级。这个问题值得我们的民航工作人员思考。

旅客提出的问题并不是“无中生有”,代理人的工作人员虽然本意并不是拒绝服务,仅仅是出现了判断失误,也许出发点是好的,想为承运人节约资金。但是,而对有怨气的旅客,作为服务方是否应该换位思考这个问题?不能一味地强调没有“成心欺骗你”,而要“设身处地”地从承运人和代理人的整体利益考虑,诚心诚意地采取积极的态度和措施,解决问题。

如何平息旅客的误解和不满,从而避免“战争升级”呢?能不能以“用宽容复制出更多宽容”的心态来对待诸如此类的事件呢?常言道:“路径狭窄处,留一步与人行”。代理人首先应该在承运人和旅客之间找准自己的定位。服务行业最忌讳的是先入为主地将旅客看成“来者不善”、“成心找茬”、“无理取闹”。我们不否认有这样的人,但那是极个别的。我们眼下要关注的,应该是在行李事故后,感情受到了伤害、正常的要求被“忽略”了的旅客。

让我们把镜头拉回到事件发生时的情景:如果旅客来查询处,我们的工作人员能够主动走出柜台,着意看一下旅客的行李损失情况,然后代表承运人抱歉地对旅客说声“对不起”,那旅客还好意思因此而积攒怒气吗?如果根据旅客损失的情况,在代理权限内,工作人员爽快地为旅客办理适当的赔偿,旅客还会拒绝赔偿吗?如果在发觉事态有些失控时,能立刻请老同志(或领导)来给予旅客适当的解释(毕竟他们的处理经验要比实习人员丰富),旅客还会追究你作为实习生的责任吗?如果后续负责处理的工作人员,能够充分体谅旅客的情绪,明确解决态度,并充分认识到此事如果处理不好,可能给承运人和代理人带来的负面影响,结果还会如此被动吗?

这起事件中有着太多的“如果”,而事件处理后的难堪后果却要承运人或是代理人承担。我们能否吸取这个教训,避免将行李“事故”人为地发展演变成“事件”,是民航工作人员今后工作中值得思考的问题。

从另一个角度,我们也看到,目前行李运输事故频发而导致的行李不正常问题大量增加,使得行李查询工作人员的工作压力增大,一方面要面对来自旅客的质疑,另一方面还要承受各方的不理解,压力越来越大,久而久之,从事行李查询赔偿工作的人,难免出现事故处理中的失误。

当然,再多的理由,也不能成为服务方出现失误的借口,尽快掌握承运人的各项行李赔偿规则,熟练使用各种服务技巧,妥善处理行李不正常运输事故,才是行李查询和赔偿工作人员应该追求的目标。

【案例3】　真情服务从“五心”开始

2005年哈尔滨太平国际机场获得年旅客吞吐量300万人次以下组的“用户满意优质奖”，他们的经验《真情服务从“五心”开始》一丝不苟“责任心”、细微之处献“爱心”、周到服务见“关心”、延伸服务您“放心”、优良环境您“舒心”。

服务不是口头禅，而是实在的行动。在“以人为本”的理念下，哈尔滨太平国际机场旅客服务部从“五心”服务人手，不断更新服务观念，塑造了风格独特、高效优质的现代客运服务新形象。

旅客乘坐飞机出行求的是便捷、舒适和安全，行李少到、晚到或破损是旅客行程中最烦心的事，针对这一点，他们制定了行李查询工作10条“心约”，（即“查询工作要热心，行李牵动旅客心，查询工作要耐心，热情服务减躁心，查询工作要细心，精通业务暖人心，查询工作要公心，用户利益记在心，查询工作要诚心，问题不解不放心。”），并推出了24小时行李查询服务，及时办理查询业务和赔偿手续，只要证实了查询结果，他们就附上“致歉卡”，不分昼夜地派人将晚到行李送到旅客手中。

微笑服务会使旅客心情愉悦，周到的服务则带给旅客更多的便利。他们还引入了“3米态度”（即旅客走进服务人员3米范围内时，服务人员主动询问旅客的需求），开展了三个“多一份”活动（即“多一份微笑、多一份细心、多一份满意”），真正做到了迎来一位旅客，交上一个朋友，送走一位旅客，留下一片真情。

2. 延伸服务一小步，优质服务两重天

前些时候，网上流传一段“家猫吃卡后的投诉处理”录音，内容是一位手机用户由于SIM卡被家猫吞吃后，打给运营商的投诉电话，先来看看录音是怎么说的：

“您好，我有一张卡，被我家猫给吃了，拿出来还能不能用？”

“您好，这个您可以先试一下，如果不能用您只能去营业厅补办一张卡。”

“不是，如果你告诉我能用，我把猫宰了拿出来；如果不能用，我就不浪费一只猫了，我家猫花30块钱买的，卡是150块钱办的。”

“您好，建议您不要宰猫，直接带上您的身份证到营业厅花40元补办一张卡。”

“那我的猫怎么办？现在我第一着急我的卡用不上，第二怕我的猫被噎死，这完全是你们的责任，你们卡那么漂亮，被猫看上了，怎么你们不帮我解决呢？”

“您好，这个我们就不太清楚了。我们只解决手机问题，关于猫的问题我们帮您解决不了。”

“我是你们的客户，你们怎么能推脱问题呢？你们规章制度上写有‘不解决猫吃卡’的问题么？没有那你就要帮我解决啊！”……

乍听这一段录音,谁都会哑然失笑,并惊讶这位客户的无理和荒谬。

再看服务台这边,接线小姐则始终礼貌地称呼"您好",并不断解释原因和手机卡的处理办法,一切于规章没有丝毫违背,恪尽职守地面对这种难缠的问题。嗯,不错的服务态度。

不过,一切就这样一笑而过吗?服务真的到此为止吗?

服务的界限一般是由服务提供者划定的。当我们认为这就是范围,那么所有问题就会到这里为止,越过这个界限的——对不起,客户您应当找其他能把这个问题涵盖在服务范围里的服务商来解决,我范围中的事情我已经处理得很好了,没有问题。但这就是优质服务吗?

在服务边界之内,我们能够通过自己的行为解决旅客的实际问题,而换一种想法,如果能够跨出已有的服务边界,在此之外的延伸服务是否会找到更多的闪光点呢?答案是肯定的。"家猫吃卡"事件如有以下的结局那是非常完美的延伸服务:

"您好,很抱歉,我们对于动物的这种情况不能妄加猜测,建议您找兽医或者宠物医院咨询一下如何处理。不过您可以告诉我您的位置,我可以帮您联系比较近的宠物医院的咨询电话。"

"那好吧,我在虹桥机场。"

"稍等……嗯,这里有两家宠物医院的电话,您可以咨询一下,它们的电话是:6622778和5432123。"

"好的,多谢!"

这种服务对于我们来说不是去操作解决问题,更多的是一种信息服务。例如旅客在询问到达机场的时间时,是否有过想知道如何从机场乘车到市内的情况?长航线的旅客是否需要一个在目的地穿衣多少的建议?对于重点航线或旅游航线的城市,如果旅客在登机或下机时能够拿到一份旅游指南,是否会更加喜出望外?——所有这些,是我们服务可以延伸到的吗?

【案例4】 延伸服务创造完美的旅程

希望每位旅客都有完美的旅程,怎样才能做到?海航乘务员有个6字心得:直觉、感觉、心觉。直觉就是站在旅客的角度,让人感觉顺眼舒服;感觉就是凭着乘务员的细心,从旅客的哪怕是一个表情、一个动作揣摩旅客的意思;而心觉就是让服务有回味的地方,让旅客在下一次出门时,第一个想起的是海航,让海航的服务沉淀在旅客的心底,分享给朋友和家人。

让服务沉淀在旅客心里,这简单的几个字并不是那么容易做到的。海航讲究"开口前服务",在旅客开口前就提供给他贴心的服务;而如果是旅客提出的问题,海航则有"首问责任制",就是首先被询问的乘务员都要负责到底,高效地解决乘客的任何疑难问题。哪怕仅仅是一盒无糖餐的要求,也会紧紧记在心里,在下一次航班满足旅客的要求。

为了最大程度减少旅客旅途的不便,海航推出延伸服务的概念,比如航班延误,有些需要转机的旅客自然会非常着急,海航的延伸服务就会启动,乘务员帮助旅客在空中统计好需要签转的人数、是否托运行李,机长提前与地面联系,海航的地面服务人员在飞机落地之前就帮助旅客把转机手续办好。

而这项"及时签转其他航班服务"仅仅是及时向旅客解释航班延误原因、及时将航班动态通知旅客、安排旅客餐食、交通、住宿、暂存行李、速存行李、转运行李、遗失物品查询与交接种种针对航班延误所提供的延伸服务中的一项。

除此之外,海航还把服务的外延延伸到人文关怀的角度。比如,旅客出门在外,除了公务,很多是乘飞机出来旅行,海航经过特殊培训的空乘"机上旅行小灵通"就会告诉旅客什么景点最值得一去,什么地方的东西最好吃,什么酒店最有特色等;对老人和小孩,海航有"爱心天使"帮助他们得到像家人般的照顾;如果旅客扣子掉了或是哪位男士出门没来及剃胡子,别着急,有海航的"家居式体贴服务"能为您提供针线或剃须刀……

又比如,为了关怀旅客在飞机上突发疾病的困扰,海航对乘务员进行专业的培训,目前已有17名乘务员获得"国际红十字"会员和救护员资格,这些机上急救员在紧急情况下可以对旅客进行初步救护,最大限度地保证旅客的生命安全。

保证旅客无忧无虑的空中旅程,让旅客充分感受到由海航服务带来的愉悦,这就是海航服务的魅力所在!海航通过鲜明的个性化服务、细微服务、延伸服务、首问责任制、人文关怀等等,把清新自然的服务风格和以旅客为中心的服务意识延伸到广大旅客的心坎里和口碑中……

3. 满意度服务的最高境界是"入心"创造惊喜

顾客的期望值不断提高。有人认为现在顾客越来越挑剔,越来越难服务了,却不知顾客满意是相对的、动态的,顾客的需求随着人民生活质量的提高,似乎永无止境。在过去卖方市场时,顾客购买机票时首先着眼于航班的时间和服务项目。在当前买方市场时,顾客购买机票时,面对多家航空公司提供同样产品,比较重视航空运输企业品牌、价格、时间、机型,考虑航空公司能否给自己的旅行带来活力、充实、舒适和美感,顾客不仅要满足旅行的生理要求,更需要满足发展和享受的需求,特别需要一种自己的心理满意感的需求,尤其是获得意外惊喜时心理满意度会达到最高的境界。

一位乘坐新加坡航空公司航班的乘客,新航远程航班上每个座位后都有娱乐系统,偏偏他那一排座位前面的娱乐系统荧光屏出现了故障,新航的空姐多次调试但都无效。本来他对此并不在意,"空姐当然不是技师,而且没有娱乐系统也不是什么大事,所以乘客根本没当一回事,反正闭目养神,很快就到目的地了"。但30分钟后,新航空姐却为他和其他没有享受到娱乐系统服务的乘客带来了意外的惊喜——新航特地为每人准备的一张50美元免费购物礼券。凭借礼券，乘客可在机上购买任何购物册上的商品，用完为止，无附加条件。

可平躺的舒适座椅、式样繁多的可口餐食、种类众多的空中娱乐系统都仅仅是优质服务的一个方面。客舱硬件设施的改造和提升对于乘客来说，只是身体上感到更加舒适而已。对于航空公司来说，硬件设施的提升是其吸引顾客的重要手段之一，进一步提升了他们在复杂激烈的市场中的竞争力。然而，优质服务的境界远远不止于此。新航用一张小小的免费购物礼券，为乘客带来的愉悦恐怕要远远高于航班上娱乐系统所能“制造”的快乐。在乘客心中，“自己并没有放在心上的一件小事，新航的空姐却能够如此用心，可见新航对每一位乘客的重视与尊重”。这或许也就是新航的服务在全球航空界赢得良好口碑的重要原因吧。

我们常说要用心为乘客服务，这种“用心”并不单纯体现在空姐甜美的微笑、每一个规范的服务动作上，而更多地需要依靠细节来传递。英国航空公司的蹲跪式服务让乘客不再感到空姐“居高临下”，最大程度地消除了乘客与空姐间的距离；新加坡航空登机牌上的小小三色标识，减少了乘客在机舱内的拥挤和等待时间。正是这些深入乘客心中的细节，换回了乘客最美好的空中体验，更换回了乘客对航空公司的赞赏和认可。

现在想来，“入心”其实是服务的更高境界，“想乘客之所想、供乘客之所需、急乘客之所急”，这些口号说起来简单，但要做好并不容易。让乘客记住一家航空公司不难，但是让乘客总能想起一家航空公司就不容易了，“入心”正是打开乘客心灵之门的一把钥匙。

4. 持续“顾客满意”是航空运输企业质量管理最终目标

为什么航空公司要始终致力于为旅客提供满意的服务？原因很简单，旅客的满意感可以增加旅客对航空公司的忠诚度，从而增加旅客“再次购买”的可能。但我们决不能因此而得出这样的等式：

旅客满意 = 旅客忠诚 = 再次购买。

因为实际情况要比这个等式复杂得多。在一项消费者调查中，44%宣称对企业满意的消费者经常变换品牌。一名满意的旅客在“再次购买”时却选择了另一家航空公司，原因可能仅仅是另一家航空公司在购票时附赠小礼物。在今天，仅使旅客满意的航空公司很难真正吸引旅客的注意力，旅客随时可能转而乘坐其他航空公司的航班。顾客满意是一种人的感觉状态的水平，它来源于对一件产品所设想的绩效或产出与人们的期望所进行的比较。当旅客接受了与其预期相符的服务时，旅客是满意的，服务未达到旅客的预期会导致不满情绪的产生，而当服务水平超出其预期时，旅客会十分满意。高度的满意培养出的不只是一种理性偏好，而是一种旅客对品牌在情感上的吸引力，并且这种吸引力将建立起高度的旅客忠诚度。

不满意的旅客当然会离开，而且只要还有选择的余地，满意的旅客也未必会留下来，因为可以使他们满意的航空公司还有很多，旅客可以做更多的尝试——只有高度满意的旅客才会真正长久地留下来。航空公司为达到旅客的高度满意，就必须提供超出旅客预期的服务，而旅客的预期也会随着服务水平的提高而提高，这是否会形成一个渐高的循环，从而使企业背上愈来愈重的成本包袱呢？这种可能是存在的。20 世纪 90 年代初，只要能在售票处买到机票就十分满意的旅客，面对今日送票上门的服务也未必会感到满意，这无疑是个令人心烦的问题。当前，一家航空企业费尽心机创造出吸引旅客的手段，可能很快就会被另一家或另几家航空企业模仿。服务型企业就是这样，今天的优势明天就可能不复存在。要想始终保持优势，就要不断地努力、不断地创新、不断地提升服务水平，这是一件耗费精力和金钱的事情，但与丢失一名旅客的代价相比，这种努力和花费是很划算的。

丢失一名旅客对航空公司意味着什么？当然不是损失一张机票的收入那么简单。国际航协的统计数据显示：每 27 名对航空公司不满意的旅客中只有 1 人向航空公司投诉；对航空公司不满意的旅客中，91% 的人不会再选择该航空公司；不满意旅客会将他们的经历向 8 ~ 16 个人诉说，10% 的人会向 20 多人诉说。根据这些数字，我们做一个简单的计算就可以很清楚地看到这样一个事实：当航空公司接到一名旅客的投诉，且认识到它会失去这名旅客时，它实际上已丢失了至少 24 名旅客，而且会有 270 人受到不满意旅客的影响，从而对航空公司产生不佳印象。航空企业失去一名旅客后，若不想缩小其市场份额，就必须再吸引一名新的旅客，而吸引一名新旅客的花费肯定比保住一名老旅客要高的多。正因为如此，使旅客满意并建立起旅客忠诚对航空公司是十分重要的，而且从成本上讲也是相当经济的。

企业能否扩大市场占有率，不在其主观愿望，也不在其能提供多少运力，而是取决于产品和服务满足顾客需求的程度，只有使顾客满意，他们才会购买，才有可能成为你的忠诚顾客。若航空运输企业不能持续地改进其产品和过程，以达到持续的顾客满意，就培养不出一批忠诚的顾客，就始终会处于追逐新顾客的境地，航空运输企业就将十分危险。故持续“顾客满意”是航空运输企业质量管理最终目标。

第二节　机场服务质量标准

2006 年 10 月 16 日，民航总局颁布了《民用机场服务质量标准》（MH/T 5104 – 2006），该标准自 2007 年 1 月 1 日起正式实施。《民用机场服务质量标准》作为行业推荐性标准颁布实施，填补了我国民用机场没有统一的服务质量标准的空白。

下面我们摘录了民航机场管理有限公司《民用机场服务质量标准》课题组关于编写新标准的说明。

一、编制背景

民用航空运输业是一个服务行业。机场作为民用航空的重要组成部分,发展到今天,已经不仅仅是航空运输的地面保障设施,旅客和公众对机场服务水平的关注程度越来越高。世界上一些经营管理比较好的机场,如新加坡樟宜机场、我国香港机场以及欧洲的一些机场,都非常重视机场的服务品质。机场通过为航空公司、旅客和货主提供优质的服务,树立机场良好的形象和品牌,不但为自身带来了很高的商业价值,同时也创造了很好的社会效益。

20 世纪 80 年代以来,全球机场业的商业化、私有化和自由化浪潮给机场管理和运营模式带来了深刻变革。第三方服务提供商对机场业务的参与进一步刺激了机场业的竞争和发展,世界各大机场也都在探索如何实现机场服务质量的标准化与专业化管理,各国政府对消费者利益的保护和机场对消费者服务的承诺进一步加强,从而使行业监管与行业自律变得日益重要。

二、编制缘由

改革开放以来,我国的机场经过大规模的建设和改造,基础设施等硬件条件得到了大幅度改善。但在软件方面,例如服务质量,总体上还不能满足旅客、航空公司不断提高的服务要求,并且与国际先进水平还有不小的差距。近几年,国内一些机场陆续推出了顾客服务承诺、服务标准、服务宪章等,但这些标准与承诺大多只涉及机场服务的某些方面,没有完整和系统地涵盖机场服务的全部内容,各机场承诺的内容、标准、要求差异也较大,缺乏全面性、系统性和规范性。《民用机场服务质量标准》的颁布,将为各机场结合自身实际制定本机场的服务标准、建立健全服务质量管理体系、实行标准化服务提供参考依据,对促进各机场树立以人为本的服务理念、规范服务质量管理、逐步与国际先进水平接轨、不断提高服务质量和管理水平具有重要作用。

三、编制过程

2004 年 5 月,受民航总局机场司的委托,民航机场管理有限公司(CAM)开始编制《民用机场服务质量标准》和《民用机场服务质量评价体系》。2005 年 4 月,民航总局批准该标准和评价体系立项。

《民用机场服务质量标准》是由民航机场管理有限公司受民航总局机场司的委托组织研发编制的。在标准编制期间,民航机场管理有限公司编写组先后调研了北京、上海、广州、青岛、常州、沈阳、大连等不同规模和等级的机场,同时积累了大量的国际、国家和行业标准作为参考,对新加坡、香港、巴黎、法兰克福、曼彻斯特等国际(地区)机场在服务质量管理方面的经验和做法进行了深入研究。标准的编制运用了系统工程学、运筹学、统计学等原理和方法,坚持以人为本,遵循以顾客需求为导向的原则,经过多次讨论并广泛征求了各方面的意见。在报民航总局审定前,编写组还运用该标准对北京、沈阳等9家机场进行了实际检验和完善。《民用机场服务质量》以机场服务流程为主线,由通用服务质量、旅客服务质量、航空器服务质量、货邮服务质量和行李服务质量5部分组成。考虑到对于客户来讲,机场的服务是一体化的、系统的,因此,标准中将第三方在机场为客户(旅客、货主、航空公司)提供的服务也纳入到其中予以统一规范。

四、编制原则及思路

本标准在编制方面,坚持了以下几项原则:

1. 以人为本,以顾客(旅客、航空公司、货主)为导向原则

在日常管理中,管理者可能认为机场的服务是好,但顾客却不同意,那么机场就存在综合分析和评判。因此理解顾客期望什么及其影响因素,对于提高服务水平来说是至关重要的。故本标准不是从通常的以机场运营者/管理者的角度来制定标准,而力求以人为本,从旅客、航空公司、货主等顾客的角度,以顾客的期望/需求和价值判断为视角,以顾客所能感受到和体验到的机场服务范畴为主来设定标准,如图9-1所示。

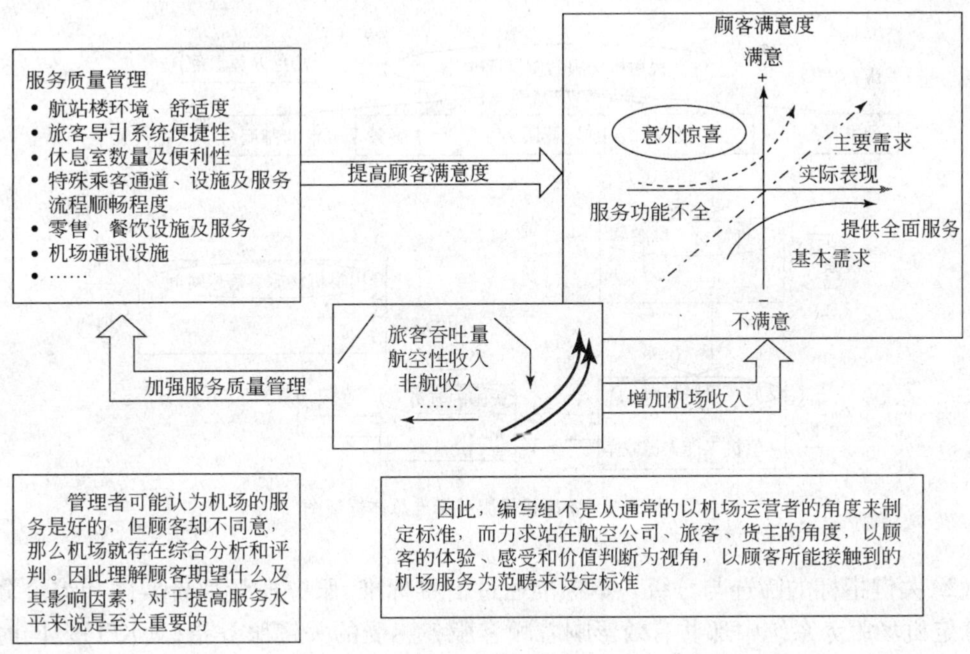

图9-1　“提高顾客满意度”示意图

2. 科学性和规范性原则

本标准充分借鉴和参考了国际、国家和行业标准以及国内外先进企业的服务标准，力求吸收国际上多年实践积累的先进经验和做法，强调标准的科学性和规范性，与国际接轨。所参考的主要标准有：

(1)国际标准(I)：ICAO 、IATA、ACI、FAA 等有关国际或地区性组织发布实施的民用机场服务标准及相关标准。

(2)国家标准(GB)：国家颁布实施的与民用机场服务有关的法律、法规、条例和标准。

(3)行业标准(MH)：民航总局颁布实施的有关规定和技术标准等。

(4)企业标准(C)：国内外一些机场和航空公司现行的先进的服务标准、规范、承诺、工作程序、操作规程和质量指标等。

3. 系统性与创新原则

(1)服务系统的分析与设计。本标准以机场服务流程为主线，由通用服务质量标准、旅客服务质量标准、航空器服务质量标准、货邮服务质量标准、行李服务质量标准 5 部分组成，如图 9-2 所示。

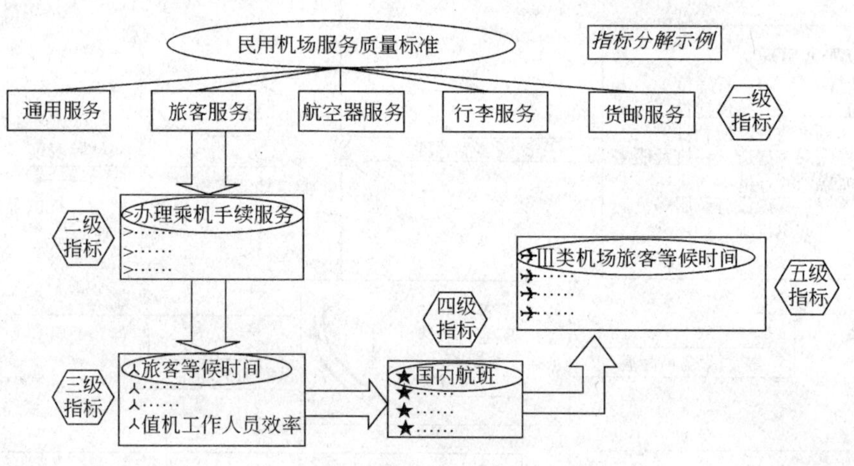

图 9-2　中国机场服务标准总体框架图

(2)关键指标的筛选与分级。本标准通过借鉴标准、服务质量评价实践和综合分析对比，确定机场服务系统中那些有效影响着顾客服务感受的关键服务指标(KPI)。同时运用层次分析法对这些 KPI 指标进行逻辑递延分级，使标准总体框架清晰、逻辑关系明确、指标分布层次合理。例如:“旅客服务质量标准”为一级指标,再层层往下延伸,分解为二、三、四、五级指标。

(3)标准内容体现“五项标准元素”、“两大标准类别”。“五项标准元素”——根据各服务指标的具体情况,可从“服务提供者、服务设施设备、服务规范与要求、时间/空间/效率、信息传递”等五个方面进行规范。“服务设施设备”、“时间 / 空间/效率”较多体现了客观或硬性服务质量的要求,尽量淡化服务设计角度,而从满足服务功能、强调设备设施完好率、安全性、便捷性与适用性等角度出发。“服务提供者”、“服务规范与要求”、“信息传递”较多体现了主观或软性管理的要求,强调工作人员基本服务规范、岗位规范、服务态度、服务礼仪、服务资质和准入等。

“两大标准类别”——所有标准可分为两大类,即:主观标准和客观标准,两类标准并举。主观标准主要取决于顾客对机场服务表现的主观体验和判断,是定性和不可量化的,如员工服务态度。客观标准是对服务流程关键表现指标(KPI)的量化,是可具体测量的,如时间、空间要求,如图 9-3 所示。

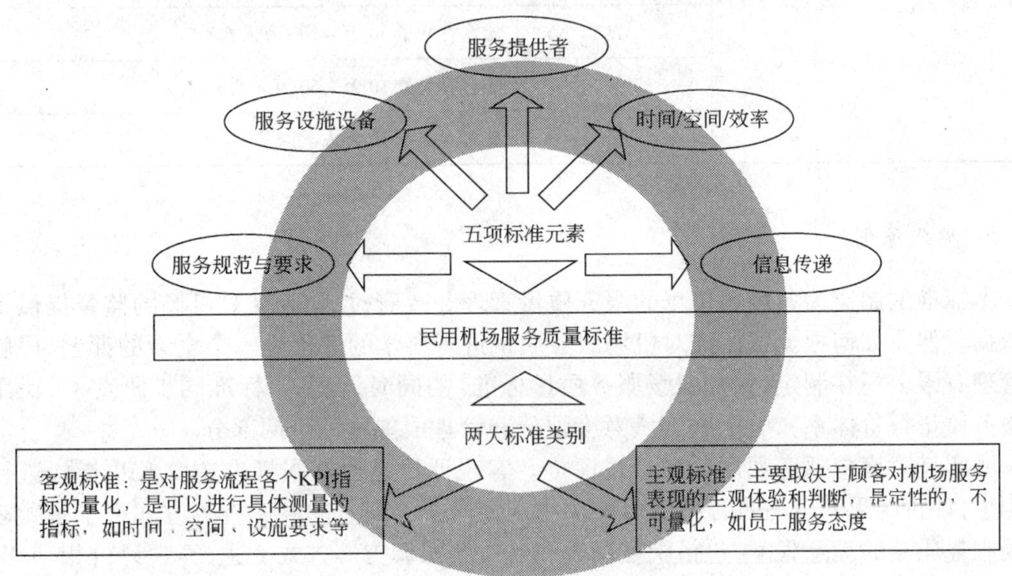

图 9-3　服务质量标准元素分解图

4. 标准分类原则

截至 2004 年底,我国内地运输航班机场达到 137 个。由于机场规模存在差异,不同规模的机场为顾客提供的服务标准也不可能一致。因此我们按照机场客流量的大小对机场按照Ⅰ—Ⅵ类进行了划分,并对一些关键指标按不同分类设定了不同的标准。同时考虑到旅客、航空公司对客流量还没有达到相应等级规模的区域枢纽机场和直辖市/省会机场的服务质量期望较高,我们将这类区域枢纽机场和直辖市/省会机场相应划入了较高等级,如表9-2所示。

民用机场分类标准 表9-2

机场分类		标准
依据: ✈民航总局行业规划 ✈机场客流量 ✈运营范围	Ⅰ	旅客吞吐量1 000万人次及以上(上海等门户枢纽机场)
	Ⅱ	旅客吞吐量500~1 000万人次,包括不足500万旅客吞吐量的区域枢纽机场
	Ⅲ	旅客吞吐量100~500万人次,包括不足100万旅客吞吐量的省会机场
	Ⅳ	旅客吞吐量50万~100万人次
	Ⅴ	旅客吞吐量10万~50万人次
	Ⅵ	旅客吞吐量10万人次以下

5. 实践原则

本标准的制定为各民用机场的服务质量管理和政府、社会公众对机场的监督提供了科学依据。但是如何根据本标准对机场服务质量进行科学的评价是一个全新的课题,民航机场管理有限公司在制定《民用机场服务质量标准》的同时,也基于标准同步研发了《民用机场服务质量评价体系》,分为顾客满意度评价和管理成熟度评价两部分。

顾客满意度包括客观评价和主观评价。客观评价是根据本标准选取KPI指标进行现场测量,评价结果不受主观评判的影响。主观评价主要通过问卷调查等方式来了解顾客对机场服务质量的满意程度,包括旅客调查和航空公司调查等方式。主、客观评价相辅相成、相互印证,评价和统计方法直接与国际接轨。通过对评价结果的统计和相关性分析,从而来衡量机场服务质量状况。

而管理成熟度评价独立于顾客满意度评价,可以更深入印证顾客满意度评价的结果,客观全面地评价机场服务管理能力,能帮助被评价机场识别服务管理薄弱环节,提出服务改善的潜力和空间,为决策及管理层提供科学的结论和有价值的信息,如图9-4、表9-3所示。

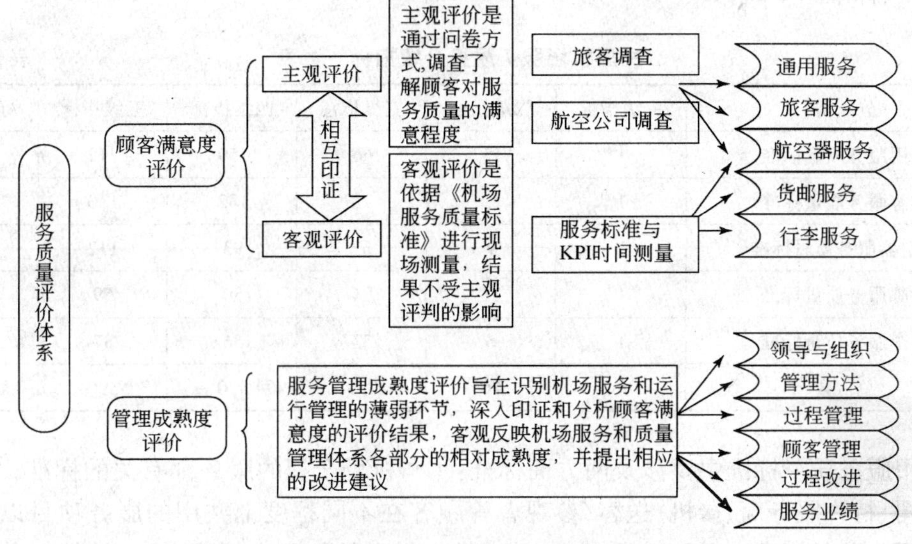

图 9-4　民用机场服务质量评价体系

CAM 评价与 IATA/ACI 评价对比　　表 9-3

	IATA/ACI 评价	CAM 评价
评价范围	全球主要国际机场的国际旅客满意度评价	1. 全国民用机场 2. 国际、国内旅客满意度评价 3. 航空公司满意度评价
评价方式	主观评价	主观与客观评价相辅相成、相互印证
评价指标设置	30 项	32 项,既涵盖了 IATA/ACI 的 30 项评价指标,又结合国内民用机场的实际,增加了“航班不正常信息服务”等几项指标
样本投放	所有被评价机场的调查表投放量相同(300 份),置信度和可比性较低	所有被评价机场的调查表按不同吞吐量确定投放量,以确保较高的置信度和可比性
	按航空公司的航班比重抽样	除按航班比重外,同时考虑国际国内航班、地面代理、航线分布、航空公司市场比重及航班高峰时段等因素抽样

五、标准主要内容说明

本标准共计一级指标 5 项、二级指标 56 项、三级指标 259 项、四级指标 470 项、五级指标 590 项、标准 962 款,如表 9-4 所示。

民用机场服务质量分级指标一览表 表 9-4

分　类	一级指标	二级指标	三级指标	四级指标	五级指标	标准数量
通用服务质量标准	1	15	66	159	212	326
旅客服务质量标准	1	15	73	132	170	292
航空器服务质量标准	1	9	63	93	112	207
货邮服务质量标准	1	11	34	50	59	89
行李服务质量标准	1	6	23	36	37	48
总　数	5	56	259	470	590	962

通用服务质量标准主要涉及两方面标准:①与机场全程的服务都有关的标准;②旅客、航空公司、特许服务商、接机/送客/参观者等顾客在不同程度上共用的服务项目以及与其服务感受有关的标准,包括 15 项二级指标:进出机场的地面交通服务、航站楼公共信息标志系统、航班信息显示系统、问询服务、公众广播、公众告示、航站楼空间、航站楼舒适度、航站楼清洁度、航站楼旅客运输系统、洗手间、航站楼动力能源系统、航站楼其他弱电系统、办公环境和设施、工作人员等,如图 9-5 所示。

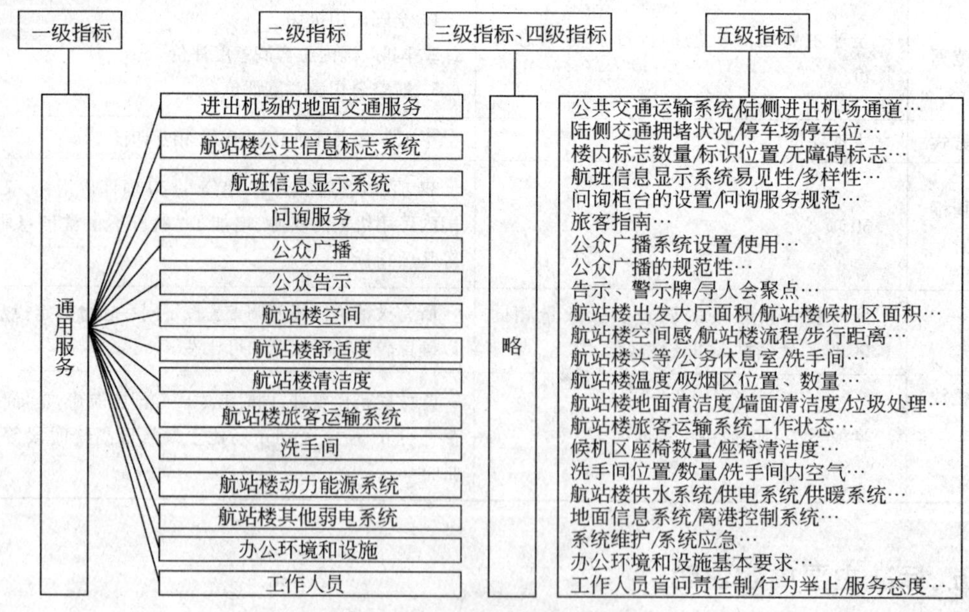

图 9-5　通用服务质量标准框架图

旅客服务质量标准对旅客出发、到达、中转和经停等服务流程的主要环节提出要求，包括15项二级指标：行李手推车、售票服务、联检服务、办理乘机手续、安全检查、旅客登机、旅客到达、旅客中转、旅客经停、零售餐饮服务、头等/公务休息室服务、特殊旅客服务、其他服务、航班不正常服务、旅客意见/投诉等，如图9-6所示。

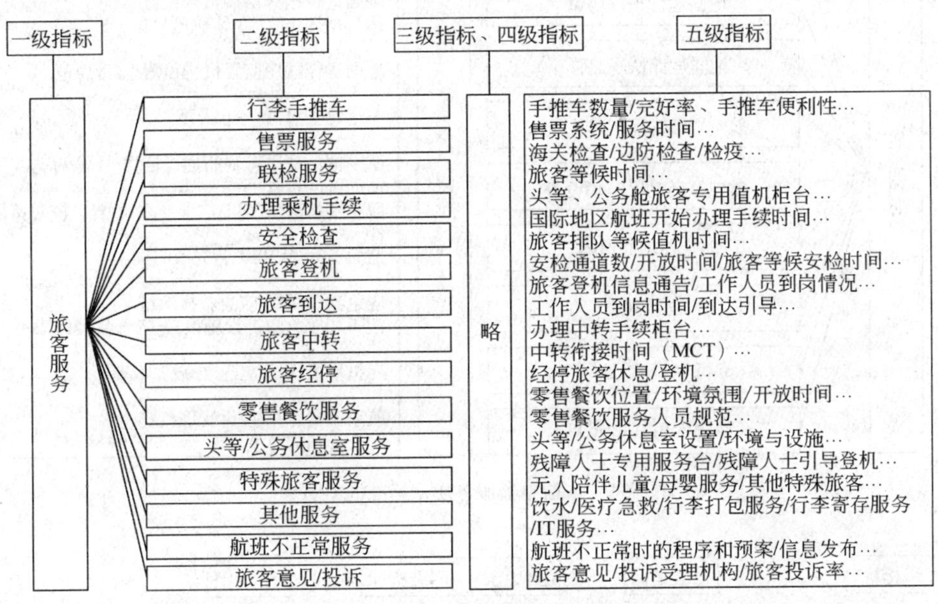

图9-6　旅客服务质量标准框架图

航空器服务质量标准针对航空器到达、离站服务流程直接或间接保障的主要环节提出要求，包括9项二级指标：飞行区保障服务、地面运行指挥协调、地面运作秩序监管、航空器活动区工作人员、航空器活动区车辆设备、航空器地面保障、应急救援、专机/VVIP航班保障、航空公司意见/投诉等，如图9-7所示。

货邮服务质量标准对货运站服务设施设备、货邮进出港服务流程的主要环节提出要求，包括11项二级指标：货运区环境、进出货运站的地面交通服务、货运站流程与容量、货运站服务设施设备、货邮出港、货邮仓储、货邮进港、其他货邮操作、货邮应急救援、货邮查询、服务绩效等，如图9-8所示。

行李服务质量标准对行李处理系统、旅客交运、提取行李及行李进出港的主要环节提出要求，包括6项二级指标：行李处理系统、行李出港、行李进港、行李中转、行李查询、服务绩效等，如图9-9。

此外，本标准对机场服务系统中所有能够影响旅客、航空公司等顾客服务感受和体验的关键指标进行了描述，但考虑到顾客感知重要度不同和机场能相应改进服务的投入程度不同，结合国际惯例，在标准的具体内容选取上注意把握好以下几种关系：

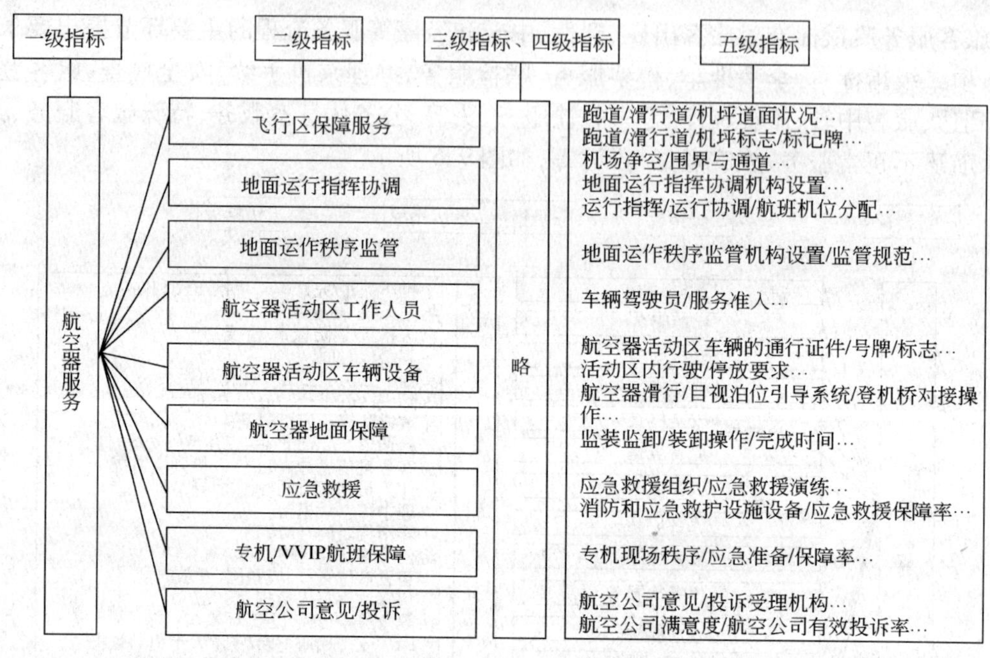

图 9-7　航空器服务质量标准框架图

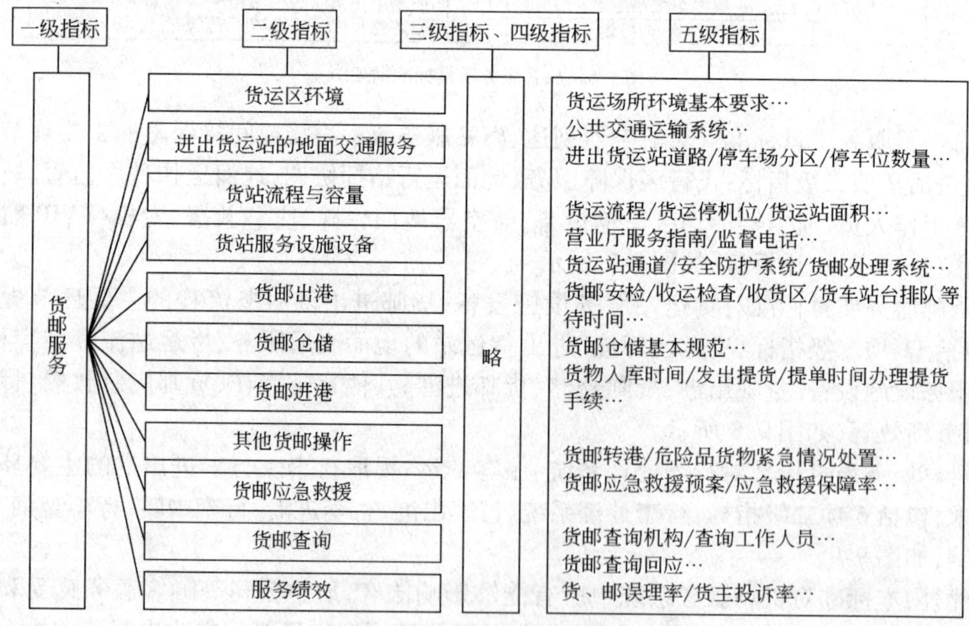

图 9-8　货物邮件服务质量标准框架图

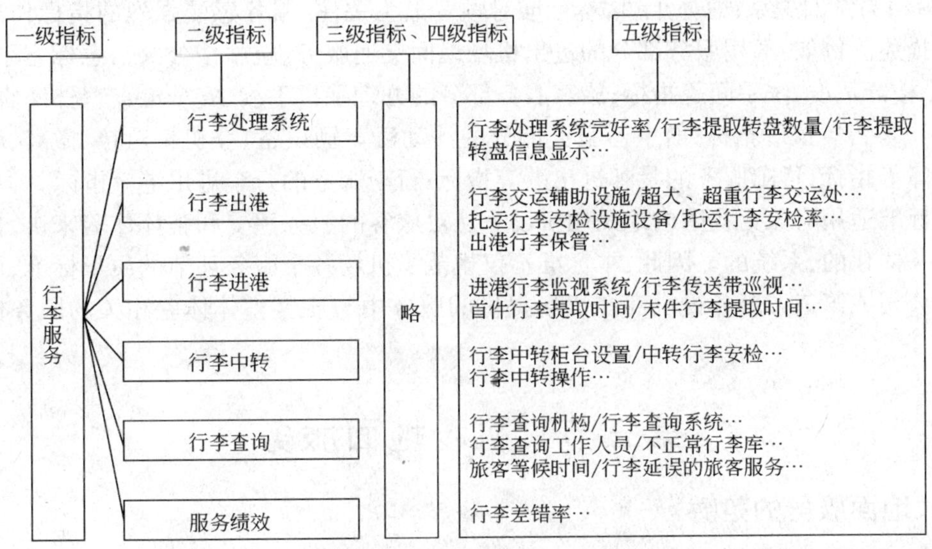

图 9-9　行李服务质量标准框架图

(1)重点与非重点的关系:例如洗手间对旅客的机场旅行体验的印象是十分深刻的,在IATA、Skytrax等服务调查中也属重点指标。而例如机场服务大使、航站楼一站式引导、头等舱柜台摆放鲜花地毯、亲情式问候、上门收货送货等服务项目以及机场为改善服务自行投入的服务设施和工具,往往形成了机场差别化和品牌化服务的市场竞争优势,这应该留给机场运营者去发挥,由市场规律来起作用。

(2)共性与个性的关系:例如工作人员具体的仪容仪表、行为举止会随服务岗位的不同而要求不同,需要体现个性化和亲情化;航站楼内告示牌的规格尺寸原计划作出统一要求,后经研讨后决定取消。本标准保留了部分关键环节的个性服务要求,以"宜"、"可"的推荐性用词提出。随着技术的发展以及管理手段的不断提升和创新,某些机场服务问题会随之变化,标准就需适宜调整。

(3)宽与严的关系:针对国内机场实际情况,本标准就什么是严的、什么是不严的服务指标进行了综合分析。例如:机场巴士等待时间,国际上有类似车上等候的要求,国内部分机场也提出不超过30分钟,但从行业标准角度来提的确严一些。因此,本标准最后调整为车下等候时间指标。

(4)动与静的关系:航空器服务质量标准在很大程度上是围绕航空器而提出的服务规范和要求。场道、净空、围界与通道等飞行区保障指标属于静态标准,同时与安全管理标准相近,描述较为宏观一些;而航空器进出港流程、航空器活动区内设备设施摆放、滑行道/机坪穿行等与航空器保障、地面运作秩序有关的指标属于动态标准,描述较为微观一些。

(5)粗与细的关系:总体上讲,本标准对顾客最为关注、服务感受强烈的指标作出比较细化的描述。例如:通用服务部分的进出机场地面交通服务、航站楼公共信息标志系统、问询、航站楼舒适度、洗手间等指标;旅客服务部分的办理乘机手续、安全检查、登机(客梯车、摆渡车)、零售餐饮等指标;航空器服务部分的活动区车辆设备、登机桥对接/撤离、航空器地面保障等指标;货邮服务的货邮进出港等指标;行李服务的行李进出港等指标。

本标准适用对象为我国内地民用机场。从对旅客的服务感受和整体体验来讲,机场的服务是一体化的、系统的。因此,本标准不仅规范了机场各个服务环节的质量标准,而且也将航空公司或第三方服务提供商在机场提供的服务中与旅客整体体验相关的服务标准纳入其中。

第三节 机场地面服务

一、地面服务的范畴

旅客地面服务,是指从旅客离港之前或到达之后,在机场内航空公司、机场当局、联检单位等为旅客提供的所有服务,包括导乘服务、值机服务、问询服务、联检服务、安检服务、购物就餐服务、贵宾服务、登机服务、行李运输、行李查询服务等等;本节所指的地面服务是指机场管辖范畴内的为旅客提供的服务项目,它包括导乘服务,红帽子服务、问询服务、广播服务、小件寄存、贵宾服务、不正常航班服务、休闲娱乐购物服务、行李运输服务等。

二、地面服务工作的重要性

必须重视对旅客在机场期间的地面服务,无论是航空公司、联检单位还是机场当局,都要认真做好,其重要性表现在以下几个方面:

1. 搞好地面服务是为了满足旅客的旅行需求

旅客到机场进入机场后,都希望旅途方便、快捷、舒适、轻松、愉快,需要了解航班动态、要求乘机手续简便、行动自如、安全迅速、休闲潇洒等等。这就要求我们提供导乘、问询、购物、就餐、娱乐、休息、医疗、旅游等各种服务。如果没有这些服务,旅客在旅行中就会感到不方便,甚至会碰到困难。

2. 搞好地面服务是为了满足旅客的特殊需求

在航空旅客中有许多要客、贵宾,需要安全保卫;有头等舱旅客,需要得到重点照顾;有急救病人或伤残人员,需要精心医疗护理;有无人陪伴儿童,需要专人护送交接;有公务旅客,需要提供通讯、电子邮件服务。如果没有这些特殊服务,或者服务不周,旅客就会寸步难行。

3. 搞好地面服务是满足机场自身发展的需要

近年来,各机场积极创造服务品牌,以科学的管理,为中外旅客提供一流的服务。在市场经济条件下,机场已树立起服务新观念,意识到服务是政治,服务是支柱,服务是形象,服务是效益,把服务水准作为衡量企业管理的重要指标。观念良好的企业形象是企业立足市场的根本保证,企业的形象好坏直接关系到企业的兴衰成败。作为机场,为旅客和所有用户提供优质满意的服务是塑造企业良好形象的唯一途径和有效手段。

三、旅客的分类

机场的旅客来自于社会各个阶层,来自于不同国家,由于每个旅客因职业、健康状况、生活方式、风俗习惯以及旅行目的不同,对机场的服务会提出不同的要求。故有必要对旅客进行分类,了解他们的需求,开展有的放矢的服务。

1. 按航线分为国内航线旅客和国际航线旅客

乘坐国内航线(包括国际航线国内段)进行旅行的中外旅客称为国内航线旅客;乘坐国际航班的中外旅客称为国际航线旅客。办理乘机手续国内航线旅客比国际航线旅客简单,不需要边防、海关和防疫机构检查。

2. 按旅客身份分重要旅客(要客)和普通旅客

要客一般是指我国党和国家领导人、外国政府首脑、以及我国政府中的正、副部长,省、自治区、直辖市一级的党政领导人,外国政府的部长、副部长、外国大使以及国际上知名人士等。接待要客主要是保证座位、专人迎送、主动征询意见和要求,安排到贵宾室休息并首先登机等特殊服务。

3. 按年龄可分为婴儿、儿童(包括无人陪伴儿童)、一般旅客、老年旅客

12 周岁以下的是儿童,两周岁以下为婴儿,无人陪伴儿童是指年龄在 5 ~ 12 周岁的无成人陪伴、单独乘机的儿童。这是近年来民航延伸服务内容,为使儿童独自乘机旅行而推出的一项特色服务。无人陪伴的儿童到达机场后由民航派专人帮助其过安检、候机,并引导其上飞机。近来一些航空公司继“无人陪伴儿童”服务,又推出了“无人陪伴老人”服务。

老年旅客,体弱多病,服务员应主动了解其困难和要求,提供必要用具(如担架、轮椅、行李车等),安排老年人休息室,提供方便(如先或后验票上机),给予热情照应(搀扶、帮助

提行李、推轮椅、抬担架等)。

4. 按国籍分外国旅客和中国旅客以及包括港澳台同胞

外国旅客是具有境外护照在国内旅行的旅客。(包括长期侨居国外,但未加入居住国国籍的华侨)。

港澳台同胞是指居住在我国港澳台地区的中国人。

5. 按民族分一般旅客和少数民族旅客。

少数民族是指除了汉族以外55个民族的中国人。对少数民族的旅客要认真贯彻党和国家的民族政策,尊重少数的风俗习惯。

6. 按组织形式分团体旅客和散客

团体旅客是指人数在10人以上(包括10人)航程、乘机日期和航班相同的团体。他们购票一般开一张团体票。团体旅客行李运输是一种特殊服务项目,应与一般旅客分开单独进行办理。

旅游团体行李收运,除严格执行一般行李和普通团体行李收运的规定外,还要更一步明确旅游部门和航空运输部门的责任。旅游部门对旅游者交运的行李,必须先由旅客自己上锁和加封。各环节应检查上锁和封条以及破损情况,发现有问题应在交接单上详细注明。

其他按旅行性质可分公务旅客、旅游旅客、旅行旅客;按购买机票质的等级可分头等舱旅客、公务舱旅客、经济舱旅客。

四、地面服务工作一般程序

地面服务工作程序,一般可分为准备阶段、实施阶段和结束阶段。

1. 准备阶段

(1)前一天服务员分班组开好生产准备会,掌握飞行动态(包括航班、航线、飞机号、起飞到达的时间、旅客人数等),有无重要旅客和老、弱、病、残旅客,休息室使用分配及服务要求等,分配任务,明确第二天上班时间(负责国际出港航班的服务员,应在起飞前两小时上班;负责国际进港、国内进出港航班服务员,应在班机到达或起飞前一个半小时上班)。

(2)当天上班后要了解本场天气情况,复核飞行动态;要按分工搞好休息室、问询处、广播室、旅客登机桥、盥洗间的卫生,并进行一次安全检查。贵宾室、头等舱服务室要准备好开水等饮料,洗净并摆好茶具。一切准备工作,应在旅客到达前半个小时结束。

2. 实施阶段

(1)对出港旅客的服务工作有以下内容：

①出港旅客到达机场时,有关服务员应到候机楼门口迎接,介绍有关乘机注意事项和服务设施。对重要旅客和需要照顾的老、弱、病、残旅客按分工给予重点服务;

②主动引导旅客去办理乘机手续;遇旅客较多时,应维持好秩序;

③旅客办完手续后,引导旅客交纳机场建设费,并注意旅客的手提行李是否符合要求。然后引导旅客通过联检、安全门进入指定的候机大厅休息。如有条件,休息室应供应饮用水、提供阅读刊物和播放电视节目。旅客如需用餐,要指引旅客到餐厅就餐;

④旅客在候机楼内下棋、打扑克或做某种小游戏,服务员不应干涉;但对躺卧、打闹、酗酒等行为要加以劝阻;

⑤对旅客提出合理的、能办到的要求,应负责办理;对旅客提出的难以办到的要求,就婉言解释,表示歉意;

⑥旅客登机前10分钟,有关服务员到达检票口和舷梯口(或登机桥口)。然后广播旅客登机。检票的服务员要仔细查看登机牌,清点登机旅客人数;

⑦远机位的登机旅客,要有指定的服务员引导旅客乘坐摆渡车登机。负责引导旅客登机的服务员,要注意客机坪上正在滑行的飞机和行驶的车辆,照应好登机旅客,防止发生意外。禁止在停机坪上旅客吸烟;

⑧舷梯口(登机桥口)服务员在旅客登机前,应检查客梯(桥口)是否对准飞机舱门,检查机上有无未经验证先行上飞机的旅客和无关人员。对重要旅客、过境旅客、过站旅客应安排先登机。要维持登机秩序、控制登机人数,避免客梯负荷过重发生意外。旅客上机完毕后,应立即清点登机牌,并与乘务员核对人数。发现实际登机人数与值机通知的人数不符时,要立即查明原因并汇报现场值班领导。核对准确无误,方可撤离客梯或登机桥。待乘务员关好舱门,梯子口的服务员,应尽速回到安全区域列队立正目送飞机滑出停机坪。

(2)对进港旅客的服务工作有以下内容：

①服务员在飞机到达前5分钟进入各自的岗位。旅客下飞机时,在客梯旁和出口通道,都应有服务员负责照应、迎接旅客;并有专人引导到候机楼行李提取处领取行李。在出口处服务员应仔细核对行李牌,以免发生差错。对重要旅客和老、弱、病、残旅客,要给予重点照应。对中转旅客,应引导办理中转手续,对随身携带行李较多的、需要寄存行李的旅客,要帮助他们到寄存处寄存;

②要组织好地面交通运输,充分发挥出租车、民航班车、公交线路等各种地面运输工具的优势,尽快将旅客送往市区;

③对等待专人接待、而还未取得联系的旅客,服务员应帮助接洽;

④过境飞机进港,在飞机落地前,有关服务员应根据过境人数备好过境牌。飞机落

地后，根据旅客所持机票，将过境牌准确无误地发给每个过境旅客。遇到实际过境人数与预报不符时，要及时查明原因。过境旅客上机时，要收回过境牌，防止旅客错上和漏上飞机。

3. 结束阶段

(1)航班结束后，服务员应按分工对各服务场所(包括值机大厅、候机大厅、休息室、电话亭、盥洗间、登机桥、工具间等处)进行全面细致的安全检查，并彻底清扫。如发现旅客遗留物品，要及时报告，并进行处理。

(2)认真做好交接工作(清点物品、交待遗留事项)。

(3)对当天服务工作情况进行讲评。一般可结合第二天的生产准备会进行。

五、地面常规服务

1. 旅客导乘和接待

在较大规模的国际机场里，可在机场入口处设立旅客导乘岗位，热情接待中外旅客和引导旅客办理各种乘机手续。导乘员也可由行李服务员(红帽子)替代，有的机场在候机楼休息大厅里，设立流动岗位，穿着醒目制服或身佩红绸带、举着“Follow me”牌子的流动导乘员为不知所措的旅客解决各种困难。

导乘员的职责是热情接待中外旅客，帮助旅客搬运行李，介绍候机楼内各类服务设施，宣传旅客乘机须知，解答和解释旅客提出各种问题，引导旅客办理各种乘机手续，引领重要客人、头等舱旅客到指定地点休息。

在候机楼工作的导乘员在上岗前，要做好仪表仪容的自我检查，做到仪表整洁、仪容端庄。上岗后，要做到精神饱满，面带微笑，全神贯注，随时作好迎送宾客的准备。见到宾客到达机场，应主动上前彬彬有礼地问候，表示热忱的欢迎，对外宾用外语，对内宾说普通话，语言清晰。凡遇老、弱、病、残、幼的旅客要适度搀扶，倍加关心。对第一次乘坐飞机或第一次来当地旅行的旅客要热情介绍候机楼各种服务设施，方便旅客办理乘机手续，积极宣传民航各种乘机规定，避免产生误会。

对要求帮助搬运行李的旅客应主动帮助旅客从车上卸下行李，问清行李件数，同时记下旅客乘坐到机场的车辆号码，以便万一有差错时，可据此迅速查找行李下落。对旅客的行李物品要轻拿轻放、对贵重易碎的物品，切忌毫不在乎地随地乱丢或叠起、重压。帮助旅客提携行李物品时，既要主动热情，也要充分尊重旅客的意愿。凡旅客自己亲自提携的物品，就不能过分热情地去强行要求帮助提携。

主动引领旅客到值机柜台前办理乘机手续，把旅客要求托运的行李，放到传送带上，离开旅客时，把行李物品当面向旅客交待清楚，切勿向旅客索取小费。若遇旅客问询，应礼貌地给予回答,如不能确切地告知时,应请同事帮忙或请问询处解决,决不可将错误的或不肯定的信息传递给旅客。办完乘机手续后,要引领重要客人或头等舱旅客到休息室休息,也可主动帮助旅客提携随身行李,送旅客乘电梯或扶梯时,应礼让旅客先入电梯,不得自己先行,到达时也应示意旅客行步出电梯。

对漏机、误机的旅客,尤其对听不懂中、英、日语言的外宾,更要主动提供帮助,引导他们顺利登上飞机。在旅客因误解、不满而投诉时,要以诚恳的态度听取旅客意见,不得中途打断,更不能回避,置之不理。

2. 问询台服务

比较繁忙的民用机场的候机楼,都应设立问询处,回答旅客的问询,宣传、介绍民航有关运输业务规定,帮助旅客解决困难,掌握航班动态,协助接待单位做好迎送工作。未专设问询处的航站,也要搞好候机楼的问询服务工作。

问询服务工作一定要选派熟悉业务、有较丰富的社会生活经验、懂得当地方言和英语常用会话、热爱旅客服务工作的同志担任。

问询处要备有电话,电脑,航班进、出港登记本,值班记录本,旅客遗失物品登记本,航班时刻表,运价表,《航空旅客须知》及火车轮船时刻表,当地交通路线图,日历,时钟,并备有书写用具等。值班人员应根据调度室通报,将飞行动态及时填入航班进、出港登记本,并与航行调度部门和运输生产调度部门保持经常联系,加强协作配合,以便准确回答问询。

问询处服务员要熟悉有关运输业务规定(如有关本站的航空运价、班期时刻和客货运输主要规定),熟悉当地交通、宾馆和主要机关、团体、游览点等情况,积极协助旅客解决旅行中遇到的困难。

随时能热情接待每一位中外旅客,做到有问必答,百问不厌。自己能作答复的,不能让别人来回答。答复问询要有礼貌,要耐心、细致、及时、准确,不讲旅客不懂的术语和简语,要防止"一问三不知",也不能说"也许"、"大概"之类没有把握或含糊不清的话。当面回答旅客的问询时,服务员应起立,面向旅客作答,不得一面工作,一面答话。对电话问询,服务人员在接电话时,应先向对方报单位及姓名,要边听边记,避免让旅客重复发问。对函电问询,首先要拟出文稿,并经领导审阅批复后及时回复。

对一时不能肯定答复的问询,应请对方留下电话号码、姓名及单位名称,并在《值班登记本》上进行记载;待有确切的答复后,应及时通知对方。对旅客提出的不合理要求,要冷静处理;不得指责旅客,不得发脾气乃至吵架。对涉及保密范围的问题,要婉言解释,不作答复。对难以处理或重大的问题,必须立即报告上级领导处理。

3. 旅客遗失物品招领

凡机场内发现的旅客遗失物品,应一律送交问询处,由问询处服务员在《旅客遗失物品登记本》上登记后招领(没有问询处的候机楼应指定专人负责登记处理)。招领的办法有:①由广播室广播招领;②可以设立旅客遗失物品招领柜陈列招领;③张贴公告招领。

旅客遗失的现金,超过十元以上的,如一时无人认领,应交本部门财务代管。旅客遗失的机要文件,如一时无人认领,应交公安部门代管。旅客遗失的物品,如有可疑之处,应报告公安部门处理。在国际候机楼发现的旅客遗失物品,要及时与海关联系,确认是否是走私、偷税、漏税物品。

旅客遗留的鲜活、易腐物品,如一天以内无人认领,应报告运输服务部门领导酌情处理。处理情况要在《旅客遗失物品登记本》上记录。对半年以上无人认领的物品,应统一制作表报,按"无法交付货物的处理"规定处理。旅客领取遗失物品,必须说明遗失物品的特征,凭有效身份证明,在《旅客遗失物品登记本》上签收。

4. 广播服务

广播服务是机场服务工作不可缺少的部分。它对组织和维持正常运输生产秩序,宣传民航业务,引导旅客及时准确地办理进出港手续,以及活跃旅客文化生活等方面,都起着积极的作用。

机场候机楼应设广播室和指派专门的广播人员。广播人员应在第一个班机起飞前一小时进入广播室作好准备工作(整理卫生、了解航班动态和航路天气并作记录、检查和试开广播设备等);工作期间,广播人员不得擅自离开工作岗位,以致影响紧急事项的广播。除特殊情况需另行处理外,正常情况在全部航班结束后半小时,广播人员方可关闭机器,离开广播室。广播室严禁无关人员进入,不得寄存非工作人员的私人物品。

播音应以普通话为主,当地方言为辅。在有外宾出入的机场,应加英语或日语广播;在少数民族集中的地区,还要用民族语言广播。播音员要口齿清楚,发音准确,声调和谐,音量适当。目前许多机场安装了电脑自动广播系统,输入有关变动数据(如航班号、登机时间、到达时间等),电脑系统就会用标准的普通话进行播音。

广播人员应懂得一般电工知识,学会正确使用广播设备和进行一般性维修工作,要爱惜广播器材,及时维护。

候机楼广播主要包括以下内容:请旅客办理乘机手续的广播、请旅客登机的广播、预报航班飞机到达时间的广播、报告航班飞机进站的广播、对到达航班旅客的广播、请旅客提取行李及搭乘民航客车的广播、航班不正常时广播、临时性广播、广播天气预报和广播旅客须知等等。

为了活跃和丰富旅客文化生活,可穿插播送一些内容健康、曲调清新的音乐节目,转播中央人民广播电台、当地人民广播电台的节目。转播节目时,广播员一定要调准频率,监听无误后方可转播。

广播词的一般形式有以下几种:

(1)请旅客办理乘机手续的广播词:

各位旅客,你们好!

当你们来到______机场以后,请先在______处办理乘机手续。根据我国政府规定,乘坐民航班机的旅客不得随身携带武器,有携带武器的旅客,请交付托运。为了确保飞行安全,旅客不准随身携带易爆、易燃、腐蚀、毒害和放射性物品,也不得把上述危险物品放在行李内交运。如旅客携带有上述物品,请与民航工作人员联系,妥善处理。请办好乘机手续的旅客,保管好行李牌、登机牌,系好手提物品,通过安检后到候机楼休息,等候广播通知上飞机。候机楼内设有餐厅、商场,随时为您服务。谢谢。

(2)请旅客登机的广播词:

旅客们请注意:

由(始发站)飞往(经停、终点站)的______航班飞机就要起飞了,请前往(站名)的旅客,带好随身物品,准备好飞机票和登机牌,请由(地点)出口,上______号飞机。祝旅客们旅途愉快,身体健康。谢谢。再见。

(3)预报航班飞机到达时间的广播词:

迎接旅客的各位请注意:

由(站名)到(本站)的______航班飞机,预计______点______分到达本站。飞机到达时,我们将广播通知。谢谢。

(4)报告航班飞机进站的广播词:

请各位注意:

由(站名)飞来的______航班飞机,现在已经到达本站。谢谢。

(5)对到达航班旅客的广播词:

由(站名)到达本站的旅客,请到(地点)提取你们所交运的行李物品。需要搭乘民航客车进城的旅客,请到(地点)上车。需要转乘飞机到其他地方去的旅客,请与服务员联系。谢谢。

(6)航班不正常时广播词:

①飞机延误。

旅客们请注意:

我们抱歉地通知,由(站名)至(站名)的______航班飞机,由于______原因,不能正点起飞,请旅客们在候机楼休息等候,起飞时间确定后,我们将广播通知。谢谢。

②飞机取消。

由(站名)至(站名)的旅客请注意,我们抱歉地通知,由于______原因,由(站名)至(站名)的______航班飞机,决定取消飞行,起飞时间改为______点______分。需要搭乘民航客车进城的旅客,请和问询处联系。谢谢。

(7)临时性广播词:

①催办手续。

乘坐______航班前往(站名)的旅客同志(先生),请马上到(地点)办理乘机手续。

②找人。

______同志(先生),请马上到(地点)去,有人找您。

③失物招领。

各位旅客请注意,我们在(地点)检到(物品)。遗失物品的旅客,请到(地点)认领。

从(站名)来的旅客请注意,我们在______航班飞机上检到(物品)。遗失物品的旅客,请到(地点)认领。

"旅客须知"按规定的条文广播。

"天气情况"的广播按具体拟定条文广播。

以上广播词各机场应根据具体情况作合理的变动,但各种人工播音,包括临时性广播,都要拟好广播词后进行广播,以避免差错和造成不良的政治影响。

5. 小件物品寄存服务

各机场应积极开展小件物品寄存服务工作,遇班机延误、取消或中断飞行时,为始发、联程旅客寄存小件物品提供服务。

服务人员必须熟悉小件物品存放的手续、规定,热情为旅客服务,对旅客寄存的小件物品作必要的 X 光安全检查。锁扣不完善,捆扎不牢固,包装不合要求者,请旅客改善后交存;对于过大过重的物品、贵重物品、易碎、易燃、易爆等危险物品以及容易污染环境的物品,应婉言谢绝,不予寄存。收存小件物品时,要逐件系挂寄存牌的上联,下联交给旅客,作为领取物品的凭证。

收存物品时,需轻拿轻放,做到不摔、不压,要按编号放置整齐,不得互相堆压或码放过高。小件物品存放后,旅客不得随意调换行李内的物品。如需要调换,应请旅客先办理领取手续,再重新存放。旅客凭牌领取行李时,要认真查验上下联编号,经核对无误后方可交付。

服务人员不准动用寄存的旅客物品。服务人员不得带无关人员进入寄存处,提高警惕,防止坏人利用小件物品寄存进行破坏活动。

服务人员要妥善保管"小件物品寄存牌"、收款单据及现金,严格执行交接班制度。小件物品寄存按件收费,收费后要给旅客正式收据。服务人员应在每天工作结束前结账,并填写《小件物品寄存收款记录》,人民币与外汇的收入,分别在有关栏内填写清楚。要及时向财务部门上缴钱款。

如果遇到旅客遗失寄存牌,应请旅客说明寄存物品的内容,经核对无误,请旅客出示身份证明后可以领取。如旅客寄存物品被我方丢损,首先向旅客道歉,并积极查寻或修复,如寻找无着或无法修复,应按照损失的行李的有关规定,作价赔偿。如寄存物品九十天无人领取,则按旅客遗失物品处理。

6. 候机楼的清洁卫生

搞好候机楼的清洁卫生,是关系到中外旅客和候机楼工作人员健康的大事。候机楼清洁卫生工作好坏,是衡量机场服务工作好坏的重要方面,也是体现我国社会主义精神文明的重要方面。

候机楼清洁卫生,在当天航班全部结束后,要集中力量打扫一次;在有旅客活动时,要随时巡查清扫。打扫卫生时,要注意文明礼貌。严禁在旅客面前用清洁工具嬉笑玩闹;需要旅客挪动位置时,要先向旅客招呼致意,待旅客让开后,再进行工作。

对候机楼清洁卫生工作有以下具体要求:

(1)每天旅客到达前,应开窗通风,保持室内空气新鲜。设有空调设备的候机楼,通风后及时将门窗关上。

(2)凡旅客所到之处,要做到一切用品摆放整齐。茶几、沙发、书报架、工作台面、宣传牌等无尘垢。

(3)地板要清洁光亮。在每个航班或相对集中的几个航班的旅客离开候机楼后,要打扫一次,做到无烟头、无纸屑、无果皮、无污迹。有条件的地方,地板要定期打蜡;使用地毯的要保持平整松软,无杂物,无污点。

(4)屋顶、吊灯、墙壁无蛛网、无积尘。

(5)门窗及各处玻璃要光亮、明净。低处玻璃脏随时擦拭。高处玻璃要定期擦拭。门帘、窗帘要定期洗涤,及时更新。

(6)楼梯要做到栏杆、扶手、阶梯干净无尘土、无污迹。

(7)公用电话间墙壁、黑板、地面、电话机要擦拭干净。

(8)烟灰缸(筒)、痰盂、果皮箱要及时清理、擦净。

(9)消灭蚊、蝇、蟑螂、老鼠。

(10)盥洗间的卫生设备,要经常保持完好状况,定期检查和维修。对发生损坏的,应及时修好。

(11)盥洗间的窗台、墙壁、地面、玻璃、镜子、洗手池要保持洁净,做到无积尘、无积水。大小便池要及时冲洗,做到无臭味、无赃物、无锈碱。旅客流通量较大的候机楼,应有专人管理盥洗间的清洁卫生。

(12)候机楼室外地面、楼梯要定时清扫,做到无杂物,无烟头、果皮和纸屑。

(13)候机楼清扫出来的垃圾,要倒在指定的地点,并及时运走。

(14)候机楼内陈设的盆花,要及时修剪、更新;候机楼外栽种的树木、草坪和花卉,也要适时培土、修整。

第四节　机场的特殊服务

本节内容主要围绕特殊任务、特殊旅客、特殊情况和不正常航班来讨论如何做好地面保障服务工作。

一、特殊任务　安全保障

特殊任务安全保障是指重大国际会议、重大外事活动、国际救援活动、两会期间、两岸包机等重大活动的保障工作。

全国各地机场每年都会承担各种重大活动的航空运输任务和机场保障任务。如上海机场九年来,圆满完成了1999年9月财富论坛、2001年6月上海合作组织会议、2001年10月APEC会议、2004年4月联合国亚太经社会第60届年会、2006年6月上合组织峰会、2007年5月16日非洲开发银行年会等专包机的安全保障工作。

1999年浦东国际机场正式启用,正值上海举办世界财富论坛,上海共接待了34架公务机。2001年APEC会议期间,迎接100架次左右的元首专机、公务机,这将创下上海航空史上新的纪录,21个经济体领导人就有21架专机,并且有些国家不止来一架专机,美国总统布什,专机有10多架。再加上APEC工商领导人会议,公务机的数量在50架左右,飞机数量是空前的。

每年三月份全国人民代表大会召开期间,"两会"代表、委员运输服务都是非常重要的运输任务,由于各级领导高度重视,民航广大干部职工在大会总务组和民航总局的统一领导下,按照总局下发《民航重大运输任务保障工作规则(试行)》的要求,周密细致地开展航空运输保障工作,以高度的政治责任感和满腔的热情投入到紧张地实际工作当中,团结一致,顾全大局,坚守岗位,吃苦耐劳,保证了运输安全、迎送有序。做到了代表、委员不漏一位,行李不丢一件,机票不错一张,圆满地完成了大会交办的各项工作任务。民航运输服务工作受到了与会代表、委员及"两会"总务组的好评,实现了"安全万无一失,服务优质高效,让'两会'代表、委员满意,让'两会'组织机构满意"的工作目标。

重大国际活动保障任务具有规格高、数量多、要求严等特点,要以国家利益高于一切的政治责任感、以严谨细致的优良作风、以爱岗敬业的主人翁精神,抓责任、抓关键、抓细节,严密组织,精心准备,密切配合,确保了保障工作的圆满完成。

【案例5】　2006年上海合作组织峰会机场保障工作

加强组织领导,完善方案预案。在2006年上合组织峰会期间,上海机场集团公司成立了由董事长、总裁为组长,分管领导任副组长,浦东、虹桥两大机场和公安分局主要领导为成员的峰会保障领导小组,确定了"严密、精心、有序、顺畅、安全"的工作方针,并下设了地面运行保障组、安全保卫组、环境整治组，具体负责各项保障工作和制订周密的、具有可操作性的保障工作方案和应急预案。两大国际机场公司对跑道、灯光、供配电、给排水、中央空调六大保障系统的应急预案进行了重新梳理，对场道、鸟害、净空、灯光运行、机坪照明等发生紧急情况制定了应急措施，配齐了相应的备件备品，明确了岗位责任人，为专机保障任务的圆满完成奠定了坚实的组织基础。

加强设备设施的维护和环境的整治。浦东国际机场利用夜间对专机坪车道进行全面维护，对助航灯具进行了清洁调试紧固，对图像监视系统进行了检测调试和改造，共完成专机坪车道道面铣刨、摊铺沥青1万多平方米，清洁调试紧固助航灯具100余只，新增监控设备90多套。虹桥机场对贵宾进出的主要道路进行专项整治，重新铺设了道面，栽植了苗木，设计培植了5个大花坛，使一座老机场焕发了新貌。

各方配合，同力协作。由于本次专机保障工作涉及到外事、公安保卫、空管、航服代理、海关边检等单位，上海机场集团积极发挥牵头和主体单位作用，从大局出发，主动做好单位间的协调沟通和配合，努力解决各单位提出的实际问题。为确保保障任务的无缝隙衔接，上海机场集团还先后与市外办、华东空管局、东航、海关、边检等单位部门的领导召开了四次专题协调会，协调研究各项保障准备工作，确保了保障工作的“一盘棋”运作。

上海合作组织峰会期间，由于上海地区正值梅雨季节，天气复杂多变，为做好专机群抵、离沪的运输保障工作，东航针对与会国专机一一确定保障方案，制定行之有效的专机保障程序。考虑到与会国专机群集中美制、俄制、欧制各类机型的复杂特点，东航保障工作坚持“二专”、“四定”原则，即专人负责领导、专人负责操作，定人、定事、定时限、定落实。

细化程序，责任到人，模拟操作，万无一失。为确保专机群保障万无一失，各部门加强了工作流程：一是细化程序、接口、联系，便于操作；二是落实责任人，保持信息流程；三是以组为单位，自我演练，模拟可能出现的问题。同时，开展详尽的调研和安全大检查，主要领导亲临一线去看、去听一线员工的反应，做到不留死角和盲区。

6月16日，备受注目的2006年上海合作组织峰会圆满落下了帷幕。在整个峰会运输保障过程中，上海民航各单位团结协作，全力以赴，精益求精，始终保持高度的政治责任感和饱满的工作热情，发扬连续作战，善打硬仗的工作作风，出色地完成了民航总局、上海市政府、上海合作组织峰会组委会交给的这一艰巨而特殊的任务。

中共中央总书记、国家主席、中央军委主席胡锦涛6月16日下午在上海亲切接见了上海合作组织峰会筹办工作人员代表，代表党中央、国务院向为这次上海合作组织峰会成功举行付出辛劳和作出贡献的全体筹办工作人员表示衷心的感谢和诚挚的问候。他希望同志们总结经验、再接再厉，扎实工作、开拓进取，努力为中国外交事业发展、为全面建设小康社会作出新的更大的贡献。

下午2时30分，胡锦涛来到上海国际会议中心上海厅，向等候在这里的近800名峰会筹办工作人员代表挥手致意，并同大家亲切握手，表示问候。全场响起热烈的掌声。

胡锦涛发表了热情洋溢的讲话。他说,这次上海合作组织峰会已经圆满落下了帷幕。在整个筹办过程中,全体工作人员始终保持高度的政治责任感和饱满的工作热情,精益求精地做好每一项工作,付出了大量辛劳,涌现出许多忘我工作的感人事迹。

二、特殊旅客 重点服务

特殊旅客是指被接受旅客运输和旅客在运输过程中,承运人需给予特别礼遇,或需给予特别照顾,或需符合承运人规定的运输条件方可承运的旅客。特殊旅客包括重要旅客、无成人陪伴儿童、病残旅客、孕妇、婴儿、盲人、犯人以及受载运限制的旅客。特殊旅客分为两个群体,一是重要旅客(VIP),二是特殊需求的旅客。

1. VIP 旅客 精心呵护

民航要客服务是机场旅客地面服务工作的一个重要组成部分。随着改革开放的不断深入,经济、社会、文化等各项事业的不断进步,要客服务在民航服务中的重要性日显突出。在外事接待上,要客服务工作的好坏直接代表着国家的形象;在内宾接待上,要客服务作为整个领导、贵宾接待工作的重要环节,与确保领导干部公务活动顺利完成,促进地方经济建设关系密切;同时,要客服务也是向国内外各界高层人士展示当代民航风采的重要窗口。

头等舱、公务舱旅客是各航空公司的“座上宾”,也自然是机场精心呵护的重要群体。各机场在头等舱、公务舱候机室积极推行个性化特色服务,不断细化服务标准,为政府要员、各界名流和商务旅客在“起航”前提供了一处温馨的港湾。

随着机场航班量的迅速增长,要客数量也在不断增加,因此要客所乘航班发生机械故障、延误或要客在赶往机场途中因交通受堵不能及时登机等情况也经常出现,如何做好这种特殊情况下的服务工作,要客服务室要制订预案明确《要客登机后发生机械故障及改签航班的处理程序和要求》。

【案例6】

某年3月12日,香港特区政府一位局长一行3人在结束浙江的访问后准备乘坐当天的CA1510航班前往北京,要客室工作人员在给要客办理乘机手续时发现,要客在香港买的是头等舱机票,而当天这架飞机却没有头等舱。于是她们及时将这个情况如实向要客作了说明,在得到要客的认可后,马上与客运值机部门联系,帮助要客将座位等级改为经济舱,并将差价退还给他们。事后,该贵宾对要客室的服务给予了高度评价,认为这里的服务水平已与香港机场服务水平很接近了。

在值机过程中,值机员对VIP等重要旅客的行李会做细致地处理,不仅粘贴VIP的标贴,还向行李分检处通报该旅客的行李号码,提示他们特别小心处理。此外,值机员还必须在机票上注明“VIP”的字样,如果出现旅客未及时登机的情况,将启动多个岗位联动寻找程序,严格遵守不随意广播VIP旅客姓名的规定。

头等舱、公务舱旅客大多对休息室的静音条件比较看重,他们往往希望在登机前能静静地小憩一阵,或不受干扰地处理一些公务。因此,登机信息的传递不能如同候机大厅用广播通知,而是要靠服务人员的口头提示。头等舱的服务员在通知旅客登机的方式上同以往有着很大的改进。以往登机时,服务员只能站在休息室门口,口头通知航班上客信息,尤其旅客较多时,无可避免地影响到其他暂未上客的航班旅客的休息。如今,服务员会根据休息卡上的"内部标记",逐一、准确地找到每一位即时需登机的旅客,有针对性地轻声向其提示登机信息。

为了防止VIP、头等舱、公务舱旅客因休息而漏乘的严重差错发生,服务人员采取了许多有效的应对措施,目前,在深圳机场B楼头等舱安装了安检检索图像系统。当登机一开始,服务员可在该系统中输入航班号和旅客座位号,即时准确地查到旅客的相貌、特征、穿着以及姓名,并可据此实现对VIP等贵宾提供温馨的称谓服务或在未登机时的联动查找。这一服务方式推行以来,避免了因航班高峰时段旅客较多,服务员无法准确识别即时上客航班旅客,核实上客信息而在厅内通播上客信息或逐一询问旅客所带来的弊端。

在同质性很强的航空服务领域,服务的个性化应会在竞争中脱颖而出。要客室工作人员注意根据要客的个人特点,提供个性化的细微服务。许多机场将重要的VIP旅客资料输入电脑,把他们喜欢喝什么吃什么甚至爱听什么音乐都纳入体系,在VIP旅客到达机场前,服务员就对这位旅客的喜好了如指掌了,也就可以有针对性地提供良好的服务。比如,某位客人的腰椎不好,就主动递上毛毯垫在腰后;某位客人喝咖啡不喜欢加糖奶,就直接送上他喜欢的黑咖啡。无论VIP旅客走到哪里,要客服务员都能准确叫出他的姓氏,并提供给他周到的VIP服务。

【案例7】

有一次日本松下公司社长中村邦夫乘坐商务专机前来杭州考察该公司在经济开发区的一个大型投资项目。为做好此次服务保障工作,要客室与提前来联系洽谈的日方代表进行了很好地沟通,日方细到连中村邦夫用的茶叶、烧水的茶壶都要了解询问。一开始日方要求按照日本的茶道提供,要客室耐心地向对方表示应该入乡随俗,且对方对要客室的整个工作流程参观后,对服务质量、卫生等情况均表示十分满意,采纳了要客室的建议。在中村邦夫返程这一天,他们想方设法提前将其休息房间的电视机品牌换成松下的产品。得知怕冷,在有中央空调的情况下,工作人员又专门为其准备了电热油汀,这些细致入微的服务得到了日方的高度评价。

【案例8】

我国驻日内瓦代表团团长沙祖康大使率领85人的庞大使节团,前来参观考察浙江经济的发展。使节团里有不少大使的夫人，有一天，在候机的时候，一位大使夫人不时地低头看一下自己的衣服，表情显得十分焦虑。当班的张鸣注意到这个细节后，马上主动上前询问，原来这位大使夫人衣服上有一个扣子掉了。于是张鸣立即引导她到休息室，拿出平时备用的各种款式的扣子让她挑选，终于找到一颗比较相配的扣子，大使夫人非常高兴，不停地赞扬这里的服务好，连这么细小的东西都会想到。

2. 特殊需求 区别对待

航空公司、机场作为一个普通的运输企业，理应承担相应的社会责任，特别是在救死扶伤、抗洪抢险、满足国家和社会公众对突发事件的处理等方面发挥积极的作用，充分体现"人民航空为人民"的民航服务宗旨。目前，许多有特殊需求的旅客都看重了航空运输的快捷性，经常向航空公司或公司代理人机场提出申请，希望能满足其特殊要求，这使航空公司承担的社会责任越来越大。由于航空运输业对特殊旅客的承运有严格的保障要求，因此，并不是所有特殊旅客的要求都能得到满足。如果在航空公司与旅客之间未能实现良好的沟通，那就很容易给二者都造成不必要的损失，有损于航空企业的形象。

【案例9】 被蛇咬伤包机飞上海求救

2005年11月7日中午12点50分左右，蔡先生像往常一样在自己的农场上玩蛇。突然，一条约1kg重的蛇朝他蹿过去，咬住蔡先生的左手。凭借多年玩蛇的经验，蔡先生一眼认出咬他的正是含有剧毒的五步蛇。蔡先生家住烟台，30岁，系上海中达客运有限公司负责上海至烟台的班线承包经理。

被五步蛇咬伤后，蔡先生就立即通知了家人。家人急忙打电话给烟台当地医院，结果被告知只有上海、广州这样大城市的医院里才有治疗五步蛇剧毒的血清。

蔡先生于是立即向远在上海的同事袁先生电话求助。接到求助电话后，袁先生于当日下午1时30分左右，一边安排人员向上海各大医院打听血清的信息，一边与上海机场指挥中心联系，预订下午由上海至烟台的最早时间的航班。袁先生随后获知，从上海飞往烟台最早的一班飞机也要等到下午3时20分。在这种情况下，袁先生决定联系山东航空公司包机，尽快救治蔡先生。

经过较短时间后，山东航空公司出动了一架庞巴迪70座商务机参与抢救行动中。下午2时10分左右，所包专机从烟台机场起飞。袁先生则与120取得联系，决定等专机抵沪后，就立即将蔡先生送往上海龙华医院。下午3时15分，飞机抵达上海虹桥机场，早在机场内等候的120急救车将蔡先生及时送往指定医院。下午3时46分，蔡先生及时被送进龙华医院急诊室。经过医院及时抢救痊愈出院。

【案例10】　海航连夜拆卸飞机座椅 运送骨折旅客回家

2006年7月22日9时,因交通事故造成脊椎压缩性骨折的王女士在家人的陪同下,顺利搭乘海航长安航空的HU7861航班抵达杭州。

据了解,王女士7月20日在陕西度假期间不幸遭遇交通事故,被确诊为"脊椎压缩性骨折"。返家心切的王女士及其家人考虑到医治时间较长、家人不方便照顾等因素,决定乘飞机返回杭州继续接受治疗。7月21日晚上,他们向海航长安航空提出了担架旅客乘机申请,并出具了医院证明,为伤者和陪同人员购买了机票。

得到承运伤病旅客的通知后,海航各级领导十分重视,长安航空公司领导要求各部门认真做好各项保障工作,确保旅客顺利成行。7月21日晚,长安航空当日值班经理乔学刚还组织各生产部门召开专题会议,针对伤病旅客实际情况制定运输保障计划。

为便于担架旅客登机后得以顺利安置,并不影响其他旅客正常登机,保证客舱服务的正常开展,当晚,长安航维修工程部连夜对一架在西安过夜的B737－800型客机倒数第二、三排座椅进行了拆卸,为第二天承运担架旅客做好了准备。

7月22日早晨,西安咸阳国际机场大雨不断。长安航空地服人员提前为旅客办理好乘机手续,并协调机场安检单位开辟了专用安检通道。旅客登机时,为不使伤病旅客淋雨,相关服务人员始终为旅客撑着雨伞,在医务人员的协助下,小心翼翼地将旅客抬上飞机。旅客登机后,长安航机务人员将旅客所用担架牢牢的固定在客舱地板上,当班客舱乘务员也迅速为旅客送来了小枕头、毛巾、毛毯和饮料等物,并为旅客调试好安全带。飞机起飞前,长安航医护人员再次询问了旅客的伤情,并向机组成员详细说明了注意事项。当日9时,承运王女士及其家人的HU7861航班抵达杭州。

但在半年前一次相似急救事件中,同样是海航,酒泉的女孩却没有那么幸运。

【案例11】　花季少女因为航空公司拒绝运输耽误了救治时间,而落下终身残疾

2006年1月15日上午10时许,14岁的女学生皮亚军因意外车祸造成右小腿脚腕处断伤。经酒泉人民医院会诊后告知家属病情,家属和兰州军区陆军总院联系后,皮亚军(皮皮)之父皮汝义征询酒泉医院医生的认可,可以乘坐飞机后,为了赶赴兰州紧急实施再植手术,家属在事先征得嘉峪关机场方面同意的情况下购买了当晚6时从嘉峪关飞往兰州的HU7536航班的机票,皮亚军到达嘉峪关机场后,嘉峪关机场及当次航班机长既未查验病情,也不听取主治医生的病情介绍,便无理拒绝其登机。导致皮亚军无法及时到达兰州接受断肢再植手术,最终造成右小腿(膝盖以下8cm)被迫截肢的严重后果。

花季少女因为航空公司拒绝运输耽误了救治时间,而落下终身残疾。读到这则新闻的每一个人都会为之感到惋惜和痛心。从而,航空公司受到社会大众和广大媒体的大肆指责和挞伐是在情理之中。

能否承运特殊旅客和顺利完成特殊旅客承运的保障工作,关系到能否达到特殊旅客预期目的和树立航空公司良好的社会形象。若想既满足社会公众的需求,又能遵循航空公司及飞行特点,不对特殊旅客产生任何负面影响,对于航空公司来讲,关键在于其是否能做好相应的基础准备和应急准备工作。

三、特殊情况 紧急救援

做好民用机场的应急救援工作,建立有效的机场应急救援反应机制,对于果断处置各种紧急事件,特别是与航空器有关的紧急事件,避免或者减少人员伤亡和财产损失,减少对机场正常运行带来的影响具有重要意义。

1. 机场紧急事件分类

机场紧急事件包括航空器紧急事件和非航空器紧急事件。

(1)航空器紧急事件包括:

①航空器失事;

②航空器空中故障;

③航空器受到非法干扰,包括劫持、爆炸物威胁;

④航空器与航空器相撞;

⑤航空器与障碍物相撞;

⑥涉及航空器的其他紧急事件。

(2)非航空器紧急事件包括:

①对机场设施的爆炸物威胁;

②建筑物失火;

③危险物品污染;

④自然灾害;

⑤医学紧急情况;

⑥不涉及航空器的其他紧急事件。

2. 民用机场应急救援的3个核心

在发生紧急事件之后,应急反应部门能否及时有效地施救,将直接关系到人员伤亡和财产损失。从近几年来救援的经验来看,民用机场应急救援工作组织实施的效果主要决定于三个问题(3C):现场指挥(COMMAND)、救援现场控制(CONTROL)和现场通讯(COMMUNICATION)。

(1)急救援的指挥问题。对机场内部以及临近区域发生的航空器紧急事件和非航空器紧急事件实施组织良好的应急反应,可以有效地减少人员和财产损失。同任何其他管理工作一样，指挥是应急管理的核心内容之一，应急反应的指挥权应当按照事件发生区域来决定，同时应当组成应急救援指挥小组，根据具体紧急事件的特点来采取不同的指挥方法。

①急救援的指挥权。民航机场或临近区域在发生紧急事件、尤其是航空器紧急事件之后，各地方政府、民航行业管理机构一般会高度重视，并且会派员到场。按照应急救援规则的要求，各机场应当承担本机场围界以内及距机场基准位置点 8 公里范围内区域的应急救援工作，对于本区域外发生的紧急事件，按照《中华人民共和国搜寻援救民用航空器规定》执行，因此，这种情况下应急救援工作仍然应当由机场管理人员承担指挥工作。这是应急救援规则的要求，也是国际上通行的做法。机场当局处理类似问题时，可以就此问题向地方管理当局阐明有关规定和政策，并且在有可能涉及人员和财产损失的重大问题上，邀请相关部门参与决策。

②应急救援领导小组的工作职责。按照应急救援规则的要求，机场应当组成应急救援领导小组，领导小组是机场应急救援工作的最高决策机构，由当地人民政府、民航地区管理机构或其派出机构、机场管理机构、空中交通管理部门、有关航空器营运人和其他驻场单位共同组成。

应急领导小组负责就关系影响人员伤亡、航空器或者其他建筑物、设备严重损伤的救援行动(措施)做出决策，例如航空器救援程序、搬动方案，以及终止救援的决定等；对于专业性较强的救援工作，领导小组可以根据具体紧急事件的不同特点，授权应急指挥中心或者专业人员全面指挥应急救援行动；同时，负责批准向媒体发布有关信息。

应急救援领导小组下设机场应急救援指挥中心(以下简称指挥中心)，指挥中心是事故灾害的“神经中枢”，它必须具备通信、预警、灾情评估和监视、确定行动程序、协调及分配救援力量、公众信息与新闻媒介等多方面的功能，同时制定并且宣传应急预案。指挥中心负责日常应急救援工作的组织和协调，根据机场应急救援领导小组的授权，负责组织实施机场应急救援工作。指挥中心总指挥由机场管理机构最高领导或其授权的人担任，全面负责指挥中心的指挥工作。

③现场指挥官的责任和权利。现场指挥官作为救援工作的现场领导，负责有效地指挥各职能部门迅速对紧急事件做出反应，协调各专业救援小组的救援进度，及时将救援进展和救援中发现的重大事件向领导小组汇报。

由于机场发生的紧急事件类别繁多，对于超出本人专业范围的紧急事件，按照国际上民航界和一般城市灾害救援的通常做法，现场指挥官可以委托专业人员，例如消防、公安等小组组长行使最高指挥权(国际通行)。

在应急救援现场，现场指挥官具有最高指挥权，有权利对参加救援的人员、设备和工作程序进行控制，参加救援的各个单位应当服从指挥，积极配合机场组织的救援行动。

(2)救援现场控制。紧急发生之后，机场救援机构应当对救援现场加以控制，确保能够按照预定计划开展救援工作，同时保证人员安全疏散、财产损失降低到最低点。现场控制工作可以从人群、救援程序、设备、现场保安控制等方面着手。

①人群控制。应急救援过程中,首要的工作是减少人员伤亡,因此无论是航空器紧急事件还是机场建筑物火灾、自然灾害等非航空器紧急事件,救援人员应当首先隔离现场,防止无关人员、车辆进入现场,及时疏散受伤人员,同时进行一线、二线紧急救护,记录人员身份并且标识后,送往医院。

按照应急计划的要求,不同专业救援人员配备不同的标志和防护服,在机场公安人员对现场进行隔离以后,只有救援人员才能够进入隔离区域,一定要防止无关人员进入现场,干扰救援工作,避免造成不必要的伤害。

②工作程序。实施应急救援工作,按照应急预案,指挥中心及时通知各专业救援队伍准备施救,各救援队伍进入预定救援位置开展救援工作,例如救援航空器事件时,应当在上风头位置布置救援现场,预留消防、急救车辆通道。

在整个救援过程中,各专业救援小组的工作进度必须处于受控状态,严格按照计划预案规定的程序展开救援工作。以爆炸物威胁为例,工作程序应当为:

通知相关救援单位→隔离现场→紧急疏散→危险程度评估→排除爆炸物→恢复现场。

任何救援部门应当严格按照上述工作程序进行救援工作,防止任意行事,同时也要避免工作拖延。

③设备控制。制定机场应急计划时,要制定应急物资储备计划,例如通讯车、照明车、电动工具等设备,为今后可能开展的救援工作提供可靠的后勤保证,同时对于航空器紧急事件救援工作所需要的大量专用设备,更要定期维护,保证设备处于可用状态。

救援过程中,专用设备必须由接受过培训的专业人员进行操作,避免对航空器或者机场设施造成二次损伤。机场消防救援人员应当熟悉使用本机场的各航空器的结构特征,例如航空器油箱、电瓶、紧急出口的位置,以便在应急救援过程中能够快速施救。对于不熟悉的航空器,在完成人员救援、疏散之后,要及时通知航空公司或者航空器制造商,要求他们提供航空器的特征参数和恢复方案。

完成救援工作之后,对救援工作中出动的救援设备进行检修,及时补充油料、泡沫,尽快地满足机场最低运行要求。

④现场保安。保护救援现场对于开展救援工作和防止财产遗失是十分重要的。航空器紧急事件发生之后,机场救援当局应当尽快地从航空公司得到货物清单和旅客姓名以及行李清单,认真清点货物、邮件和旅客行李,并妥善保管,为航空公司的旅客救助工作提供便利。

救援现场要防止与救援无关的人员进入现场,任何进入现场的人员必须佩戴明显识别标志。对于事故发生后各相关部门前来慰问、视察的领导,首先要对他们简要介绍事件的发生过程,同时进行必要的安全教育后发给应急救援人员标志,才能进入现场。

航空事故是新闻媒体热心追踪报道的话题,救援过程中要防止新闻媒体人员随意进入现场。回答新闻界提出的问题时,不要对事件起因做任何推测;不要公开谴责他人;不要涉及自己不熟悉的问题;更不要与记者争论。

(3)现场通信。从我国近几年发生的机场航空器紧急救援实例来看,通信在救援工作中起着举足轻重的作用。机场应急计划中应对应急通信规则加以详细规定,并且配备精良的通信器材,有条件的机场可以配备移动应急通信车。

参考国外的应急救援通信方案,机场应急救援通信系统至少具备机场地面运营、机场维护、机场消防、机场公安交通管理和应急事务5个通信频道。沿海地区的机场还要具备同海事救援组织的联络能力,以便方便水上救援工作。机场应急通信系统可以加入当地城市的应急减灾通信系统,将通信频率、联系电话及时通知协助单位,如急救中心、消防队,以便能够充分利用当地的救援资源。

专业救援小组在各自分配的通信频道进行联络,同时时刻保持同应急指挥中心的通信联系。救援人员应当认识到目前我国各机场的无线通信系统并不具备任何保密性,救援人员不得在应急通信系统中谈论与救援工作无关的内容。

机场应急救援机构应当根据本机场的具体情况,分析可能发生的紧急事件,做出不同应急事件的救援预案。在重视上述3个关键问题的同时,还应当重视救援人员的培训和救援设备设施建设,为快速、有效地施救提供保证。

【案例12】　紧急迫降——1998年9月10日发生在上海虹桥国际机场的真实故事

根据民航部门提供的资料:MD－11大型客机前起落架放不下来的故障,过去只发生过一次——美国一家航空公司的一架MD－11客机,在前起落架无法打开的情况下紧急迫降,结果机身断裂,爆炸起火,机毁人亡……

1998年9月10日晚上19点10分,中国东方航空股份有限公司的"一比一"机长倪介祥,将他驾驶的MD－11型B－2173号客机驶离停机坪,滑向跑道。飞机仪表正常。上海虹桥国际机场的夜色如画。

19时38分,2173号客机拔地而起,射向夜空。已经飞行了30多年、总共安全飞行了1.2万个小时的机长倪介祥,依照飞行程序,按下按钮收起飞机的起落架,他突然发现:起落架告警灯亮了。在夜空中,这红色的告警灯格外刺目。

告警灯显示2173号客机的前起落架没有按指令收起。倪介祥再试了一次,告警灯却显示前起落架放不下来。

天地同心

"2173号客机的前起落架发生故障。"这一消息通过塔台,迅速传到了地面。

为了确认飞机前起落架的状况,2173号客机徐徐下降,以300米的高度在机场跑道上空通过。但天空太黑,地面塔台难以确认前起落架状态。2173号客机在300米的高度再次"通场",但依然难以看清。第3次"通场",客机降到100米高度。参加现场指挥的东航飞行部总经理周礼国看清了:前起落架没有放下,但前起落架的舱门半开着!

机上137名旅客和机组成员的安危,牵动了上海市党政领导的心。他们先后赶到机场,来到塔台和现场指挥处,参加救援指挥。

机场的11辆消防车和4辆救护车早已进入停机坪。上海市内的48辆消防车、20辆救护车,在接到市委、市府的命令后,也以最快的速度赶到机场。500多名民警、武警官兵和保安人员火速赶来增援,随时准备救援。

想尽一切办法放下前起落架,这是空中和地面共同的最大愿望。

MD－11是美国麦道飞机制造公司生产的可载客340人的大型远程客机,有液压和紧急两套操纵系统。机组多次实施操纵,发现客机的两套前起落架操纵系统同时失效。

已经驾驶了7年MD－11客机的倪介祥,在900米的空中接连做了几个"跃升"和"急转弯"的动作,想"甩"出前起落架,但没有效果。

地面指挥建议机组试一试断开3号液压系统,防止液体受压后发生"液锁","咬住"前起落架。机组试了3次,还是无效。

机组决定派机械员周永亮下去强行打开前起落架。48岁的周永亮将原来给飞行员"应急撤离"用的尼龙绳系在腰上,通过电子设备舱进入飞机下部。透过半开的前起落架舱门,周永亮看见了飞速移动的地面。他只靠这根手指粗的尼龙绳牵着,用斧子猛砸前起落架被卡住的地方,但用足力气就是打不开前起落架。

地面指挥决定2173号客机实行"试降"。所谓"试降",就是客机以位于机身中部和两翼的3副机身起落架、主起落架"碰撞"地面,通过震动,将前起落架"震"出来。这是飞行中的高难度动作。但试了两次,前起落架却无动于衷。

飞行教材上关于前起落架放不下的所有紧急处置办法,机组都试过了。远在美国的波音公司也打来电话,提出建议,机组一一试过,都未奏效。

从起飞发现前起落架故障到现在,已经3个多小时了,飞机已经在虹桥机场上空盘旋了几十圈。客机起飞时,带了35吨航油;此刻,只剩下1.6吨航油。情况危在旦夕!最后关头飞机只能迫降。

飞机是迫降在草地,还是迫降在跑道?同样有驾驶远程大型客机经验的上海虹桥国际机场股份有限公司董事长杜春才和东航总经理李仲明商量后决定:草地迫降易造成飞机断裂等重大事故,飞机就在跑道上迫降!

地面告诉空中:你们要有信心取得迫降成功!党和政府关心着你们,地面已经作好了迎接飞机迫降的所有准备!

几十辆消防车,在虹桥机场的主跑道上喷上了一条30多米宽、500多米长的"泡沫带"。这些绝缘泡沫不仅将减轻飞机机腹着地的摩擦,还可减少飞机起火爆炸的危险。

指令传到飞机上,带班的东航客舱服务部三中队长徐焕菊打开广播器,以镇定自若的语气告诉旅客:"女士们、先生们:现在机长决定陆地迫降。我们的飞机没有大的危险。我们的全体乘务员都受过良好的训练。我们有信心、有能力保证全体乘客的安全。"所有的空姐都站出来,向旅客示范飞机迫降时防冲撞的安全坐姿。全体旅客十分配合。

飞机迫降时,飞机前部最为危险。机长和乘务长将机上的旅客全部安排到客舱的中、后部。

驾驶舱是迫降时最危险的地方。地面指挥部商量后决定:4 名机组成员中只留 3 名驾驶飞机,一名撤到客舱,与空姐一起照顾旅客。机长倪介祥下令:年纪最轻的、飞行学院毕业不久的大学生报务员撤到后面去。这等于把“死亡”的危险留给了自己。

旅客全部就位后,中队长徐焕菊接通了空姐内部电话,把真实的危险告诉她们:“在着陆的一刹那,飞机可能会起火、爆炸。无论发生什么情况,我们决不能惊慌,要沉着,要有信心,迫降一定会成功。听清楚吗?”

所有的空姐齐声答道:“听清楚了!”

飞机按照地面指引,向虹桥机场的跑道徐徐降落。

客舱里鸦雀无声。

倪介祥努力掌握好飞机姿态。2173 客机穿过夜空,在虹桥机场的跑道上着陆:先是机身起落架和主起落架着地,左右机翼下的 1 号和 3 号发动机“反喷”,机务员打开减速板,机首缓缓着地,飞机的铝皮随即在跑道上拉出一道道火星……

在飞机着陆的瞬间,机身剧烈地抖动。客舱内的电断了,应急灯随即亮了起来。所有的空姐都用普通话和英语一遍又一遍地对旅客喊道:全身用力,低下头,弯下腰!

滑行了 300 多米后,飞机终于停住了。

当飞机还在跑道上滑行时,消防车就紧随其后,飞机一停下,几十辆消防车、救护车立即围了上去,几十条泡沫水柱射向飞机。

空姐通过观察窗看到舱外无火,就以最快的速度打开 6 扇应急舱门。紧急滑梯放下后,3 分钟内,旅客全部安全离机。徐焕菊从前舱跑到后舱,又从后舱跑到前舱,一边跑一边喊:“还有没下机的旅客吗? 请回答! 还有没下机的旅客吗? 请回答!”直到确认飞机上仅她一人,才最后一个离开飞机。

掌声祝贺 人机安全!

这是民航客机成功迫降的典范!

望着停在跑道上的飞机,正在现场指挥处指挥救援的领导带头鼓掌。祝贺迫降成功!

上海市领导马上赶向机坪,向参加救援的公安消防战士和医护人员表示感谢和慰问。

上海市领导还看望了在紧急滑梯下滑时受伤的旅客。在候机楼,当韩正副市长向一名美国旅客表示歉意时,这名美国旅客连声说:不要道歉,中国民航飞行员的水平太高了! 应当给他们嘉奖!

应当给飞行员和空姐嘉奖,这是记者听到的旅客的一致呼声。来自洛杉矶的陈袁幼兰女士说,空姐很年轻,但很镇定,她们不顾个人安危,还给我们送茶水。她们的镇定给了我们信心和勇气。机长非常有耐心,一次不成功,再来一次。我们的共同感觉是要感谢机长。

四、航班延误与服务质量

航班延误是民航消费者最关心的问题。航班延误，虽然是个世界性的难题，但中国民航以不回避、不掩盖、知难而上的态度和精神，把狠抓航班正常作为构建和谐民航的切入点，作为一项必须取得明显成效的重点工作。

2007 年 8 月 30 日原民航总局副局长杨国庆在民航运输服务工作座谈会上要求民航各级管理部门和航空运输企业，一定要从旅客最关心、反映最强烈的问题入手，重点整治航班延误及延误后的服务，以及机票超售、行李差错等问题，并以解决这些问题为突破口，带动其他问题的解决，走安全、质量、效益相统一的发展道路。他指出，民航正逐步放松经济性管制，加快市场化进程，实施新的航空运输价格政策，因此新的营销模式、经营模式也应运而生。各单位要针对新的航空运输环境，不断完善相关法规和标准，在放松经济性管制的同时加强社会性管制，提高产品质量，保护消费者权益。

杨副局长强调，提高运输服务质量和航班正常率，既要建立激励机制，也要形成约束机制，民航总局今后除继续在航线航班评审中将事故征候万时率、航班正常率等“五率”作为标准外，还要加强对航空公司航班正常率和执行率的监管，对正常率、执行率低的航班将取消其时刻乃至经营权，还要把航班正常率与扩大经营范围，如设立分公司、购租飞机挂钩，通过这些措施，促使航空公司不断提高服务质量和航班正常率。

民航治理航班延误由来已久。早在 1957 年，周恩来总理对民航就提出了“保障安全第一，改善服务工作，争取飞行正常”的指导方针。民航为争取飞行正常，减少航班延误，做了大量的工作。在坚持不懈的努力下，航班正常率有了明显提高。2000 年，民航全行业的航班正常率是 77.4%，2006 年稳步上升为 81.5%。近几年，在航班总量大幅增加、空域资源日趋紧张的情况下，航班正常率基本稳定在 80% 以上。

1. 不正常航班的含义

通常延误被人们理解为：航空公司未能按照运输合同约定的时间将旅客运抵目的地。有人认为运输合同约定的时间，是指航空公司机票上载明的时间。机票上一般只注明离站时间，并未注明到站时间。《中国民用航空旅客、行李国内运输规则》的解释是“离站时间指航班旅客登机后，关机门的时间”。实际的起飞时间应晚于关舱门的时间，因为在关舱门后，飞机有可能需要在地面等待空中交通管制部门的起飞指令，而且还要滑行到跑道。另外，飞机在规定的离站时间起飞也不一定就准点到达目的地，因为飞行航路或航线上的气象多变，如遇逆风或绕飞，飞行时间延长。

目前民航航班正常统计办法（2008 年 3 月 30 日施行）中规定的正常航班的标准为：①在班期时刻表公布的离站时间后 15 分钟（北京、浦东和广州以及境外机场 30 分钟，虹桥、深圳机场 25 分钟，成都、昆明机场 20 分钟）之内正常起飞（飞机轮子离开跑道起飞）未发生返航、改航和备降等不正常情况的航班；②在班期时刻表公布的到达时间前后 10 分钟之内落地的航班。由此可见，按照民航总局的正常航班统计方法，正常航班一是指实际上起飞正常的航班；二是指实际上到达正常的航班。

(1)我国民航正常航班现状。根据民航总局 2007 年每季度公布航班数据汇总，全年全行业计划航班 1618698 班次，其中正常航班 1346633 班次，不正常航班 272065 班次；航班正常率为 83.19%，见表 9-5 和表 9-6 所示。

2007 年全行业“航班正常率”　　表 9-5

	计划航班	正常航班	不正常航班	航班正常率
一季度	395499	333095	62404	84.22%
二季度	437656	355614	82042	81.25%
三季度	402276	337493	64783	83.90%
四季度	383267	320431	62836	83.61%
全年	1618698	1346633	272065	83.19%

注：摘自中国民用航空总局 www.caac.gov.cn

2007 年国内、国际航班正常率排行榜(含加班包机)　　表 9-6

	海南航空	山东航空	厦门航空	四川航空	东方航空	南方航空	中国国航	上海航空	深圳航空
1 月	87.85%	86.15%	79.92%	85.55%	86.08%	85.80%	85.31%	85.91%	76.69%
2 月	84.69%	84.30%	74.86%	83.37%	84.24%	83.66%	82.40%	83.91%	72.86%
3 月	86.65%	84.77%	77.81%	83.82%	84.53%	83.99%	81.82%	84.49%	71.37%
4 月	86.45%	83.55%	80.04%	81.55%	83.37%	82.16%	80.19%	83.36%	72.71%
5 月	86.07%	88.68%	85.21%	84.66%	86.90%	87.68%	83.99%	86.77%	74.91%
6 月	86.78%	86.89%	84.16%	83.47%	85.74%	85.66%	83.02%	83.61%	70.46%
7 月	82.93%	82.25%	82.11%	82.23%	83.39%	82.52%	79.48%	82.43%	71.36%
8 月	80.98%	79.64%	80.75%	80.18%	80.85%	80.90%	79.07%	81.18%	67.36%
9 月	83.57%	84.22%	81.77%	81.73%	83.55%	84.39%	81.79%	82.64%	70.40%
10 月	84.73%	86.03%	83.29%	82.89%	85.22%	88.08%	84.60%	83.82%	83.50%
11 月	82.87%	84.50%	82.16%	82.14%	82.73%	82.66%	82.22%	82.20%	76.78%
12 月	87.51%	87.33%	86.75%	86.59%	86.42%	84.82%	83.15%	82.82%	75.30%

注：表中数据来源于中国民用航空总局

(2)美国航班正常工作介绍。美国从 1988 年 2 月份起开始向公众报告行业航班正常情况，由运输部下属的运输统计局通过官方网站按月向社会公布包括 19 家航空公司，31 个国内机场的航班正点情况。19 家航空公司是指 18 家占国内运输量 1% 以上的航空公司以及一家自愿加入的航空公司(HAWAIIAN AIRLINES 夏威夷航空公司)，31 个机场也是占国内航班运输总量的 1% 以上的机场。根据美国运输部的有关条例规定，这 19 家航空公司必须定期向运输部报告各自的航班正常情况。所有这些数据经统计分析后向公众公布。

美国航空公司也十分重视航班正常工作，他们已将航班正常率与市场销售紧密的结合在一起。19家航空公司的每个航班计划在计算机订座系统(CRS)中都有一位从0到9的数字表明了这个航班在上月的正常情况，例如，"8"就说明在该航班上一个月的航班正常率在80% ~89%之间。旅客在购票的同时，由此可了解到自己所乘航班在上个月的航班正常情况。当有不同航空公司航班可供选择时，他们必然会选择正常率较高的航班。通过上述细节，使航班正常率成为航空公司差异竞争中新的重要工具。

2. 不正常航班的原因及整治的对策

从下面统计表看出造成航班延误的原因很多，主要原因有航班计划、天气原因、流量控制、飞机故障等。

2008年新实施的《民航航班班正常统计办法》中把原来20种原因重新进行归类，分为天气原因、公司原因、空管、机场、联检、油料、离港系统、旅客、军事活动、公共安全和飞机晚到等11种原因2006年我国航班延误情况见表9-7。

2006年我国航班延误情况表　　表9-7

序号	航班不正常原因分类	不正常航班班次	占不正常航班总数的百分比	不可控	可控
1	公司计划	110866	39.20%		39.20%
2	流量控制	57561	20.35%	20.35%	
3	天气	55999	19.80%	19.80%	
4	需说明的情况	22280	7.88%	7.88%	
5	工程机务	12018	4.25%		4.25%
6	禁航	8535	3.02%	3.02%	
7	旅客	6782	2.40%		2.40%
8	机场设施	2901	1.03%		1.03%
9	机场秩序	1610	0.57%		0.57%
10	运输服务	1501	0.53%		0.53%
11	空勤人员	1070	0.38%		0.38%
12	联检	924	0.33%		0.33%
13	航行保障	285	0.10%		0.10%
14	食品供应	215	0.08%		0.08%
15	空防	96	0.03%	0.03%	
16	安全检查	55	0.02%		0.02%
17	飞机清洁	32	0.01%		0.01%
18	油料供应	18	0.01%		0.01%
19	其他	41	0.01%	0.01%	
20	合计	282789	100.00%	51.10%	48.90%

注：根据民航总局《关于2006航班正常情况通报》资料制表。

(1)航班计划(公司原因)。统计发现,延误原因中计划原因比例较低的公司航班正常率很高。计划原因引起的延误率每提高1%,航班正常率会下降1.5%~3%。原因很简单,"先天性"的不足,"后天"难于弥补,并且会给后续航班造成连锁反应。

根据对航班计划的长期关注和不正常原因的统计分析,目前各公司在安排计划时存在以下几个不合理方面:航线结构不太合理,仍然存在"甩辫子"航班、"三角"航班和环行航班,这几项主要存在于那些运力较少、运营基地不多的中小航空公司;运力安排不合理,航空公司过于追求飞机利用率,忽视备份运力;航段时间、过站时间安排不够,对滑行时间几乎不考虑;编排航班计划人员欠缺航务知识,不清楚飞机运行的各个环节;出于与对手的竞争,被迫修改航班时刻。

航空公司首先要提高航班的计划的科学性。根据自身的运力不要将航班计划排得过于密集,让飞机有"喘息"的时间;要留有足够的备份运力,以防不测;适当缩短航班计划期;航班计划、飞机维修计划和空勤排班计划要一体化。

正确处理飞机利用率与航班正常率的关系。为了追求效益,航空公司总是希望最大限度地提高飞机利用率,部分航空公司在暑期运输生产旺季,飞机日利用率高达11.5小时。众所周知,不可控因素总是存在,一味追求飞机利用率,一旦发生飞机故障、雷雨等不可控因素,由于缺乏备份运力,必然会造成航班的大面积延误。同等条件下,一架飞机故障可能只影响1个航班,也可能要影响3~4个航班。从长远来看,飞机利用率过高,必然会影响航班的正点率,长此以往,必然会导致旅客满意度的下降,损害该公司的品牌形象,最终也会影响效益。因此,航空公司在编制航班计划时,应充分考虑不可控因素,结合本公司机型状况、保障能力等实际情况,在飞机利用率与航班正点率之间取得平衡。

航空公司要加强飞机调控管理,科学安排生产计划。航空公司编排飞行计划序列要合理,留有余地,不可超运力安排航线,尤其不能用挤压过站时间的办法解决飞机周转问题。基地航空公司要有备份飞机,杜绝因运力不足满负荷安排飞行计划。另外,航空公司在对热点地区的航班时刻申请前,要搞调研,既要考虑到空中飞行密度,还要考虑地面保障能力,尽可能避开高峰时段。

加强空间资源的调研,合理规划航线。航线的规划设置是解决流控的关键,局方应根据日益增长的民用运输的需要,尽早调研开辟新的航线,对高密度航线进行分流,这样既减轻了热门航线的压力,又减少了流控,同时也避免了因空中飞机过密而发生的危险情况。主要干线航路可设置双航路进行分流。在大城市飞行繁忙的区域,有条件时可以设立单项飞行进出通道,解决飞机上升、下降穿插的矛盾,加快飞机进出的流速。

另外,民航总局严格监管和处罚,把航班正常与航线经营权管理挂钩,对航空公司平均延误率高或平均延误时间长的航线航班,取消其航线经营权。2007年年初民航总局决定以首都机场为试点,加强航班正常工作,6月1日,首都机场航班延误治理小组开始定期公布首都机场离港航班正常率排名的后20位、且航班正常率在50%以下的国内航班,并对这些航班进行黄牌警告,受到两次黄牌警告的航班将被取消。截止到目前,离港航班正常率排名后20位的120多个国内航班受到了黄牌警告,东航、国航各一个航班因受到两次黄牌警告而被取消了航班时刻。这次治理效果非常明显,6、7月份首都机场的航班正常率达到了85.3%和81.6%,比2006年同期提高了8.7和7.3个百分点。

(2)流量控制(空管)。流量控制是中国民航难以独自解决的空域资源问题。流量拥堵主要发生在东部地区,即"三点"、"两线"和"三区"。"三点"就是北京首都机场、上海虹桥/浦东机场和广州白云机场,"两线"就是京广线和京沪线,"三区"就是长三角地区、珠三角地区和环渤海湾地区。2007年,我国航空公司定期航班完成的总周转量为361亿吨公里,比2006年增长了18.1%。改革开放以来,我国飞行流量以8%~10%的速度增长。在京广航路以东地区集中了约90%的飞行流量,其中约70%的流量分布在北京—上海—广州之间的大三角地区;中西部地区如成都、昆明、西安等地飞行量也呈快速增长势头。

我国的国情与美国有所不同。美国军事力量绝大部分存在于海外,本土军航飞机并不是很多,其军民航使用空域结构比例为1∶4,军方只占51万平方英里,其余属于民用。在美国甚至日本,都很容易实现"直飞","点"与"点"之间的距离有的远达数百海里。我国军航飞机主要用于本土防空,军、民航飞行矛盾覆盖了从低空到高空的所有高度层,影响了民航新航线的进一步开辟。"大流量"遭遇"细通道",发生拥堵的可能性就很大。业内人士开玩笑说,首都机场打喷嚏,上海、广州、成都等机场就得立马跟着犯感冒。因为首都机场日均起降已超1000架次,一旦发生不可抗拒的延误,必然引发与之航班相关联的机场出现大面积延误。

即使流量控制造成航延误属不可控因素,但必须要从根本上去解决和考虑。第一点是要尽快规划论证和实施京广、京沪平行航路。鉴于军航机场的布局现状,近期新开辟京沪穗航路的可能性不大,但可在原航路的侧方划设一条平行航线是完全可能的。目前国内运行的大型飞机大都配置有惯性导航和GPS系统,导航精度很高,完全达到了自主领航的标准,这就可以大大增加航路放飞密度。

近几年,我国民航的飞行流量每年的增长速度都很快,民航在有效空域资源十分有限的条件下,深挖潜力,对飞行高度层进行缩小垂直间隔,加大航班密度。2007年11月,民航已实施8 400m以上飞行高度层缩小垂直间隔的重大改革;刚刚结束的民航空管体制改革,将彻底打破地区行政区划,高空管制区将会得到更加科学合理的规划,有限的空域资源也会得到最大限度的利用。

(3)天气原因。据有关部门的统计数据显示:在造成航班延误的11种主要原因中,天气因素经常排在首位。航班的延误乃至取消是大雾、雷雨、风暴天气时经常会遇到的情况。面对这种由不可抗拒的天气原因带来的不确定航班延误的现象,航空公司、机场和旅客一样,都不愿看到。

2006年1月14日,春运首日,北京及周边地区出现了大面积浓雾天气。民航总局运行管理中心运行监控数据显示:从 7 时到 11 时,在首都机场计划出港的 230 个航班中,除了完成 1 次起飞、5 次落地外,其他进出航班全部延误。

由于天气原因导致航班延误又以大雾最为多见。特别是进入秋冬季以后,当受变性冷高压控制、天气晴好、气层稳定、低层湿度增大时,便容易长时间连续出现大范围的大雾天气,尤其是像首都机场这样的大型枢纽机场,常因大雾影响导致航班大量延误,使成千上万人的乘客因此滞留机场,给民航经济发展和乘客出行带来严重影响。据国际民航飞行事故统计,仅 1997 年 1 月和 12 月两个月,因大雾影响 7 次造成飞行事故,给各国人民生命财产和国际民航运输造成重大危害和损失。如 1993 年 11 月 13 日,中国北方航空公司一架 MD-82飞机在新疆乌鲁木齐附近失事,机上 101 人中有 12 人遇难,其原因是飞机在浓雾中用仪表着陆系统进近,在机场附近发生了摔机事故。又如 1998 年 2 月 16 日晚 8 时,一架客机在台北中正机场降落时因大雾影响能见度不到 200 米,造成飞机失事,死亡 200 余人。

机场出现大雾主要影响航班的正常起飞和降落。由于大雾影响能见度,使得飞行员在起飞或降落时看不清跑道方向,进而无法进行起飞或降落,如要实施,就很难避免会出现飞行事故,严重危及飞机和乘客的安全。虽然近年来一些大型机场装备二类盲降设备后,大雾对飞行的影响已有所减少,但大雾仍是影响航班正常的主要因素。另外,民航总局有非常严格的恶劣天气飞行标准,当能见度小于 500 米时,降落是很危险的;而当能见度小于 350m 时,起飞就不能正常进行。目前我国除少数现代化程度较高的大型机场(如首都机场、上海浦东、广州白云机场等)外,对于国内大部分民用机场来讲,由于受地理环境、导航设备等诸多因素的影响,所以飞机起飞和降落的要求条件就更高,一般出现小于 1 000 米的大雾时,就无法起飞和降落,甚至无法滑行。

雷雨是一种反应剧烈的天气现象,它发生时电闪雷鸣,并伴有疾风骤雨,有时还会夹杂着冰雹。雷雨的产生主要是由强烈的对流、充足的水汽和空气扰动共同形成的。当发展旺盛的积雨云云顶到达 10 000 米时,云中上升下降气流的垂直速度可达 20~30 米/秒,并伴有强烈的乱流。如果飞机不慎进入积雨云中,强烈的气流会造成飞机中度以上颠簸,如果极为强烈的话,可以使飞机的飞行高度在瞬间上升或下降几十米甚至几百米。这时,由于飞机的剧烈震动,飞机上的仪表指示往往滞后,不能准确地反映飞机瞬间的飞行状态,飞行员的操作稍有不慎,飞行事故便可能发生。

(4)地面保障(机场、联检、油料等)。因机场保障原因,民航应针对旅客不同的高峰时段,加开安检通道,对安检区域旅客流量进行快速分流,避免因旅客排长队造成延误。此外,机场还要完善和推出一系列服务如"首问负责制"、"无行李值机服务"、"晚到旅客运送服务"、"不正常航班跟踪服务"等服务项目,缩短旅客候机时间,避免因旅客过于集中而造成航班延误。

民航是一个系统性很强的行业。飞行、机务、空管、机场、油料等专业部门必须相互协调、密切配合,才能保证航空运输的顺利进行。航班正常保障不只涉及航空公司,还需要多个单位的积极配合,飞机到场了,加油不及时、登机桥未及时开放、未及时进行登机广播等许多原因,都可能导致航班延误。任何一个部门和环节出现问题,运行的系统性都将受损,轻者影响运行的质量,重者危及航空安全。因此,航空公司、机场、空管、油料等单位都应从生产链的角度加强流程管理,消除"本位主义",加强沟通与协调,齐心协力治理好航班不正常这个"顽疾"。

做好航班延误后的补救措施是治理航班不正常的重要一环。航班延误后的补救措施如果处理妥当,可以最大限度地减少航班延误产生的多米诺骨牌效应。如果对于航班延误后的补救措施到位、避免旅客占机等事件的发生也会为后续航班赢得一些宝贵的时间。

桃仙机场针对航空公司航班延误,提出"为下一个航班赢得时间,为晚到航班争分夺秒"口号。体现了大民航意识,相互配合的主动性和责任意识。

为实现短停留、快过站的保障设想,桃仙机场采取了相应的措施,为过站航班增加一辆摆渡车,让过站旅客在车上暂时休息。通过对过站航班外场重点监管,快速维护,提高清洁速度,值机按时结载,指挥中心提前将上客指令发给保障部门等快速保障方法,将过站旅客在摆渡车上的等候时间压缩到最短,不但满足了多数消费群体快速乘行的心理需求,同时也体现出了支线航班的运输优势。

机场保障的航班多数为往返航班,始发航班较少。飞机短时间的经停准备,对机场的保障能力提出了高标准的要求。为此桃仙机场制定了《提高航班放行正常率实施方案》,在保证安全和优质服务的前提下,推行 N 个 1 分钟的运行保障方式,力求每个环节都要赢得时间。《方案》中规定了各机型最小过站时间,对于进港航班晚到,150 座以上、晚到 15 分钟内的航班和 150 座以下、晚到 20 分钟内的航班,在保证安全、正常操作的前提下,压缩过站保障时间,力争使航班在沈阳恢复正常。

2007 年 7 月的一天,南航一架飞机执行上海—深圳—北京航班。由于流量控制,飞机从上海到达深圳时已经晚点。为了保障飞机飞往北京的航班正点起飞,飞机必须在 40 分钟内完成过站任务——15 时 17 分,飞机落地后,客梯车、餐车、垃圾车、加油车同时向飞机靠拢;客梯车停稳后,飞机前门、中门立即开启,旅客走出;与此同时,飞机的另一面,平台车运转,货物运出;旅客刚下完机,勤务队三步并作两步,跑上飞机做清洁;当出港旅客乘坐摆渡车到达机位时,清洁工作正好做完……短短 40 分钟,完成了波音 777 这样大型客机进港 200 多名旅客,出港 300 多位旅客的过站任务。如果不是拿出和时间赛跑的精神,以高度重视航班正常的态度,以精细化的管理方式,这样的过站任务难以完成。

为了正确反映机场在飞机晚到及时放行的情况,民航总局增加一个统计指标:机场放行正常率。来程晚到的航班按该机型最少过站时间关好机门并在关机门后 15 分钟(北京、浦东、和广州机场 30 分钟,虹桥和深圳机场 25 钟,成都和昆明机场 20 钟)内正常起飞的航班为正常放行航班。

3. 航班延误时的旅客心理分析

从旅客的角度看,没有人愿意发生航班延误。旅客乘飞机出行的目的,无外乎有3个方面:①省时;②安全;③舒适。可一旦航班延误,这其中的两个目的都无法实现。有些情况下要比坐火车还慢,舒适更是谈不上,有时是处于一种长时间无人理睬的境地,旅客气上心头当然可以理解。

理解旅客对航班"正点"的要求。在与旅客接触沟通过程中,我们发现几乎所有旅客都把乘机安全放在第一位,把航班正常放在第二位。但当飞行安全在得到社会各界的充分肯定后,旅客自然就会更多的关注航班是否正点。首先,这是由于民航运输区别于其他交通方式的特点所定,尤其是有高速公路直达的城市更为明显。如从成都到重庆,乘坐空调豪华大巴车仅需120元,4个多小时即可到达,并且享受的还是航空式的服务,在时间的选择上随意性也较大。而乘坐成渝空中快巴票价则需要360元,从市内到机场和从机场到市内的时间大概需要2小时左右,所以旅客对航班正点的期望值更高是很自然的事,也是完全可以理解的。其次,从航空出行的旅客构成上看,公务、商务和旅游的客人约各占三分之一左右,在当前讲求高效率的前提下,他们对所要到达的地点在时间上都计算得很准确,特别是需中转或要谈判签订合同、需衔接旅行团队日程安排时,旅客对航班正点的期望值就更高了,而作为航班正点的保障部门也要理解他们的这一需求和愿望。

在长时间的等待中,旅客存在各式各样的心理状态,不同心态的旅客具有不同的行为表现和不同的目的要求。在这里将旅客碰到延误时心态大致分为下列几种:

焦虑 由于航班延误,不能够按时到达目的地,所有的事情和计划都会延误。况且,飞机什么时间才能够飞行,大概需要多少时间等待?告诉还是不告诉家人、朋友等问题困扰着旅客,焦虑的情绪随着航班延误的继续在逐渐上升。

怀疑 由于自己的计划被打断,而打断的原因对旅客而言是那么的不确切,旅客就会对航空公司告知的延误理由持怀疑态度。"天气原因返航可以理解,但是我们怀疑航空公司没有给我们提供真实的信息。"这是许多旅客在遭遇航班延误时经常说的一句话。

愤怒 航班延误已经让人倒霉,如果航空公司再闪烁其词或不理不睬,旅客愤怒是可以理解的。

窃喜 这样的旅客通常有严重的心理障碍。他们或是对航空公司有很重的偏见,或是对别人的幸福总有一些嫉妒和不满;当别人遭遇困难时,幸灾乐祸的心态就充分表现出来。这种旅客的数量微乎其微,就他们本身而言是没有破坏力的。可是,他们看热闹的心态,惟恐天下不乱的心态会在旅客不满的情绪上煽风点火,从而扩大事态。

冷静 成熟、素质较高旅客的正常心态。他们通常能够理解航班延误并且能够接受这一事实,因此,可以很冷静地对待延误。但是,如果长时间地冷落他们或者是粗鲁地对待他们,他们也会选择事后投诉的方式表达自己的不满。

最后,从旅客的角度来说,需要良好的心态,积极配合。航班不正常的情况,无论航空公司还是旅客,谁都不愿意看到,但是既然发生了,只有理性对待,妥善处理,才能解决问题,因此,航空公司尤其需要旅客的积极配合。因为航班延误,旅客拒绝下机或者登机的事情,在国外非常少见,因为这样的行为最终受损的只能是旅客的利益。在国外,一些旅客对于航班延误也有抱怨,但是,他们清楚当时吵闹根本无济于事,因此只能积极配合航空公司,尽快成行。他们事后会写信投诉,或者要求经济赔偿。作为负责任的航空公司,也会认真对待旅客投诉。在阿姆斯特丹机场和意大利罗马机场遇到过荷兰航空和意大利航空的地勤人员罢工,当时的情形可想而知。但是,机场只是积压了大量的旅客,场面并不混乱,旅客都在耐心地排队,等候航空公司的安排。国外航空公司遇到航班不正常时,最忙的并不是服务柜台,旅客并不急着要吃要喝,或者住酒店,最忙的是票务柜台,旅客都在那里排队,等候航空公司安排改签到下一班,尽快成行。这一现象颇为耐人寻味。

4. *航班延误的处理*

只要航空公司飞机在飞,航班延误就是一种正常的现象,航空公司只是在努力减少这种事件发生的可能性。据统计,2007 年全行业航班正常率为 83.19%,近年来美国为 80% 左右,欧盟为 84% 左右,如果去除中国航空公司在航班不正常的情况下,由于旅客原因导致的进一步延误,中国的航班正常率与国外差距已经很小。只要是在一个法治、有序的社会里,航空公司能够本着对旅客诚信负责的态度,旅客能够进一步提高自身素质,理性地对待航班不正常现象,航空公司的航班不正常事件一定可以更好地处理,同时也会减少这些事件的发生,达到旅客和航空公司双方都能满意的效果。

2006 年 6 月以来,强雷雨天气频繁影响民航正常的运输生产秩序,全国范围出现了多次大面积的航班延误,发生了多起旅客因航班延误谩骂侮辱殴打民航一线员工,冲击头等舱休息室、安检口、登机口,拒绝登机,霸占飞机等恶性事件。民航总局对此高度重视,民航总局派出由总局运输司、机场司、公安局和空管部门组成的联合工作组前往首都机场,查找航空公司、机场以及有关单位之间相互协调配合的薄弱环节,检查民航系统各单位航班正常责任制的落实情况,与航空公司、首都机场、空中交通管理部门、公安部门和航班服务保障单位共同研究如何减少航班延误、完善不正常航班服务、把航班延误的损失降到最低限度,多次召开会议,深入一线调研,并出台了一系列措施,加强航班正常工作,提高服务水平。这些针对首都机场提出各项措施对其他机场航班延误处理也具有指导性意义。

措施一:落实航班正常工作责任制

在 2007 年 7 月 20 日召开的完善首都机场航班延误服务座谈会上,民航总局对进一步做好首都机场不正常航班服务提出了要求。民航总局要求航空公司和首都机场要完善各自的航班正常工作责任制,在严格落实责任制运行的同时,通过加强协调和互动,弥补双方对接的薄弱环节，在旅客遭遇航班延误不愿去宾馆住宿而选择在候机楼内过夜的情况下，首都机场不能关闭空调和灯光。

各经营北京航线的航空公司应向代理其航班地面服务的公司，如首都机场地服、国航地服、南航地服，在地面服务代理协议中，予以授权和明确航班延误服务标准，确保航班地面代理服务的公司在航班延误的情况下，不需另行向航空公司请示即可按运行程序为航班延误的旅客办理退票、签转服务，供应饮料、餐食，安排住宿，包括因航空公司自身原因需要向延误航班旅客提供的经济补偿。在宾馆安排方面，航空公司及其地面服务代理除与相关宾馆签订协议、明确职责之外，还应有专人在宾馆检查旅客安置和餐食的供应情况。

各航空公司还应在机场或相关地面服务代理公司储藏和备份相应的毛毯，在延误旅客选择不去宾馆而在候机楼过夜的情况下供旅客使用。民航总局和华北管理局将就落实上述要求的情况进行经常性的检查和抽查。

措施二：建立联动机制和应急处置预案

按照民航总局的要求，在华北管理局的领导下，首都机场已建立了以空管为主，航空公司和机场参与的大面积航班延误联动机制和应急处置预案。

据介绍，在民航华北空管局北京气象中心、北京区域、塔台或终端管制中心通报将出现雷雨等复杂天气并向华北空管局发出预警时，华北空管局值班领导将启动首都机场大面积航班延误应急处置预案，并立即通知成员单位同时启动首都机场大面积延误处置预案。

各成员单位在接到通知 20 分钟内集中，通过联合办公、共同协商开展航班延误处置工作。由首都机场统一对外发布信息，空管部门将根据机场情况和各公司航班延误情况，有序放行飞机，减少延误航班数量和延误时间。

首都机场大面积延误处置预案启动之后，各相关航空公司的值班经理或代理必须立即进入现场，按各自的应急预案开展工作，向旅客提供办理改签退票、解释及安抚等服务工作，避免因服务不到位激化矛盾。与此同时，首都机场公安局将调整各部门警力和人员，根据《中华人民共和国治安管理处罚法》相关规定，制止冲击安检、“占机”、“罢乘”等扰乱正常秩序的违法行为，对打砸抢及殴打民航员工造成人身伤害的个别人员要坚决采取强制措施。

在首都机场大面积延误处置预案启动之后，民航华北局值班领导将立即组织督察组进入候机楼进行督导检查。

措施三：航班延误给予“补偿”

民航总局有关负责人表示，我国民航自改革开放以来，取得了令人瞩目的发展，但也有许多不尽人意之处。就航班延误和延误之后的服务工作而言，不仅旅客不满意，民航行业自身也不满意。概括地说，人员培训跟不上，基础设施跟不上，管理水平跟不上是比较客观的分析。其中有主观原因，也有客观原因；有服务态度问题，也有专业技能问题；有个别单位的过失，也有系统保障的不足。大型枢纽机场因航班较多，地面和空中资源相对紧张，航班正常率水平比其他机场相对要低，国际和国内均是如此。在特定情况下，削减航班也是在保障安全和满足需求之间寻找最佳平衡点，不得已而为之的临时性办法。以首都机场因雷雨引发大面积航班延误为例，雷雨天气使机场容量降低，航路间距拉大，飞行标准趋严，客观上形成地面和空中拥堵，航空公司、机场和空管部门的注意力更多地集中在保障航班安全运行上，避免忙中出错发生安全事故。自从民航体制改革以来，民航系统各单位相互之间的关系发生了很大变化，各个单位互不隶属但又相互依存。在出现航班大面积延误的情况下，民航各单位包括各航空公司、机场和空中交通管理部门之间的协调和配合非常关键，要千方百计地做好延误旅客的服务、疏导和安抚工作，以自身的工作获取旅客的谅解，同时旅客的理解与合作也必不可少，特别是要防止个别不法分子通过起哄闹事混水摸鱼，在扰乱正常运行秩序的同时，危及地面空防和飞行安全。大家应该共同努力，力争在民航内外以地利和人和的局面来应对天时的不利。

关于《国内航空公司因自身原因造成航班延误给予旅客经济补偿的指导意见（试行）》，民航总局有关负责人强调指出，《指导意见》是民航总局作为行业管理部门以经济手段促使航空公司注重航班正常工作、减少航班延误的内部文件。《指导意见》所指的“补偿”是指在航班较长时间延误的情况下，航空公司安抚旅客和加强服务的措施。因此，“补偿”不能等同于赔偿。《指导意见》同时说明，为避免进一步延误影响后续航班的旅客，防止空勤人员疲劳驾驶形成飞行安全隐患，补偿一般不在机场现场进行，航空公司可采取登记、信函邮寄等方便旅客的办法完成。而旅客因航班延误造成的损失向航空公司索赔的争议，应按民航法的相关规定处理。根据依法行政的要求，民航总局作为行业管理部门，无权超越民航法的现行规定制定或出台延误赔偿的规定或标准。

措施四：首都机场新增航班时刻将与航空公司的航班正常率挂钩

民航总局除了向国家相关部门协调和申请必要的空域及航路资源，努力为航空公司创造相对宽松的飞行环境和条件之外，要求各相关航空公司要特别重视与通达北京首都机场的相关机场的航班正常保障配套工作，这些机场包括上海浦东/虹桥、广州、深圳、成都、昆明和大连机场。由于这些机场容量基本饱和，空域资源和航路相对拥堵，遇到雷雨天气容易引发几个机场同时出现大面积延误。如果因航空公司自身原因造成这些机场之间的某个航班长时间延误，延误之后服务又不到位引发旅客群体投诉，民航总局将在查实无误的前提下，取消相关航空公司经营该航班的经营许可，并收回其在上述机场的相关起降时刻。

在分配首都机场新增起降时刻方面，民航将采取各相关航空公司在首都机场航班正常率、旅客投诉率与新增时刻挂钩的办法，正常率排名居前、投诉率低的航空公司将在新增时刻分配、高峰期时刻的分配上享有优先权或给予额外的增加比例；对于航班正常率偏低、航班延误后处置不当、旅客投诉较多的航空公司，将采取降低新增时刻分配比例或一票否决制度。

航班不正常首先是一种社会现象，必须在社会法律和规则许可的范围内解决；同时，它不是孤立的事件，处理时不能就事论事，应该作为航空公司系统运作过程中的一个环节。只要这两方面结合起来，航班不正常事件就可以妥善处理，而不像有些媒体渲染得那么可怕。机场应根据民航总局的意见，针对不正常航班要做好以下几个方面工作：

(1)落实服务承诺：2004 年 3 月 24 日民航总局为了维护消费者利益，推荐七项顾客服务承诺。随后各大航空公司、机场纷纷向社会公示服务承诺。后来 2004 年 6 月民航总局又颁布了《航班延误经济补偿指导意见》，这个指导意见主要包括以下内容：第一、航空公司因自身原因造成航班延误标准分为两个：一个是延误 4 小时以上、8 小时以内；另一个是延误超过 8 小时以上，对于这两种情况，航空公司要对旅客进行经济补偿；补偿方式可以通过现金、购票折扣和返还里程等方式予以兑现；在航班延误的情况下，为了不再造成新的延误，经济补偿一般不在机场现场进行，航空公司可以采用登记、信函等方式进行；机场应该制止旅客在航班延误后，采取“罢乘”、“占机”等方式影响航班的正常飞行。国家民航总局表示，具体补偿标准和补偿方案由各航空公司自行制定。按照民航总局的规定，对航班延误给予旅客补偿的标准和办法是《旅客服务承诺》中的主要内容。在社会上引起了不小的反响，并促进了民航内部服务质量的提升，航班正常、正点率不断提高，但在执行中，由于没有统一操作规则，各单位执行时采用尺度各有千秋，所以旅客拒绝登机、霸机的现象也时有发生。由于信息不对称，旅客无法证实航班延误的真正原因，也只能听航空公司一面之词，为了规范运作，有必要确立一个有权威的航班延误原因界定机构。另外，对补偿问题应制定统一的标准，以便航空公司遵照执行，也为机场做好旅客服务工作提供依据。

让旅客满意其实很简单。不少民航工作人员觉得现在的旅客非常难缠，自己已经很认真地工作了，为什么旅客还是不满意呢？难道一定要赔现金或让旅客任打任骂，才能换得他们的满意吗？

不知道会有多少坐过新加坡航空公司的旅客，会考虑再次乘坐新航的航班。在乘坐国内一些航空公司的航班时，常常遇到某些旅客提出要求，航空公司说做不到，旅客就会说：“新航就能做到，为什么你们不能？”一些航空公司的工作人员甚至对新航说：“你们把旅客宠坏了！”

为什么新航给旅客的感受与众不同？问题不在于某种服务能不能提供，而在于什么时候提供。

例如：国内一些航班发生延误时，信息发布不及时，在旅客频频追问之下，航空公司才将情况说明。航空公司难道没有通报航班信息吗？虽然是通报了，但是在旅客追问之后才通报的。

许多航空公司严格按照规定，延误多少时间以上配饮料、延误多少时间以上配餐食。可是，当饮料来的时候，旅客早已口渴多时自己买了饮料了；当餐食来的时候，旅客已经顶不住饥饿买了面包了。姗姗来迟的餐饮又怎能起到安抚旅客的作用呢?

由于航班延误而赶不上后续航班的中转旅客,要向航空公司提出强烈要求、经过艰难交涉后才能获得航空公司的食宿安排、改签后续航班的服务。航空公司说:我都给你管吃管住管改签了,你还有什么不满意的?旅客说:那都是我据理力争的,我要是不争取,就什么都没有!

看看新航是怎样做的:新航总是在旅客产生疑问之前就把延误情况先通报了;新航航班延误时,提供的餐饮票,总是在旅客感到饥渴之前就送到旅客手中;当新航的到港航班延误,旅客赶不上后面的航班时,旅客刚刚走下飞机,新航就奉上了酒店住宿卡、餐票、改签好的机票……

旅客还有什么好说的呢?在我还没有想到提要求的时候,航空公司就已经都为我准备好了。

那些总是没能让旅客满意的航空公司,并不是没有做事情,而是没有提前做事情。他们总是在旅客等得失去了耐心之后才做事情。那样不管怎么做,旅客都不能满意了。细算一下,对航空公司来说,提前做这些事情和过后才做这些事产生的金钱成本几乎是一样的,但是取得的效果却是天壤之别。

其实,要让旅客满意的秘诀很简单:想在旅客前面,做在旅客前面。

(2)信息沟通。航班延误是航空业不可避免的事情,问题的关键在于,出现延误后要及时与旅客沟通。旅客最无法忍受的不是延误本身,而是不知道发生了什么事,不知道还要呆多久,也不知道是何种原因引起的。航空公司应尽可能把详细情况告诉旅客。这一点,正是国内民航做得不到位的地方。在大多数的延误纠纷中,信息服务不畅是许多旅客投诉或状告航空公司的原因。航空公司“事先和事中既无任何通知、告知或说明,在事后也无任何道歉、赔礼”,这样的服务使处于焦虑中的旅客备感愤怒。

当旅客长时间得不到所需信息时,耐心就会下降,旅客的不满情绪也会逐渐上升。当旅客的情绪失控时,再来服务和协商就会非常困难,航空公司将付出很大的物质代价和沉重的形象代价。这是谁都不希望看到的局面。

理解旅客对航班延误信息的知情权。细分造成航班延误的原因有天气、流量控制、工程机务、运输服务、机场设施、航行保障、公司计划、禁航、安全检查等共20项。但多数机场在航班延误的原因告知中却只有天气、机械故障、飞机晚到等几种常见因素。仅天气原因而言,又可划分为起飞和到达机场的能见度及风、雨、雪、空中航路的飞行条件等诸多情况。如有时确因机械故障,但在告知旅客航班延误的时间上却不尽相同,也许是信息不畅,也许是意见不统一,容易误导旅客。这样既影响了民航的自身形象,又不利于问题的妥善解决,反而造成旅客极大的反感和不满。再如飞机晚到时,不向乘客说明具体情况和提供较为详细的相关信息,往往会使旅客产生许多猜测,因而不予理解、支持。凡此种种,①不便于旅客了解航班延误的准确信息;②让旅客感觉失去了真实的知情权;③使旅客对航班延误后民航所做的大量工作不予理解；④容易产生误解和对保障单位的不信任感，并有可能激化承运者和服务对象的矛盾，甚至采取过激行为而难以避免。所以，很有必要向旅客如实通报航班延误的详细情况，这将有利于增强他们对民航运输安全为先的理解。

为此建立航班信息系统，做到信息完整、及时和准确地流通是治理航班不正常的前提。造成航班不正常的原因之一是航班信息相互通报的渠道不流畅、环节太多及信息不对称。如果航班延误，我们不仅要将延误信息通报本机场的有关单位，同时也要把信息通报给该航班将要飞往或途经的机场，还要将信息告知旅客。

设立相应的专门机构，确保信息准确、快捷地告知旅客。航班延误了，旅客最想知道的就是“自己坐的航班什么时间可以走”。因此，为确保信息准确、快捷地告知旅客，让旅客可以从容应对延误，每一个机场应设立相应的专门机构，专司航班延误后的协调工作，机构人员由机场、航空公司、公安、空管、油料等单位人员组成。加强航班延误时信息资源的整合，在第一时间将信息告知乘客。各航空公司及时把本公司航班延误的信息及后续安排向这一机构通报，并由这一机构出面与旅客沟通，确保信息渠道的畅通。

有时老天爷就爱捉弄人，出发地天气明明很好，目的地机场地面天气也正常，航班却仍然遭遇延误，其实这是老天爷在航路上捣鬼呢。此时，旅客们便迷惑不解甚至怀疑自己上当受骗，加上航空公司、机场在这方面上的处理也不是特别到位，广播航班延误甚至取消的原因时解释得都很简单：天气原因。显然，旅客并不满意于这样的解释。各地机场、航空公司也曾因此类情况而极大地影响了正常航班的运作，再加上社会媒体不知情的炒作，相关机场、航空公司的声誉也因此受到不同程度的影响。所以我们要加强业务学习，提高自身素质，用科学知识进行对旅客进行宣传，建立起相互间的理解和互谅。因为安全是我们大家共同追求的目标。

(3)心灵沟通倾听旅客的心声。在航班延误时，以下情况司空见惯：旅客对机场或航空公司工作人员往往不停地发牢骚和质问，而工作人员对有些问题又难以解释清楚。面对长时间围堵和无效的劝说，工作人员也渐渐失去耐心，最后双方剑拔弩张。旅客们说航空公司欺客，航空公司则指责旅客“素质低”。

航空公司工作人员应该站在旅客的角度，理解旅客的真实感受，旅客的焦虑是真实的，旅客的愤怒也是客观存在的。惟一而正确的解决之道是与旅客进行有效沟通，倾听旅客的心声，让他们发泄情绪，了解他们的真实想法，不要去辩解，更不要推卸责任。“有效沟通是实现卓越服务的第一步”。

事实上，当延误发生时，旅客对航空公司有不同程度的看法和意见，是有个人情绪的。在人处于情绪中时，讲理应该是无效的，这个时候旅客更需要“动之以情”的人性化的服务，“晓之以理”的工作应该放在旅客情绪平息后，或者放在平时的旅客教育中来进行。所以，此时的服务应该是“动之以情”的人性化的服务。

(4)贴心服务。此外，航空公司与乘客间的沟通需要通过一系列的服务措施来实现。

遇到航班不正常时,需要给旅客提供相应的服务。

我们可以向国外航空公司学习,借鉴他们经验,改善我们的工作。

国外很多航空公司处理延误的办法很巧妙,"重视心理安抚"是人性化服务的最好体现。延误发生后,他们会向客人发放免费5分钟电话卡,5分钟虽短,但却是对旅客最好的心理补偿,提供餐食的质量和饭店档次也较高。在电话卡背面写上一段温馨的问候语,对航班误表示歉意,并告诉旅客公司在航班延误后处理意见,免费咨询电话号码等等,既做了心理安抚工作,又树立了公司的形象。遭遇长时间的航班延误,美国航空公司一般会为旅客提供餐饮,但各航空公司提供的航班延误餐饮标准却不尽相同。

在发生航班延误时,虽然美国多数航空公司在航班延误时提供了周到的服务,但实际上大多数旅客还是习惯于自己使用手机或公用电话,自己在候机楼购买饮料和食品,因为美国候机楼的食品价格与外面市场上几乎没有任何差异。

延误航班到达目的地后,当地机场专门有一组人员接待旅客,并帮助旅客换乘飞机。延误处理完后,他们会对旅客进行抽样调查,内容包括旅客对延误的处理,对航空公司员工的态度、效率和食宿质量各方面服务是否满意等。别小看这张调查表,它拉近了航空公司与旅客间的距离,表明了航空公司对延误的重视,让旅客感觉自己受到尊重,在某种程度上也为旅客提供了延误后的一个渲泄渠道。大多数旅客会积极参与,或表示不满或提出表扬。航空公司最终赢得的则是旅客的理解和回头率。

欧洲航空公司一般都有这样的明确规定,到时只要根据不同的延误时段,分别提供服务就可以了。对于这些成熟的航空公司,处理不正常航班已经真正做到了规范化、标准化和程序化。比如,荷兰皇家航空公司对于自己的航班,一般情况下,延误两个小时提供饮料,延误四个小时提供餐食和电话卡,航班取消则安排酒店住宿。他们提供的服务都是以标明一定价格的代用券形式发放的,旅客可以凭此在机场众多的餐厅里根据自己的需要购买,不会提供任何现金或实物。对于荷航代理的航班,他们会事先取得航空公司的授权,航班不正常情况下是否采用荷航提供的服务标准,只要依据授权执行就可以了,因此,很少发生地面代理与航空公司关于处理不正常航班方面的纠纷。如果旅客需要住宿,航空公司也是事先联系好酒店(通常在机场附近),将酒店住宿券和简单的洗漱用品交给旅客,告诉他们如何坐机场里的穿梭巴士到达酒店,需要注意酒店里的电视系统,关注航班信息等注意事项。

我们机场也可以设立"航班延误专职首席协调员"岗位,全面负责旅客的安抚和有关赔偿等法律事务。

专职首席协调员,隶属上面提到联动机制的专门机构,专职协调员应具有良好的业务知识,熟知相关法律法规,同时具备上佳的沟通能力。其职责就是代表航班延误方全权处理航班延误事务,一旦出现航班延误,就立即介入并全程跟踪处理。由专职协调员处理旅客的安抚工作和有关赔偿问题的好处是:可以摆脱过去"先主管出面再经理出场最后老总出马，才能控制场面”的尴尬局面（处理过航班延误问题的人都知道，领导分开出场其实也在加大沟通的难度，其结果往往是出来一个领导，场面的激烈程度又上升一个级别）。

(5)加强社会环境保障。加强有关法律的宣传。长期以来，我国在民用航空方面建立了大量的法律法规，在保障旅客权益、航空器和空防安全等方面发挥了重要的作用。但是，我们可以从旅客对航班延误的“不同反应”和民航有关人员工作方式看到，民航的有关法律并没有“深入人心”，有的人略知一二，有的人全然不知。因此，民航有关部门应该加大民航法规的宣传，尤其是重视对公众的宣传。使民航员工能够依法办事，引导旅客遵纪守法，让其能够依法保护自己的合法权益不受侵害。

处理不正常航班，首先需要舆论和法律上的良好社会环境来保障。欧洲当地报纸很少对航班不正常事件进行连篇累牍的报道，尤其是对某一个案深入细致地描述。如果旅客遭遇了航空公司不公正的对待，他首先想到的是去函向航空公司书面投诉，投诉部门会在调查后给予答复，而不是求助媒体。欧洲媒体在对待此类事件时非常谨慎，它不会仅凭旅客的一面之词贸然刊登，以免因为报道不实给自己带来不必要的麻烦。当然，关于航班延误的报道也有，比如，2005 年 3 月，荷兰连续几天遭遇大雪，导致航班大面积延误，大量旅客滞留机场。报道只是对这一现象的综述，同时也批评，机场没有及时清理跑道，5 条跑道关闭了 4 条，这是航班积压的主要原因。虽然机场解释说是由于人手不够，没有料到，但报道认为这不能成为理由。

航班不正常的处理需要法律保障，更容易理解。在一个法治的国家，绝对不会发生因为航空公司的航班延误，旅客就可以殴打航空公司工作人员，强行登机，或者霸机不下的事件。在阿姆斯特丹机场，一次，一位旅客在规定的时间没有到达登机口，为了保证航班正常，航空公司决定放行飞机。廊桥撤离后旅客才到，他要求航空公司安排其上机，航空公司工作人员耐心地向其解释，并表示可以协助他改乘下一班飞机。他情急之下，揪住工作人员的领带。鉴于他的粗暴行为及暴力倾向，工作人员给机场打了一个电话，很快来了两名警察。他们询问了有关情况后表示，如果工作人员提出起诉，他们可以当时带走该旅客，将其拘留 24 小时。警察警告该旅客，他的行为已经触犯了当地法律，尽管工作人员不追究，但他以后决不可再犯，因为这不只是旅客和航空公司之间的事情，他的行为同时也损害了机场的形象，而警察必须维护机场的秩序，给所有旅客提供安全的保障。

(6)部门协调。加强部门间的横向协调。集中统一是运输的内在要求，民航各部门一般都有现场综合管理机构统一组织、计划、协调各自部门的工作，纵向协调机制相对完备，横向协调以往则多由上级主管部门负责解决。但在体制改革后，各单位的隶属关系相继发生变化，一个“家长”的状况不复存在，部门间的横向协调便成了一根“软肋”。目前主要利用经济和法律的手段加以解决，即航空公司、机场、航管等各部门之间互相签订协议和合同，规定各方的权利和义务。但其不足之处也显而易见，比如相关协议往往对义务的执行缺乏必要的强制力，因此相互配合的主动性和责任意识便可能减弱，配合协作缺乏默契，继而影响航班正常，使旅客和航空公司利益受损。其相关责任条款也只限于事后追究，对预控防范则鲜有涉及。在目前的体制框架内，鉴于保证航班正常对于民航业的重大意义，有必要成立专项监督机构，对具体运输作业过程中的横向协调进行跟进监察和督促，甚至可以经各方同意，给予在出现各方均无法协调的矛盾时，临时采取强制措施的授权，在主动协调的基础上再加一只手予以推动。设立这样纯业务性质的专职机构，不会对现有利益格局形成冲击，具有较强的可行性。

在保障航班正常的工作中，民航上下一条心，这条心源于对旅客利益的尊重和重视。2006 年的全国民航工作会议，把构建和谐民航作为民航工作的一项重要内容。民航总局领导指出，建设和谐民航，要解决人民群众最关心、最直接、最现实的利益问题为重点，把抓好航班正常作为建设和谐民航的切入点。

树立科学发展观，需要重视发展的质量，需要在保证航班正常的前提下来追求较快发展。民航各单位部门和员工深刻认识到，企业的发展与消费者的利益保护息息相关；民航强国的目标需要做好航班正常工作，能不能解决好航班延误这个社会公众普遍关心的突出问题，是实现民航又好又快发展的一个关键；要以实际行动来使旅客满意，为和谐民航、和谐社会做贡献，并以此纪念周恩来总理对民航工作重要批示 50 周年。

思考题

1. 民航服务质量是依据哪些法律、规定进行管理？
2. 民航运输产品具有哪些特点？
3. 民航运输质量包括哪些内容？它具有哪些特性？
4. 什么是顾客满意度？
5. 如何对民航企业进行满意度测评？
6. 你对当前民航服务满意度如何评价？
7. ISO 9000 标准认证与服务质量管理之间有什么联系？
8. ISO 9000 标准中八项原则如何贯彻？
9. 根据教材中树立服务质量的新理念，你有什么新思路、新观点？
10. 以人为本，以客为尊内涵是指什么？
11. 结合实际在本职岗位上可从哪些方面开展延伸服务？
12. 为什么说创新是不断提高服务质量的生命力？
13. 持续“顾客满意”意义何在？
14. 《民用机场服务质量标准》在编制中应坚持什么原则？
15. 《民用机场服务质量标准》中各种指标如何体现“五项标准元素”？
16. 《民用机场服务质量标准》中主观标准与客标准如何区别？
17. 如何评价某民用机场服务质量？

18. 对照《民用机场服务质量标准》本部门或本岗位还存哪些差距？

19. 机场地面服务的范畴涉及到哪些岗位？

20. 地面服务工作重要性体现在哪几方面？

21. 为什么要对旅客进行分类管理？

22. 地面服务工作一般程序可分几个阶段？各阶段重点工作是什么？

23. 如何做好旅客导乘和接待工作？

24. 问询服务是机场重要岗位，作为一名问询处的服务员应掌握哪些服务技巧？

25. 如何看待候机楼的清洁卫生工作？

26. 如何贯彻《民航重大运输任务保障工作规则》精神，做好重大任务保障工作？

27. 为什么说 VIP 旅客接待工作是体现机场服务工作最高水平？

28. 如何处理特殊旅客的特殊要求？

29. 机场紧急救援涉及到哪些方面？

30. 机场紧急救援组织工作的关键问题是什么？

31. 如何确定应急救援的指挥官？

32. 应急救援领导小组的工作职责是什么？

33. 救援现场如何进行控制？

34. 什么是航班延误（不正常航班）？

35. 根据机场实际，影响航班延误的主要原因是什么？问题根源是什么？

36. 目前因“航班计划”造成航班延误的比重越来越大，如何改变现状？

37. 因“天气原因”造成的航班延误，如何向旅客进行解释？

38. 随着航空运输发展，空域资源越趋紧张，矛盾焦点在何处？

39. 请你描述旅客在航班延误时的心理状态。

40. 首都机场出台一系列治理航班延误的措施，对改进本机场航班延误后服务工作有什么启示？

41. 如何落实本机场的服务承诺？

42. 如何应用法律武器来维护机场安定局面？

第十章　民用机场的安全管理

第一节　更新理念与制度保障

一、民航安全发展新理念

党的十六届五中全会明确提出了安全发展的理念，确定了安全发展的指导原则；党的十六届六中全会把安全生产作为人民群众最关心、最直接、最现实的利益问题纳入构建社会主义和谐社会的系统工程。

安全是民航赖以生存、发展的重要基础，是航空消费者的利益核心。只有保证安全，才能真正维护消费者和人民群众的切身利益，才能对维护安宁有序的社会环境发挥正向作用。从某种意义上说，安全是民航最重要的服务内容。这种行业性质，决定了建设和谐民航，首要的就是确保航空运输始终处于安全、稳定的可控状态。航空安全既是建设和谐民航的前提，也是建设和谐民航的目标。只有建立在安全发展根基之上的民航，才有创建和谐民航的基础和条件。因此，把航空安全作为和谐民航建设的着力点，是完全正确的。我们必须深刻认识做好安全工作与构建和谐民航的关系，不断增强做好航空安全工作的自觉性、主动性和预见性，把促进民航和谐，树立安全民航的良好形象作为安全工作的出发点和落脚点，确保和谐民航安全目标的实现。

确保航空安全，必须不断创新安全工作的思路，找准安全工作的着力点。①要坚持着眼于调动积极因素的思路。化解消极因素，调动积极因素，这是安全工作的两个重要方面。化解消极因素是必要的，也是很重要的，但是从某种意义上讲，调动积极因素更具有长远性、根本性和基础性；②要坚持标本兼治、重在治本的思路。既要解决影响安全的突出问题，更要注重研究治本之策；③要坚持重在创新、重在预防的思路。新形势下的安全工作面临着许多新情况、新问题，必须用创新的思维和发展的眼光，坚持“预防为主”，着重在识别风险、化解风险上下功夫；④要坚持以人为本和严格管理相结合的思路。要从制度约束和人文关怀两个方面入手，营造有利于加强安全生产的安全文化氛围。

确保航空安全，必须进一步加快安全管理体系建设。目前，我国民航的改革、发展正处在关键时期，这给安全工作带来了巨大的压力和挑战。不可否认，民航在经过“九五”和“十五”期间高速增长的基础上，依然保持着强劲的增长势头，运输总周转量在国际民航组织缔约国中的排名已由2000年的第9位提升到2005年的第2位，成为全球仅次于美国的第二大航空运输系统。但是必须指出的是，我国民航还无法与美国等世界民航强国抗衡，其中一个重要的因素就是安全。尽管我国民航已经实现了历史上最好的安全周期，但并不足以说明我们的安全管理水平已经达到了很高的水平。为确保航空安全指标体系得以实现，必须着重在组织机构、安全培训、危险识别、风险管理、应急响应、安全监测等安全管理关键要素建设上狠下功夫，在借鉴创新的基础上，充分发挥后发优势，加快推进安全管理体系建设，从整体上提高民航安全风险防范能力，建立起安全管理的长效机制。

确保航空安全，必须抓好安全各项工作的落实。只有抓好落实，才能责任到位。民航总局领导最近深刻指出，当前在民航安全工作中，仍然存在以下现象：①只重形式。有的单位靠会议落实会议，靠文件落实文件。认为会开了、文件发了，工作任务就基本完成了。②责任不清。有的单位布置工作责任不明确，不细化，不能到岗到人。③抓而不实。工作不扎实、不深入、不持久，部署之时雷声大，落实起来雨点小。出现以上现象，主要是缺乏一套科学、合理的考核奖惩机制。我们必须以构建和谐民航为契机，在抓好落实上下功夫，尽快建立和完善工作落实机制，对每一项工作都要做到有计划、有检查、有评估、有奖惩、有反馈，及时解决航空安全生产中的突出矛盾和问题，为实现民航和谐打牢安全根基。

随着民航的快速发展，我们所承担的安全压力也越来越大，做好安全工作任重道远。我们一定要着眼和谐社会和和谐民航建设的大局，以对国家对人民生命财产高度负责的态度，正确处理好安全与发展的关系，坚持安全工作常抓不懈，不断增强安全忧患意识，振奋精神，真抓实干，为确保航空运输处于安全、稳定的可控状态，为构建社会主义和谐社会的系统工程而努力奋斗！

二、民用机场安全管理制度

民用机场安全需要制度保证，根据机场的特点，应健全以下各项制度：

(1)机场管理机构应当至少每月召开一次安全生产例会，分析、研究安全生产中的问题，部署安全生产工作；每季度、每半年、每年要分别召开安全生产分析会，对前一阶段的工作进行总结，对以后的工作进行部署；机场运行中出现不利于安全运行的因素或者已经出现安全生产事故时，应当及时召开安全生产会议，制定切实可行的安全措施。

(2)机场管理机构应当每年对机场的运行安全状况组织一次评估，内容包括机场管理机构和驻场运行保障单位履行职责情况以及机场设施设备的状况。对评估中发现的安全隐患，薄弱环节，相关单位应当制定整改计划，明确整改的部门和人员，机场管理机构负责跟踪督促落实整改计划。

机场管理机构可以组织具有机场运行管理经验的人员进行评估，也可以委托专业机构进行评估。承担评估工作的人员应当熟知相关规章标准，并具有机场运行管理的经验。

评估后由评估人员编写评估报告，评估人员应当在报告上签字。评估报告内容应当向机场管理机构及驻场单位反馈，并及时报机场所在地民航地区管理局备案。该报告应当至少保存五年。

(3)机场管理机构应当严格按照民航总局或民航地区管理局批准的机场开放使用范围为航空器提供安全保障。

国家已明令禁止使用的设备及未经民航总局审定合格的民航专用设备，不得在民用机场中使用。

(4)机场管理机构应当建立并及时更新和补充机场资料库，供员工查阅和使用。资料库应当包括国家有关法律法规、民航规章、标准及其他规范性文件；国际民用航空公约及相关附件、手册；机场建设和改(扩)建的设计图纸和文件资料；与机场运行安全相关的所有规定、标准、手册等文件；机场设施设备的技术资料以及运行和维护记录等。

(5)机场管理机构应当制定各项工作的记录，详细记录各项检查和维护情况。记录应当包括电子文件和纸质文件。纸质记录需保存 2 年以上，电子记录应当保存 10 年。

(6)机场管理机构应当依据《民用机场使用许可规定》的有关要求，就机场、跑道、滑行道、机坪关闭或临时关闭部分跑道、滑行道、机坪(以下简称"机场关闭")制定具体管理规定，管理规定应当明确可能导致机场关闭的各种因素、导致机场关闭的因素的现场确认程序及人员、有权决定机场关闭的人员、与空中交通管理部门沟通协调及航行资料的发布程序等内容。临时关闭机场、跑道(或临时关闭部分跑道、滑行道、机坪)，应当尽可能减少对航空器正常运行的影响，并应当立即采取积极措施消除相应因素，在最短时间内恢复相应设施的运行。

关闭的跑道、滑行道、机坪或其一部分应当按照《民用机场飞行区技术标准》设置相应的标志标识。

(7)新建或扩建的跑道、平行滑行道完工或部分完工但未投入使用前应当及时设置关闭标志、不适用地区标志物和不适用地区灯光标志，并发布航行通告。

三、人员资质和培训

(1)机场管理机构应当配备足够数量的合格人员从事机场运行保障的所有岗位。

(2)机场内所有与运行安全有关岗位的员工均应当持证上岗。与运行安全有关的岗位主要包括：场务维护工、场务机具维修工、运行指挥员、助航灯光电工、航站楼设备电工、航站楼设备机修工、特种车辆操作工、特种车辆维修工、特种车辆电气维修工等。

国家、民航总局要求持有从业资格的岗位，该岗位人员应当持有相应的资格证书。

(3)机场管理机构应当建立员工培训和考核制度。

培训和考核制度应当包括方针和目标、组织机构、经费安排、方式和程序、内容及学时、上岗转岗在岗的培训要求、学历教育、考核办法以及奖励与处罚等。

培训和考核的内容应当与其岗位相适应，包括必备的安全知识、技术标准，机场运行安全的规章制度、岗位的操作规程和实际操作技能等。

机场管理机构应当建立员工培训和考核记录,并长期保存。

(4)航空运输企业、其他运行保障单位应当对员工进行机场运行安全培训,保证员工具备必要的机场运行安全知识,熟悉机场运行安全相关的规章制度和操作规程,掌握本岗位的操作技能。

(5)机场管理机构、航空运输企业及其他运行保障单位应当每年至少对其在机场控制区工作的员工进行一次复训和考核,复训时间不少于24学时。

(6)在机场控制区工作的员工,1年内违章3次(含)的,应当重新进行培训和考核,培训时间不少于40学时;1年内违章5次(含)或者连续两年每年违章3次(含)的,机场管理机构应当收回违章人员的空侧控制区证件。机场管理机构半年内不得受理违章人员提出的空侧控制区证件申请。半年后再次申请时,应当按照初始上岗员工的要求进行培训。

第二节　民用机场安全管理和安全自愿报告系统

一、机场安全管理系统(SMS)

在2006年1月9日召开的民航安全工作会议上,民航总局把建设安全管理体系(以下简称SMS)列为2006年民航安全工作的工作重点之一,会议同时指出:SMS建设是民航安全“十一五”规划的工作重点之一。因此,国内机场要全面总结我国民航长期以来行之有效的安全管理经验,建立与国际接轨、适合我国国情的SMS。

国际民航组织对机场安全管理体系的定义是:一种对机场安全进行管理,包括机场运营人为实施机场安全措施所建立的组织结构、职责、程序、处理办法以及规定,对机场提供安全监控并确保机场安全使用的体系。美国系统安全管理思想起源于1996年5月11日的VALUEJET航空公司的坠机事件,这起造成109人死亡的空难事件,使得美国联邦航空局(FAA)开始重新审视传统的安全管理体系。民航行业规章是航空运输业的最低运行标准,传统的管理体系只是重视企业的规章符合性,但是即便是完全按照规章的要求运行,各种事故和事故征候还是难以避免的。经过大量的听证和研究,在VALUEJET事件之后,FAA在SMS方面第一次引进了系统安全思想,这一举措被认为是FAA安全管理方面的一次革命。

香港机场的SMS是从1998年开始建设和实施的,香港通过实施“职业安全健康管理体系OHSAS 18001”、“质量管理体系ISO 9001”和“环境管理体系ISO 14001”,结合香港实际,建立了以风险管理为主要特点的香港机场SMS。

加拿大航空公司近年来致力于建设SMS,已建立了一套适应加拿大国情、受到国际民航组织好评的比较完整的SMS,自2005年以来,加拿大民航安全管理部门已与中国民航安全管理部门进行了多次交流。

1. 我国民用机场安全管理系统(SMS)

通过研究国际民航组织建设 SMS 的有关资料和各国建设 SMS 的实践,结合我国机场的特点,中国机场 SMS 建设的主要内容应包括以下 10 个系统:安全目标系统、组织领导系统、安全信息系统、风险控制系统、安全文件系统、教育培训系统、安全文化系统、监督检查系统、安全科技系统和评估改进系统。

(1)安全目标系统包括:安全形势分析、机场安全目标、系统安全目标、部门安全目标、站队安全目标、岗位安全目标和员工安全目标等方面。

(2)组织领导系统包括:领导对安全的承诺、机场各级安全生产责任制、机场安全管理网络、安全管理配备和安全资金投入等方面。

(3)安全信息系统包括:安全信息的收集与分析、安全案例的收集与分析、安全信息的共享与反馈、安全信息的计算机管理、安全信息的应用与趋势预测等方面;在机场 SMS 建设中,安全信息系统涵盖的范围更广,其在 SMS 中的作用也更为重要。

(4)风险控制系统包括:风险识别、风险评估、风险控制、风险的应急处置等方面;风险控制系统是近年来民航安全管理领域中较新的课题。

(5)安全文件系统包括:国际民航组织的规章标准、中国民航的规章标准、民航行业的规章标准、机场企业的规章标准和制度、部门的规章制度、岗位操作规程和质量管理体系 ISO 9001、环境管理体系 ISO 14001、职业安全健康管理体系 OHSAS 18001。

(6)教育培训系统包括:员工岗前安全教育、安全操作技能培训、岗位资格认证、日常安全教育、管理人员教育培训、安全管理理论研究和人为因素研究与应用等方面。

(7)安全文化系统包括:安全文化的培育、决策层安全文化、管理层安全文化、操作层安全文化、无惩罚自愿报告系统、公正文化系统等方面。

(8)检查监督系统包括:日常安全检查、安全监督与调查、事故调查、安全评估和安全奖惩等方面;安全调查应从消息来源、有关人员访谈、人为因素分析等方面进行,事故调查的应用工具包括:统计分析、趋势分析、标准化比较、模拟和测试、专家小组、成本效益分析、安全研究等方面。

(9)安全科技系统包括:国际、国内民航科研的新装备和新技术的应用,在目前看到的国内外的 SMS 中,尚未见到安全科技系统,我们认为 SMS 中应该包括安全科技系统。

(10)评估改进系统是对 SMS 在运用中发生的问题进行评估和改进,即 PDCA 环的应用,只有正确运用评估改进系统,机场的安全管理水平才能不断提高。

2. 机场安全管理系统的应用范围

机场建设 SMS,目的在于提高机场飞行保障能力,确保机场运行安全,通过对机场运行的大量资料和数据进行系统分析。机场运行管理系统主要包括飞行安全保障系统、空防安全保障系统、航站安全保障系统、机坪安全保障系统、运行指挥调度系统、应急救援保障系统、信息保障系统、运行保障系统、施工安全管理系统和消防安全管理系统10个系统。这10个系统比较完整地涵盖了机场运行的各个方面,每个机场管理者都必须认真了解和系统掌握这些系统,这10个系统中任一系统发生事故或重大问题,都将严重影响机场的正常运行。

从国际民航组织2005年发行的SMS参考资料看,国际民航对机场SMS的应用要求主要侧重在飞行区安全管理和应急救援保障方面,即机场运行管理系统中的飞行安全保障系统、机坪安全保障系统和应急救援保障系统。

从民航总局成立建设SMS领导小组的要求看,机场SMS的建设除了飞行区安全保障、应急救援保障方面外,还涉及空防安全保障的地面保障方面。由于我国机场规模差别很大,民航总局根据国内机场旅客吞吐量的多少,将国内机场分为6类,其中,旅客吞吐量不足100万的4、5、6类机场占到近70%。因此,我国各类机场的SMS建设和应用范围,在总体原则和方法一致的前提下,也应该有各自的不同特点。

二、安全自愿报告系统(SCASS)

中国航空安全自愿报告系统(SCASS)于2004年9月16日在北京启动,建立该系统的目的在于广泛地收集民航系统运行过程中大量的人为因素信息、系统运行缺陷和潜在的安全隐患,为改善航空安全提供依据,提高中国民航安全水平。

为了提高民用航空系统的安全性,尽量减少飞行事故和事故征候的发生,需要尽可能快速、准确地发现并改正系统存在的缺陷。已发生的差错、不安全事件恰好暴露了系统的缺陷,因此搜集已发生的不安全事件信息并对其进行研究就具有重要的意义。然而,小的差错或不安全事件具有隐蔽、动态的特征,如果当事人不报告,其他人事后就很难发现。而由于人性的弱点,多数人出于害怕处罚,或者害怕丢面子等原因,不愿意暴露自己的失误和错误。因此,失去了大量的信息和完善系统的机会。

"信息是资源",安全信息在保障航空安全中的作用日趋重要,现行的民航安全报告体系并不能满足隐患信息收集和处理的要求,因此迫切需要研究和开发新型的航空安全信息系统,用以增加信息量和增强信息可信度。保密的航空安全自愿报告系统就是针对该问题的一个有效的解决方案。

早在20世纪70年代,美国开始建立自愿报告系统,后来发展成为全球最早实行的航空安全报告系统ASRS(Aviation Safety Reporting System),并获得了很大的成功。鉴于ASRS的成功,英国、加拿大、澳大利亚、新西兰等国先后开发了适合于其国情的保密性的自愿报告系统,自1999年后我国的台湾、韩国和日本也建立了保密自愿报告系统。自愿报告系统可获取大量的第一手航空安全资料,特别是珍贵的人为因素资料,为制定有效的改正措施、开展研究工作以及制定宏观政策提供依据。为尽快在世界范围内建立保密自愿报告系统,20 世纪 80 年代初在前 ASRS 主席提议下成立了国际航空安全保密系统组织 ICASS (International Confidential Aviation Safety System),致力于各国和地区的航空安全保密系统的建立,促进全世界民航安全水平的提高。近年来,ICASS 每年召开年会,各国与会者借此加强交流,推广经验,研究对策,共同推进全球保密的航空安全报告系统的发展。国际民航组织也一直积极推进此项工作,最新版的 ICAO 公约附件 13 特别建议各缔约国建立航空安全自愿报告系统。全球范围内的保密自愿报告系统在提高航空安全水平方面起到了越来越重要的作用。

保密性的航空安全自愿报告系统大量收集来自飞行员、管制员和维修人员等一线人员的有关报告,发现现行民用航空运行系统的缺陷或漏洞,并作为人为因素研究的第一手资料,完善民用航空系统,保证其安全运行。人为因素一直是航空事故的主要原因,改善人为因素已成为进一步降低航空事故率、提高航空安全水平的主要途径。保密的航空安全自愿报告系统的建立,为广大航空从业人员创造一条方便快捷地报告不安全事件的渠道,对促进航空安全起到重要的作用。

SCASS 的任务是收集来自民航从业人员包括飞行员、管制员、乘务员、机务维修人员、保安人员以及其他相关人员针对涉及到航空器运行过程中的不安全事件或者当前航空安全系统中存在的及潜在的矛盾和不足之处自愿提交的不安全事件和安全隐患报告,并对报告信息进行处理与分析,根据隐患危险程度,发出告警信息;制作安全信息数据库和有关刊物,促进航空安全信息的研究与共享。

SCASS 由民航管理当局授权、自主管理和运行,它是中立于民航管理当局和民用航空企业与从业人员的第三方,不具备执法权和立法权,是民航安全信息收集、管理、分析与发布的机构。

1. 建立 SCASS 的目的

建立 SCASS 的主要目的有以下几点:

(1)通过数据分析研究,及时发现事故隐患或危险状况,防止严重的不安全事件或航空事故发生。

(2)找出国家航空安全系统存在的不足,提高目前国家航空系统的安全水平。

(3)为国家航空系统的规划与改进特别是"人为因素"的研究提供数据和资料。

(4)传播安全信息,分享经验教训。

(5)促进民航安全文化建设,营造"人人讲安全,人人为安全"的民航安全文化氛围。

SCASS 的工作目标是消除民航系统的安全隐患和缺陷,建立良好的安全文化氛围,提高我国民航运输业的安全水平。

2. SCASS 系统运行的基本原则

SCASS 系统运行的基本原则是自愿性、保密性和非处罚性，其目的是最大限度地收集安全信息，同时营造良好的航空安全文化氛围。

报告系统的保密性和非处罚性是系统建立的基础，运行的保障。国际上成功的自愿报告系统都没有发生过泄漏报告人信息的事件。必须制定切实可行的措施来保证保密性和非处罚性的落实。

(1)自愿性。提交给 SCASS 的报告完全是报告人的自愿行为，自愿性是信息可靠性的保证；

(2)保密性。SCASS 承诺对报告中涉及的个人识别信息绝对保密。实施保密性原则的目的是避免对报告人以及报告涉及的组织或个人造成不利的影响；最大限度地消除报告人害怕处罚、丢面子、影响提职、影响评奖以及怕影响集体荣誉的心理。SCASS 通过严密的工作程序实现保密的目的。SCASS 收到报告后，将个人信息返回或销毁，删除报告中各种个人识别信息后交专家分析处理，报告处理完毕将销毁原文字报告，除识别信息的报告和专家分析报告存入数据库。识别信息包括报告者姓名、日期、地点、涉及人员、涉及单位等可能识别出所涉及人员的身份和单位的信息。

(3)非处罚性。SCASS 不具任何处罚权利。系统接收的报告内容不作为任何处罚依据。系统受理的所有报告均不作为任何处罚的依据有两层含义，既不作为对报告人违章处罚的依据，也不作为对其他所涉及人员和涉及单位处罚的依据。由于 SCASS 所存储的数据不包括任何个人与单位的识别信息，因此其受理的报告不可能作为诉讼、行政处罚以及检查评估的材料。民航管理当局通过发布规章和通告的形式，明确规定 SCASS 报告不作为任何处罚的依据，认可 SCASS 工作程序和保密性措施。

SCASS 以不损害报告人、涉及的其他人和单位的声誉和利益为运行原则。如果信息数量和质量与保密性发生矛盾，无条件服从保密性。

第三节　机场安全审计

一、机场安全审计制度

民航安全审计是在美国“9·11”事件之后形成的。“9·11”改变了世界航空安全的概念，国际民航组织(ICAO)在 2002 年决定对所有缔约国机场的航空安全情况进行安全审计，美国主导签订了这一标准。该标准对所有国家的空防安全都有较大促进作用。中国作为国际民航组织缔约国，早在 2001 年的加拿大蒙特利尔会议上就承诺要加强空防安全审计。为此，我国专门制定了《国家民用航空保安审计规则》。

国际民航组织从2002年开始对188个缔约国强制进行航空保安审计,作为民航大国,我国在2004年5月接受了国际民航组织的审计,经过对我国民航的航空安全法规、人员培训、质量控制和北京、西安、昆明三个机场实际工作措施的审计,国际民航组织认为我国在航空安全工作法规、措施上绝大多数项目高于国际通行标准,但在人员培训、质量控制上还有待进一步健全。以往我们进行的安全大检查,可以说属于治标,很不规范也很不彻底,而安全审计相当全面,对所有安全指标进行了量化,全面地对机场各个安全系统进行评估,全面地提高了机场的安全水平。为此,中国民航总局决定改变以往每年只在春运、黄金周进行安全大检查的做法,在国内强制推行航空安全审计制度。

机场航空安全审计在中国国内是首次实行。根据国际民航组织对机场安全工作的要求,中国民航总局开始对全国147个运行机场进行航空安全审计,航空安全审计将取代安全大检查,成为民航安全管理的主要手段。2005年8月深圳宝安机场和海口美兰机场作为试点,率先接受了民航总局的全面审计。2008年计划对35个机场进行航空安全审计,今后对机场每5年审计1次。

授民航总局委托,机场安全审计组根据民航总局机场安全审计要求和标准,分为9个小组,按照"组织管理、规章制度、运行管理、资源配置、信息管理、应急管理、人员培训"7大要素,对机场综合安全管理、飞行区安全、机坪安全、消防安全、应急救援、机场供油安全、旅客运输管理、货物运输管理和危险品运输管理等9个方面约1100多个审计项目,采取了现场检查、听取汇报、查阅文档、问卷调查、访谈相结合的多种审计方式进行了全面审计。民航总局根据审计报告,对机场公司的航空保安现状与《国家民用航空安全保卫规划》的符合性进行了评估。针对审计中发现的问题,审计组提出建议,机场要作出整改计划,限期两年整改,到期不能完成,民航总局将对机场采取降低航空器收费,对驻场航空公司采取航班航线限制的措施。

受审机场为确保航空保安审计工作顺利进行,通常会成立了由总经理为组长的航空保安审计工作领导小组,领导小组下设审计办公室。按审计责任分工,由审计办公室统一协调,涉及审计的业务单位具体负责,实行谁主管谁负责的责任制(即涉及审计任务的单位一把手为第一责任人)。同时,参加审计的有关单位确定一名责任心强、业务精通、具有一定协调能力的部门副职或业务骨干为技术联络员,作为本单位的具体责任人,具体负责审计工作。涉及审计的部门认真落实方案要求,对照《国家民用航空安全保卫规划》和附件17等文件,结合本部门实际,明确审计指标要求,把审计项目做透做细,切实把审计工作落到实处。

受审机场将按上级部署与要求做好审计前准备工作。自机场航空保安审计工作实施方案下发后,要认真组织学习和贯彻。从统一思想认识入手,开展广泛的宣传教育,组织对员工进行安保审计知识考试,使广大员工充分了解保安审计的内容、目的和意义,达到家喻户晓,人人皆知。同时,依据《审计准备前问卷》调查表,逐一对照检查,发现缺陷,及时纠正弥补,完善机制,强化管理,逐项整改。把自查整改作为重点环节认真组织实施,查员工对安保审计的认识,查安全保障中存在的薄弱环节,查员工服务形象和服务水准。以求真务实的工作作风,完成各项审计前各项准备任务。

机场安全审计工作的全面展开与实施,不但可以进一步规范机场的航空安全标准和体系,全面提升机场的航空安全水平,而且可以确定机场的安全现状,进而促进和提升机场航空安全工作。安全审计是机场强化管理,实现机制创新,提高航空安全管理水平的重要措施,是空防安全管理的标准化、正规化建设,对改善机场安全运行机制,打造国际安全品牌效应十分重要。

二、机场安全审计工作指南

1. 定义与术语

(1)安全审计。民航局依据国际民航组织标准和建议措施、国家安全生产法律法规及民航规章、标准和规范性文件,对航空公司、机场、空管等单位进行的安全符合性检查,属政府安全监管行为。

(2)审计员。经民航局批准,从事安全审计工作的人员。

(3)观察员。安全审计办公室派往审计现场、观察审计过程并收集审计情况的人员。

(4)安全审计检查单。民航局依据相关法律、法规、规章、标准和规范性文件,以及国际民航组织标准和建议措施编制的、供审计员在审计过程中使用的工作单。

(5)符合性声明。被审计方向安全审计办公室提交的、对照安全审计检查单自查结果及其理由的说明。

(6)审计启动会。审计组在审计现场召开有被审计方参加的、对即将实施的安全审计活动做出安排的第一次正式会议。

(7)审计情况通报会。审计组在审计现场召开的向被审计方通报审计结果的会议。

(8)整改跟踪。局方对被审计方整改情况的监督检查。

(9)整改关闭。局方对被审计方整改项目完成的认可。

(10)中止审计。安全审计工作因特殊情况无法正常实施时,审计组决定停止审计的行为。

(11)符合。被审计方的管理文件和实施情况满足安全审计检查单的要求。

(12)不符合。被审计方的管理文件或实施情况未满足安全审计检查单的要求。

(13)不适用。安全审计检查单的某些审计项目或条款不适合用于被审计方。

(14)未检查。安全审计检查单中适用于被审计方的项目或条款,在审计中未进行检查。

(15)必改项。审计组对安全审计中发现的问题,认定为必须整改的项目。不符合的项目应当作为必改项。

(16)符合率。符合的审计项目数与审计项目数的百分比。

2. 安全审计的一般规定

(1)审计目的。掌握被审计方安全运行状况;查找被审计方安全管理上存在的问题,督促并指导其进行安全整改;促进被审计方建立和完善安全管理体系。

(2)审计组织实施。安全审计由民航局统一领导,民航局相关司局组织实施。安全审计可由民航局委托民航地区管理局(地区空管局)以民航局名义组织实施。

对辖有空管单位的机场进行安全审计时,增加空管审计内容。

(3)审计7个要素。(A类)组织管理;(B类)规章制度;(C类)运行管理;(D类)资源配置;(E类)信息管理;(F类)应急管理;(G类)人员培训。

(4)审计方法。审计组在审计过程中,可以采用但不限于以下4种方式:访谈;查阅文档记录;现场检查;问卷调查。

审计员在审计中应当与被审计方充分沟通;审计采样时注意样本的客观性、公正性和代表性,证据应当由审计员自主取得;审计结论应当客观陈述,有证据支持,避免直接批评或指责。

(5)审计结果评分与分类。审计分数按百分制计算,其中安全审计项符合率占70分,7要素综合评定情况占30分。

7要素综合评定是审计组按照七要素内容对被审计方做出的综合评价。7要素综合评定分数不对被审计方公布,只提交给安全审计办公室作为审计结果分类的参考。

审计结果分为四类。

评定为一类的被审计方:组织管理完善、规章制度健全、运行管理规范、资源配置充足、信息管理有效、应急管理完备及人员培训到位。

评定为二类的被审计方:组织管理基本完善、规章制度基本健全、运行管理基本规范、资源配置比较充足、信息管理比较有效、应急管理比较完备及人员培训基本到位。

评定为三类的被审计方:组织管理不够完善、规章制度不够健全、运行管理不够规范、资源配置不够充足、信息管理不够有效、应急管理不够完备及人员培训不够到位。

评定为四类的被审计方:组织管理差、规章制度不健全、运行管理不规范、资源配置不足、信息管理低效、应急管理不完备及人员培训不到位。

对评定为一类的被审计方,局方将优先安排其运行;对评定为二类的被审计方,局方继续认可其现有运行;对评定为三类的被审计方,局方将按照相关程序在某些方面对其运行进行限制;对评定为四类的被审计方,局方将按照相关程序终止其运行。评分和分类办法,详见各安全审计手册。

(6)审计公布。安全审计报告和整改跟踪报告在民航行业内公布。

(7)审计周期和审计经费。安全审计周期通常为5年。安全审计周期也可根据实际情况缩短或延长。

安全审计工作经费由民航局统筹安排,安全审计年度工作经费预算由安全审计办公室制定，报民航局财务部门批准。

(8)审计行为准则。审计组在安全审计工作中应当遵循以下准则：

①严格。严格审计标准，维护审计工作的严肃性；

②公正。实事求是，尽可能地消除审计员主观因素或外部因素对审计工作的影响；

③透明。向被审计方全面公开实施安全审计的各项要求、采用的审计标准及相关资料；

④廉洁。认真遵守廉洁自律的各项规定。

(9)中止审计。当出现以下任一情况时，审计组可以中止审计：

①被审计方发生重大安全问题导致安全审计难以继续进行；

②审计组在查找或获取客观证据时受到明显限制或阻碍；

③审计组内部发生了影响安全审计的特殊事件。无论何种原因中止安全审计时，审计组应当向被审计方发出书面通知，说明中止审计原因，同时向安全审计办公室报告。

(10)审计检查单：

①审计检查单由安全审计办公室组织制定和修订。

②审计检查单由7类审计要素构成，这7类分别为A、B、C、D、E、F、G类。

A类：组织管理

①是否建立了完善的安全生产责任体系；

②是否建立了完善的安全监管体系；

③是否在其最高管理层内有一名负责安全管理的分管领导，该领导是否有足够的权力调配安全管理所需的人、财、物资源；

④是否设立独立于生产运行之外的安全监察部门，负责对运行安全进行有效监控；

⑤是否建立满足安全运行要求的运行管理机构；

⑥是否保证安全管理部门人员，不会因执行生产任务而影响其履行安全管理职责；

⑦安全监察部门和岗位的安全职责和工作程序是否明确。是否建立了有效的人员接替或代理职责的规定和程序；

⑧生产运行部门和岗位的安全职责和工作程序是否明确。是否建立了有效的人员接替或代理职责的规定和程序；

⑨日常安全监管所发现问题的整改落实情况；

⑩1年内的安全指标完成情况。

B类：规章制度

①是否根据国家和局方颁布的法律、法规、规章、标准、规范性文件以及安全运行需要，制定并落实了本单位的规章制度；

②是否建立完整的安全目标管理制度；

③是否落实重要生产运行岗位人员的资格标准；

④是否制定并落实有效的不安全事件调查处理程序；

⑤是否建立安全运行内部审计制度；

⑥是否建立并落实外包、租赁及代理业务的安全管理规定。

C 类:运行管理

①是否按照局方批准的运行资格实施安全运行；

②运行管理部门是否按照运行管理规定进行管理；

③岗位工作人员是否按照规定的职责和工作程序进行操作；

④设施设备是否按照要求进行维护和管理,设施设备运行状况是否满足安全运行的需要；

⑤工作环境是否满足安全生产的需要。

D 类:资源配置

①主要负责人是否保证了安全生产所必需的资金投入；

②设施设备的配置是否满足安全运行的需要；

③是否有足够合格的专业人员履行生产运行和安全管理的职责。

E 类:信息管理

①是否建立并实施了有效的规章、手册、通告、指令等文件管理制度和程序；

②是否建立并实施了有效的安全信息管理制度和程序；

③是否按局方规定报告安全信息；

④是否建立并实施了自愿报告程序。

F 类:应急管理

①是否制定有效的应急预案；

②是否对应急预案进行动态管理；

③是否建立健全应急组织体系；

④应急保障是否满足应急工作要求；

⑤是否按规定进行应急处置的培训和演练。

G 类:人员培训

①是否制定并实施了生产运行的专业技能培训大纲或计划；

②是否制定并实施了安全管理人员的专业技能培训大纲或计划；

③是否建立以安全意识和风险管理为主要内容的全员安全教育制度；

④安全教育培训档案是否规范完整。

3. 安全审计组织机构及职责

民航安全审计机构由民航局安全审计领导小组、安全审计办公室和安全审计组组成。

(1)安全审计领导小组。安全审计领导小组设在民航局,由民航局领导及相关部门负责人组成。

安全审计领导小组的工作职责是:领导民航安全审计工作;审核批准安全审计年度计

划;研究解决安全审计工作中的重大问题;批准公布安全审计结果。

(2)安全审计办公室。安全审计办公室是负责民航安全审计事务的办事机构。安全审计办公室设在民航局航空安全办公室。安全审计办公室主任由民航局航空安全办公室主任担任,成员由民航局相关部门人员组成。

安全审计办公室的工作职责是:组织编制和下发安全审计年度计划;指导协调安全审计工作;管理安全审计信息和文档;修订安全审计指南;组织修订安全审计手册;定期组织对安全审计报告的评估;编制安全审计经费预算;协调组织安全审计员培训;完成安全审计领导小组交办的其他事项。

(3)安全审计组。安全审计组分为航空公司安全审计组、机场安全审计组和空管安全审计组。根据审计工作需要,各安全审计组可下设若干专业审计组。

安全审计组由组长、协调员、审计员组成。

安全审计组组长的工作职责是:制定安全审计实施计划;组织实施安全审计;组织编制审计报告。

安全审计协调员由安全审计组组长指定,负责审计联络、协调工作。安全审计员工作职责是:参加安全审计准备,了解被审计方的安全管理及安全运行情况;依据安全审计检查单开展安全审计工作;填写安全审计检查单;提出整改意见;起草审计报告和整改通知单。

安全审计观察员。安全审计办公室根据需要派出安全审计观察员。安全审计观察员应当观察安全审计活动。安全审计观察员应当向审计办公室报告观察情况。

4. 安全审计工作程序

安全审计分为安全审计准备、安全审计启动会、安全审计实施、安全审计情况通报会、提交安全审计报告、整改跟踪和安全审计公布 7 个阶段。

(1)安全审计准备。安全审计办公室按照年度审计计划,在审计实施前 3 个月向被审计方和负责实施审计的单位发出审计通知。

被审计方接到审计通知后,应当指定联系人,按照审计通知的要求做好准备,并在审计实施前 1 个月将符合性声明和本单位总体情况概述提交给安全审计办公室。符合性声明应当有被审计方负责人签名。

负责实施审计的单位接到审计通知后,组成安全审计组。安全审计组在实施审计前召开审计准备会,研究被审计方提交的符合性声明,确定安全审计实施计划,通知被审计单位,并报安全审计办公室备案。

安全审计实施计划应当包括:

①审计内容;

②审计组成员及职责分工;

③审计日程安排;

④对被审计方的要求。

(2)安全审计启动会。安全审计启动会在审计实施前召开,由安全审计组组长主持,审计组成员和被审计方相关人员参加。

向被审计方说明安全审计目的、内容、审计标准、方法和审计工作程序。

确定审计工作日程、审计人员出入场所证件办理、相关办公场所安排及其他事项。

(3)安全审计实施。安全审计组应当按照审计实施计划和要求开展审计,并做好记录。

安全审计组每日召开情况交流会,对审计情况进行汇总和交流,并明确次日工作任务。

安全审计检查单项目完成后,安全审计组对七个要素进行综合评定,完成审计报告和整改通知单。

(4)安全审计情况通报会。安全审计情况通报会由安全审计组召开,审计组全体成员和被审计方有关人员参加。

在安全审计情况通报会上,审计组组长宣读审计报告后,由审计组组长和被审计方负责人在报告上签字。

(5)提交安全审计报告。安全审计情况通报会后,安全审计组应当在5个工作日内向安全审计办公室提交安全审计报告和七要素综合评定分数,并向被审计方下达整改通知单。

被审计方接到整改通知单后,应当在10个工作日内向安全审计办公室和所在地区管理局(地区空管局)提交整改措施。

安全审计报告正文内容包括:

①安全审计总体情况概述;

②对被审计方的总体评价和审计符合率;

③安全审计发现的问题和整改建议;

④安全建议;

⑤特别情况的说明。

安全审计报告的附件应当包括安全审计整改通知单。

安全审计报告的编制应当遵循以下原则:

a)安全审计报告中的陈述应当与审计结果和建议的内容一致;

b)安全审计结论应当有充分的证据,对安全审计结果和建议的阐述应当简明扼要;

c)避免直接批评个人。

(6)整改跟踪。被审计方所在地区管理局(地区空管局)根据被审计方提交的整改措施制定整改跟踪计划,并组织实施。

整改通知单下达后6个月内,被审计方所在地区管理局(地区空管局)应当向安全审计办公室提交整改跟踪报告。整改跟踪报告应当包括整改监督情况和整改关闭意见。

(7)安全审计公布。安全审计报告和整改跟踪报告由安全审计办公室负责公布。

安全审计办公室根据审计组提交的现场审计符合率、7要素综合评定分数和被审计方所在地区管理局(地区空管局)提交的整改跟踪报告,对被审计方进行分类,经安全审计领导小组批准后公布。安全审计工作程序,如图10-1所示。

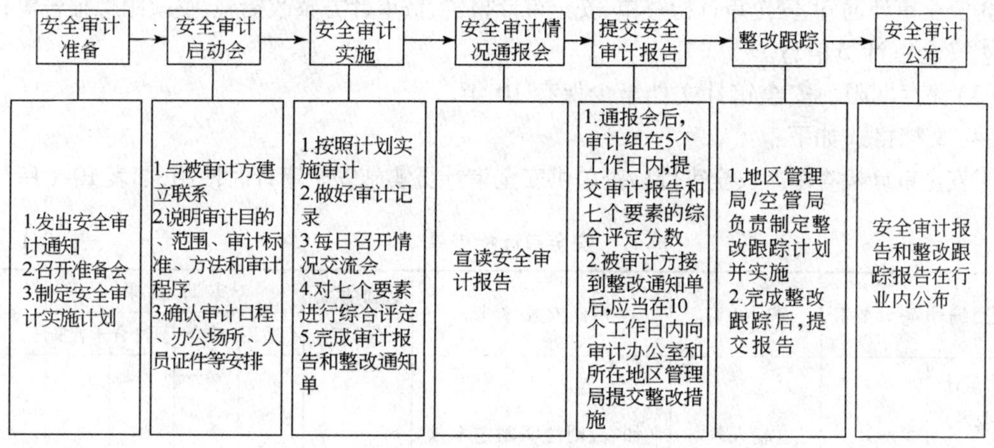

图10-1　安全审计工作程序图

5. 安全审计员资格与培训

(1)安全审计员资格如下:

①具有较好的思想品德和较强的工作能力,从事本专业工作2年以上;

②参加过审计员培训,熟悉安全审计程序、方法、标准和审计检查单;

③熟悉相关的法规、规章、标准、程序;

④具备良好的组织、协调和沟通能力。

(2)安全审计员培训。安全审计员每两年应当接受一次培训。全审计员培训由民航局相关司局组织实施。安全审计员的培训课程应当包括:

①相关法律法规;

②安全审计的程序、方法和标准;

③安全审计检查单。

(3)安全审计员管理。安全审计员主要由局方监察员担任,也可从民航企事业单位选定。安全审计员的选定和管理由民航局相关司局负责。

6. 安全审计文档管理

(1)管理部门。安全审计办公室负责安全审计文档管理。

(2)安全审计文档。安全审计文档包括:

①安全审计年度计划与执行情况;

②被审计方提交的符合性声明和基本情况概述;

③安全审计通知、安全审计检查单、安全审计报告、被审计方整改措施、整改跟踪报告等;

④安全审计员信息。

(3)保存期限。安全审计文档至少保存10年。

(4)文档格式如下:

①安全审计检查单。安全审计检查单供安全审计员实施安全审计时使用,如表10-1所示;

安全审计检查单 表10-1

审计项目编号	审计要素	审计内容	审计依据/参考	检查方式/提示	审计结果				备注
					不适用	符合	不符合	未检查	
(注明审计条款编码) AL.1.1.1 AT.1.001 AP.1.001	A、B、C、D、	(输入条款内容)	(如有,则注明制定本款所参考的相关规章条款)						

②安全审计通知。安全审计办公室向被审计方发审计通知时使用,按照民航局现有通知格式编制;

③安全审计报告。安全审计组编写的安全审计工作报告,其格式见图10-2所示;

报告编号:CAAC-AP-SA-200601

××机场安全审计报告

中国民用航空民航局机场安全审计组

2007年1月8日

图 10-2

④安全审计整改通知单。安全审计整改通知单是安全审计组向被审计方发出的整改

问题通知,其格式见图 10-3 所示;

安全审计整改通知单　　　　（编号：　　）

被审计方		
审计日期		
整改通知单下发日期		
审计发现的问题		整改建议
问题 1:		问题 1 整改建议
问题 2:		问题 2 整改建议
问题 3:		问题 3 整改建议
审计组长签字:		

图 10-3　安全审计整改通知单

⑤整改跟踪报告。整改跟踪报告是被审计方所在地区管理局(地区空管局)完成整改跟踪后拟写的有关整改监督情况和整改关闭意见的报告,其格式见图 10-4 所示;

报告编号:CAAC-AP-SA-200601

××机场整改跟踪报告

民航××地区管理局
2007 年 1 月 8 日

图 10-4　整改跟踪报告

⑥向安全审计办公室提交的文档资料应采用 PDF 格式。

三、民用机场安全审计组划分及审计内容

民航机场安全审计组分为 11 个小组,分别是综合安全管理审计小组、飞行区安全审计小组、目视助航设施审计小组、机坪安全审计小组、消防安全审计小组、应急救援审计小组、

机场供油安全审计小组、旅客运输管理审计小组、货物运输管理审计小组、危险品运输管理审计小组和机场空管审计小组。各小组设组长1人,组员一般为2~3人。涉及几个审计小组的具有共性的审计问题,建议在现场审计第一天联合审计,之后分组分别审计其余的问题。民用机场安全审计内容包括:综合安全管理、飞行区安全、目视助航设施、机坪安全、消防安全、应急救援、机场供油安全、旅客运输管理、货物运输管理、危险品运输管理和机场空管11个部分(下述内容不涉及旅客运输管理、货物运输管理、危险品运输管理和机场空管)。

(1)综合安全管理审计小组职责及工作范围负责机场综合安全审计工作,及时收集整理审计资料,向机场安全审计组汇报。审计范围包括:

①机场安全管理的基本要求;

②机场安全管理体系;

③机场安全管理制度;

④人员培训;

⑤民用机场使用手册的发放和使用管理;

⑥民用机场使用手册的修改;

⑦安全信息管理。

(2)飞行区安全审计小组职责及工作范围负责机场飞行区安全审计工作,及时收集整理审计资料,向机场安全审计组汇报。审计范围包括:

①基本要求;

②跑道;

③滑行道;

④停止道/净空道/防吹坪;

⑤升降带土面区;

⑥跑道端安全地区;

⑦敏感区/临界区;

⑧围界/巡场道/排水系统;

⑨巡视检查;

⑩场务机具管理;

⑪场务人员管理;

⑫飞行区管理规章制度;

⑬机场净空和电磁环境保护;

⑭鸟害及动物侵入防范;

⑮除冰除雪管理;

⑯不停航施工管理。

(3)目视助航设施审计小组的职责及工作范围负责机场目视助航设施审计工作,及时收集整理审计资料,向机场安全审计组汇报。审计范围包括:

①标志；
②滑行引导标记牌；
③标志物和其他标志设施；
④助航灯光；
⑤目视助航设施管理；
⑥机场供电。
(4)机坪安全审计小组职责及工作范围负责机场机坪安全审计工作,及时收集整理审计资料,向机场安全审计组汇报。审计范围包括:
①机坪管理机构；
②机位管理；
③航空器试车；
④航空器维修；
⑤航空器除冰防冰作业；
⑥航空器运行的其他要求；
⑦机坪车辆与设施设备管理；
⑧机坪车辆行驶；
⑨机坪车辆停放；
⑩机坪作业人员管理；
⑪机坪环境卫生管理；
⑫机坪消防管理；
⑬机坪系留装置；
⑭机坪道面与道肩；
⑮隔离机位(适用于飞行区指标 II 为 D、E、F 的机场)；
⑯飞机净距；
⑰机坪标志(物)；
⑱旅客登机桥(廊桥)；
⑲信息报告；
⑳规章制度。
(5)消防安全审计小组职责及工作范围。
负责机场消防安全审计工作,及时收集整理审计资料,向机场安全审计组汇报。审计范围包括:
①消防安全管理组织及责任制；
②消防安全操作规程及管理制度；
③航站楼火灾自动报警及灭火系统(包括水喷淋、气体灭火系统)；
④机场灭火和应急疏散系统；

⑤机场消防给水系统；

⑥机坪及其他重要场所消防安全管理。

（6）应急救援审计小组职责及工作范围负责机场应急救援审计工作，及时收集整理审计资料，向机场安全审计组汇报。审计范围包括：

①应急救援组织及管理制度；

②应急救援教育、培训及训练；

③应急救援预案；

④应急救援演练；

⑤应急救援设施设备配备；

⑥机场消防队建设。

（7）航空油料供应安全管理审计小组职责及工作范围负责航空油料供应安全管理审计工作，及时收集整理审计资料，向机场安全审计组汇报。审计范围包括：

①经营条件；

②安全管理；

③人员培训与资质；

④油料质量控制；

⑤航油设施设备管理；

⑥飞机加油；

⑦消防管理；

⑧各种作业记录；

⑨应急处置；

⑩信息报告；

⑪档案资料管理；

⑫其他要求。

四、机场审计分类标准及审计评分

1. 分类标准

第一类（优先运行）：综合符合率大于90%（含）。

第二类（保持运行）：综合符合率大于70%（含）且小于90%。

第三类（限制运行）：综合符合率大于60%（含）且小于71%。

第四类（中止运行）：综合符合率小于60%。

2. 审计评分

涉及一个以上层次的审计条目，只要一个层次不符合应判定为不符合，并应列为“必改项”。审计发现的超出本手册“机场安全审计检查单”审计范畴的问题，可作为建议列入审计报告"安全建议"中。此类"安全建议"不属于必改问题。

统计符合率时,"不适用项"不计入在内。

3. 机场安全审计检查单

机场安全审计检查单(样式),如表10-2所示。其他机场安全检查单可参考《机场安全审计手册(2008年使用版)》及相关文件。

机场安全审计检查单(综合安全管理) 表10-2

审计项目(编号)	审计要素	审计内容	审计依据/参考	检查方式/提示	审计结果				备注
					不适用	符合	不符合	未检查	
AP1		综合安全管理							
AP1.1		机场安全管理的基本要求							
AP1.1.1	A	机场管理机构对机场的运行安全实施统一管理,负责机场安全、正常运行的组织和协调. 并承担相应的责任。(如道口、安检、机坪等)	《民用机场运行安全管理规定》第3条	问卷调查,查手册等					
AP1.1.2	A	机场管理机构与航空运输企业应当签订有关机场运行安全的协议,明确各自的权利、责任、义务	《民用机场运行安全管理规定》第4条	查协议、制度等					
AP1.1.3	A	机场管理机构与其他驻场单位(空管)应当签订有关机场运行安全的协议. 明确各自的权利、责任、义务							
AP1.1.4	A	机场管理机构与其他驻场单位(油料)应当签订有关机场运行安全的协议,明确各自的权利、责任、义务							
AP1.1.5	A	机场管理机构与其他驻场单位(维修代理单位)应当签订有关机场运行安全的协议,明确各自的权利、责任、义务							
AP1.1.6	A	机场管理机构与其他驻场单位(日常维护代理单位)应当签订有关机场运行安全的协议,明确各自的权利、责任、义务							
AP1.1.7	A	机场管理机构与其他驻场单位(地面服务代理单位)应当签订有关机场运行安全的协议,明确各自的权利、责任、义务							

续上表

审计项目(编号)	审计要素	审计内容	审计依据/参考	检查方式/提示	审计结果				备注
					不适用	符合	不符合	未检查	
AP1.1.8	A	机场管理机构应当组织成立机场安全管理委员会。机场安全管理委员会由机场管理机构、航空运输企业或其代理人及其他驻场单位负责安全工作的领导组成。机场安全管理委员会负责人由机场管理机构负责安全工作的领导担任	《民用机场运行安全管理规定》第7条	查文件等					
AP1.1.9	A	机场安全管理委员会的主要职责应符合规章要求							
AP1.1.10	A	机场安全管理委员会应当定期召开会议		查台账记录等					
AP1.1.11	C	机场管理机构应当落实机场安全管理委员会提出的有关安全的整改意见和建议		查文件、台账记录及现场检查等					
AP1.1.12	C	机场管理机构应当对从业人员进行安全生产教育和培训,及时学习宣传国家、民航有关安全的法律、法规、规章、从业人员具备必要的安全生产知识	《中华人民共和国安全生产法》第21条	查文件及台账记录等					
AP1.1.13	A	机场管理机构不得滥用规章赋予的管理权限损害航空运输企业或其代理人及其他驻场单位的合法权益	《民用机场运行安全管理规定》第8条	问卷调查等					
AP1.1.14	D	机场管理机构应当设置航空安全监督管理部门或者配备专职/兼职安全检查生产管理人员	《中华人民共和国安全生产法》第19条	查文件等					
AP1.1.15	C	机场安全生产管理人员应当根据本机场的生产经营特点。对安全生产状况进行经常性检查	《中华人民共和国安全生产法》第38条	查文件及台账记录等					

思　考　题

1. 为什么党中央要把安全生产作为人民群众最关心、最直接、最现实的利益问题？
2. 为什么要把航空安全作为和谐民航建设的着力点？
3. 民航安全工作的着力点应从哪几方面入手？
4. 当前民航安全工作存在哪些问题？
5. 机场每年如何进行安全评估？
6. 机场资料库应备哪些资料，供员工查阅和使用？
7. 与运行安全有关，机场有哪些岗位必须持证上岗？
8. 机场员工培训和考核应包括哪些内容？
9. 对机场控制区工作的违章员工如何进行培训和考核？
10. 什么是机场安全管理体系？
11. 我国民航机场安全管理系统（SMS）主要包括哪几方面内容？
12. 国际民航组织对机场 SMS 的应用重点要求在什么方面？
13. 推行安全自愿报告系统（SCASS）有什么重要意义？
14. 建立安全自愿报告系统（SCASS）的主要目的是什么？
15. 在安全自愿报告系统（SCASS）运行中如何贯彻保密性原则？
16. 机场安全审计与以往安全大检查有什么不同？
17. 机场安全审计七大要素是指什么？
18. 机场安全审计涉及多少方面，约多少审计项目？
19. 机场安全审计可采用什么审计方式进行？
20. 机场安全审计工作程序可分为几个阶段？每一阶段主要工作是什么？

参考文献

[1] 全国人民代表大会常务委员会,《中华人民共和国民用航空法》1995 年 10 月 30 日.

[2] 上海市人民代表大会常务委员会,《上海市民用机场地区管理条例》(2005 年修订).

[3] 中国民用航空总局第 156 号令《民用机场使用许可规定》.

[4] 中国民用航空总局第 191 号令《民用机场安全运行安全管理规定》.

[5]《民用机场服务质量标准》编制说明. 质量标准编写组.

[6] 中国民用航空局,《民用航空安全审计指南》第二版,2008 年 3 月.

[7] 中国民用航空总局,《民航航班正常统计办法》2007 年 11 月 17 日.

[8] 中国民用航空总局,《民航航班时刻管理暂行办法》2007 年 8 月 7 日.

[9] 中国民用航空总局,《全国民用机场布局规划》.

[10] 中国民用航空总局机场司,《国际民用航空公约附件十四机场》第三版.

[11] 2005 年、2006 年、2007 年、2008 年《中国民航报》各类新闻报道.

[12] 刘得一编《民航概论》[M]北京:中国民航出版社,2005 年.

[13] 马少华编《机场卓越经营》[M]北京:中国民航出版社,2005 年.

[14] 亚历山大 T. 韦尔斯著,赵洪元译.《机场规划与管理》[M]北京:中国民航出版社,2004 年.

[15] 上海虹桥国际机场,《生产岗位规范》(1999 版).

[16] 中国民用航空总局,《中国航空运输发展报告》(2006 ~ 2007 年).

[17] 蒋作舟、高金华、宿百岩,《民用机场的建设和发展》[J](空管在线 2005 年 4 月 15 日).

[18] 中国民航总局运输司,《公共航空运输服务消费者投诉管理办法》.

[19] 诺曼 · 阿什弗德等著,高金华等译.《机场运行》[M]北京:中国民航出版社,2006.

[20] 理查德 · 德 · 纽弗威尔、阿米第 R · 欧都尼著,高金华译.《机场系统、规划、设计和管理》[M]北京:中国民航出版社,2006.

总复习题

一、单项选择题

1. 国内民用机场具备下列条件，并按照国家规定经验收合格后，机场管理机构方可申请《民用机场使用许可证》。请把不是必备条件指出来。(　　)

A. 具备中华人民共和国法人资格；

B. 机场高级管理人员具备相应的条件；

C. 机场资产的资本构成比例符合国家有关规定；

D. 具备运营管理运输机场的组织机构和管理制度；

E. 具备与其运营业务相适应的飞行区、航站区、工作区以及服务设施和人员；

F. 具备能够保障飞行安全的空中交通管制、通信导航、气象等设施和人员；

G. 飞行程序和运行标准已经批准并正式公布；

H. 具备符合国家规定的安全保卫条件；

I. 具备处理特殊情况的应急预案以及相应的设施和人员；

J. 为口岸查验机构提供必要的工作条件；

K. 具备满足机场运行要求的安全管理体系；

L. 国务院民用航空主管部门规定的其他条件。

2. “新一轮民航体制改革”发生在(　　)。

A. “十五”期间 2001～2005　　B. “十五”期间 2002～2004

C. “十五”期间 2006～2010　　D. “十一五”期间 2006～2010

3. 预计“十一五”期间，机场建设方面，将着力构建布局合理、规模适当、功能完备、协调发展的机场体系，将建成(　　)个大型枢纽机场。

A. 3　　B. 4　　C. 7　　D. 10

4. 机场飞行区等级表中 4E 等级机场，飞行基准场地长度为(　　)米，可起降翼展为(　　)米的飞机。

A. >1 800 ，52～65　　B. 1 800 ，52～65

C. >3 000 ，52～65　　D. 3 000 ，52～65

5. II 类仪表着陆系统的跑道目视视程为(　　)米，决断高度为(　　)米。

A. 800；60　　B. 360；60　　C. 360；30　　D. 200；30

6. 候机楼建筑的有各种形式,新白云机场的候机楼属于(　　)。

A. 单线式　　B. 指廊式

C. 卫星厅式　　D. 车辆运送式

7. 国家依法对出入境人员、交通运输工具及其携带、载运的行李物品、货物等实施检查监督,这是(　　)的工作。

A. 海关部门　　B. 边防检查站

C. 进出口商品检验部门　　D. 公安部门

8. 清除跑道上轮胎的橡胶颗粒粘附物,目前采用的方法有以下 4 种,哪一种方法成本不高,效果较好:(　　)

A. 高压水冲洗　　B. 化学溶剂溶解

C. 高速机械刷除　　D. 超声波清洗

9. 机场运行标准中要求:在飞机起飞高度(　　)米以内、降落阶段高度在 60 米以内不发生鸟击事件。

A. 60　　B. 80

C. 100　　D. 120

10. 2007 年因责任原因导致的车辆与飞机抢道,虹桥公司不超过(　　)起 。

A. 1　　B. 2　　C. 3　　D. 4

11. 航空地面服务逐步实现旅客吞吐量在(　　)万人次以上的机场有两家以上地面服务企业经营。

A. 100　　B. 300　　C. 500　　D. 1000

12. 2005 年民航总局修订了(　　)版《航空运输服务投诉管理规定》《公共航空运输服务质量标准》,进一步完善消费者权益保护法规。

A. 1995　　B. 1996　　C. 2000　　D. 2001

13. 下面哪一个观点是对的(　　)。

A. 满意的顾客一定会购买你的产品

B. 持续的顾客满意是我们质量管理的最终目标

C. 有一个旅客投诉意味着我们将失去一个旅客

D. 忠诚的旅客将是我们永远的顾客

14. 航空器在空中发生故障,随时有可能发生航空器坠毁、爆炸、起火、严重损坏,或者航空器受到非法干扰等紧急事件,各救援单位(　　)

A. 紧急出动　　B. 集结待命　　C. 原地待命

15. 按照应急救援规则的要求,各机场应当承担本机场围界以内及距机场基准位置点(　　)范围内区域的应急救援工作。

A. 5 公里　　B. 6 公里　　C. 7 公里　　D. 8 公里

16. 无论是航空器紧急事件还是非航空器紧急事件,救援人员应当首先(　　)。

A. 隔离现场　　B. 抢救伤员　　C. 保护现场　　D. 建立通讯

17. 2006 年民航航班正常率目标:全行业(　　)。

A. 80%　　B. 81%　　C. 82%　　D. 83%

18. 流量控制是中国民航难以独自解决的空域资源问题。流量拥堵主要发生在东部地区,即“三点”、“两线”和“三区”。“三区”是指(　　)。

A. 长三角地区、珠三角地区和环渤海湾地区。

B. 北京地区、上海地区和广州地区

C. 华北地区、华东地区和中南地区

19. 在航班延误时,这些情况司空见惯。旅客对机场或航空公司工作人员往往不停地发牢骚和质问,这时工作人员最好的方法是(　　)。

A. 耐心倾听旅客的诉情,表示理解　　B. 宣传政策,严格执行

C. 避免冲突,离开为好　　D. 请警察出面维持秩序

二、多项选择题

1. 航空器是指依靠空气的反作用力被支承在大气中的机器。包括(　　)。

A. 民用飞机　　B. 军用飞机　　C. 神舟六号　　D. 气象热汽球

2. 民用机场的基本功能,简单点说就是包括(　　)方面。

A. 供飞机起飞、降落　　B. 供旅客到达(进港)、出发(出港、离港)

C. 供货物运入、运出　　D. 供地面车辆进入、运出

3. 机场跑道设计长度与(　　)有关。

A. 飞行等级　　B. 风向

C. 气温条件　　D. 海拔高度

4. 在第一根跑道西边建第二根跑道,建成后,新跑道号标志为(　　)。

A. L18　　B. R18

C. L36　　D. R36

5. 以下对跑道强度的表述哪些是正确的(　　)。

A. 当 ACN 值等于或小于 PCN 值,这类型的飞机可以无限制地使用这条道跑。

B. 当 ACN 值大于 PCN 值 5% ~10% 以下时,可以使用这条道跑,将会缩短跑道使用寿命。

C. 当 PCN 值等于或小于 ACN 值,这类型的飞机可以无限制地使用这条道跑。

D. 当 PCN 值大于 ACN 值 5% ~10% 时,可以使用这条道跑。

6. 滑行道的作用是连接飞行区各个部分的飞机运行通路,它有(　　)。

A. 垂直联络滑行道　　B. 快速脱离(出口)滑行道

C. 安全道　　D. 道肩

7. 精密进近跑道有下列基本标志:(　　)

A. 中心线　　B. 跑道号　　C. 等待位置标志。

D. 着陆区标志　　E. 跑道边线标志。

8. 机场的净空由以下(　　)障碍物限制面构成。

A. 地面　　B. 锥形面　　C. 进近面

D. 过渡面　　E. 水平面

9. 凡属下列情况之一者为特别重大航空地面事故:(　　)

A. 死亡人数 4 人(含)以上　　B. 死亡人数 3 人(含)以上

C. 直接经济损失 500 万元(含)以上　D. 直接经济损失 100 万元(含)以上

10. 安全自愿报告系统具有(　　)特点。

A. 自愿性　　B. 保密性　　C. 非处罚性　　D. 共享性

11. 跑道使用一定时间后会出现以下问题:(　　)

A. 摩擦系数下降　　B. 道面污染

C. 出现裂纹　　D. 强度减弱

12. 飞机地面活动是指飞机在机坪与滑行道上(　　)等作业活动。

A. 滑行　　B. 牵移　　C. 停靠　　D. 加油

13. 无形产品的质量,一般指提供能够满足顾客需要所具备的(　　)服务的周到和及时程度以及价格等特性。

A. 服务内容　　B. 服务态度　　C. 服务工作　　D. 服务技能

14. 民航运输产品是一种(　　)

A. 位移　　B. 服务　　C. 无形产品　　D. 是可以被消费的产品

15. 民航运输产品的质量具备以下几个特性:(　　)

A. 经济性　　B. 安全性　　C. 大众性　　D. 舒适性

16. 机场的调查结果表明,旅客对机场不满意的服务项目主要有:(　　)

A. 办理乘机手续的排队时间　　B. 航班延误时服务

C. 机场洗手间卫生　　D. 通迅不畅

17. 从近几年来救援的经验来看,民用机场应急救援工作组织实施的效果主要决定于以下几个因素(　　)。

A. 事故的性质　　B. 现场指挥　　C. 救援现场控制　D. 现场通信

18. 目前我国民航航班正常统计办法中规定的正常航班的标准为:(　　)

A. 在班期时刻表公布的离站时间后 15 分钟(北京、浦东、广州 30 分钟;虹桥、深圳机场 25 分钟和成都、昆明机场 20 分钟)之内正常关舱门的航班。

B. 在班期时刻表公布的离站时间后 15 分钟(北京、浦东、广州 30 分钟;虹桥、深圳机场25分钟和成都、昆明机场20分钟）之内正常起飞的航班。

C. 在班期时刻表公布的到达时间开客舱门的航班。

D. 在班期时刻表公布的到达时间飞机落地的航班。

19. 造成航班延误的原因很多，主要原因有（　　）。

A. 航班计划　　B. 天气原因　　C. 流量控制　　D. 飞机故障

20. 旅客碰到延误时心态大致分为下列几种（　　）。

A. 焦虑、怀疑　　B. 妒忌、贪婪　　C. 愤怒、窃喜　　D. 冷静

21.《民用机场服务质量标准》各服务指标根据的具体情况从"五项标准元素"方面进行规范。（　　）较多体现了主观或软性管理的要求，强调工作人员基本服务规范、岗位规范、服务态度、服务礼仪、服务资质和准入等。

A. 服务提供者　　B. 服务设施设备　　C. 服务规范与要求

D. 时间/空间/效率　　E. 信息传递

三、判断题

1. 按国际惯例，把民用机场一律称为空港。（　　）

2. 国际机场的设立，由机场所在地省、自治区、直辖市人民政府向国务院民用航空主管部门提出申请，由国务院民用航空主管部门会同国家有关行政主管部门审核后，报国务院批准。（　　）

3. 机场实行属地化管理改革目标是将我国所有民用机场由地方政府统一管理。（　　）

4. 根据国际民航组织的最新统计，2005年，我国航空运输总周转量在世界的排名由第三位上升至第二位，超过德国，成为仅次于美国的世界第二航空运输强国。（　　）

5. 预计"十一五"期间，中国内地航空运输总体发展速度为14%左右，2010年航空运输量将达到500亿吨公里。（　　）

6. 全面建设有中国传统文化特色的民航企业文化和行业文化是新一代民用航空运输系统的目标之一。（　　）

7. 纵观世界枢纽机场，无一不是以强大的航空公司为支撑。（　　）

8. 滑行道的强度要和配套使用的跑道强度相等或更高。（　　）

9. 从经济角度考虑，III类仪表着陆系统目前被广泛使用，II类仪表着陆系统只在大城市的繁忙机场使用（如我国的北京、上海），I类仪表着陆系统只在世界上少数机场使用。（　　）

10. 夜间飞行的飞机在机场进近降落，不论是在仪表飞行规则或目视飞行规则下都需要地面灯光助航。在跑道上安装端灯、着陆区灯、中线灯、顺序闪光灯等助光设施。（　　）

11. 不属于任何国家主权管辖的土地上之空气空间可能成某个国家的国际空域。（　　）

12. 机场的地理位置基准点(准确的地理经度和纬度),通常选在机场主跑道的中点。机场的标高(海拔高度),设在停机坪上一个专门位置。 ( )

13. 航空地面事故是指在机场活动区和机库内发生航空器、车辆、设备、设施损坏,造成直接经济损失人民币 50 万元(含)以上或致人死亡。 ( )

14. 飞机离港地面滑行时,发动机所产生的废气、喷气或螺旋桨尾流不得对任何人或结构、财产造成损坏和构成危险,如达不到上述条件时,必须关闭发动机,使用牵引车拖至安全的跑道口。 ( )

15. 由指挥员、机舱操纵刹车员、牵引车驾驶员、现场监护员组成牵引飞机工作小组负责整个飞机牵引工作。现场监护员视飞机机型大小配备,D 类型(含 D 类型翼展大于 36 米)以上的机型两名;C 类型(含 C 类型)以下的机型一名。 ( )

16. 2007 年上海机场集团安全运行目标要求因机场原因造成的事故征候万架次率不超过 0.1,可解释为 100 万架次中因机场原因不能发生 10 次航空器飞行事故。 ( )

17. 推行特许经营权首先要确立机场当局拥有完整的土地使用权和机场经营权。 ( )

18. 建立公平竞争的航空运输地面服务市场体制方面,鼓励全部机场将其从事地面服务业务的部门改组为独立的公司,并与机场脱钩。 ( )

19. 衡量无形产品的质量,不仅取决于提供的服务本身具备的要求和特性,这类产品质量的标准是一些可以完全量化的指标。 ( )

20. 安全飞行率与飞行事故率互为倒数? ( )

21. 2005 年民航用户满意指数测评结果显示,航空公司的用户满意指数明显高于机场,表明航空公司的服务水平总体上高于机场。 ( )

22. 质量管理原则第一条是以顾客为关注的焦点,机场顾客就是指旅客。 ( )

23. 应急救援情况应由应急领导小组负责批准向媒体发布有关信息。 ( )

24. 现场指挥官应由职务最大的领导来担任。 ( )

25. 在航班延误的情况下,为了不再造成新的延误,经济补偿必须在机场现场进行。 ( )

26. 旅客对航班延误信息的知情权,一般情况下我们应该如实告诉他们航班延误的真实情况。 ( )

27.《民用机场服务质量标准》充分借鉴和参考了国际、国家和行业标准以及国内外先进企业的服务标准,力求吸收国际上多年实践积累的先进经验和做法,强调标准的科学性和规范性,与国际接轨。但仍有许多指标达不到世界先进水平。 ( )

28.《民用机场服务质量标准》是力求以人为本,以机场运营者/管理者的角度来制定标准。 ( )

四、填空题

1. 民用航空一般分为两大部分：____________，通用航空。

2. 机场在社会、政治、经济活动的定位可分为两类：________与经营性（收益性）定位。

3. 成立了六个集团公司并将资产、人员交国资委管理，实现政企分开。六个集团公司是分别中国航空集团公司、中国东方航空集团公司、中国南方航空集团公司、__________、__________、__________。

4.《民航总局关于深化民航改革的指导意见》明确指出机场是__________，要推行机场的__________。同时积极推进机场由生产经营型管理，向飞行区__________经营型管理和航站区__________经营型管理相结合转变，并继续开展机场特许经营试点，规范机场特许经营行为。

5. 机场系统是由__________和__________组成的。

6. 机坪可分为__________机坪和__________机坪。

7. 仪表着陆系统的地面设备，主要包括一个__________，一个__________和两（或三）个__________。

8. 候机楼是航站区（航空港）的标志性主体建筑物，是机场__________与__________之间的主要联接体，是__________和__________的交接面，是为航空运输企业及其过港和中转旅客提供地面运输服务的生产场所。

9.  以上三个指示标志的含义是__________、__________和__________。

10. 飞行活动区（航空器控制区）机场内用于飞机起飞、着陆和滑行的部分，由__________和__________组成。

11. 在机场安全方面，"十一五"重点建立__________和推行__________。

12. 围栏是为防止__________、__________及__________进入飞行活动区，在机场禁区地界周围设立的障碍设施。

13. 在特殊情况下，修建超过规定范围的超高建筑物或者高大建筑物的，地方人民政府应当征得__________的书面同意，并报__________审批。

14. 人、__________、__________、__________是机坪作业的四大主体。而人作为其他三大主体的操作者，在机坪整个作业运作中具有核心的影响力。

15. 上海浦东国际机场将学习和借鉴亚太地区先进机场运行管理的成功经验，对整个机场的运行效率、服务质量和安全保障能力进行集中监控和统一协调管理，按其功能、范围、地域及专业进行划分，形成五个中心。"五个中心"，实际上最主要的是__________和__________。

16. 产品质量是"产品或服务满足____________的特征和特性"的总体反映。

17. 顾客满意是指顾客对某一事项已满足其需求和期望的程度的意见，关键词是__________和__________。

18. 民航运输提供服务的过程就是民航运输__________的过程，也就是顾客的__________过程。

19. 机场紧急事件包括__________和__________。

20. 参考国外的应急救援通讯方案，机场应急救援通信系统至少具备__________、__________、机场消防、机场公安交通管理和应急事务 5 个通信频道。

21. 周总理的"__________，__________，__________"，也可以说是指导民航事业发展几十年的__________，周总理的话深入民航人心，民航事业在周总理这三句话的指引下取得了长足、健康发展，实践证明，文化力量的作用是不可替代的。"

22. 民航总局颁布的《民用机场服务质量标准》，自__________起正式实施。

总复习题答案

一、单项选择题

1. J	2. B	3. C	4. A	5. C	6. B	7. B
8. D	9. C	10. B	11. B	12. B	13. B	14. B
15. D	16. A	17. C	18. A	19. A		

二、多项选择题

1. ABD	2. ABC	3. ACD	4. BC	5. ABD	6. AB	7. ABCDE
8. BCDE	9. AC	10. ABCD	11. ABCD	12. ABC	13. ABCD	14. ABCD
15. ABD	16. ABC	17. BCD	18. BC	19. ABCD	20. ACD	21. ACE

三、判断题

1. ×	2. √	3. ×	4. ×	5. ×	6. √	7. √
8. √	9. ×	10. ×	11. √	12. √	13. ×	14. ×
15. √	16. ×	17. √	18. ×	19. ×	20. ×	21. √
22. ×	23. √	24. ×	25. ×	26. √	27. √	28. ×

四、填空题

1. 商业航空（又称为航空运输）
2. 公益性定位
3. 中国民航信息集团公司、中国航空油料集团公司、中国航空器材进出口集团公司
4. 公益性基础设施、分类管理、生产、资产
5. 机场空域、机场地面系统
6. 停放、登机
7. 航向台、下滑台、指点标
8. 地面通路、飞机、地面运输、航空运输
9. 飞机场、到达、出发
10. 运转区、机坪
11. 机场安全管理系统（SMS）、安全自愿报告系统
12. 非控制区的工作人员、无证车辆、动物
13. 机场管理机构、地区民用航空管理机构
14. 车、飞机、设备

15. 机场运行中心(AOC)、航站楼运行中心(TOC)
16. 明确或隐含需要能力
17. 顾客的需求、期望
18. 生产产品、消费
19. 航空器紧急事件、非航空器紧急事件
20. 机场地面运营、机场维护
21. 保证安全第一、改善服务工作、争取飞行正常、行业文化
22. 2007 年 1 月 1 日